ACCOUNTING CONTROL
AND
RISK MANAGEMENT

财经类经典作品

会计控制与风险管理

李敏 编著

上海财经大学出版社

图书在版编目(CIP)数据

会计控制与风险管理/李敏编著.一上海：上海财经大学出版社，2015.9

(财经类经典作品)

ISBN 978-7-5642-2217-8/F·2217

Ⅰ.①会… Ⅱ.①李… Ⅲ.①企业-内部审计-风险-管理 Ⅳ.①F239.45

中国版本图书馆 CIP 数据核字(2015)第 173815 号

□ 责任编辑 李嘉毅
□ 封面设计 钱宇辰

KUAIJI KONGZHI YU FENGXIAN GUANLI
会 计 控 制 与 风 险 管 理
李 敏 编著

上海财经大学出版社出版发行
(上海市中山北一路 369 号 邮编 200083)
网 址：http://www.sufep.com
电子邮箱：webmaster @ sufep.com
全国新华书店经销
江苏凤凰数码印务有限公司印刷装订
2015 年 9 月第 1 版 2018 年 6 月第 2 次印刷

710mm×960mm 1/16 19 印张 351 千字
印数：4 001—5 000 定价：42.00 元

前言

任何企事业单位都需要会计控制。会计控制是会计管理工作的灵魂，在内部监督管理中起着关键的作用。随着竞争越演越烈，风险越来越大，失控越来越多，会计控制正面临着风险管理过程中一个严肃的问责：如何识危防险，防微杜渐，化险为夷，转危为安，为健康运营保驾护航？

会计与控制与生俱来，源远流长。会计的基本方法几乎都是环绕控制要求形成并发展的。在市场经济中，收益与风险如影相随，会计控制应当成为揭示经济运行风险的"晴雨表"和防范风险的"保安员"。会计的本质特征就是控制，风险管理更是当前会计控制的发展趋势。尤其在革故鼎新和信息爆炸的年代，会计控制对于防范风险的作用更加显著。

会计控制虽然是企事业单位内部控制的核心，但如何达到制度有效和运行有效却困难重重，对会计控制的认识缺陷、设计缺陷与运行缺陷已成为目前困扰和制约企事业单位持续健康发展的"瓶颈"。失控导致失败的案例屡见不鲜，会计失控首当其冲。所以，建立与健全符合我国企事业单位特点的会计控制体系，对于规范管理行为、提高效率效果、积极管理风险、科学保障发展具有重要的现实作用。

依法控制是会计控制的显著特点之一，会计控制的法律法规、基础理论与基本方法具有普遍性、通用性和广泛适用性。本书以企事业单位会计控制现状为论述对象，以《中华人民共和国会计法》《内部会计控制规范》《企业内部控制基本规范》和《行政事业单位内部控制规范（试行）》等法律法规为编写依据，重点论述会计控制中的风险管理与风险管理中的会计控制。全书内容理论联系实际，法规指导实务，注重实证分析、专题讨论、经典案例评析，并努力突出重点、阐明要点、解析难点，有较强的应用价值与操作指导性。全书结构清楚、层次分明、语言流畅、图文并茂、通俗易懂、可读性强，可供教学、培训与自学使用，尤其适用于企事业单位的经营者、财务会计等管理人员。其教学用 PPT 可从上海财经大学出版社网站下载。

本书由资深注册会计师、主任会计师、高级会计师李敏编著。李敏先生具有丰富的内部控制管理咨询经验与从教经历，是多所著名大学的客座教授、财务会计咨询专家和司法会计鉴定专家。他于2003年编著了《内部会计控制规范与监控技术》；2004年编著的《内部会计控制规范》作为上海市会计人员继续教育辅导教材，同年还主编了《小企业会计控制》；2009年又主编了《企业内部控制》和《企业内部控制简明教程》；2011年主编的《企业内部控制规范》被列入财经类经典作品；2014年编写了《小微企业会计控制手册》；等等。本书是作者十多年管理咨询的探索、日积月累的成果和辛勤劳作的结晶。在写作过程中，对于李健男、陈惠珠、徐成芳、李英、徐铭、丁东方、沈玉妹、李嘉毅给予的帮助特此鸣谢。

会计控制与风险管理是一个永恒的课题，以风险管理为导向是会计控制发展的必然趋势。如何有效破解会计管理中的风险控制，或者说会计控制中的风险管理，至今仍是一道世界性的难题。世上无难事，只要肯登攀。在攀登途中，有心力不济之时，有无限风光之美，更有山外有山之感叹，还惊喜地发现难题之中还有大量的难题。例如，风险如何计量才最有用？权力怎样制衡才最有效？成本效益原则究竟怎样权衡？各种控制缺陷和有效性评价如何量化为好？还有会计失控与管理舞弊、会计控制与会计伦理道德、会计控制与会计法治等重大难题。爱因斯坦认为："提出一个问题往往比解决一个问题更为重要。"攻克难题就是目标，期望大家一起来破解难题。

对于书中疏漏差错之处，敬请提出宝贵意见，以期不断修改完善。

编者

2015年9月

目录

第1章　会计控制总论

会计管理最关键、最本质的特征就是会计控制。会计控制是会计管理工作的灵魂，是内部控制的核心。经济越发展，会计控制与风险管理越重要。

1.1　会计控制的本质特征

1.1.1　会计控制是会计职能作用的本质

马克思在《资本论》第二卷第六章讨论流通费用时专门研究了“簿记”(即会计)，其中最著名的论断就是“过程的控制和观念的总结”。马克思说：“过程越是按社会的规模进行，越是失去纯粹个人的性质，作为对过程控制和观念总结的簿记就越是必要。”

首先，会计的职能作用充分体现在会计核算(“观念的总结”)和会计控制(“过程的控制”)两大方面，两者相辅相成、辩证统一，贯穿于会计管理工作的全过程。会计核算是会计职能作用的基础，没有会计核算所提供的各种信息，会计控制就缺乏必要的对象和依据。会计控制是会计核算质量的保障，是会计职能作用的本质，只有会计核算，没有会计控制，就难以保证会计核算结果的真实性和可靠性。其次，马克思将“过程的控制”安排在“观念的总结”之前，说明了控制既是核算质量的保证，也是核算所要达到的管理目标(目的)。最后，“过程的控制和观念的总结”之所以会“按社会的规模进行”，完全是因为会计控制有利于达到安全、健康、持续发展的目标，而不是有碍于企事业单位的正常运作和有效管理。

现代会计在核算和控制职能的基础上不断扩展，将预测、决策、预算、分析与评价等管理职能融入其中，构成会计管理循环模式，但其关键职能还是在于控制。尤其是会计工作电算化和信息化以后，有效控制的职能作用更加重要。只有牵住了控制这个“牛鼻子”，落实了控制责任，预测、决策、预算的结果才能落到实处，分析与评价的职能才会成效显著。将“过程的控制和观念的总结”作为会计的内在功能或职能特性，不仅应被社会各界普遍接受，还应当凸显会计控制的关键作用。事实上，面对企事业单位管理失控的诸多现状，只有从控制的源头入手才是解决问题的关键。目前，一方面是会计控制难以发挥应有作用的现象频频出现，引发社会各界高度关注；另一方面将会计控制看成监督管理的关键环节也越来越成为共识，对其的研究正在不断深入。

会计控制是会计管理的本质特征。博士生导师徐政旦教授在《会计管理中的风险控制》一文中明确指出："会计管理的本质是控制。对生产经营活动进行有效控制是会计管理的重要职能。会计的基本方法都是环绕控制来展开的。"①一部会计发展史也可以说是会计方法及其控制思想不断完善的历程。我们不妨通过讨论以下几个会计理论与实务中最基础的专题来感受这一点。

专题讨论 1.1 ｜ 为什么要改单式记账为复式记账?

人类最早采用单式记账。单式记账只反映某一部分经济业务的某一个方面。例如，只反映货币资金、债权、债务等的增减变动，而不反映导致其发生变动的原因；只在一个账户中进行记录，不仅账户设置不完整，而且账户之间缺乏对应关系。由于单式记账不便于检查、核对账户记录的正确性，是一种简单而不完整的记账方法，且缺乏控制，容易产生舞弊，现已被淘汰。

复式记账能够将发生的经济业务按其来龙去脉，相互联系地、全面地记入有关账户，使各账户完整地、系统地反映各会计要素具体内容的增减变动情况及其结果。通过复式记账与借贷平衡，有利于保证会计账面记录正确、完整，并可利用会计要素之间的内在联系和试算平衡公式来检查账户记录的准确性，是一种比较完善的记账控制方法，已被世界各国所采用。

专题讨论 1.2 ｜ 为什么要设置流水账并逐笔序时登记经济业务?

古代会计中就有"流水账"，现在被称为序时账或日记账，它是按照经济业务发生的时间先后顺序，逐日逐笔登记经济业务。

为什么要根据经济业务发生时间的先后顺序登账，而不能顺序颠倒呢？为什么要逐日记账，而不是按周、按旬、按月记账呢？为什么要逐笔记账，而不是汇总加记呢？其设计用意就在于：以记录在案的书面文字及时、有效掌控已经发生和完成的经济业务的具体状况，以利用序时和逐笔的账务记录来控制人、财、物和供、产、销等经济业务。

① 张文贤. 21世纪100个会计学难题[M].上海：立信会计出版社，2010.

专题讨论1.3 ｜ 为什么要实施平行登记？

最早的记账表现形式是上收下付或左收右付，缺乏控制收付的技能、技巧和有效作用。后来发明的总分类账户和明细分类账户及其平行登记原理不仅是记账方法的进步，更是会计控制思想在核算过程中的充分体现。

从设计原理分析，总分类账户是其所属明细分类账户的统制账户，对其所属明细分类账户具有统驭和控制作用（货币计量）。明细分类账户是相关总分类账户的从属账户，是相关总分类账户的辅助账户，对总分类账户具有补充说明的作用（货币＋实物计量）。总分类账户与其所属的明细分类账户在金额上是相等的，两者相互补充、相互制约，从而可相互核对。

从平行登记方法分析，要求对所发生的每项经济业务都要以会计凭证为依据，一方面记入有关总分类账户，另一方面记入有关总分类账户所属明细分类账户，从而便于账户核对和检查、纠正错误和遗漏。

平行登记的控制要点体现在以下四个方面：第一，依据相同。对发生的经济业务，都要以相同的会计凭证（原始凭证和记账凭证）为依据，既登记有关总分类账户，又登记其所属明细分类账户。第二，方向相同。将经济业务记入总分类账户和明细分类账户时，记账方向必须相同。总分类账户记入借方，明细分类账户也记入借方；总分类账户记入贷方，明细分类账户也记入贷方。第三，期间相同（而不是时间相同）。对每项经济业务在记入总分类账户和明细分类账户的过程中，可以有先有后，但必须在同一会计期间全部登记入账。第四，金额相等。对于发生的每项经济业务，记入总分类账户的金额必须等于记入所属明细分类账户的金额之和。

平行登记的结果一定会使总账与其所属明细分类账之间在数量上存在如下关系：

总分类账户本期发生额＝所属明细分类账户本期发生额合计

总分类账户期初余额＝所属明细分类账户期初余额合计

总分类账户期末余额＝所属明细分类账户期末余额合计

如果总分类账户与明细分类账户的记录不一致，则说明账户平行登记可能出现错误，应查明原因，有错就应更正。

源远流长的会计发展史证实了会计方法往往就是会计控制思想的具体表现，而会计控制思想贯穿于整个会计核算过程，是会计管理工作的灵魂，在内部监督管理中起着关键的作用。人们常说："经济越发展，会计越重要"，应该指的就是会计控制在经济发展中越来越重要的本质作用，即会计管理最关键、最本质的特征就是会计控制。

古今中外大量的失控案例也雄辩地证明，缺乏会计控制是万万不能的。无论是投资者，还是经营者；无论是财务会计人员，还是其他管理者，或者是广大员工，谁都不希望单位的资产遭受损失、资金发生流失、资本出现贬值！有人曾经对公司财务失败的原因做过汇总统计：在失败原因的百分比中，疏忽占4%、诈欺占2%、灾祸占1%、经营管理不善占91%、其他不知因素占2%。从中可以看到，90%以上的失败都可能与管理失控有关。

在激烈的市场经济竞争环境中，收益与风险形影不离，通过实施正确、有效的会计控制，不仅可以管理与降低风险，有助于化险为夷、防微杜渐、防患于未然，还可以促使风险转化为创新的亮点，获得新的业绩。所以，会计控制既是企事业单位经济运行和财务状况持续、稳定、健康发展的可靠保证，也是进一步提升经济运行质量和改善财务状况的基础性工作，是不可或缺的。

1.1.2 控制内涵的多层次解析

"控制"一词源于希腊语，原意为掌舵术，包含调节、操纵、管理、指挥、监督等多层意思。自古以来，驰骋在大海中的舵手都要求具有把握方向和控制风险的能力。控制与风险形影相随，从来就是紧密相关的。

古汉语中的"控"为形声字，左部为手，表示用手拉开弓弦；右部为空，表声。控有穷尽义，表示穷尽力量拉开弓弦。"制"为会意字，表示用刀修枝，本意是裁断。"制，裁也。从刀，从未。"（《说文解字・刀部》）。

控制至少具有以下三层含义：

一是具有方向性或目标指向性。控制首先要有目标或方向，并使其不越出范围，不偏离航向；同时，通过控制过程，能够防范风险，减少不确定性，使航行到达理想的彼岸。

二是具有约束力或限定管束性。控制具有占有、管理或影响的作用，其控制过程为"确定标准、衡量业绩，纠正偏差"（《现代汉语词典》）。例如，会计学认为，"控制，是指统驭一个企业的财务和经营政策，借此从该企业的活动中获取收益的权力。"

三是具有一定的权威性，用以促使行为规范化和标准化，其控制依据是法律法规和行为准则等。古时的"制"可指皇帝的命令，如制诰、制书；"命为制，令为诏，天子自称曰朕。"（《史记・秦始皇本纪》）。

《会计大百科辞典》[①]认为，控制是"在一定条件下，依据特定的标准或要求，使相应的对象按照其运行的过程"。控制存在于管理活动之中，并贯穿于管理过程的始终，其在管理环节中的关键作用就体现在能够按照"特定的标准或要求"促使经

① 于玉林. 会计大百科辞典[M].上海：上海财经大学出版社，2009.

济运行合规合法，从而能够为经济运行保驾护航。

在一个企事业单位中，控制通常在于检验每一项管理活动是否与所拟订的计划、所发出的指示和所确定的原则相符合，旨在发现、纠正和防止错误。对物、对人、对行动都可以也应当进行控制。加强企事业单位的会计控制，可以有效地保护财产的安全，确保会计信息的真实、完整及其管理活动的合法、有效，并有利于资产与资本的保值、增值。

1.1.3 会计控制职能作用的具体表现

由于会计管理具有综合性，其资金运营的触角渗透到经营活动的每一个环节，其核算信息囊括了管理过程的方方面面，因此，随着市场经济的不断发展和竞争的不断加剧，任何企事业单位的内部控制都应当以会计控制为核心，以风险管理为重点。

会计控制职能正是通过会计控制活动而发挥积极作用的。具体地说，良好的内部会计控制应当起到以下几个方面的职能作用：

(1)预防性控制作用

会计控制应当以预防为主。预防性控制是为了防止错误和舞弊的发生而采取的控制，属于事前控制。例如，任何一项经济业务的发生必须经过两个或两个以上的部门或人员操作，签发支票的印鉴必须分别由不同的人员保管，采购商品必须得到授权批准等，都是行之有效的预防性措施。

预防性控制是由不同的人员或职能部门在履行各自职责的过程中实施的，包括职责分离、授权批准、监督检查、双重控制、计量校验等。在电算化系统下输入数据时，核算程序要求某些栏目不得留空，否则拒绝对数据进行下一步处理，也是一种预防性控制。

如同预防接种是为了预防、控制乃至消灭传染病一样，认真学法守法、积极培育与倡导控制文化、进行案例教育和实证分析、对存在的问题进行排查等都是一些行之有效的预防手段。

为了有效应对风险，企事业单位还应当建立重大风险预警机制和突发事件应急处理机制，明确风险预警标准，对可能发生的风险事故事先制订应急预案、明确责任人员、规范处置程序，确保突发事件得到及时、妥善处理。

在市场经济条件下，企事业单位所面临的经济环境日趋复杂多变，各式各样的风险与危机随时都会出现，因财务危机导致经营陷入困境甚至宣告破产的案例屡见不鲜。但任何危机由初步萌生到恶化，并非瞬间所致，通常都是经历了一个渐进积累转化的过程。防微杜渐就是要求在日常运作中，对运营过程的风险状况进行跟踪、监控，及早发现危机信号，预测财务失败。一旦发现某种异常征兆就应着手应变，以避免或减弱对企事业单位的破坏程度。

预防性控制的优势在于能够事前防止损失的发生，降低风险。但是，全面地采取预防性控制是相当困难的，实际工作中也很难实现百分之百的预防，因而还必须有检查性控制等。

(2)检查性控制作用

检查性控制就是把已经发生和存在的错弊检查出来并加以监控，就像身体不适需要去医院进行检查一样(包括定期检查和不定期检查)。例如，现场检查材料的收、发、存情况，核对账证是否相符，核对银行对账单等行为都是典型的检查性控制手段。

检查性控制的作用在于及时发现问题并加以监管。例如，签发支票必须经过两个人才能办理。一个人是财务主管，审核并盖法人章；另一个人是出纳员，开出支票并加盖单位印鉴章。如果其中一个人因故外出，而单位又迫切地需要开具支票，此时，就无法采取双重审核的预防性控制，如果没有检查性控制加以监督，其中一个人很可能会滥用职权或草率行事，或者存在错弊的支付行为。

实证研究表明，如果缺乏检查性控制，当预防性控制的实施存在困难时，有关人员就可能会为所欲为，使控制制度遭到破坏；更为严重的是，组织难以及时发现存在的问题及其影响范围，从而不能及时采取措施加以解决，结果只能任由错弊发展下去，招致巨额损失。

在缺乏完善的、可行的预防性控制措施的情况下，检查性控制措施是一种很有效的监督工具，也是完善的内部控制系统的一个基本组成因素。由于交易一般都是可以测试的，而检查性控制重在抽样，其成本会低于预防性控制的成本。

(3)纠正性控制作用

纠正性控制是指对发现的问题加以控制并予以纠正的行为，就像打针、吃药、动手术对于减少和消除病痛的作用一样。例如，重新梳理业务流程和划分管理职责，重新授权和对授权情况进行检查，轮岗或换岗，撤职与处分等都是有效的纠正性控制行为。但病急不能乱投医，纠正行为一定要有针对性，要行之有效。

通过检查性控制与纠正性控制的结合使用，可以更好地发挥防错纠偏的作用。例如，在设定的计算机系统中，人们不仅可以发现输入的代码有误，而且当主文件中找不到客户名称时，就表明该项销售业务并未经过审批，这时计算机不但不会接受这项业务，而且还能打印出例外情况报告，如此，检查性控制和纠正性控制都在发挥作用了。

(4)指导性控制作用

预防性控制、检查性控制和纠正性控制是为了预防、检查和纠正不利的结果。指导性控制则是为了实现有利结果而采取的控制，这项控制主要是由决策层和管理层实施。例如,单位制定出适合自身条件的内部会计控制规范或工作守则供全体员工共同遵守,用以指导和规范员工的行为。

指导性控制在指导实现有利结果的同时,也有益于避免不利结果的发生,就像医学上的疾病预防手册或保健手册一样重要。

(5)补偿性控制作用

补偿性控制是针对某些环节的不足或缺陷而采取的控制措施。例如,在人手紧缺的小型企业里,出纳如果同时担任收付款与记账工作,这时,在财务审核的基础上再实施的抽查、复核或者向银行函证等行为就是一种补偿性控制。又如,不定期对库存报告进行突击抽查或临时监盘,也是有效的补救措施。一些小型企业由于缺乏职责分离,此时,由高层管理人员对经营者进行监督,或由上级公司进行财务督导不失为一种良好的补偿性控制方法。

实施补偿性控制的目的是为了把风险控制在一定范围内。对某个特定系统而言,分析存在的风险时,必须充分考虑由于存在薄弱环节将来可能会发生的问题。因此,一项补偿性控制可以包含多个控制措施,也就是说,可以把多重控制手段作为一项控制程序来看待。例如,数据输入的核对控制至少包含以下控制要求:一是对数据输入结果的核对,二是在发生异常情况时生成例外情况报告等。

补偿性控制的目的是要想办法排除损失和错弊,同时还要检查出损失和错弊,所以,带有检查成分的补偿性控制要发挥作用,必须做到及时、有效、有针对性。

正是由于会计控制的职能具有独特的作用,因此越来越受到投资者、经营者、管理者的重视,越来越多的企事业单位开始认识到内部会计控制的核心地位及其现实重要性。

如果您是投资者(股东),您一定要明白加强会计控制的重要性,因为您对经营者的约束与激励正是在控制您自己兜里的钱!

如果您是经营者,您一定要善于加强会计控制,因为您对管理者所实施的约束与激励将会得到投资者(股东)的赏识,从而会得到更多奖赏!

如果您是管理人员或财务会计人员,您一定要学会如何加强会计控制,这是您的职责所在,您的有效控制行为将会使您获得更多的上升空间和更多的激励!

1.1.4 会计控制发展历程的重要启示

游戏不能没有规则,行为不能没有控制。只有在规则与控制的条件下,一切才会变得更加有序而自由。翻开会计控制乃至内部控制发展演变的历史,最早的控制主要着眼于保护财产的安全、完整与会计信息资料的正确、可靠,侧重于钱物分管、严格手续、加强复核等方面的会计控制。随着商品经济的发展和生产规模的扩大,经济活动日趋复杂化,才逐步发展成近代的内部控制系统,其控制内容超出会计所控制的范畴，涉及组织的方方面面，被称为全面内部控制，其中给予会计控制的重要启示如下：

(1)会计与控制与生俱来，自古有之

追本溯源，会计控制是源于人类社会生活的内在需求而产生的一种自觉行为，会计与控制的内在需求与生俱来，源远流长。

远古社会，随着剩余产品的出现，人们逐渐产生计数的思想，这是人们识别和关心自己劳动成果的一种本能体现。无论是“简单刻记”“结绳计事”，还是“书契”(相当于会计凭证的最初形态)的运用，目的都是为了计量、记录与控制。人类计数识别和监控记录的需要，随着商品经济思想的演进，成为会计控制思想发展的内在推动力。

我国西周时期设置“司会”作为会计系统的主管部门，其下分设司书、职内、职岁和职币四个部门以相互制约。“司会”为计官之长，主管会计。“月计岁会”“以月要考月成”“以岁会考岁成”。① 据《周礼》记载：“虑夫掌财之吏，渗漏乾后，或者容奸面肆欺……”，并有“听出入以要会”的记载，即以会计文书为依据，批准财物收支事项。当时的统治者为防止掌管和使用财赋的官吏弄虚作假甚至贪污盗窃，采用了分工牵制和交互考核等办法，达到了“一毫财赋之出入，数人耳目之通焉”的程度，即规定每笔收支要经几个人的耳目，达到相互牵制的目的。宋太祖时期就实行了“职差分离”和“主库吏三年一易”等会计控制制度。

(2)会计控制先于内部控制，内部牵制是内部控制的思想基础

牵制，即约束、控制、拖住使不能自由行动的意思。内部牵制(Internal Check)的思想源远流长。在法老统治的古埃及中央财政银库里已初具内部牵制的雏形：银子和谷物等物品接收时数量的记录、入库时数量的记录与实物的观察、接收数量与入库数量的核对分别由三个人完成；仓库的收、发、存记录由仓库管理员的上司定期检查，以确保记录正确、账实相符。在古罗马时期，随着会计账簿的设置，出现了“双人记账制”，宫廷库房规定，一项业务发生后，必须由两名记账员在各自的账簿中同时加以反映，然后定期将双方的账簿记录加以对比考核，以审查有无差错或舞弊行为，从而达到控制财物收支的目的。在私有制下，为了保护财产不受侵犯，需要互相牵制。会计控制始于内部牵制，内部牵制成为会计控制乃至内部控制的重要基础。

15世纪末，随着资本主义经济初步发展，内部牵制渐趋成熟。意大利出现了复式记账方法，它以账目之间的相互核对为主要内容并实施一定程度的岗位分离。18世纪工业革命以后，企业规模逐渐扩大，公司制企业出现。当时，美国铁路公司

① 焦循.孟子正义：“零星算之为计，总合算之为会。”

为了对遍及各地的客货运业务进行控制和考核，采用了内部稽核制度，因收效显著而为各大企业纷纷效仿。20世纪初期，资本主义经济迅猛发展，股份有限公司的规模迅速扩大，生产资料的所有权与经营权逐渐分离。为了能提高市场竞争力，攫取更多的剩余价值并防范和揭露错弊，不少企业逐渐摸索出一些组织、调节、制约和检查企业生产经营活动的办法。

1905年，迪克西(L.R.Dicksee)提出了内部牵制的三个要素：职责分工、会计记录和人员轮换。1912年，蒙可马利(R.H.Montgomery)在其出版的《审计——理论与实践》中表达了内部牵制思想。所谓内部牵制，是指一个人不能完全支配账户，另一个人也不能独立地加以控制的制度，单位某职员的业务与另一位职员的业务必须是相互弥补、相互牵制的关系，即必须进行组织上的责任分工和业务上的交叉检查或交叉控制，以便相互牵制，防止发生错误或弊端，这是内部控制的雏形。1930年，本利特(G.E.Bennett)将内部牵制定义为：内部牵制是账户和程序组成的协作系统，这个系统使得员工在从事本职工作时，独立地对其他员工的工作进行连续性检查，以确定其舞弊的可能性。《柯氏会计辞典》认为：内部牵制是指以提供有效的组织和经营，并防止错误和其他非法业务发生的业务流程设计。其主要特点是以任何个人或部门都不能单独控制任何一项或一部分业务权利的方式进行组织上的责任分工，每项业务通过正常发挥其他个人或部门的功能进行交叉检查或交叉控制。

内部牵制主要出于两点假设：一是两个或两个以上的人或部门无意识地犯同样的错误的机会很小；二是两个或两个以上的人或部门有意识地合伙舞弊的可能性低于单独一个人或部门舞弊的可能性。其中，第一个假设能限制人的有限性，即制度通过设定一系列规则减少环境的不确定性，提高人们认识环境的能力，如会计人员定期把明细账与总账进行核对。第二个假设可以限制人的机会主义行为，加强人的集体行为倾向。会计控制作用的发挥正是通过限制人的有限理性和机会主义行为来实现的。

对于内部牵制的认识，重在事务分管、明确分工、加强责任，把一项经济业务分割成几个部分由几个人分别去做，各负其责，互相监督，以防舞弊，包括实物牵制、机械牵制、体制牵制和簿记牵制等。

实物牵制是指由两个以上的人员共同掌管必要的实物工具，共同完成一定程序的牵制。例如，将保险柜的钥匙交由两个或两个以上的工作人员保管，不同时使用这两把或两把以上的钥匙，保险柜就无法打开，以防止一个人作弊。

机械牵制是指只有按照正确的程序操作机械，才能完成一定过程的操作。它采用的是程序牵制，即将单位各项业务的处理过程用文字说明或流程图的方式表示出来，以形成制度，颁发执行。它也是一种事前控制法，即按牵制的原则进行程序设置,而且要求所有的业务活动都要建立切实可行的办理程序。程序控制的关键是实行以内部牵制为核心的不相容职务分离原则。

体制牵制是一种相互牵制,互相制约的机制。其基本要求是不仅要划分职责,明确各部门或个人的职责和权限,而且要规定相互配合与制约的方法。恰当的组织分工是内部牵制最重要、最有效的方法。

簿记牵制是指原始凭证与记账凭证、会计凭证与账簿、账簿与账簿、账簿与财务报表之间相互核对的牵制,也是程序牵制的一个重要方面。

20 世纪 40 年代之前的内部牵制是会计控制的起步阶段,侧重于行为人层面的控制,其目的是防止错误和其他非法业务的发生,即为了查错防弊,其手段主要是职务分离、账目核对等,其控制对象主要是钱、账、物等会计事项。

内部牵制在会计核算方面主要是以账目之间的相互核对为内容并通过实施岗位分离,以确保所有账目正确无误的一种控制机制,它是内部会计控制制度的重要内容之一,其主要包括:①内部牵制制度的原则,即机构分离、职务分离、钱账分离、物账分离等;②对出纳等岗位的职责和限制性规定;③有关部门或领导对限制性岗位的定期检查办法。

从纵向看,每项经济业务的处理至少要经过上下级有关人员之手,使下级受上级监督,上级受下级制约,促使上下级均能忠于职守,不疏忽大意。

从横向看,每项经济业务的处理至少要经过彼此不相隶属的两个部门,使每一个部门的工作或记录受另一个部门的牵制,不相隶属的不同部门均有完整的记录,使之互相制约、自动检查,防止或减少错误和弊端;同时,通过交叉核对也能及时发现错误和弊病。

20 世纪 30 年代轰动美国的“麦克森—罗宾斯丑闻”引发了对审计中内部牵制问题的极大关注,并使会计牵制的研究扩大到对交易方式的全面了解。

1934 年,美国《证券交易法》首先使用了“内部会计控制”作为根除经济危机中虚假会计信息泛滥的根本措施之一。内部会计控制的概念产生于对经济监控的需求,并引起了管理当局的高度关注。会计控制先于内部控制,并驱使内部控制理论与方法的不断发展。

(3)会计控制与管理控制并驾齐驱,作用互补

最初,内部会计控制并未与内部控制的定义严格区分。在 20 世纪 50～70 年代,内部控制的发展突破了仅存在于会计领域的限制,延伸到了管理领域。内部会计控制的内涵也随着人们实践的发展而不断完善。

1949 年,美国注册会计师协会(AICPA)所属的审计程序委员会出版了第一部审计意义上的内部控制研究专著——《内部控制:一种协调制度要素及其对管理当局和独立注册会计师的重要性》,首次认为:“内部控制包括组织机构的设计和企业

内部采取的所有相互协调的方法和措施。这些方法和措施都用于保护企业的财产,检查会计信息的准确性,提高经营效率,推动企业坚持执行既定的管理政策。”

1958年10月,AICPA发布的《审计程序公告第29号》将内部控制划分为会计控制和管理控制,并认为内部会计控制包括组织规划的所有方法和程序,这些方法和程序与财产安全和财物记录的可靠性有直接的联系。这个控制包括授权与批准制度、从事财务记录和审核与从事经营或财产保管职务分离的控制、财产的实物控制和内部审计。理解该定义时人们认识到,内部会计控制是为了一定目标而建立的一系列制度、程序和方法的集合或者体系。如果仅仅满足于制定各项管理制度,以为建立各项制度就是内部控制,那是错误的;不重视制度的执行与执行的方法,内部控制体系是不完整的。内部会计控制应当涵盖全部会计业务,从事前、事中直到事后,防止因为在制度中没有规定而忽视对某些行为的控制与监督,这些行为有可能导致风险的失控,并且内部会计控制是连续的动态过程与机制,它包含了两个方面的含义:一是内部会计控制时时刻刻都必须执行,任何疏忽都有可能导致内部控制无效;二是内部会计控制是动态变化的,它应当随外部环境和内部管理变化的要求相应地作出调整,而不应墨守成规。

1972年,美国准则委员会(ASB)循着《证券交易法》的路线进行研究和讨论,在《审计准则公告第1号》(SAS NO.1)中,按照对象与范围将内部控制分为内部会计控制(Internal Accounting Control)和内部管理控制(Internal Administrative Control),被称为“两点论”的内部控制观,简称会计控制和管理控制。

内部会计控制由组织计划以及与保护资产和保证财务资料可靠性有关的程序和记录构成。会计控制旨在保证:经济业务的执行符合管理部门的一般授权或特殊授权的要求;经济业务的记录必须有利于按照一般公认会计原则或其他有关标准编制财务报表,以及落实资产责任;只有在得到管理部门批准的情况下,才能接触资产;按照适当的间隔期限,将资产的账面记录与实物资产进行对比,一经发现差异,应采取相应的补救措施。

内部管理控制包括但不限于组织计划以及与管理部门授权办理经济业务的决策过程有关的程序及其记录。这种授权活动是管理部门的职责,它直接与管理部门执行该组织的经营目标有关,是对经济业务进行会计控制的起点。

1979年,美国证券交易委员会在《管理人员对内部会计控制的公告》中指出,建立内部控制系统是管理人员的重要责任,强制性要求管理人员报告企业的内部会计控制。

(4)会计控制始终成为内部控制的核心要素

20世纪80年代,美国的一系列财务会计报告舞弊和突发事件促使人们开始重视对风险的研究和对内部控制的重新思考。很多人认识到可以把加强上市公司会计控制乃至内部控制作为从根源上解决虚假财务信息的手段之一。

1986 年,第 12 届国际审计会议发表《总声明》,赋予内部控制新的含义,即“作为完整的财务和其他控制体系,包括组织结构、方法程序和内部审计。它是由管理者根据总体目标而建立的,目的在于帮助企业的经营活动合理化,具有经济性、效率性和效果性;保证管理决策的贯彻;维护资产和资源的安全;保证会计记录的准确和完整,并提供及时、可靠的财务和管理信息”。内部控制开始进入提高阶段,并侧重于企业层面的控制。

1988 年 4 月,AICPA 发布了《审计准则公告第 55 号》(SAS No.55),首次以“内部控制结构”取代了“内部控制”。在“内部控制结构”中,不再划分内部会计控制与内部管理控制,而统一以要素表述内部控制,且正式将控制环境纳入内部控制范畴。它是充分有效的内部控制体系得以建立和运行的基础与保证。内部控制被界定为“为合理保证企业特定目标的实现而建立的各种政策和程序”,在结构上由控制环境、会计制度和控制程序三个要素组成。

控制环境,是指董事会、管理者、业主和其他人员对控制的态度和行为,具体包括管理哲学和经营作风、组织结构、董事会及审计委员会的职能、人事政策和程序、确定职权和责任的方法、管理者控制和检查工作时所用的控制方法,如经营计划、预算、预测、利润计划、责任会计和内部审计等。

会计制度,是指规定各项经济业务的确认、归集、分类、分析、登记和编报的方法。一个有效的会计制度包括以下内容:鉴定和登记一切合法的经济业务;对各项经济业务进行适当分类,作为编制报表的依据;计量经济业务的价值以使其货币价值能在财务报表中记录;确定经济业务发生的时间,以确保其被记录在适当的会计期间;在财务报表中恰当地表述经济业务及有关的揭示内容。

控制程序,是指管理当局所制定的政策和程序,用以保证达到一定的目的,具体包括:经济业务和活动的批准权;明确各员工的职责分工;充分的凭证、账单设置和记录;资产和记录的接触控制;业务的独立审核;等等。

当时,将控制环境视为内部控制的一个首要的组成部分是一大突破。控制环境是由企业全体职工,主要是企业的管理者所造就的,是充分有效的内部控制体系得以建立和运行的基础;同时,会计制度控制被放到了突出地位,规定了各项经济业务的确认、归集、分类、分析、登记和编报的方法等始终是内部控制的核心要素。

1987 年,美国反对虚假财务会计报告委员会在《全国舞弊性财务报告委员会报告》中呼吁管理层应该在企业的年报中提供两份报告,以明确管理层对财务会计报告的责任,并对企业的内部控制系统及其有效性进行报告。

1988 年,美国证券交易委员会第 34－25925 提案中呼吁管理人员就内部控制责任和内部控制系统有效性的评估发表报告,要求具备一定资格的独立审计师对管理人员的报告发表意见。

(5)会计控制与风险管理相结合，尤其重视控制财务会计报告

进入 20 世纪 90 年代后，基于对风险的不断考量，内部控制开始强调风险评估的重要作用，强调信息与沟通是强化内部控制的重要途径，强调对内部控制系统本身的监控成为内部控制发挥作用的关键环节。此时，一方面，会计控制对根除虚假信息的作用显得越来越重要，并要求渗透于内部控制的各个要素之中；另一方面，控制过程受到董事会、管理层和其他人员的影响，从战略制定起贯穿于各项业务活动，最终体现在财务会计报告内部控制的评价与鉴证之中。

1992 年，美国会计学会(AAA)、注册会计师协会(AICPA)、国际内部审计协会(IIA)、财务经理协会(FEI)和管理会计学会(IMA)等组织发起成立了美国科索委员会(COSO)，并提交了一分举世瞩目的研究报告——《内部控制——整体框架》，该报告在 1994 年进行了增补。COSO 报告提出："内部控制是由企业董事会、经理当局以及其他员工为达到财务报告的可靠性、经营活动的效率和效果、相关法律法规的遵循等三个目标而提供合理保证的过程。"同时，COSO 报告提出内部控制包括控制环境、风险评估、控制活动、信息与沟通、监控五个相互联系的要素。COSO 报告提出的这个由"三个目标"和"五个要素"组成的内部控制整体框架得到了公司董事会、管理当局、投资者、债权人、审计人员及专家学者的普遍认可，因而成为当时最权威的内部控制概念。

如果说把一个组织看成一个人的机体，那么内部控制就相当于这个机体的"免疫系统"。一个健康的"免疫系统"可以保证一个人少生病，一个健全的内部控制可以使一个组织规避风险。如同免疫系统由扁桃体、肝、胸腺、骨髓、淋巴结五部分共同配合一样，内部控制包括控制环境、风险评估、控制活动、信息与沟通、监督五大基本控制要素。

控制环境就是组织对"免疫系统"的态度，以及"免疫系统"的各部分是否能相互协调、配合等。任何单位的控制活动都存在于一定的控制环境之中，控制环境为内部控制其他方面的运作提供框架，其直接决定了企事业单位内部控制整体框架实施的效果。良好的控制环境可以使每个员工都积极主动地去发现组织中存在的"病毒"。

风险评估的目标在于及时发现与识别"免疫系统"的不足从而控制风险，是提高控制效率和效果的关键。如果管理层人员的思想中缺乏风险概念，单位又缺乏风险管理机制，那么，由于抗风险能力低下而不能及时发现"免疫系统"的缺陷，常常使组织面临遭受"病毒侵蚀"的风险。

控制活动就是"免疫系统"发现"病毒"、处理"病毒"的过程和程序，是内部控制的主体和核心。控制活动的实质是将一项业务活动分离出授权、批准、执行、记录

及监督等职能，并将这些职能分别授权不同的部门或不同的人员执行，形成一个相互牵制、制约的过程。

如同免疫系统的各部分要协调、配合一样，一个组织内部的各个部门也要通过及时的信息与沟通，根据内部控制系统反馈的信息，及时发现问题并提出建议，促进完善体制机制，更广泛、更全面地解决类似问题。

监督是对内部控制的再控制，是内部控制的“医生”，可以帮助内部控制查找自身缺陷，并促进其有效执行。

自20世纪90年代末以来，理论界和实务界已经认识到一个经济实体的失败源于控制的失败，人们对内部控制的关注从企业内部、行业协会转向了由政府部门强力推行。2002年6月，美国国会参议院银行委员会通过了由奥克斯利和参议院银行委员会主席萨班斯联合提出的会计改革法案——《2002上市公司会计改革与投资者保护法案》。该法案经美国国会通过后，由布什签署成为正式法律，称为《萨班斯—奥克斯利法案》(SOX法案)。该法案对美国《1993年证券法》和《1994年证券交易法》进行了修订，在会计职业监管、公司治理、证券市场监管等方面作出了许多新规定，其中，第103条、302条和404条还第一次以法律的形式对财务会计报告内部控制的有效性提出了明确的要求。美国证券交易委员会(SEC)在2002年发布的33—8138号提案中首次对财务会计报告内部控制进行了解释，到了该年10月，在对财务会计报告内部控制审计征求意见的基础上，对管理层内部控制评估以及注册会计师事务所的鉴证报告进行了规范。

科索委员会于2004年9月29日发布了《企业风险管理——整合框架》。该研究报告认为“企业风险管理是一个过程，它由一个主体的董事会、管理当局和其他人员实施，应用于战略制定并贯穿于企业之中，旨在识别可能会影响主体的潜在事项，管理风险以使其在该主体的风险容量之内，并为主体目标的实现提供合理保证”。该研究报告将内部控制上升至全面风险管理的高度来认识，描述了适用于各类规模组织的风险管理的重要构成要素、原则与概念。该框架集中关注风险管理，为董事会与管理层识别风险、规避陷阱、把握机遇、增加股东价值提供了指南。基于这一认识，该研究报告提出将风险评估细化为目标设定、事项识别、风险评估、风险应对，从而产生了内部环境、目标设定、事项识别、风险评估、风险应对、控制活动、信息与沟通和监控“八要素控制理论”。

1.1.5 会计控制最本质的作用就是风险管理

会计管理的本质就是控制，控制什么呢？应以控制风险为要。

会计控制不断发展的轨迹已经清晰地告诉人们：随着市场经济的不断发展，会计控制最显著的职能作用和最本质的特征就是与风险管理相结合，就是为了防范风险。简言之,会计控制的本质就是风险控制,即有效的风险管理。

内部控制是从最初的会计控制开始,扩展为内部管理控制,再将两者结合起来讨论,然后发展为一个整体框架,最后演变为与风险管理相结合并重视对财务会计报告内部控制的评估与审计。其演进与完善经历了从"方法程序观"到"过程观",再到目前的"风险观";其控制定义也经历了从静态的"方法、措施"到动态的"过程控制",再发展为综合的"风险管理",体现了从静态到动态、从以制度为本到以人为本、从细节控制到风险管理的动态演进;对会计控制的政策制定也从最初以纠错防弊为目的自发产生到由企业内部、行业协会制定政策,再到由政府部门强力推行的逻辑演绎,这些变化对我国会计控制的发展具有积极的启迪。

综上所述,会计管理最显著的特征是会计控制,最本质的作用是控制风险;不断加强会计控制就是为了管理风险,或者说,会计控制最本质的作用就是风险管理。无论是控制风险,还是管理风险,都是为了谨防风险,这是时代的呼唤。

事实上,会计管理、会计控制、控制风险、风险管理之间已经互相交融,彼此渗透,相互影响,互为作用,详见图 1.1。本书重在论述会计控制中的风险管理,着重研究风险管理中的会计控制问题,故取名为《会计控制与风险管理》。

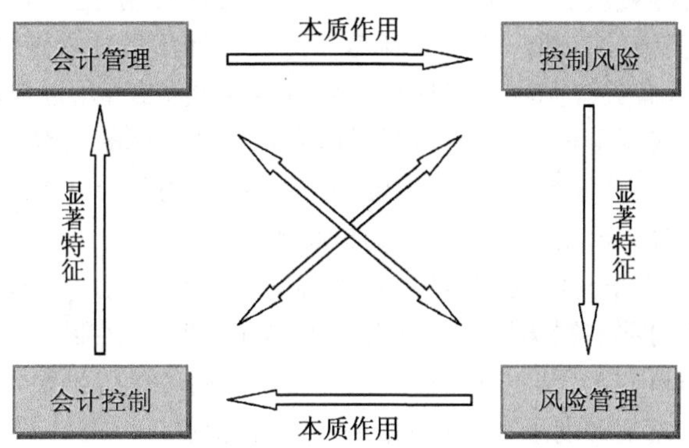

图 1.1　会计控制与风险管理

任何单位都需要会计控制。随着竞争越演越烈,风险越来越大,失控越来越多,会计控制正面临着风险管理过程中一个严肃的问责:如何识危防险,防微杜渐,化险为夷,转危为安,为健康运营保驾护航?

会计控制不断健全的过程,一方面是企事业单位不断成长壮大的必然结果,另一方面也是现代化管理不断发展变化的客观要求;同时,会计法治的健全、会计与审计技术的进步和管理理论的不断创新都是推动会计控制不断发展的内在动力。

1.2 会计控制的基本理论

1.2.1 会计控制的基本概念

(1)会计控制

对会计控制的理解,随着经济社会变革和风险管理演变而不断渐进,并显得多姿多彩。

《内部会计控制规范——基本规范(试行)》所称的内部会计控制是指“单位为了提高会计信息质量,保护资产的安全、完整,确保有关法律法规和规章制度的贯彻执行等而制定和实施的一系列控制方法、措施和程序”。该定义将会计控制看成为了实现会计控制目标而实施的会计行为过程,具有法定的权威性。迄今为止,《内部会计控制规范——基本规范(试行)》仍是我国财政部发布的专门用于指导企事业单位会计控制的第一个也是最重要的文件,该规范适用于国家机关、社会团体、公司、企业、事业单位和其他经济组织(以下统称“单位”)。

《会计大百科辞典》认为:“会计控制亦称内部会计控制,是通过企业内部会计活动对经济业务实施的控制。会计控制是与保证会计信息的质量,保护资产的安全、完整,贯彻执行有关法律法规和规章制度等直接相关的,用以控制本单位经济活动,使经济活动或资金运动达到预期目标,实现会计目标的关键环节。”这一基本概念的表述凸显了会计控制的目标、地位与作用,也说明了会计控制属于企业内部控制最主要的组成部分,处于内部控制的核心地位。

会计控制是一个偏正结构的名词,其中心词是“控制”,其修饰词是“会计”,是会计的控制,属于内部控制学的一个分支。用“会计”修饰“控制”,一方面说明了控制的对象、范围和内容等,另一方面也说明了需要采用会计的思想方法去监控单位的行为,这是会计控制区别于其他控制的一个显著特点。

会计控制也被看成是一个联合结构的词组,即“会计+控制”。凡是有机融合会计与控制的各项活动,并利用会计信息资料进行有效管控的思想、方法、措施和程序等,都属于会计控制研究的范畴。

从学科分工来看,会计控制是一门专业学科,属于内部控制学的一个子系统,是一门应用性、综合性很强的交叉学科,其理论基础包括会计学、控制学、管理学、心理学、行为学和犯罪学等,其所选用的方法包括分析性研究、实证性研究等,是研究各种会计控制行为,并为实现内部控制目标服务的。天津财经大学于玉林教授将会计控制称为"展望未来会计交叉学科的发展"的一门新兴学科。①

(2)控制会计

控制会计,尤其是控制会计人员的行为规范,已经成为会计控制和风险管理重点研究的领域之一。"控制会计是以控制论的基本原理和方法为基础,运用会计信息,对单位的价值活动进行控制、检查、考核、分析和报告,对出现的偏差及时反馈,判断单位内部的工作业绩的会计管理活动。"②

控制会计是一个动宾结构的词组,其基本含义是指通过制定和实施一系列控制方法、措施和程序等来管控单位的会计活动与会计行为。这一基本含义凸显了"控制"这个行为动词的重要性,同时明确了控制的对象是各种会计活动与会计行为。

控制会计也被看成是一个偏正结构的名词,其中心词是"会计",即控制的会计,属于会计学的一个分支。其究竟是怎样的会计呢?其是研究如何控制方面问题的会计,就像管理会计是研究如何有效管理的会计学科一样。用控制修饰会计,说明了控制会计所需研究的对象、范围和内容等。

控制会计还被看成是一个联合结构的词组,即"控制+会计"。凡是有机融合控制与会计的活动,并利用控制所得到的各种信息资料进行有效会计管控的思想、方法、措施和程序等,都属于控制会计研究的范畴,包括采用控制的思想方法去管控会计和采用会计的思想方法去管控会计等方面。

虽然人们对控制会计的理解是多方面的,但从理论上分析,会计控制比控制会计的概念空间更大、范围更广、作用更宽泛。会计控制包括控制会计,要实施会计控制必须控制好会计,所谓"打铁还需自身硬"。会计控制与控制会计之间既有联系,又有区别,在实务工作中有时很难区分清楚。控制与会计一旦结合起来,就为会计控制这门学科创造了广阔的空间与活动的舞台。控制会计是会计人员控制思维的表现与监控技能的体现。

控制会计行为很重要,因为它是一种有规范、有目的、有约束的会计管理活动。在经济生活与管理活动中,两个或两个以上的人同时做一件事,比一个人独自做一件事出错和舞弊的可能性要小。也就是说,实现有效的会计控制,可以合理保证各项管理行为和业务活动相互制约、权力制衡。正确认识和恰当掌握好这一基本假定,才能理解会计控制的内涵,才会明白为什么在经济生活和管理活动中会一再突出强调"职责分离"和"岗位授权"等内部控制措施与方法的重要性。

控制会计的思想源远流长,历久弥新。例如,会计机构内部的稽核制度就是内

① 于玉林. 会计创新学[M].上海:上海财经大学出版社,2014.

② 于玉林. 会计大百科辞典[M].上海:上海财经大学出版社,2009.

部会计控制的一项制度安排。会计稽核制度不同于单位内部的审计制度，它只是会计机构内部的一种工作制度，而单位审计制度是由在会计机构之外另行设置的内部审计机构或审计人员对会计工作进行再检查的一种制度。按照我国财政部发布的《会计人员工作规则》的规定，会计机构内部应当建立会计稽核工作岗位，稽核人员根据各单位的实际情况可以是专职人员，也可以是兼职人员。

专题讨论 1.4 | 为什么需要建立健全内部稽核制度?

稽：古代的一种礼节，跪下，拱手至地，头也至地，其含义为考核、考察、稽查等；核：仔细地对照、考察，引申为复核、审核、核实等；稽核：稽查成数而审核其实在，简言之，稽核是稽查和复核的简称。

按照《中华人民共和国会计法》的规定，所有国家机关、社会团体、事业单位、公司、企业和其他组织，都要由会计机构负责人或者会计主管人员指定专人对本单位的会计凭证、会计账簿、账务报表及其他会计资料进行检查或审核，并使该项制度程序化和逐步完善，其目的在于防止会计核算工作中所出现的差错和有关人员的舞弊。这不是不放心会计人员的工作，而是因为稽核是会计控制必经的程序，是一种制度安排；也真是不放心会计人员的工作，因为人与环境都会变，“没有规矩，不成方圆”，失控才是最大的风险。确实，通过稽核，对日常核算工作中所出现的疏忽、错误等及时加以纠正或制止，可以提高会计核算工作的质量。

稽核工作的主要内容包括：稽核工作的组织形式和具体分工；稽核工作的职责、权限；审核各项财务预算和财务收支；复核会计凭证、会计账簿和财务报表等。

稽核既是一种工作责任，也是一种审核技巧。例如，为了确保会计信息质量，应当审核财务报表是否根据登记完整、核对无误的会计账簿记录和其他有关资料编制，是否做到数字真实、计算准确、内容完整、说明清楚，要谨防篡改或者授意、指使、强令他人篡改财务报表的有关数字；同时，还应当稽核财务报表之间、财务报表各项目之间的勾稽关系；凡有对应关系的数字，应当相互一致，如本期财务报表与上期财务报表之间有关的数字应当相互衔接。如果不同会计年度财务报表中各项目的内容和核算方法有变更，应当在年度财务报表中加以说明。如果勾稽关系不对，说明财务报表的编制出现了问题。

“哪里有业务，哪里有流程，哪里就要有稽核”。稽核工作要求稽核人员不仅专业知识要过硬，更要对所有流程运作有全面的了解，而且还必须具备一定的超前防范意识和丰富的实务经验，要有较强的领导、沟通、协调能力以及强烈的事业心。

1.2.2 会计控制的主体

按照控制主体与控制客体是否处于同一组织且是否自愿，控制可以分为外部控制和内部控制。会计控制属于内部控制的范畴。内部控制是为实现组织利益而作出的某种努力，外部控制是以社会利益或者宏观利益诉求为出发点的行为。由单位自身控制所形成的自律机制被称为内部控制，由外部单位对本单位所实施的他律机制被称为外部控制。

“内部”界定出控制的边界。会计控制归属于单位内部的事务。按照内部控制主体假设理论的要求，内部控制建立与实施的主体是组织内部的机构和人员。例如，在行政事业单位，包括单位负责人和员工；在企业，包括董事会、监事会、管理者和其他人员。

由此可将会计控制定义为：单位自愿的、由单位内部相关部门或人员实施的一系列会计控制的方法、措施和程序，是旨在实现特定会计目标的过程。

由内部部门和人员进行控制具有先天的优势，因为他们熟悉单位的业务流程，深谙单位文化，认同单位所追求的工作与战略目标，可以持之以恒地进行常规性控制，而不是突击性的、运动性的。所以，会计控制是一种自我控制，应当具有很强的内在动力，但前提仍是应当具有自律意识。

然而，以内部控制部门和人员为主体的会计控制也具有先天不足：一是在执行控制行为时控制者难免受到管理层、非正式组织甚至包括自身在内的小团体利益的影响，难以公正、客观，可能会失去独立性；二是随着管理越来越专业化、科学化和复杂化，会计控制也越来越专业化、科学化和复杂化，单位内部人员由于资历、经历与视野的局限可能很难完成这项工作。与此同时，外部的专业性组织由于专门从事这方面的业务，长期实践所积累的经验使得它们更加具有效率和准确性，因而委托外部专业性组织进行会计控制也具有一定的效率和成本优势。但是，这种委托行为也应当是出于单位自觉自愿才好，因为外部接受委托的专业人士进入现场工作需要单位人员的配合和支持。

1.2.3 会计控制的客体

会计控制的客体即控制的对象。一切以货币计量的经济业务都是会计控制的客体。

经济业务与会计活动形影不离，涉及单位经营管理的所有环节。事实雄辩地证明，采购、生产、销售、财务等管理环节出现问题，几乎都与会计控制系统失控有着直接或间接的关系；而一个致力于持续稳定发展的单位必然是重视内部会计控制与管理的。会计控制是一系列行为和过程，它与其他职能的相互配合贯穿于经营管理活动的全过程。

全过程和全要素的会计控制是指涉及单位经营管理的所有环节，覆盖单位的全价值链，涵盖经营管理活动所需要的人、财、物、信息、技术、时间、社会信用等一切资源。其中:对人的控制主要是对人的行为控制;对财的控制主要涉及资金流量与收支管理;对物的控制主要涉及资源利用与资产控制;对信息的控制主要涉及组织外部与内部信息的收集、传递、反馈、处理与利用的控制;对技术的控制主要涉及新技术和新方法的研究、引进以及各种技术标准的制定、执行和控制;对时间的控制主要是指如何合理安排工作时间以及时达到组织目标;对信用的控制涉及如何树立良好的社会声誉和社会地位,为组织目标的实现创造良好的环境;等等。

1.2.4 会计控制的目标

会计控制的目标是要求会计控制完成的任务或达到的标准,它决定了会计控制运行的方式和方向,也是认识会计控制基本理论的出发点。

不同性质的单位其控制目标有不同的侧重点。企业内部控制的目标是合理保证企业经营管理合法合规、资产安全、财务会计报告及相关信息真实完整,提高经营效率和效果,促进企业实现发展战略。行政事业单位内部控制的目标主要包括合理保证单位经济活动合法合规、资产安全和使用有效、财务信息真实完整,有效防范舞弊和预防腐败,提高公共服务的效率和效果。

由于会计控制的基本法规、基础理论与基本方法具有普遍性、通用性和广泛适用性,从会计专业的角度出发,会计控制目标首先定位于提供真实、可靠的会计信息,这既能发挥会计工作的核算和监督职能,又能为预决策等经济活动提供信息服务,从而体现会计的管控职能,并有利于会计控制向管理控制的有效过渡及与其有机结合。目前,对会计控制目标的研究已从最早的查错防弊单一性目标发展到综合性和结构性目标,其发展方向有以下五个趋势:一是确保单位目标的有效实现;二是符合国家财经法律法规;三是既重视经营目标,又重视非经营目标;四是确保信息的质量和安全;五是保护单位的重要资源。

《内部会计控制规范——基本规范(试行)》从会计控制专业的角度提炼出以下三个基本目标:

(1)规范会计行为,保证会计资料真实、完整

单位要实现其管理方针和战略目标,需要及时获取准确的资料和信息,以便作出正确的判断和决策。通过制定和执行会计控制制度,实施恰当的业务控制程序,科学、合理地划分职责范围,建立相互协调、相互制约的机制和及时、畅通的信息反馈系统等,可以合理保证提供及时、准确的经营管理信息和财务信息,为决策提供可靠的依据,这是会计控制的基本目标。

(2)堵塞漏洞、消除隐患,防止并及时发现、纠正错误及舞弊行为,保护资产的安全、完整

建立会计控制制度并采取严格的控制措施,尤其是通过不相容职务分离等措

施形成内部牵制，同时实行限制接近财产和内部定期盘点核对等制度，可以使财产的收、付、存得到严密的控制，使员工做到各司其职、互相制约、恪尽职守、克服并清除舞弊。防范舞弊和预防腐败是现阶段控制活动尤其重要的目标，会计过程不仅是"防微杜渐"的过程，也是"化险为夷"的过程。健全、有效的会计控制有助于避免和降低各种风险，提高经营管理的效率与效果。

(3)确保国家有关法律法规和内部规章制度的贯彻执行

国家颁布的法律、法规和规章制度，尤其是各种会计法规和财经法规，只有在每个单位都得到认真的贯彻执行，才能发挥相应的作用；同时，也只有认真贯彻执行国家的法律、法规和规章制度，才能保证单位经营活动的合法性。健全、有效的会计控制制度所形成的相互协调与相互制约的机制能够及时地反映国家法律法规的贯彻执行情况，并能检查、揭示和纠正经营管理中的违法乱纪行为，从而有效地保证各项政策及国家的法律法规在单位内部得到贯彻执行。

专题讨论1.5 | 如何确保控制目标的有效实现?

实施目标控制法是确保会计控制目标实现的重要途径之一。

目标控制法是指一个单位的管理工作应遵循其创建的目标，制定出切实可行的计划，并对其执行情况进行控制的一系列方法。目标是指所要达到的目的和标准。人们无法控制没有明确目标的过程或活动。目标控制是一种事前控制方法，其重要性体现在能为所有职能的履行立下明确的职责与组织计划。有效的内部控制制度的先决条件是提出目标。

实行目标控制，一要确定目标，即提出达到目标的具体措施，这样才有助于达到预期目的；二要对计划指标的执行情况进行控制，而且对于组织管理活动中的每一道环节都要施以监督，做到层层把关；三要连续不断地对所取得的成果进行测算和检查，将实绩与计划相比较，及时揭示实绩与计划之间的差异及其原因，进行定性、定量分析，作出客观的评估，并把结论反馈给有关的管理人员，以便修改原订的计划或采取有效的补救措施。

目标应当是具体可行的。尤其是在各个业务环节中的控制目标，还应当具有可操作性，应当与业务流程相结合，并表述清楚。

在实务中，具体会计控制目标的表述应尽量满足"五性"要求：第一，明确性，即要用具体的语言清楚地说明要达成的行为标准。控制目标只有具体、明确，才能传达到业务流程中所涉及的各不同机构、部门和岗位。第二，可衡量性，即会计控制目标尽可能量化，以利于准确地衡量业务流程所需要达到的水平。第三，可实现性，即目标是能够被执行人所接受并且完成的。如果一个业务目标始终无法达到，那么目标的设定则被认为是不合理的。第四，相关性，即实现此目标与其他目标的关联情况。具体控制目标的设定最终是为总体目标的实现服务的，所以具体目标必须与其他目标有一定的关联。第五，时限性，即目标实现是有时间限制的。

当然，实施内部会计控制只是对实现目标的一种合理保证，不可能是一种绝对保证。即使提法上的“确保”，也不是绝对保证，因为会计控制存在着局限性。那么，如何才能实现合理保证呢？必须符合会计控制的客观事实、基本规律与运行特点等。所以，认真学习、不断研究、积极推进、持续运行、有效监管就显得尤为重要。

1.2.5 会计控制的规范要求

会计控制制度是为了实现控制目标而建立的规范，其法律约束性很强。不同的国家对于本国不同类型单位的内部控制有不同的规定与要求。内部控制规范一般分为两类：一类是主管部门和专业协会等组织发布的技术性规范，具有指引作用，如美国的 COSO 委员会制定的《内部控制——整体框架》和《企业风险管理框架》等、中国的《企业内部控制应用指引》等；另一类是法律和法规，具有较强约束力，如国外的《萨班斯—奥克斯利法案》、国内的《中华人民共和国公司法》《中华人民共和国证券法》以及有关上市公司和国有企业管理的各种条例等。

虽然我国会计控制源远流长，但全国性的有关会计控制的法规建设起步较晚，却发展较快，要求较高。下列关于我国会计控制制度建设相关文件的摘要反映出会计控制的法规建设进程与发展轨迹，学好、用好这些文件是贯彻落实会计控制工作最重要的前提与基础。

1978 年 9 月 12 日，国务院颁布了《会计人员职权条例》，提出“总会计师会签”制度。

1984 年 4 月 24 日，财政部发布了《会计人员工作规则》，要求建立会计人员岗位责任制，提出出纳人员不相容职务分离的规范要求。

1985 年 1 月 21 日，第六届全国人民代表大会常务委员会第九次会议通过了《中华人民共和国会计法》，重申会计人员岗位责任制，要求建立健全内部会计管理制度。

1996 年 6 月 17 日，财政部发布了《会计基础工作规范》，要求建立健全包括内部牵制制度在内的会计管理制度。

1997 年 1 月 1 日起实施的《独立审计具体准则第 9 号——内部控制和审计风险》要求注册会计师审查企业的内部控制，并对内部控制的定义、内容（包括控制环境、会计系统和控制程序）等作出了规定。

1999 年 10 月 31 日，第九届全国人民代表大会常务委员会第十二次会议修订了《中华人民共和国会计法》，明确要求各单位应当建立健全本单位内部会计监督制度。单位内部会计监督制度应当符合下列要求：第一，记账人员与经济业务事项和会计事项的审批人员、经办人员、财物保管人员的职责权限应当明确并相互分离、相互制约；第二，重大对外投资、资产处置、资金调度和其他重要经济业务事项的决策和执行的相互监督、相互制约程序应当明确；第三，财产清查的范围、期限和组织程序应当明确；第四，对会计资料定期进行内部审计的办法和程序应当明确。

2001年2月20日，财政部发出第10号部长令——《财政部门实施会计监督办法》，要求加大会计执法力度。

为了促进各单位内部会计控制的建立与健全，加强内部会计监督，维护社会主义市场经济秩序，根据《中华人民共和国会计法》等法律法规，财政部于2001年6月22日颁发了《内部会计控制规范——基本规范(试行)》和《内部会计控制规范——货币资金(试行)》(财会〔2001〕41号)，于2002年12月23日发布了《内部会计控制规范——采购与付款(试行)》和《内部会计控制规范——销售与收款(试行)》(财会〔2002〕21号)，于2003年10月22日发布了《内部会计控制规范——工程项目(试行)》(财会〔2003〕30号)。2003年7月15日，财政部发出《内部会计控制规范——担保(征求意见稿)》和《内部会计控制规范——成本费用(征求意见稿)》(财办会〔2003〕32号)，于2003年11月26日发出《内部会计控制规范——对外投资(征求意见稿)》和《内部会计控制规范——预算(征求意见稿)》(财办会〔2003〕43号)。这些规范适用于国家机关、社会团体、企事业单位和其他经济组织。这些规范的发布与实施对于促进单位建立健全内部控制，改变我国目前单位内部控制乏力、会计信息失真严重、内部管理散乱的现状具有积极而又十分重大的现实意义。单位应当根据国家有关法律法规和这些规范，结合部门或系统的内部会计控制规定，建立符合本单位业务特点和管理要求的内部会计控制制度并组织实施。

诚然，会计控制很重要，但其只是内部控制最核心的组成部分，而不是全部。要搞好会计控制，必须创建良好的内部控制环境与风险管理基础，单靠会计控制是难以全面实现内部控制目标的。近年来，我国政府重点关注了商业银行、上市公司、国有企业，以及如何将内部控制与风险管理有效结合等方面。

商业银行的风险控制一直是我国企业内部控制的重点。早在1997年5月，中国人民银行就印发了《加强金融机构内部控制的指导原则》(银发〔1997〕199号)。1997年10月，财政部与中国人民银行共同发布了《进一步加强银行会计内部控制和管理的若干规定》。2002年9月，为促进商业银行建立和健全内部控制、防范金融风险、保障银行体系安全稳健运行，依据《中华人民共和国中国人民银行法》和《中华人民共和国商业银行法》等法律规定以及银行审慎监管的要求，我国制定了《商业银行内部控制指引》(中国人民银行公告第19号)。该指引明确指出："内部控制是商业银行为实现经营目标，通过制定和实施一系列制度、程序和方法，对风险进行事前防范、事中控制、事后监督和纠正的动态过程和机制……应当包括以下要素：①内部控制环境；②风险识别与评估；③内部控制措施；④信息交流与反馈；⑤监督评价与纠正。”2005年2月1日，《商业银行内部控制评价试行办法》正式施行。

上市公司风险管理历来是我国政府和投资大众的关注点。2001年1月，中国证券监督管理委员会发布《证券公司内部控制指引》。2001年10月，中国证监会又发出了《关于做好证券公司内部控制评审工作的通知》(证监机构字〔2001〕202号)。2006年5月17日，证监会发布的《首次公开发行股票并上市管理办法》第29条规定，“发行人的内部控制在所有重大方面是有效的，并由注册会计师出具了无保留结论的内部控制鉴证报告”。这是中国首次对上市公司内部控制提出具体的要求。自2006年7月1日起施行的《上海证券交易所上市公司内部控制指引》认为：“内部控制是指上市公司(以下简称公司)为了保证公司战略目标的实现，而对公司战略制定和经营活动中存在的风险予以管理的相关制度安排。它是由公司董事会、管理层及全体员工共同参与的一项活动。”该指引将内部控制要素细分为：目标设定、内部环境、风险确认、风险评估、风险管理策略选择、控制活动、信息沟通和检查监督8个基本要素。2006年7月，证监会又发布了《证券公司融资融券业务试点内部控制指引》等文件。

国有企业的风险管理与内部控制现状不容忽视。2006年6月16日，国资委发布了《中央企业全面风险管理指引》，对内部控制与全面风险管理工作的总体原则、基本流程、组织体系、风险评估、风险管理策略、风险管理解决方案、监督与改进、风险管理文化和风险管理信息系统等进行了详细阐述。2007年12月6日，国资委发出了《中央企业财务内部控制评价工作指引(2007年度试行)》的通知(评价函〔2007〕293号)，目的是促进单位内部建立健全运作规范化、管理科学化、监控制度化的财务内部控制体系。

注册会计师的审计等服务应当特别重视研究对单位会计控制乃至内部控制的审核与指导作用。2002年2月，中国注册会计师协会发布了《内部控制审核指导意见》(会协〔2002〕41号)。2007年1月1日起实施的《中国注册会计师审计准则第1211号——了解被审计单位及其环境并评估重大错报风险》认为：“内部控制是被审计单位为了合理保证财务报告的可靠性、经营的效率和效果以及对法律法规的遵守，由治理层、管理层和其他人员设计和执行的政策和程序……包括下列要素：①控制环境；②风险评估过程；③信息系统与沟通；④控制活动；⑤对控制的监督。”

2006年7月15日，财政部发起成立了“企业内部控制标准委员会”，中国注册会计师协会也发起成立了“会计师事务所内部治理指导委员会”。

2008 年 5 月 22 日，财政部、证监会、审计署、银监会和保监会联合发布了《企业内部控制基本规范》(财会〔2008〕7 号)，其中核心内容是内部环境、风险评估、控制活动、信息与沟通、内部监督五大要素，其目的是为了加强和规范企业内部控制，提高企业经营管理水平和风险防范能力，促进企业可持续发展，维护社会主义市场经济秩序和社会公众利益。《企业内部控制基本规范》适用于在中华人民共和国境内设立的大中型企业、小企业和其他单位，是指导企业内部控制包括会计控制的纲领性文件。

2010 年 4 月 26 日，财政部、证监会、审计署、银监会和保监会联合发布《企业内部控制配套指引》(财会〔2010〕11 号)，包括 18 项《企业内部控制应用指引》《企业内部控制评价指引》和《企业内部控制审计指引》，这些与基本规范配套的指引文件具有较强的操作指导性。

上述《企业内部控制基本规范》和《企业内部控制配套指引》共同构建了我国企业内部控制规范体系，标志着“以防范风险和控制舞弊为中心、以控制标准和评价标准为主体”的企业内部控制建设与应用体系已经建成。在这个庞大的体系中，最基本、最重要的是企业内部控制基本规范。应用指引建立在基本规范的基础之上；评价指引围绕着基本规范和应用指引展开；审计指引无论是从企业层面还是从业务层面进行外部评价，仍然要以基本规范为基石。在基本规范中，最核心的内容是内部控制“五要素”，即内部环境、风险评估、控制活动、信息与沟通、内部监督。执行企业内部控制规范体系的企业，应当对本企业内部控制的有效性进行自我评价，披露年度自我评价报告，同时聘请会计师事务所对其内部控制的有效性进行审计，出具审计报告。政府监管部门将对相关企业执行内部控制规范体系的情况进行监督检查。从总体上看，我国着力构建起企业、注册会计师和有关监管部门三位一体的、有效的内外部监督评价体系，确保企业内部控制规范体系顺利实施。在三位一体中，企业是内部控制规范体系建设的主体，而内部控制自我评价和外部审计评价是我国企业内部控制规范体系建设的两大制度层面。

2012 年 11 月 29 日，根据《中华人民共和国会计法》和《中华人民共和国预算法》等法律法规和相关规定，财政部制定了《行政事业单位内部控制规范(试行)》(财会〔2012〕21 号)，要求从单位层面和业务层面等方面提高行政事业单位内部管理水平，规范内部控制，加强廉政风险防控机制建设。

至此，我国已经初步构建起适合于企事业单位的内部控制规范体系，从而为有效实施单位的会计控制营造了法律环境，奠定了法治基础。

依法控制是会计控制的显著特点之一。会计控制的基本法规、基础理论与基本方法具有普遍性、通用性和广泛适用性，所以，本书以企事业单位会计控制为论述对象，以企业控制为主要内容，在阐述会计控制规范要求的过程中，以上述法律法规为编写依据。

1.2.6 会计控制的主要内容

会计控制是指"一个单位"的控制行为，不是单指会计人员或会计部门实施的控制行为，而是包括会计人员或会计部门在内的整个单位的会计控制行为。或者说，会计控制并非只是由会计部门或会计人员独立完成，它可以向其他决策部门提供信息，各部门也可以利用会计信息对价值运动进行局部控制。只有将各部门的间接控制与会计部门的直接控制结合起来，才能实现最佳的会计控制。其中，控制会计只是会计控制内容中最常见的一个组成部分或行为特征。通过控制会计行为可以起到会计控制的作用；而要发挥好会计控制的作用，则必须控制好会计行为。

会计控制通常表现为在经理层领导下的会计部门控制，它体现的是董事会或经理层的意图，落实的是董事会或经理层的管理目标与任务。它与管理控制并不是相互排斥、互不相容的，而是互为补充、各有作用的。有些控制措施既可以用于会计控制，也可以用于管理控制；或者说，管理控制是与会计控制并驾齐驱的控制行为，除了会计控制行为之外的其他控制行为都可以称为管理控制。

由于会计控制的主要对象是以价值反映的资金运动，因此，涉及价值形成全过程的控制既要对总指标进行控制，又要对分指标进行控制，所涉及的面相当广泛。从横向看，可以涵盖单位内部的各个部门和各项业务；从纵向看，可能涉及各个部门的各个岗位、每个员工以及各项业务的每个环节；从内容看，包括对财务会计人员的行为控制以及对单位会计行为的控制。

任何单位都需要会计控制，只是不同单位的侧重点与控制要求有所区别，因而会计控制的具体内容可以有不同的分类方法。例如，根据单位性质，可以分为行政事业单位会计控制和企业会计控制等；根据会计要素，可以分为资产控制、负债控制、收入控制和支出控制等；根据会计管理循环理论，可以分为销售与收款循环、采购与付款循环、生产与存货循环、筹资与投资循环、货币资金流入与流出循环等；根据控制进程，可以分为事前控制、事中控制和事后控制；根据控制流程，可以分为集权控制和分权控制；根据控制方法，可以分为制度控制和预算控制等。

《内部会计控制规范——基本规范(试行)》第三章第八条认为："内部会计控制的内容主要包括：货币资金、实物资产、对外投资、工程项目、采购与付款、筹资、销售与收款、成本费用、担保等经济业务的会计控制。"

本书以完善企事业单位会计控制与风险管理为目标，以全面阐述会计控制的基本理论、规范要求与操作程序为基础，理论联系实际，法规指导实务，遵循《内部会计控制——基本规范(试行)》的思路，各章节的内容编排大体如下：

第一部分为会计控制基本理论与基础知识篇，包括第一章会计控制总论和第二章会计控制要素，重点介绍了控制与内部控制、会计控制与控制会计、会计控制与风险管理等会计控制的基本理论与基础知识，并在分析会计控制现状与风险管理要求的基础上，详细论述了五大内部控制要素（控制环境、风险评估、控制活动、信息沟通、评价监督）及其对会计控制的影响等。

第二部分为会计控制的主要内容与控制方法篇，共8章，分别详细阐述了如何控制资产（包括货币资产、存货、工程项目和固定资产）、负债、收入（包括销售与收款）、支出（包括采购与付款、成本费用）和会计信息所面临的现实风险，具体控制目标，各项控制活动（包括流程、制度、措施等），以及相关的控制要点和监管重点等。控制要点主要体现出各种控制流程中相对比较重要的环节，其中关键控制点更为重要。监管重点主要表现为各种监管方法中特别重要的措施，其中还有不少是值得进一步探究的难点。

第三部分为会计控制制度设计与经验总结篇。其中，第十一章较为详细地介绍了设计会计控制制度的要求、编制程序和编写方法，对全书第二部分的内容在制度编写形式方面进行总结和提炼；第十二章在总结会计控制特点、局限性和职能作用的基础上，分析探讨了会计失控与管理舞弊、会计控制与会计伦理道德、会计控制与会计法治等重大难题，从而引起人们对如何不断完善会计控制体系的思考。实践证明，缺乏会计控制是万万不能的，但会计控制也不是万能的，会计控制一定要与风险管理、会计职业道德、会计法治相结合，控制的关键在于正确、有效的行动。

1.2.7 会计控制的原则要求

会计控制原则是进行内部会计控制应当遵循的标准。《内部会计控制规范——基本规范（试行）》提出应当遵循的基本原则是：应当符合国家有关法律法规和规范，以及单位的实际情况；应当约束单位内部涉及会计工作的所有人员，任何个人都不得拥有超越内部会计控制的权力；应当涵盖单位内部涉及会计工作的各项经济业务及相关岗位，并应针对业务处理过程中的关键控制点，落实到决策、执行、监督、反馈等各个环节；应当保证单位内部涉及会计工作的机构、岗位的合理设置及其职责权限的合理划分，坚持不相容职务相互分离，确保不同机构与岗位之间权责分明、相互制约、相互监督；应当遵循成本效益原则，以合理的成本控制达到最佳的控制效果。

结合《企业内部控制基本规范》和《行政事业单位内部控制规范（试行）》等相关法律法规的要求，现分述会计控制应当遵循的原则如下：

（1）全面性原则

全面是完整的、周密的意思。会计控制应当贯穿单位经济活动的所有方面，涉及会计工作的各项经济业务及相关岗位，落实到决策、执行、监督、反馈等各个环节，并尽可能覆盖所属单位的各种业务和事项，包括参与部门的全面性、业务范围的全面性和流程动作的全面性。

会计控制的全面性包含全员参与和全过程控制。从范围看，会计控制应当覆盖单位管理层面和所有的业务层面，努力做到无一遗漏、无一例外。从流程看，制衡机制和控制措施等应当渗透到经济业务的各个环节，并通过关注风险点、避免出现真空点和失控点，以达到防微杜渐或防患于未然等目的。

风险点，即控制环节中可能存在错弊的、容易失控的、应当予以关注的方面。通常有可能发生危险的地点、部位、场所或动作等就是应予关注的风险点。

真空点，即空白点，是指控制行为没有到达的方面或部分，或控制环节中既没有想到，也没有做到的处于空白的地方。

失控点，即失去控制的方面，通常是指内部控制环节中已经想到，但却没有设计好；或虽然想好，但由于没有落实到位而产生控制缺陷的地方。

任何单位从设计内部会计控制制度开始，就应充分体现全面性，满足内部控制各要素的要求，包括内部环境、风险评估、控制活动、信息与沟通、内部监督等。各种业务控制制度既要在各个制度中充分表述各个要素的内容，又要相互联系、相互制约，使其构成管理中的一个完整的、持续可行的系统，以有效地控制各项经济活动，促使单位完成预期的控制目标。会计控制应当能够约束单位内部涉及会计工作的所有人员，任何个人都不得拥有超越内部会计控制的权力。

专题讨论 1.6 | 如何实现事前、事中、事后的全过程控制？

管理的过程在某种意义上就是控制的过程。控制既是管理的一项重要职能，又应当贯穿于管理的全过程，包括事前、事中和事后控制。

事前控制（前馈控制）是在行动之前对可能发生的情况进行预测并提前做好准备的控制形式，如财务收支活动发生之前的内部牵制制度、授权审批制度、费用报销规定等。前馈控制可以克服事后控制的时滞，具有“防患于未然”等事先预防的作用。

事中控制（过程控制）是在执行计划的活动过程中对偏差实施的控制，是即时性行为，重在防错纠偏。例如，按财务预算的要求监督预算的执行过程，对各项收入的去向进行监督，对产品生产过程中发生的各种成本费用进行约束等。

事后控制（反馈控制）是在计划完成之后，经过与目标的对照，查找偏差再实施矫正的控制行为，重在惩前毖后、承上启下。例如，按财务预算的要求对各责任中心的财务收支结果进行评价并依此实施奖罚，在产品成本形成之后进行综合分析与考核以确定各责任中心和单位的成本责任等。

会计控制应当是一个全面的、动态的、互补的过程(如图1.2所示)。

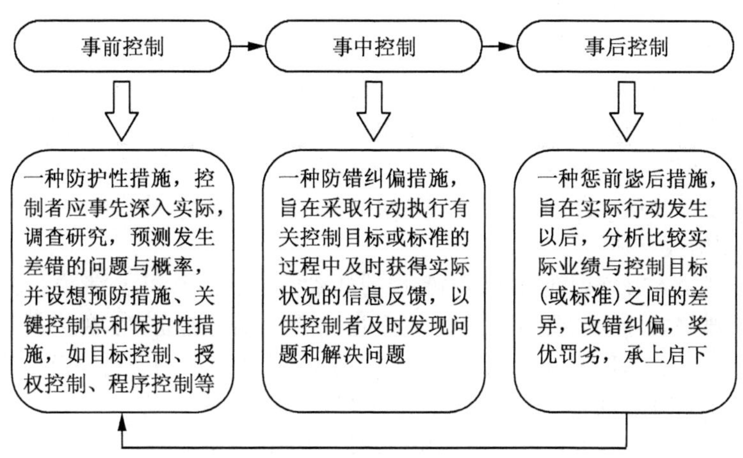

图1.2　全面有效的控制过程

(2)重要性原则

重要是具有重大影响或后果的,有很大意义的意思。会计控制应当在全面控制思想的指导下,善于关注经济活动的重要方面和重大风险,尤其应当善于抓住管理过程中的主要矛盾和矛盾的主要方面,关注下列“二重一高”的风险领域及其相应的关键控制点,确保控制活动不存在重大缺陷或重大舞弊。

专题讨论1.7　|　怎样确认控制过程中的“二重一高”?

重要业务:一般以资产、收入、利润等作为判定标准,分析该项业务设计的资金额度占单位整体资金额度的比重。凡资产占用、营业收入、利润占比较高的业务相对比较重要。

重大事项:一般是指重大投资决策项目,如兼并重组、资产调整、产权转让项目,期权、期货等金融衍生业务,融资、担保项目,重大的生产经营安排,重要设备和技术引进,采购大宗物资和购买服务,重大工程建设项目,年度预算内大额度资金调动和使用,以及其他大额度资金运作事项等。

高风险业务:一般是指经过风险评估后确定为较高或高风险的业务,也包括特殊行业及特殊业务以及国家法律法规有特殊管制或监管要求的业务等。

关键控制点是指在相关流程中影响力和控制力相对较强的一项或多项控制,

其控制作用是必不可少或不可代替的。关键控制点往往处于内部控制环节的要害，或最紧要的环节，或具有决定性作用的方面；或者说是指在一个业务处理过程中起着重要作用的那些控制点，如果没有这些控制点，业务处理过程很可能出现错误和弊端，达不到既定目标。设置关键控制点应针对错弊的发现和纠正。例如，为了保证账户记录的真实性，账实之间的核对是关键控制点；为了保证银行存款金额的正确性，核对银行对账单与存款余额并实施银行函证是关键控制点。突出风险管理的关键控制点，可以避免控制活动没有重心、平铺直叙、平均用力。

(3)制衡性原则

由于两个人有意识地犯同样的错误的概率要小于一个人，或者说两个人有意识地合伙舞弊的可能性要小于一个人，因此，相互制衡是建立和实施内部控制的核心理念之一。也就是说，在相互牵制的关系下，几个人发生同一错弊而不被发现的概率是每个人发生该项错弊的概率的连乘积，因而误差率降低。

制衡是指双方或者多方之间的相互制约与平衡。例如，对于重大经济合同应该要求多部门会审，并且由财务人员、法务人员、专家参与评审。又如，对经营业务活动进行组织分工时，要求不相容职务应分别由不同的人员处理，即进行职务分离，使工作有所牵制、有所制约，防止贪污盗窃，保护资产安全。通常，在单位议事决策机制、岗位设置、权责分配、业务流程等方面应当形成相互制约、相互监督的机制。在横向关系上，至少要由彼此独立的两个部门或人员办理，以使该部门或人员的工作接受另一个部门或人员的检查和制约；在纵向关系上，至少要经过互不隶属的两个或两个以上的岗位和环节，以使下级受上级监督，上级受下级制约。但在实际操作中，制衡越多，流转的部门就越多，业务的效率就会越低。所以，在把握制衡性的同时必须要注意效率问题。

权力与责任的制衡是最核心的制衡。权力一般是指权位、势力，包括职责范围内的指挥或支配力量。责任一般是指分内应做的事。责任意识是“想干事”，责任能力是“能干事”，责任行为是“真干事”，责任制度是“可干事”，责任成果是“干成事”。用责任去制衡权力是积极的、正面的制衡措施，不但可以防止腐败，而且有利于实现工作效能的最大化。

决策环节的制衡是最重要的制衡。一些握有重权的管理人员为获得个人的经济利益往往有意作出错误决策，用单位的大损失去换取个人的小收益。腐败如果发生在决策环节，则可能给单位带来不可估量的损失。

规范管理是实现制衡的基础。规范管理的主要做法就是建立健全规章制度，形成用制度规范经营管理行为、按制度办事、靠制度管人的机制。

有效监督是制衡的保证。有效监督是指包括上对下、下对上以及横向之间交叉进行的全方位的监督。其中，最重要的监督是党的纪检机构对党员领导干部的监督;监察、审计部门对日常经营活动的监督;监事会对董事会、经理层及单位内所有经营管理事务的有效监督;各业务部门之间的横向监督;职工代表大会对单位经营管理及职工权益的监督。

专题讨论 1.8 | 法人治理结构应当如何体现制衡机制?

一个完善的法人治理结构应当充分体现制衡机制。法人治理结构就是明确划分股东会(包括股东)、董事会(包括董事)、监事会(包括监事)的职责,以及明确相互制衡关系的一整套制度安排。其主要内容:一是在股东之间建立起制衡机制,如对独资公司进行产权制度改革的目的就是通过多元化的利益主体来强化股东会内部的制衡机制。二是股东会对董事会的制衡,这是出资人到位的关键。董事会处于出资人与企业的结合部,在资产管理和企业发展中具有特殊地位。注重董事会作用的发挥,既是解决微观层面出资人到位的关键,也是克服企业被"内部人控制"弊病的重要环节。三是董事会内部的制衡,这是科学决策的基础。董事会作为公司的决策机构,董事之间的制衡尤其重要。在董事会内部实行"票决制",董事长仅是董事会的召集人而非行政长官,其只能通过投票来参与决策。四是董事会对经理层的制衡,这是提高资产运营效率,防止出现腐败的重要环节。在法人治理结构中,相互具有制衡关系的职务不宜由一个人兼任。五是监事会在企业法人治理结构中的制衡作用。监事会的主要职责就是对企业的决策、运营、管理和效能实施监督,是反腐败制衡机制的重要组成部分。六是要注意发挥党组织在企业中的制衡作用。为加强党风廉政建设和管理好党员,在党组织内部也需要制衡。

(4)适应性原则

会计控制的原理与方法具有普遍适用性,但由于各单位的实际情况千差万别,因此不可能也没有必要存在一个固定不变的控制模式。诚如有些名医所说的:"药物没有好坏,适合你的才是最好的,因为个体有差异,抗药性也不同。"

会计控制体系的建立与完善一定要与管理现状相匹配,与现有人员的能力和素质相适应,与经营业务的复杂程度相一致,不能超越管理现状进行内部控制流程的设计。所以说,建立与实施会计控制也是一项个性化的管理工作。

已有的控制体系还要与单位的发展阶段相匹配,因为控制不是一个静态的管理状态,而是一个动态的管理过程,各单位需要定期进行内部控制现状评价,及时发现风险的变化,从而进行管理的优化。所以说,会计控制的建立不可能一劳永逸,而是一个不断渐进和完善的动态过程。随着单位经营规模、业务范围、竞争状况和风险水平的变化及时调整有关会计控制的制度、措施、程序是正常现象。各单位可以根据本单位的实际情况,因地制宜、因人而异地设计本单位的内部会计控制制度,切不可脱离实际、好高骛远、设计空中楼阁式的制度,或者照搬照抄其他单位的制度。

(5)成本效益原则

权衡实施成本与预期效益就是要求将进行控制而花费的成本,包括花费的时间和支付的费用等,与缺乏控制所遭受的损失相比较,当控制的效益大于成本时,该项控制措施才是可行的,否则就是不可行的。

会计控制强调的是有序的、低风险的、安全的业务运营。所以,一套合理的会计控制制度应当既能防错防弊,又能提高单位的效率与效果。例如,会计控制流程中的动作包括了效率性动作和控制性动作,两者之间可能是一对矛盾。效率性动作强调业务要尽快完成,其目的是经营效率的最大化,但带来的后果可能是经营风险的最大化;相反,控制性动作是为了防范各种风险,其目的是管理风险的最小化,但带来的后果可能是影响效率的最大化。所以,管理者在设计会计控制流程时如何选择数量合适的控制性动作很重要。在讨论某项措施是否需要时,关键看其对应的风险是否重大、是否可控和可接受、是否有替代性的控制措施等。

当然,控制活动的成本和效益还需要从全局的角度运用财务分析法或宏观经济分析法来确定其“效益”的内涵和外延。

专题讨论 1.9 | 会计控制越严越好吗?

会计控制未必越严越好,应当具体情况具体分析;但有些方面还是越严越好,如地位越高,应当管理越严;权力越大,应当控制越严。

严是紧密,没有空隙的意思。例如,对于货币资金、对外投资等容易出现舞弊的关键环节和关键控制点应当严格一些。特别是关键控制点,作为控制活动的重点,应当对其实行全面、严格、细致的管控,以避免重大风险的产生。为此,任何单位都应当结合风险评估结果,通过手工控制与自动控制、预防性控制与发现性控制相结合的方法,运用相应的控制措施,将风险控制在可承受的范围之内。

“可承受度”是一个可以量化的范围,在这个范围内的差错是可以容忍的。并不是任何管理环节不分轻重缓急都一律需要非常严格、仔细、周到地管控。在实际操作中,制衡越多,需要流转的环节就越多,业务效率可能会越低。所以,在把握制衡性的同时必须要注意效率问题。会计控制应当考虑被控制对象的主观能动性,可以有一定的弹性。

如果采用几个不洗杯子的人来管住一个洗杯子的人,可能会使洗杯子的人感到心寒,因为你不洗杯子,而洗杯子总有打碎杯子的可能,不能因为会打碎杯子而不洗杯子。所以,杯子还是要洗的,其行为是需要有目的、有规范、有程序、有约束的,只要尽量减少打碎杯子就行了,而不一定要管得越复杂、越严格就越好。

会计控制对于防范错弊具有“合理保证”作用的条件之一就是控制成本不能超过因实施控制而获得的利益。成本效益分析要求无论采取哪种控制方式都应考虑控制收益大于控制成本的基本要求。当重要业务可以不断增加控制点来达到较高的控制水平时，就应考虑采用更多的控制点使控制收益减去控制成本的值最大化；但是，当控制收益难以确定时，应考虑在满足既定控制的前提下，使控制成本减少。所以，会计控制应当在权衡成本效益的过程中，追求越有效越好。

1.3 会计控制的现状分析

1.3.1 会计控制现状不容乐观

我国经济长期以来在低产出、低效率、低科技含量、高能耗层面徘徊，除了体制、机制、结构、增长方式等方面的问题外，会计管理工作滞后也是问题之一。尽管在会计控制领域不乏积极探索和有益尝试，但总体发展仍相对滞后。不少单位处于“不知在做”阶段，虽然在实践中运用了会计控制的工具和方法，但不明白风险管理是什么，也缺乏系统运用会计控制的意识；一部分单位虽然“已知在做”，但缺乏活力和主动意识，只是运用了会计控制的部分职能，仍处于自发状态。

我国是一个会计人员大国，但高端会计人才凤毛麟角。目前，全国有828.7万个企业法人单位，有96.5万个行政事业单位，还有一大批小微企业和民间非营利组织，这些企事业单位的基础核算、管理升级、效益提高都离不开会计管理工作。但在我国1 660多万会计人员中，具有初级或中级专业技术资格的有472万人，占会计人员的28.43%；具有高级专业技术资格的仅有约12万人，占会计人员的0.72%；总会计师超过20万人，但会计领军人才仅1 132人。我国的高端会计人才相对缺乏，其中具有管控能力的会计人才更是匮乏，会计控制现状并不乐观。

无论是从单位层面还是从业务层面，现有的会计控制实施情况都不如人意，主要表现为权力失控风险频发、贪污腐败案件高发、财务舞弊案件多发。2015年4月22日，中央纪律监察部网站发布的“天网行动全球通缉百名外逃人员”中，在党政机关和企事业单位担任“一把手”的多达48人。在政府部门工作的21人中，多人与财务、资金打交道，其中8人在各自的单位担任出纳、会计。

调查分析表明，不少单位普遍存在着以下几个方面的问题：

一是风险意识不强，重视不够。加强内部控制建设，首先要对其重要性、紧迫性有清晰的认识，特别是单位负责人，更要绷紧内部控制这根弦，否则难以有效抓落实。但实际情况是对内部控制建设重视不够，应付检查的心理较为普遍。

二是管理基础薄弱，“家底”不清。单位内部控制的目的就是要确保单位预算管理规范、资金运行安全、权力规范行使、事业健康发展，实现对各项管理活动和权力运行的制约。但一些单位仍然存在“家底”不清、职责交叉、权责脱节等问题，管理监督的薄弱环节较多，对防范风险和制约权力缺少有效的措施。

三是缺乏基本的会计控制措施。有的会计机构不健全，会计人员缺乏，会计与出纳“一肩挑”，或者采购、保管、领用由一人管；有的缺乏基本的内部审批程序，业务审核、审批随意性大，甚至有的单位领导直接管钱、管物，内部缺乏基本的控制措施；等等。

四是一些重点领域和环节隐患较多，如采购、基建等领域的问题呈高发、多发态势。例如，高校科研领域中的组织管理、资金使用、成果验收等各环节都存在突出问题，尤其是科研人员通过虚假发票报销等贪污侵占科研资金的问题比较严重。

五是尚未形成有效的内部监督。内部控制有效发挥作用离不开健全、完善的内部监督以减少内部控制设计上的缺陷，堵塞执行中的漏洞。但目前在内部监督方面，内部审计机构不健全、专业人员缺乏的问题较为突出，有的虽然成立了内部审计机构，但工作的开展还未实现制度化、规范化，难以发挥实质性监督的作用。

实证分析 1.1 | 2014 年司法成绩单凸显高管犯罪的严重性

2014 年，各级法院审结贪污贿赂等犯罪案件 3.1 万件，其中，被告人原为厅局级以上的 99 人，原为县处级的 871 人；审结金融诈骗、内幕交易等经济犯罪案件 5.6 万件，判处罪犯 7.3 万人。

2014 年，检察机关查办贪污、贿赂、挪用公款 100 万元以上的案件 3 664 件，查办县处级以上国家工作人员 4 040 人，其中，厅局级以上干部 589 人；查办受贿犯罪 14 062 人，行贿犯罪 7 827 人；抓获境内外在逃职务犯罪嫌疑人 749 人；向涉案单位及其主管部门提出防控风险、堵漏建议 2.1 万多件。

2015 年 1 月 12 日，中共中央政治局常委、中央纪委书记王岐山在《依法治国 依规治党 坚定不移推进党风廉政建设和反腐败斗争》的工作报告中提到：2014 年各级纪检监察机关共查处违规违纪问题 5.3 万起，处理党员干部 7.1 万人，其中，给予党纪政纪处分 2.3 万人。中央纪委分 7 次对 33 起违反中央“八项规定”精神的典型问题进行通报曝光。

这些案例都说明了失控的严重程度与加强控制的极端重要性。

2014 年被称为“中国式的反腐风暴年”，不仅“老虎与苍蝇一起打”，还诞生了一个新名词——“虎蝇”。“虎蝇”有两个释义：一喻小贪攀附大贪，结成虎蝇之盟、蝇虎共舞；二喻小官巨贪，赃款动辄数以亿计，是“苍蝇中的老虎”。大腐败罩着小腐败,小腐败养着大腐败,附蛆之蝇与贪婪之虎结成一条"腐败生物链"。"老虎"处于顶层,"苍蝇"散布于底层,中间层还有胆大妄为的"虎蝇"。

实证分析 1.2 | "虎蝇频发猛于虎"反映出失控的危害性

国家能源局煤炭司原副司长魏鹏远家中被查出 2 亿元现金及财物。只是科级干部的河北省秦皇岛市北戴河区供水总公司总经理马超群涉嫌受贿、贪污、挪用公款,在其家中搜出现金约 1.2 亿元、黄金 37 千克、房产手续 68 套。在广州,白云农工商联合公司原总经理张新华被指控涉嫌贪污 2.84 亿元、受贿近 1 亿元。在北京,北京动物园原副园长肖绍祥被指控涉嫌贪污上千万元,朝阳区孙河乡原党委书记纪海义受贿 9 000 余万元,海淀区西北旺镇皇后店村会计陈万寿挪用资金 1.19 亿元,延庆县旧县镇农村经济经营管理中心原主任袁学勤挪用公款 2 400 万元。在深圳,龙岗街道南联社区原村委会主任周伟思涉嫌在当地旧城改造项目中和他人共同收受 5 600 万元的巨额贿赂……

"虎蝇"的变种之路验证了在当下中国,只有把权力关进制度的"笼子",避免"牛栏关猫"式的监督制约机制,才能让公共权力真正用于公众,才能让"老虎""苍蝇"失去作恶的土壤,更让"虎蝇"没有变种的可能。

"官不在大,有权则灵"。为什么职务上是"蝼蚁"之辈,级别不高,但涉案金额之高,胆子如此之大?"小官巨贪"为何屡禁不止?面对一笔笔"撑饱"了的"糊涂账",据说是"上级监督太远,同级监督太软,下级监督太难"。如此腐败,如此失控,教训深刻,警钟长鸣!

出了问题以后想办法补救,可以防止继续遭受损失。不怕做错事情,就怕做错了不及时改正,更怕不但不及时改正,而且还不断地错上加错,时间长了,最后可能连补救的机会都没有了。

1.3.2 会计控制缺陷分析

(1)认识缺陷分析

认识缺陷是指缺乏对会计控制的正确认识,或者对实施会计控制不重视,或者对会计控制认识不全面、不清楚、不适当,从而造成控制行为的偏差。

长期以来的粗放式管理和粗放式核算,使得一些单位的会计管理工作还停留在核算层面,会计控制存在以下四种状态:

一是未学未用。不少单位,尤其是小型企事业单位,既没有系统学过会计控制理论,也没有在实践中有意识地运用有关控制方法。单位管理者对会计控制重视不足,财务人员的工作仅为单纯的记账、报账。一些单位的投资人或管理者还认为，会计控制就是审核凭证、签字盖章、走走形式而已，忽视了内部会计控制是一种业务经营过程中环环相扣的、动态监督的机制与过程。

二是未学在用。一些单位虽然没有系统学习或进修过会计控制与风险管理知识，但在实践中却运用了会计控制的一些技术方法，这种自发和无序的状态还是比较普遍的。要将其改变为"自觉状态"，需要"思想觉悟"。只有认识提高了，才会有自觉的控制动机与相应有效的行为措施。

三是学了不用。一些管理人员尤其是财务人员学习或进修过会计控制规范，但在实践中没有或难以运用。这部分单位主观上对会计控制的重要性认识不足，特别是主要领导不够重视，再加上会计控制不像财务报表那样需要报送，也缺乏外在动力与内在需求，所以普遍存在重核算、轻控制的情况。

四是边学边用。一些单位已经知道什么是会计控制，也在实践中不断探索运用。这部分单位走在了我国会计控制实践的前沿，但他们目前也只是运用了会计控制的部分职能，其系统性、针对性和有效性等方面还有待进一步提升。

(2)设计缺陷分析

设计缺陷是指缺少为实现控制目标所必需的控制，或现存控制设计不适当，即使正常运行也难以实现控制目标。

目前，大部分单位的会计控制制度设计还处于"原生态"状态，不能说没有，而是与会计控制的规范要求相比差距较大，没有及时学习、与时俱进、适时改进；有些单位即使书面文本不全，也不等于没有内部控制措施，但缺陷不少；有些单位即使有不少制度，也可能早已落后，其措施的针对性和有效性值得商榷。

实证分析 1.3 | 内部控制制度设计缺陷具有一定的普遍性

某企业目前正在修订与完善内部会计控制制度，对照有关法律法规，发现以下三个问题令人关注：一是为提高工作效率，所有资产处置、对外投资和资金调度统一由总经理审批；二是为加快货款回收，允许公司销售部门及其销售人员直接收取货款；三是为扩大分公司经营自主权，允许分公司自行决定是否对外提供担保等。

针对上述问题，对照内部会计控制的规范要求，该企业现有的制度设计存在以下缺陷：

第一，企业应明确规定相关工作授权批准的范围、权限、程序、责任等内容，建立规范的对外投资决策机制和程序，各级管理层必须在授权范围内行使职权和承担责任，经办人员也必须在授权范围内办理业务。企业虽小，但所有资产处置、对外投资和资金调度等事宜统一由总经理审批，违背了授权批准控制的原则，属于授权不当，不符合决策控制的要求。

第二，销售与收款属于不相容职务，不得由同一部门或个人办理销售与收款业务的全过程。销售部门及销售人员直接收取货款，违背了不相容岗位相互分离的控制要求。

第三，企业应当加强对担保业务的控制，严格控制担保行为，建立担保决策程序和责任制度。该公司规定允许分公司自行决定是否对外提供担保，违背了有关担保控制的要求，也不符合授权批准控制和风险控制的要求。

有的单位将内部会计控制等同于内部审计，自以为审计对单位不重要，因而忽视了岗位之间相互制约和业务部门之间检查监督等各条防线的具体作用。更多的单位没有摆正经营管理与内部控制的关系，缺乏内部控制优先理念。在有些领导眼里，内部控制制度是对下属职员的行为控制，而对领导本人没有任何约束力，所谓“刑不上大夫”，控制程序限定在领导之下。更多业主或管理者还以为内部控制是政府应该管的事，或者以为会计控制仅是会计人员或会计部门的事，因而缺乏内部控制的自觉性和主动性。

实证研究表明，一些单位费用支出失控，财务收支混乱，违法乱纪现象时常发生，导致会计信息难以真实反映实际经营情况，其主要根源之一在于对会计控制认识不清，拟定制度形而上学；有的还不知道存在会计控制规范，导致会计基础工作和内部控制薄弱，缺乏自我约束机制，从而使制度执行不力，疏于防范。

从外部审计的角度研究，单位的某些特征也会使注册会计师无法对内部控制予以高度信赖。例如，对业主或经理执行的某些控制程序实施控制测试比较困难，因为这些控制不能提供书面证据。注册会计师可能需要多次实地检查以确保这些控制在信赖期间有效运行。又如，员工人数少限制了不相容职责分工，也增加了内部控制在业务高峰期或假期发生问题的可能性。再如，业主或经理凌驾于内部控制之上的风险限制了注册会计师对内部控制予以信赖的程度，只要出现了一项或多项控制测试偏差，就有可能导致对这些控制程序的不信赖等。

(3)运行缺陷分析

运行缺陷是指没有按设计完好的控制意图运行，或执行者没有获得必要授权或缺乏胜任能力以有效地实施控制。

不少单位即使有一定的会计控制制度，但控制现状还是处于“自然的状态”，缺乏主观能动性。检查中还发现，有些单位不是没有制度，而是制度一大堆、手册到处有，但仅用于应付检查，实际执行是两回事，缺乏事前预防性措施、事中执行性措施和事后检查性措施等情况较为严重，具体表现为对本单位的风险不重视、风险控制点不清楚、风险控制程序不明白；规章制度、业务流程、核算系统条块分割，缺乏统筹与相互制约，使得内部控制分散、重叠、脱节、低效；员工职责不够清晰，未细化到岗位责任制和操作规程，从而造成权责不清；缺乏岗位职责的恰当分离，混岗、一人多岗和顶岗的现象普遍发生;重制度文本、轻监督控制,从而暴露出监管有名无实、相互推诿等诸多体制性和运行性问题。

可能促使单位舞弊的动因是多种多样的。例如,希望通过降低收益使税负最小化,倾向于把个人费用记入单位账户;业主或经理的个人财务状况面临困境,期望单位予以解决;而单位融资一旦有压力,则期望报表能做些手脚;等等。

会计控制的建立和有效实施是两个概念。有的业主或经理无视内部控制的存在,凌驾于内部控制之上,使会计控制制度执行不严、监督不力、漏洞不少。事实上,会计控制有效运行的前提是要制定出健全的内部会计控制制度并确保这些制度得到充分执行。如果制度得不到执行,再多制度文本也只能是形同虚设,起不到任何防范风险的作用,哪里还会存在有效的预防机制、评价机制和监督机制?!

没有堤坝,河水就会泛滥。大量失控案例已经充分表明:得控则强,失控则弱,无控则乱,加快内部会计控制对于单位来说刻不容缓。在面临的众多困境中,管理失控依然是一个常见的老大难问题,然而不少单位依然未意识到内部会计控制的重要性,对内部会计控制也存在很多误解,再加上治理结构上的先天不足以及组织结构和人员素质低等方面的原因,致使失控现象较为严重,会计漏洞经常可见。

没有规矩,不成方圆。一个单位会计控制制度是否真正有效,不仅在于其形式上已经制定了多少制度,更在于是否已经充分发挥出制度应有的作用,尤其是在市场经济不断发展和经营情况日益复杂化的今天,加强内部会计控制有其重要的现实意义。

1.3.3 小微企业控制现状令人担忧

小型微型企业(简称小微企业)通常是指经营规模较小的,以生产或服务满足社会需要的,实行自主经营、独立核算、依法设立的营利性经济组织,是推动国民经济发展,促进市场繁荣和社会稳定的重要力量,在推进国民经济适度增长、缓解就业压力、实现科教兴国、吸引民间投资和优化经济结构等方面发挥着越来越重要的作用。

据国家工商总局全国小型微型企业发展报告课题组《全国小型微型企业发展情况报告》的统计①,截至 2013 年年底,全国各类企业总数为 1 527.84 万户。其中,小微企业 1 169.87 万户,占企业总数的 76.57%。将 4 436.29 万户个体工商户纳入统计后,小微企业所占比重达到 94.15%。我国中小微企业创造的最终产品和服务价值相当于国内生产总值的 60%,纳税占国家税收总额的 50%,完成了 65%

① 国家工商总局门户网站.全国小型微型企业发展情况报告(摘要)[EB/OL]2014－3－31.www.saic.gov.cn

的发明专利和80%以上的新产品开发。

该调查资料还显示,我国外资企业中53.94%的企业符合小微企业标准。在国有集体企业中,小微企业占61.39%。在私营企业中,小微企业的比重最高,占80.72%,从而构成我国小微企业的主体(如图1.3所示)。在小微企业中,微型企业又占85.12%,小型与微型企业的比例约为1∶5.72(如图1.4所示)。小微企业特别是私营小微企业的蓬勃发展,说明我国市场经济体系日益完善,民营经济生存和成长的环境得到有效改善。

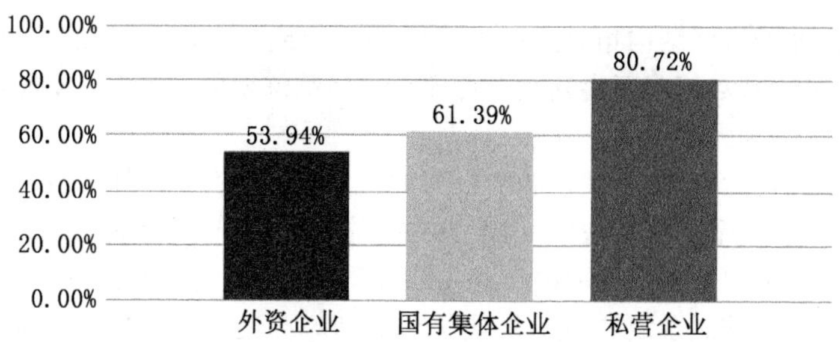

图1.3 小微企业占比分析

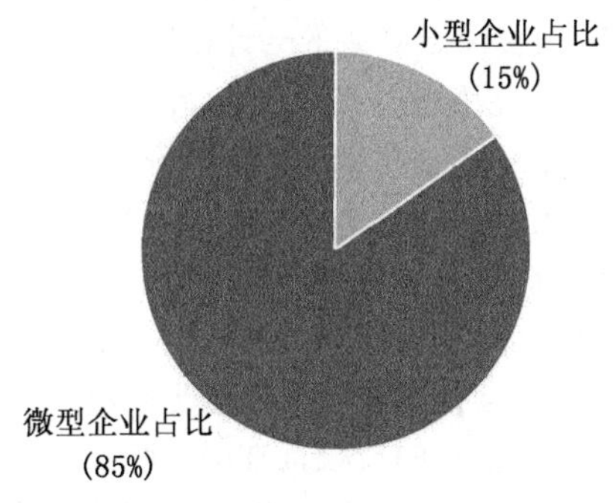

图1.4 私营小微企业占比分析

首份《中国家族企业发展报告》抽样调查显示,家族企业从事的主营业务集中在制造、批发零售、建筑和住宿餐饮等行业,涉及前两个行业的企业比重分别为40.7%和24.8%。若以个人或家族拥有50%及以上控股权的经营单位为广义家族企业定义,全国85.4%的私营企业是家族企业。全国私营企业抽样调查数据还显示,私营企业最早的登记时间为1989年,截至2010年,4 309家私营企业的平均

"年龄"约为9年。与1990年前后民营企业的平均寿命仅为3～5年、60%以上的企业在创办后不到5年就破产或倒闭相比，寿命已大幅提高，但与国际水平仍有较大差距。如今的家族企业，经过第一代的艰苦创业，家族和企业大多得到了一定的发展，如何避免家族发展到第二、第三代出现不和甚至破裂，从而使企业濒于破产危机，是摆在无数家族企业面前的一个不可回避的问题。其中，会计控制体系不完善是困扰和制约企业加快发展的一个"瓶颈"问题。

(1)所有权和管理权可能集中于少数人甚至一个人，还可能会凌驾于内部控制之上

小微企业的组织结构相对简单，一般仅有一个或几个业主，业主可能聘请经理管理企业，但大多数情况下由其直接管理。一个单位就像一个"家"，谁来监控"一把手"就成了一个大问题。

民主是封建的克星，权利是制约权力的法宝。但小微企业的决策民主化程度普遍不高，大多数个人权利缺失，决策机构可能形同虚设，从而使经营管理水平和风险防范能力在很大程度上取决于业主或经理的知识、经验和能力。业主或经理却可能会经常不按照既定的制度和程序行事，自以为是，凌驾于内部控制之上。

(2)经营活动的复杂程度较低，管理人员的会计控制知识与能力有限

小微企业由于经营规模较小，经营区域有限，经营活动的复杂程度大大低于大中型企业，因而从事会计核算与内部控制的人员可能很少。

一些小微企业的管理人员缺乏必备的会计控制知识，往往重视销售、市场及产品开发等经营活动，而不太重视财务会计工作。即使会计账目简单，财务报表出现错报的风险也可能较大。相对于企业会计准则来说，小企业会计准则简化了许多，但执行的情况还是不尽如人意。

(3)会计机构设置和管理授权可能存在缺陷

虽然不同规模的小微企业在会计组织结构上有明显的差别，但由于其经营管理组织系统一般为集权式，对会计核算组织机构也相应采取集权式管理，其业主或经理直接管理企业，通常缺乏正式的授权批准程序和业务报告制度，即使存在着授权制度与相关规定，也常常是零碎的、非正式的，且随意性较大，因此，会计控制难以落实。

小微企业应当按照规模大小设置与之相适应的会计机构，并在岗位分工方面形成一定的内部牵制机制。

一是单独设置会计机构。经济业务多、财务收支量较大的企业，有必要单独设置会计机构，以保证会计工作的效率、会计信息的质量及经营管理的要求。

二是设置专职会计人员。对于财务收支数额不大、会计业务较简单的企业，可以不单独设置会计机构，但应在有关机构，如经营管理、计划、统计或综合性机构，

或者办公室配备专职会计人员，并指定会计主管人员。

三是代理记账。凡是不配备专职会计人员的企业，应根据《中华人民共和国会计法》及有关规定委托代理记账。代理记账是指社会中介机构、服务机构或具备一定条件的单位代替独立核算的单位办理记账、算账及报账业务。

(4)不相容职责分工有限，内部牵制作用不大

小微企业通常由少数人员负责日常行政事务，会计处理和资产保管等不相容职责分工有限，发生错误、舞弊及违反法规行为的可能性较大，且不易被发现。为此，有些业主或经理施行"铁腕式"管理和"一支笔"的审批方式，如在职责分工有限的条件下，采购与付款由业主或经理亲自签发支票、亲自核价等。

(5)难以履行法定的审计程序

不少小微企业的财务报表没有经过注册会计师审计，或者由于内部控制缺陷等原因导致审计困难，甚至缺乏必要的审计条件。

1.4 会计控制与风险管理

1.4.1 风险管理中的会计控制

会计控制与风险管理是一个永恒的课题，以风险管理为导向是会计控制发展的必然趋势。

美国经济学家弗兰克·奈特(Frank H.Knight)在1921年出版的《风险、不确定性和利润》中认为，风险是"可测定的不确定性"，是指经济主体的信息虽然不充分，但却难以对未来可能出现的各种情况给定一个概率值。与风险相对应，奈特把"不可测定的不确定性"定义为不确定性。奈特进一步指出，企业的利润主要是企业家处理经济环境状态中各种不确定性的经济结果。

风险是一个多视角、多元化、多层次的综合性概念，包括自然风险、社会风险和经济风险等。其中，自然风险是指自然因素和物力现象所造成的风险；社会风险是指个人或团体在社会上的行为所导致的风险；经济风险是指经济活动过程中，因市场因素的影响或者经营管理不善而导致经济损失的风险。

风险具有无形性和客观性(必然性)。风险是不以人的意志为转移，独立于人的意志之外的客观存在。人们只能在一定的范围内改变风险形成和发展的条件，降低风险事故发生的概率，而不能彻底消除风险。由于风险的客观存在，会计控制日显重要。

风险具有可变性和突发性(偶然性)。风险的变化有量的增减，有质的改变，还有旧风险的消失和新风险的产生，其发生及其造成的损失具有不确定性，是一种随

机现象。风险产生的突如其来会加剧风险的破坏性。

风险具有普遍性和社会性。随着人类社会的不断前进和发展,人类将面临更多新的风险,风险事故造成的损失也可能越来越大。

风险具有损失性和可测性。风险的不确定性主要表现为空间上、时间上和损失程度的不确定性。人们可以在认识和了解风险的基础上严防风险的发生和减少风险所造成的损失,也可以运用概率论和大数法则对风险事故的发生进行统计分析,包括定性分析和定量分析,以研究风险的规律。

风险管理起源于德国。面对第二次世界大战之后严重的通货膨胀和经济衰退,德国提出了包括风险管理在内的经营管理问题。美国由于受到1929~1933年世界性经济危机的影响,有40%左右的银行和企业破产,经济倒退约20年,风险管理开始成为经济学家研究的重点,并于20世纪50年代发展成一门新的学科。1986年,欧洲11国共同成立了"欧洲风险研究会",将风险研究扩大到国际交流范围,风险管理逐渐为全世界所关注,并逐渐成为内部控制研究中的热点问题。风险管理就是指按照一定的方法和程序对面临的风险进行监测和防范,从而达到降低、消除风险或减少损失的目的的经济性活动。

美国管理会计师协会(IMA)发布的《管理会计公告》第三类指南就是"财务治理,风险管理和法规遵循"。由于风险对控制目标的实现具有不确定性,在会计控制过程中,更关注流程操作不善或管理不当所带来的风险。从防控风险的角度来看,就是时刻要有一种对风险进行管理的意识和准备。"居安思危,思则有备,有备无患"(《左传·襄公十一年》)。

风险既有消极的负面影响,也有积极的正面影响,其主要表现为未来的各种不确定性对实现经营目标的影响,包括战略风险、财务风险、市场风险、运营风险和法律风险等。风险管理要求围绕单位的总体经营目标,通过在会计控制的各个环节中执行风险管理的基本流程,培育良好的风险管理文化,建立健全全面风险管理体系,从而为实现风险管理的总体目标提供合理保证。所以,会计控制应当在单位全面风险管理的过程中发挥出应有的、积极的、正面的作用。在会计控制过程中,如何有效规避、化解、防范各种风险,将可能的损失转化为可能的收益,是一种风险管理的技能和技巧,值得总结、提炼、深入研究。

在现实会计工作中,大家更关心各种风险可能带来的损失,尤其更关注因未能按照规范要求操作所导致损失的可能性,即负面影响,所以,人们更愿意将风险看成是"可能发生的危险"。

实证分析1.4 | 管理失控导致会计舞弊事件频发

自从18世纪20年代发生世界上第一例上市公司会计舞弊事件——英国"南

海公司事件”以来，会计信息的真实性和准确性问题就成为了投资人和债权人关注的核心问题之一。尽管在过去200多年的时间中，世界各地广泛建立和完善了会计准则，使得会计信息的可靠性有了很大的保障，但是，会计舞弊现象并未从根本上得到遏制。自20世纪中叶至今，西方发达国家中发生的上市公司会计舞弊现象屡见不鲜。1972年美国“巨人零售公司”、1975年“马蒂尔公司”等会计舞弊事件尚未平息，2001年安然公司、世通公司、施乐公司等会计舞弊事件又一次次极大地牵动着广大投资人和债权人敏感的神经。

回顾我国近40年来的改革开放，伟大成就举世瞩目，风险案例也举世震惊。从中国首起虚构利润5.4亿元、虚增资本公积6.57亿元的“琼民源证券欺诈案件”到曾被捧为“中国第一蓝筹股”而虚构巨额利润7.45亿元的“银广夏事件”，会计信息失真成为笼罩证券市场的阴影，挥之不去。随着企业规模化、资本大众化、经济全球化、市场经济深入化和经营管理现代化，会计控制与风险防范越来越为人们所重视。反虚假财务会计报告已形成共识，“不做假账”与防范风险的呼声也越来越高。

自2008年世界金融危机以来，不少企业面临困境，如财务和经营等方面出现不能持续经营的迹象、主导产品的市场份额萎缩、无法偿还到期债务、营运资金出现负数、主要财务指标恶化、累计经营性亏损数额较大、存在大额逾期未付款项和大量不良资产挂账、无法获得供应商的正常商业信用、因违反法规或政策而导致的重大不利影响等，而这些问题的产生与单位内部管理失控有着直接或间接的关系。

由于会计资料反映在凭证、账簿和报表中，最终是要向有关方面披露的，从会计分析的角度看，会计舞弊会在收入、成本、利润、资产、负债或净资产等方面表露出来，或早或迟、或多或少，总是存在预警信号的。善于及早发现各种舞弊信号是有效控制的前提与重要的思想方法。

舞弊行为通常表现为单位内、外人员采用欺骗等违法违规手段，谋取个人不正当利益，损害单位正当经济利益的行为；或谋取不当的单位经济利益，同时可能为个人带来不正当利益的行为，可以概括为以下两大方面：

一是损害正当经济利益的舞弊。这是指单位内、外人员为谋取自身利益，采用欺骗等违法违规手段使单位或股东的正当经济利益遭受损害的不正当行为。有下列情形之一者属于此类舞弊行为：①收受贿赂或回扣；②将正常情况下可以使单位获利的交易事项转移给他人；③非法使用单位资产，贪污、挪用、盗窃单位资财；④使单位为虚假的交易事项支付款项；⑤故意隐瞒、错报交易事项；⑥伪造、变造会计记录或凭证；⑦泄露单位的商业或技术秘密；⑧其他损害单位经济利益的舞弊行为。

二是谋取不当经济利益的舞弊。这是指单位内部人员为使单位获得不当经济利益且其自身也可能获得相关利益而采用欺骗等违法违规手段，损害国家、其他组织、个人或股东利益的不正当行为。有下列情形之一者属于此类舞弊：①为不适当的目的而支出，如支付贿赂或回扣；②出售不存在或不真实的资产；③故意错报交易事项、记录虚假的交易事项，包括虚增收入和低估负债，出具错误的财务会计报告，使财务报表阅读或使用者误解而作出不适当的投融资决策；④隐瞒或删除应对外披露的重要信息；⑤从事违法违规的经济活动；⑥伪造、变造会计记录或凭证；⑦偷逃税款；⑧其他谋取单位不当经济利益的舞弊行为。

如何有效破解会计控制中的风险管理这一会计学科上的难题已引起学术界与实务界的广泛重视。在100个会计学难题①的第八类“内部控制”专栏中，发表了徐政旦教授的《会计管理中的风险控制》。徐教授在论述“会计管理的本质就是控制”的基础上，要求“会计管理在控制风险、规避风险方面，应充分认知、深刻研究企业发生风险的缘由，分析风险的性质，进而有的放矢采取有效的控制措施，规避风险，力求使风险损失降到最低限度，并进一步研究如何寻求有利于转化风险的因素，挖掘各方面创新的潜力，否极泰来，开创新局面，使风险转化为企业创新的亮点，从而提出新目标，促使企业获得新的飞跃的实绩”。徐教授还根据COSO“企业综合风险管理”的研究成果，“强调要从竞争优势的观点出发来切实掌握和管理企业经营风险，抓住创造企业价值的机遇，把风险控制的实施行为融合在企业会计管理及企业经营管理之中”。

会计控制的风险包括会计机构和会计人员的失控风险、会计核算和会计监督的失控风险、会计信息披露的失控风险以及各种会计舞弊风险等，其形成因素包括国内外经济、政治、文化、社会等客观环境，财税管理体制与相应的财税政策，单位会计管理体制与管理模式，单位内部管理与控制模式，会计人员的素质与行为能力等。会计风险控制就是采取有效措施减少或避免会计风险的过程。面对生存与发展的各种压力，所有企事业单位都应当重视会计管理与风险控制。

爱因斯坦认为：“提出一个问题往往比解决一个问题更为重要。”1998年12月，复旦大学管理学教授、博士生导师张文贤在“关于会计学难题的专家调查问卷”中指出：“科学的真正进步需要提出问题，尤其是提出难题。数学家希尔伯特（Hilbert）在1900年世界数学家大会上提出的著名的23个数学难题，指引了整整一个世纪数学研究的方向。……同样，卓有成效的会计学研究应从提出难题入手。难题就是科学的高峰，就是科学大军进攻的目标。攻克难题才能推动科学进步，才能对人类作出贡献。”

---

① 张文贤：21世纪100个会计学难题[M].上海：立信会计出版社，2010.

天下事无非三种：不可能成，不可能不成，可能成与可能不成。积极者万事可成，消极者一事无成。究竟如何才能破解会计管理与风险控制这道难题，期望社会各界共同努力。

1.4.2 风险因素分析

任何具体风险的发生都是诸多风险因素和其他因素共同作用的结果，是一种随机现象，而且大量风险因素之间的内在关系错综复杂，各风险因素之间与外界交叉影响，又使风险显示出多层次性。

风险可能由多重要素构成，不同的学者有不同的研究成果。风险的“三要素”包括风险因素、风险事故和风险损失等。

(1)风险因素

风险因素是指引起或增加风险事故的机会或扩大损失幅度的条件，是事故发生的潜在原因。风险因素包括实质性风险因素、道德风险因素和心理风险因素等方面。

实质性风险因素是指增加某一标的风险事故发生机会或扩大损失严重程度的物质条件，是一种有形的风险因素，如汽车刹车系统失灵导致的交通事故、食物质量对人体的危害等。

道德风险因素是指与人的不正当社会行为相联系的一种无形的风险因素，常常表现为由于恶意行为或不良企图，故意使风险事故发生或扩大，如制造虚假会计信息、进行业务欺诈、出卖情报、中饱私囊等。

心理风险因素也是一种无形的风险因素，是指由于人的主观上的疏忽或过失，导致增加风险事故发生机会或扩大损失程度，如出纳员忘记锁门而丢失现金、记账错误而导致账户轧不平、信用考核不严谨而出现货款拖欠等。

(2)风险事故

风险事故又称风险事件，是引起损失的直接或外在原因，是使风险造成损失的可能性转化为现实性的媒介，也就是说，风险是通过风险事故的发生而导致损失的，如客户催讨、官司败诉、意外火灾等都是风险事故。

(3)风险损失

风险损失是指风险事故所带来的物质上、行为上、关系上以及心理上的实际和潜在的利益丧失。损失通常是指非故意、非计划、非预期的经济价值减少的事实。

谁也不能无视风险的客观存在，尤其是在追求风险收益的同时，应当充分考虑降低收益中的风险。

1.4.3 风险管理过程

风险管理是一个动态的过程，通常需要经过风险识别、风险分析、风险应对和风险监控等步骤（如图 1.5 所示）。

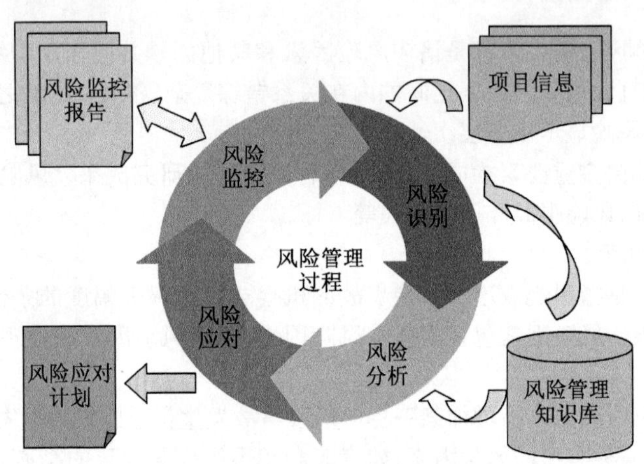

图 1.5 风险管理过程

识别风险是风险管理的基础。现实社会中的风险并不都是显露在外的，未加识别或错误识别的风险会造成意料之外的损失。因此，改进风险识别的手段，收集、甄别相关信息，汇总、分类风险情形，积极预测风险走势都是十分必要的。

度量风险取决于人们对风险的认知水平以及经验积累等。不同的风险在不同时间、不同地点，其风险暴露及发生损失的程度是有差别的。相应地，在是否要管理、如何管理等方面，准确地度量风险程度与差别就成为提高风险管理效率的关键因素。

在现有的风险中，一些风险本身直观明了，或因长期的经验积累使它们易于测量、估计；而另外一些则是隐含风险，可对其进行探测、显化处理。所有这些都已经成为风险管理的重要组成部分和前提，也成为技术性颇强的一个专门领域。

经典案例评析

某企业一个痴迷于彩票的出纳人员，虽然囊空如洗，却拥有两只 30 千克重的装满彩票存根的蛇皮袋。引诱他第一次挪用公款的是他拿到了一张 2.3 万元的空白抬头支票。他将支票调换成现金以后觉得无人知晓，便如法炮制，先后通过朋友、同事、亲戚将支票套成现金购买彩票，共挪用公款16余万元。

从加强内部会计控制的要求来看，这个案例涉及以下三个单位，至少有下列教训值得汲取：

第一，开票单位的内部控制观念不强，会计控制措施没有到位，如没有设置票据登记簿，开具支票的要素没有按规定填列齐全等。随意开出空白抬头的支票虽然在实务中屡见不鲜，但容易给别有用心的人以可乘之机。

第二，收票单位的支票控制措施和程序形同虚设，没有实行职务分离与内部牵制，没有按规定的程序与要求对支票进行必要的审核，当然也没有将支票的抬头在审核以后按规定补上，造成管理上的漏洞。犯罪分子能够挪用支票、私盖公章或背书支票，与企业财务岗位职务没有实施有效分离、缺乏有效的对账机制、审核职能形同虚设、会计漏洞经常可见的失控现状有关。

第三，对将支票套成现金的单位来说，这是一起非真实交易，不但在核算上混淆了会计主体假设，还违规操作套取现金，让别有用心的人阴谋得逞，且偷逃了税金，反映出该单位法制观念淡薄与内部会计管理的严重失控。

第2章　会计控制要素分析

以内部环境为基础、以风险评估为依据、以控制活动为手段、以信息沟通为载体、以内部监督为保证，这五大要素对于建立与健全会计控制体系至关重要，影响深远。

2.1　内部环境影响重大

2.1.1　内部环境制约着会计控制

会计控制需要有良好的“生态环境”和“生存土壤”：包括治理结构、机构设置及权责分配、内部审计、人力资源政策和企业文化等。一个单位的会计控制是否有效运作以及作用发挥的程度，取决于内部环境的治理程度和控制机制的健全程度。

健全的机构设置及权责分配要求单位内部各层级的机构设置、职责权限、人员编制、工作程序和相关要求符合内部控制的制度安排，对会计控制起到支撑作用。

诚信和道德文化是会计控制环境的重要因素。如果单位已经制定了严格的商业行为和职业道德守则，并且所有利益相关者都遵循守则，那么，会计控制就拥有了良好的道德文化基础。道德文化是单位的灵魂，渗透于一切经营管理活动之中，是推动持续发展的不竭动力。

文化建设对会计控制运行不可或缺，其有助于实现“人企合一”。人既是会计控制的主体，也是会计控制的客体。实施经济业务控制，需要增强全员的约束，扩大参与度；强化机制的制衡，需要增强控制文化的润泽，减少摩擦；加强规范的管理，更需要自律意识的普遍认同，提升执行力。

单位的内部控制现状与会计控制运作相关。一个单位是否具有依法控制、制度控制、预算控制、定额控制、责任控制、报告控制等都会影响会计控制的运作；同样，会计控制实施的有效性也影响着这些控制现状。

一些人员较少、组织架构相对简单的单位，控制环境对控制现状的影响更大，尤其是业主、经营者、财务人员的内部会计控制意识和对内部控制文化的认同，与是否实施有效控制休戚相关。尤其是小微企业，在有着较高的“出生率”的同时，应当关注出现较高“死亡率”的原因。例如，由于家族影响等，相当一部分小微企业的管理机构与会计队伍沾亲带故，企业文化夹杂着“封建”色彩；不仅会计人员素质不高，而且各项管理制度不够规范，“家长”对内部会计控制的影响很大。一些小微企业在控制环境方面可能不同程度地存在着问题，严重制约着会计控制的有效实施。

“管理失控猛于虎”。究其原因可能很多，但治理结构不明，治理机制不清，导致管理体制不顺是不容忽视的重要原因。一些单位不是没有内部控制制度，而是没有很好地执行，往往是单位负责人带头不执行，破坏既定的内部控制程序，导致内部控制形同虚设或只对下、不对上。例如，企业首先应当根据国家有关法律法规的规定，明确权力机构（股东大会）、决策机构（董事会）、监督机构（监事会）、日常管理机构（经理层或管理层）的职责权限、任职条件、议事规则和工作程序，确保决策、执行和监督相互分离，形成制衡。其中，董事会在公司管理中居于核心地位，董事会应当对公司内部控制的建立、完善和有效运行负责；监事会对董事会建立与实施内部控制进行监督；管理层对内部控制制度的有效执行承担责任，而处于不同层级的管理者掌握着不同的控制权并承担相应的责任，同时，相邻层级之间存在着控制与被控制的关系。又如，行政事业单位的重大决策、重大事项、重要人事任免及大额资金支付业务等（即通常所说的“三重一大”），应当按照规定的权限和程序实行集体决策审批或者联签制度，任何个人不得单独进行决策或者擅自改变集体决策意见。

单位还应当按照科学、精简、高效、透明、制衡的原则，综合考虑单位性质、发展战略、文化理念和管理要求等因素，合理设置内部职能机构，明确各机构的职责和权限，避免职能交叉、缺失或权责过于集中，形成各司其职、各负其责、相互制约、相互协调的工作机制。一个单位内部控制机制的良好运行还应当设立满足监控需要的职能机构或岗位，如设立内部审计机构，配备必要的审计人员，对关键控制程序和控制环节进行监督，对监督检查过程中发现的内部控制重大缺陷，有权直接向董事会及其审计委员会、监事会报告。内部控制是一个动态的过程，这个过程需要全员参与，上到董事会、监事会、管理层，下到各级员工，都要参与进来。

对于拥有子公司的企业，还应当建立科学的投资控制制度，通过合法、有效的形式履行出资人职责、维护出资人权益，重点关注子公司特别是异地、境外子公司的发展战略、年度财务预决算、重大投融资、重大担保、大额资金使用、主要资产处置、重要人事任免和内部控制体系建设等重要事项。

2.1.2 单位负责人是会计控制的责任主体

会计控制主体假设为单位的“内部”与“外部”划定了边界，表明其控制主体在单位内部而不是主体中的某个部门或个别人，更不是为外部服务的。

《企业内部控制基本规范》认为，内部控制是由企业董事会、监事会、经理层和全体员工实施的，旨在实现控制目标的过程。其控制目标旨在合理保证企业经营管理合法合规、资产安全、财务会计报告及相关信息真实完整，提高经营效率和效果，促进企业实现发展战略。从该定义中可以清楚地看出，实现控制目标的责任主体包括董事会、监事会、经理层和全体员工。其中：

董事会对股东（大）会负责，依法行使企业的经营决策权，属于出资者控制的责任范畴，旨在为了实现其资本保全和资本增值目标而对经营者的财务收支活动进行控制，如对全面预算和投资活动的控制等。

监事会对股东（大）会负责，监督企业董事、经理和其他高级管理人员依法履行职责，属于依法控制的责任范畴。

经理层负责组织实施股东（大）会、董事会决议事项，主持企业的经营管理工作，促使各项决策被贯彻执行，从而实现控制目标。例如，控制收入活动，旨在达到高收入的目标；控制支出活动，旨在降低成本，减少支出等，从而实现企业价值最大化。这些都属于经营者控制的责任范畴。

会计控制一般是在董事会、监事会和经理层领导下的职能部门控制，也是全体员工控制的一个极为重要的组成部分。例如，为了有效地组织现金流动，会计部门通过编制和执行现金预算等，对企业日常的财务活动和各责任中心的现金流入、流出活动进行控制。由于会计核算采用权责发生制，导致利润不等于现金净流入，因此，对现金有必要单独控制，力求实现现金流入与流出的基本平衡，既要防止因现金短缺而造成的支付危机，也要减少因现金沉淀而增加的机会成本等。

会计控制应当由单位负责人负责。《中华人民共和国会计法》第四条明确指出："单位负责人对本单位的会计工作和会计资料的真实性、完整性负责"，第二十一条要求："单位负责人应当保证财务会计报告真实、完整。"第二十八条规定："单位负责人应当保证会计机构、会计人员依法履行职责，不得授意、指使、强令会计机构、会计人员违法办理会计事项。"第五十条认为："单位负责人，是指单位法定代表人或者法律、行政法规规定代表单位行使职权的主要负责人。"《内部会计控制规范——基本规范（试行）》第五条明确规定："单位负责人对本单位内部会计控制的建立健全及有效实施负责。"《行政事业单位内部控制规范（试行）》第六条也指出："单位负责人对本单位内部控制的建立健全和有效实施负责。"究其原因，因为会计行为不仅仅是指财务部门和财务会计人员的会计行为，而且包括单位的会计行为。即使是会计人员的行为，也可能是在单位负责人的强令、授意、指使下所产生的。单位负责人如果一味追求自身利益，缺乏法律观念，迫使会计人员采用非法手段造假或无视会计法律，导致管理失控或舞弊产生，都将承担法律责任。所以，《会计基础工作规范》(财政部〔96〕财会字第 19 号)也明确指出:“各单位应当依据有关法律、法规和本规范的规定,加强会计基础工作,严格执行会计法规制度,保证会计工作依法有序地进行。单位领导人对本单位的会计基础工作负有领导责任。”同时也强调指出:“单位领导人对财务报告的合法性、真实性负法律责任。”

应认识到会计控制主体与主体责任是内生的,而非外部强加的,这对如何发挥主观能动作用尤为重要。基于控制环境的缺陷,任何单位都应当促使控制环境的不断完善,尤其是单位负责人,一定要以身作则、身先士卒。

2.1.3　有效的管理体制有助于实施会计控制

管理体制主要存在于集团公司的整体管理框架内,是指为实现集团公司总体财务目标而设计的财务管理模式、管理机构及组织分工等项要素的有机结合,主要涉及母子公司之间重大财务决策权限的划分,包括融资决策权、投资决策权、资金管理权、资产处置权和收益分配权等,它是实施组织控制的基本方法,也是建立授权控制、实施程序控制等的基础。

授权通常是将属于上级的权利授予下级,时间上可能是短期的;而分权是将某一部分权力转移到下级,时间上是较长期的。授权是上级决定的,而分权是组织权责制度规定的。财务管理体制的核心在于对集权与分权的有效选择,即对企业经营管理权限的分配方式。

(1)集权制

集权制是指重大财务决策权都集中在母公司,母公司对子公司采取严格控制和统一管理的管理体制。例如,董事会享有的财权是对重大财务事项,如重大投资、筹资、资本及资产变动、收益分配等行使最终决策权和监督权等;总经理享有执行董事会所授予的财权,即作为公司行政总负责人的财务管理权限;集团财务部行使部分日常财务决策权、指挥权和管理权;各子公司财务部执行集团统一的会计制度及会计政策,行使集团财务部授予的日常财务管理权,从而形成一套完整的自我控制、自我适应的运行系统。

在集权模式下,母公司对子公司实施财务监控的主体有财务总监、母公司财务部和审计部。为保证监控的独立、公正和有效,母公司委派财务总监,其人事、工资关系落实在母公司,与子公司无任何利益关系。财务总监行使出资人授予的财务监督权,对子公司的经营和财务活动实施全过程监控;母公司财务部通过定期和不定期的财务检查实现对子公司财务行为的监控;母公司审计部通过内部审计可以达到监控的目的。母公司还可委托会计师事务所进行独立审计等。

随着经济全球化和互联网技术的高速发展,企业集团在财务上越来越趋向于集权管理。集权制下的母公司发挥着财务管理中心的作用,包括全面实行财务人员委派制、建立健全集团财务监控机制、实施统一的会计制度等，对有效实施内部控制作用显著。

集权制的主要优点：一是财务管理效率较高，集团母公司通过安排统一的财务政策，能够较好地控制子公司的财务行为；二是有利于实现资源共享，集团母公司较易调动内部财务资源，促进财务资源的合理配置，降低资金成本；三是有利于发挥集团母公司财务专家的作用，降低公司财务风险和经营风险；四是有利于统一调度集团资金，保证资金头寸，降低资金成本；等等。

集权制要求决策管理层必须具有较高的素质配置与较高的运行能力，能够高效率地汇集起各方面信息资料，以避免可能导致的主观臆断和决策错误，同时能够调动子公司经理层的积极性，防止信息传递时间过长，延误决策时机，缺乏应变力与灵活性等。

(2)分权制

分权制是指大部分的重大决策权集中在子公司，母公司对子公司以间接管理方式为主的管理体制。其优点：一是可以调动子公司各层次管理者的积极性；二是市场信息反应灵敏，决策快捷，易于捕捉商业机会，增加创利机会；三是使最高层管理人员将有限的时间和精力集中于企业最重要的战略决策问题上。

然而，有的子公司因追求自身利益可能会忽视甚至损害集团公司的整体利益；由于弱化了母公司的财务调控功能，可能不能及时发现子公司面临的风险和重大问题，难以有效约束经营者等。

(3)混合制

混合制是适度的集权与适度的分权相结合的财务管理体制。但如何把握其中的“度”，做到“集权有道，分权有序”，是一大难题。

2.2 风险评估至关重要

2.2.1 会计控制活动应以风险评估为导向

实施会计控制要求以风险评估为导向，要有的放矢、认清风险、厘清问题、理清思路、明确控制的方向与重点等。

内部控制可控风险假设认为，会计控制的构建与实施是可以控制风险的，这为主体构建与实施会计控制提供了一种逻辑上的支持。如果不能控制风险或没有必要控制风险，那么，构建与实施内部控制就没有必要了。风险无处不在，风险无时不在，这是公理。事实上，在一定条件下，风险是可管理、可控制的。但并不是什么风险都可管理、可控制。由于内部控制固有的缺陷，内部控制也不是万能的。考虑成本等因素,完全消除所有的风险是没有必要的。从这个意义上说,把可控风险作为内部控制的一个基本假设,就是确定了内部控制构建与实施的前提条件。

有效控制风险也是一种管理的艺术。管理本身可以分为管和理,可以先理后管,边理边管。

理,本义为顺玉之纹而剖析,代表事物的道理和发展的规律,包含合理、顺理的意思。

管,原意为细长而中空之物,其四周被堵塞,中央可通达。使之闭塞为堵;使之通行为疏。管,表示有堵有疏、疏堵结合。所以,管既包含疏通、引导、促进、肯定、打开之意,又包含限制、规避、约束、否定、闭合之意。

管理犹如治水,疏堵结合、顺应规律最重要。所以,管理是合理疏堵的思维与行为艺术。

风险评估就是专门用以量化和测评风险发生的可能程度及其造成的后果,是及时识别、科学分析和评价影响内部控制目标实现的各种不确定因素并采取应对策略的过程。以风险评估为导向还是区分当代控制与传统控制的重要标识之一。由于风险评估可以判明完成既定目标存在的内外部风险,分析各种风险的类型和程度,提供了控制风险的基础,因此,对有效实施会计控制至关重要。

任何单位要想求得持续发展,关键在于制定并有效实施适应外部环境变化和自身实际情况的发展战略。而不少单位缺乏明确的发展战略或发展战略实施不到位,结果导致盲目发展,难以形成竞争优势,丧失发展机遇和动力;也有些单位发展战略过于激进,脱离实际或偏离主业,导致过度扩张、经营失控甚至失败;还有一些单位发展战略频繁变动,导致资源严重浪费,最后危及单位的持续发展。尤其应当提请注意的是,单位如果不具有较强的法律意识,不能充分认识到法律风险的存在,并对其进行有效控制,轻则会给单位带来经济损失,重则会给单位带来灭顶之灾。

由于风险是未能实现目标的可能性,因此,对预先设定的目标进行风险评价是设计内部控制制度的前提。管理层在设计内部控制制度时,要密切关注风险,要对有关的业务风险加以分类、辨认和梳理,认识关键的风险控制点,有针对性地对该项业务设计其内部控制制度,并采用一定的技术方法来分析风险发生后的实际情况与目标的差异,进而提出改进风险管理的措施,使风险控制更加完善。

面对风险不仅要有心理准备,还应当有一定的评估过程与防范机制,其主要步骤包括:确定控制的具体目标是什么(目标设定),识别控制对象面临的各种风险(风险识别),分析风险产生的原因和后果并评价风险的等级(风险分析),确定单位承受风险的能力,从而采取相应的风险应对策略(风险应对),必要时出具风险评估报告(如图 2.1 所示)。

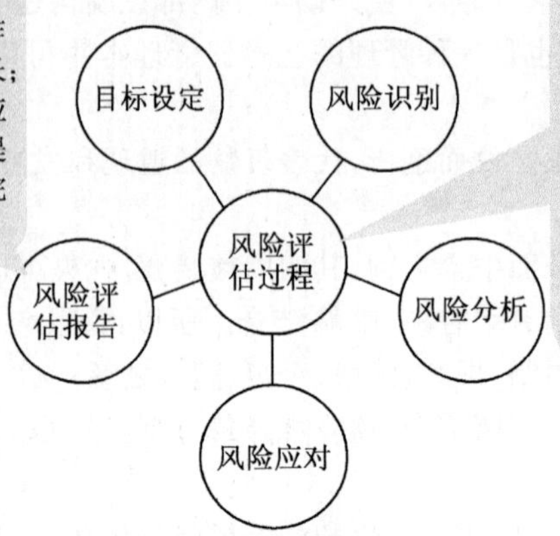

图 2.1　风险评估程序

2.2.2　风险评估的范围与时间安排

任何单位都可以从单位层面和业务层面两个方面进行系统性的风险评估。

(1)单位层面的风险评估

进行单位层面的风险评估时主要从组织、机制、制度、岗位和信息系统等方面入手，尤其应当重点关注以下几个方面：①内部控制工作的组织情况，包括是否确定内部控制职能部门或牵头部门，是否建立单位各部门在内部控制中的沟通协调和联动机制；②内部控制机制的建设情况，包括经济活动的决策、执行和监督是否实现有效分离，权责是否对等，是否建立健全议事决策机制、岗位责任制和内部监督等机制；③内部管理制度的完善情况，包括内部管理制度是否健全，执行是否有效；④对内部控制关键岗位工作人员的管理情况，包括是否建立工作人员的培训、评价和轮岗等机制，工作人员是否具备相应的资格和能力；⑤财务信息的编报情况，包括是否按照国家统一的会计制度对经济业务事项进行账务处理，是否按照国家统一的会计制度编制财务会计报告；⑥其他应当评估的情况。

(2)业务层面的风险评估

进行业务层面的风险评估时主要从梳理业务流程和明确业务环节等方面入手，应当结合单位的实际情况并重点关注以下几个方面：

一是资产管理情况，包括是否实现各项资产管理并明确使用责任；是否定期对资产进行清查盘点，对账实不符的情况是否及时进行处理；是否按照规定处置资产；等等。

二是负债管理情况，包括是否实现负债管理并明确使用责任；是否定期对负债进行风险分析；负债是否及时入账，是否存在账外负债与或有负债；等等。

三是收支管理情况，包括是否实现收入管理并明确使用责任，是否按照规定及时向财会部门提供收支有关凭据，是否按照规定保管和使用印章和票据等；发生各项收支事项时是否按照规定审核各类凭据的真实性、合法性，是否存在使用虚假票据套取资金的情形；是否实现合同归口管理；是否明确应签订合同的经济活动的范围和条件；是否有效监控合同的履行情况，是否建立合同纠纷协调机制；等等。

四是预算管理情况，包括在预算编制过程中单位内部各部门之间的沟通和协调是否充分，预算编制与资产配置是否相结合、与具体工作是否相对应；是否按照批复的额度和开支范围执行预算，进度是否合理，是否存在无预算、超预算支出等问题；预决算的编报是否真实、完整、准确、及时。

五是会计信息质量情况，包括会计凭证、账簿、报表的编制是否符合会计法律法规的规定；会计信息是否做到真实、完整、合法、公允；等等。

任何单位都应当建立经济活动风险定期评估机制，对经济活动存在的风险进行全面、系统和客观的评估。风险评估至少每年进行一次；尤其是首次评估，应尽可能全面、细化、周到。外部环境、经济活动或管理要求等发生重大变化的，应及时对经济活动风险进行重估。风险评估结果应当形成书面报告并及时提交单位领导班子，作为完善内部控制的依据。

2.2.3 风险识别程序与分析方法

风险识别在程序上包括信息收集、信息筛选、风险监测、风险诊断等过程。其中，信息收集是指收集与风险相关的文件、资料等信息。信息收集是风险识别的基础，是风险信息的来源。信息筛选即按一定的程序将具有潜在风险的业务、过程、事件、现象和人员进行分类选择的风险识别过程。风险监测是在风险出现后，对事件、过程、现象、后果进行观测、记录和分析的过程。风险诊断是对风险及损失的前兆、后果和各种原因进行评价与判断，找出主要原因并进行仔细检查的过程。

风险分析则是指在风险识别之后，对所辨识的风险的一些特性进行分析，如风险的发生频率、作用方式、作用对象等，从而分析和描述风险发生的可能性以及风险发生的条件等。

专题讨论 2. 1 ｜ 如何识别高风险岗位或关键岗位？

高风险岗位又称关键岗位，是指在业务管理和流程操作中面临的风险较多，其执行的失败将会给单位带来重大损失的岗位。这里的风险通常是指操作风险，即主观行为不足可能引起的损失。

会计控制应当特别强调对关键岗位的识别，并加以有效管控。一般具有如下特征的岗位属于高风险岗位：①能够接触到大额资金、资产和票据的岗位；②有重要决策权的岗位；③能够接触到单位重要信息，包括管理信息、客户信息和业务信息的岗位；④能够以权谋私的岗位；等等。

针对高风险岗位，不仅要做好必要的岗位培训和工作表现评价，加强日常监管，还要通过定期轮岗、带薪休假、突击检查等方式防范岗位风险。

不少单位都希望在识别风险的时候能够将风险全部辨识出来。但事实上，风险是不可能穷尽的，其原因：一是风险的识别受制于识别人员的经验、经历和阅历，人们只能在经验范围内不断地完善对风险的认知，很多没有经历过或者暂时没有发生的风险往往无法被人们所认识。二是风险具有与控制措施伴生的特征。单位在针对某一风险采取控制措施的同时，必然会引起新的风险。例如，在增加验收的同时，验收人员的道德风险便成为了新的风险。所以，每个单位在进行风险识别时，不能只开展一次，而是需要根据各单位内外部情况的变化定期重新开展风险识别。

下列风险分析方法将有助于识别风险，可借鉴使用：

(1)情景分析法

情景分析法又称前景描述法，是假定某种现象或某种趋势将持续到未来，对预测对象可能出现的情况或引起的后果作出预测的方法。

情景分析法的实施步骤：第一，在建立了团队和相关沟通渠道，并确定了需要处理的问题和事件的背景之后，确定可能出现变化的性质；第二，对主要趋势、趋势变化的可能时机以及对未来的预见进行研究。

(2)专家讨论法

专家讨论法是为了保证风险分析的全面性和科学性，集中所分析领域的专业人员组成专家讨论组，有组织、有条理地对风险的特性进行分析的方法。采用专家讨论法时，专家应有合理的规模，人数一般应在 5～20 位。当然，专家的人数取决于项目的特点、规模、复杂程度和风险的性质，没有绝对规定。

专家讨论法的实施步骤：第一，讨论前，参与人、主持人和课题任务落实要讨论识别的风险主题，设计风险调查表；第二，对风险展开讨论，突破思维惯性，大胆联想，力争在有限的时间内获得尽可能多的创意性设想；第三，对风险探讨意见分类与整理，判断风险权重，确定风险发生的概率，计算风险因素的等级，最后将风险调查表中全部风险因素的等级相加，得出整个项目的综合风险等级。

(3)关键风险指标法

一件风险事件的发生可能有多种成因，但关键成因往往只有几种。关键风险指标管理是对引起风险事件发生的关键成因指标进行管理的方法。

关键风险指标法的实施步骤:第一,分析风险成因,从中找出关键成因;第二,将关键成因量化,确定其度量,分析确定导致风险事件发生(或极有可能发生)的成因的具体数值;第三,以该具体数值为基础,以发出风险预警信息为目的,加上或减去一定数值后形成新的数值,该数值即为关键风险指标;第四,建立风险预警系统,即当关键成因数值达到关键风险指标时,发出风险预警信息;第五,制定出现风险预警信息时应采取的风险控制措施;第六,跟踪监测关键成因数值的变化,一旦出现预警,即实施风险控制措施。

(4)流程图分析法

流程图分析法是对流程的每一阶段、每一环节逐一进行调查分析,从中发现潜在风险,找出导致风险发生的因素,分析风险产生后可能造成的损失以及对整个组织可能造成的不利影响。运用流程图绘制单位的运作管理业务流程,可明确对单位各种活动有影响的关键点,结合这些关键点的实际情况和相关历史资料,明确单位的风险状况。

流程图分析法的实施步骤:第一,根据单位实际绘制业务流程图;第二,识别流程图上各业务节点的风险因素,并予以重点关注;第三,针对风险及产生的原因,提出监控和预防的方法。

(5)事件树分析法

事件树分析是从一个初始事件开始,按顺序分析事件向前发展的过程中各个环节成功与失败的过程和结果,从而进行危险源辨识的一种时序逻辑事故分析方法。每一事件可能的后续事件一般只能取完全对立的两种状态(成功或失败,正常或故障,安全或危险等),逐步向结果方面发展,直到达到系统故障或事故为止。由于所分析的情况用树枝状图表示,故称事件树。

事件树分析的实施步骤:第一,首先要挑选初始事件;第二,按序列出那些旨在缓解结果的现有功能或系统;第三,在每条线上标注一定的失效概率,同时通过专家判断或故障树分析的方法来估算这种失效概率。

(6)统计推论法

任何具体风险的发生都是诸多风险因素和其他因素共同作用的结果,是一种随机现象。个别风险事故的发生是偶然的、杂乱无章的,但对大量风险事故资料进行观察和统计分析,就会发现其呈现明显的运动规律,这就使人们有可能用概率统计的方法及其他现代风险分析方法去计算风险发生的概率和损失程度,从而促进了风险管理的快速发展。统计推论是进行项目风险评估和分析的一种相对有效的方法,它可分为前推、后推和旁推等类型。

前推法是从历史的经验和数据出发,向前推测未来事件可能发生的概率及后果，是采用最普遍而又行之有效的一种预测方法。

后推法是以未知的想象事件及后果为依据，从其与某一事件的联系来推断该事件的风险。也就是将未来事件归算到有数据可查的、造成这一事件的一些起始事件上。

旁推法就是利用类似项目的数据进行外推，用某一项目的历史记录对新的类似项目可能遇到的风险进行评估和分析，当然这还得充分考虑新环境的各种变化。

统计推论法的实施步骤：第一，收集并整理与风险相关的历史数据；第二，选择合适的评估指标并给出数学模型；第三，根据数学模型和历史数据预测未来风险发生的可能性和损失大小。

2.2.4 风险评价方法的具体应用

风险评价是在风险识别和风险分析的基础上，对风险发生的概率和损失程度，结合其他因素进行全面考虑，评价发生风险的可能性及危害程度，以衡量风险的程度并对风险进行分级。根据风险评价得出的风险分级结果决定了是否需要采取相应的措施。

确切地评价风险是一道难题，一般可以根据风险造成损失的严重程度将风险分成“重大风险”“重要风险”和“一般风险”三类；也可以对风险频率和风险损失赋分，最高为 5 分，最低为 1 分，分值根据各单位的实际情况具体确定，分值的范围描述如表 2.1 所示。

表 2.1　　风险事件发生的频率与分值

分值	发生频率描述	发生情况描述
5	很高(几乎确定)	在大多数情况下极有可能发生
4	高(很可能)	在多数情况下有可能发生
3	中等(可能)	在一般情况下有可能发生
2	低(不太可能)	有极低的可能在特定时期发生
1	很低(几乎不可能)	本单位基本上不可能发生

风险分析的目的在于对识别的风险按照风险发生的先后排序，从而有助于确定会计控制需要重点关注的对象和优先控制的风险点。对风险可能性的测评与影响程度的分析对落实风险控制点及判定其重要程度很有帮助，表 2.2 可供参考。

表2.2　　影响程度分析测评

序号	程度描述	程度描述举例
1	不重要	目标的实现不受影响,如发生将造成很小的损失
2	次要	对目标的实现有轻度影响,如发生将造成轻微的损失
3	中等	对目标的实现有中度影响,如发生将造成中等的损失
4	主要	对目标的实现有严重影响,如发生将造成较大的损失
5	重大	对目标的实现有很严重的影响,如发生将造成极大的损失

有些单位采用风险矩阵图作为风险管理的工具,将风险发生的可能性和严重程度各分为六个等级,用于分析项目的潜在风险并予以警示,如表2.3所示。

表2.3　　风险管理矩阵图

可能性P等级 严重度L等级	1不可能发生	2几乎不发生	3很少发生	4偶尔发生	5可能发生	6经常发生
1(无影响)	Ⅳ	Ⅳ	Ⅳ	Ⅳ	Ⅳ	Ⅲ
2(轻微的)	Ⅳ	Ⅳ	Ⅲ	Ⅲ	Ⅲ	Ⅱ
3(较小的)	Ⅳ	Ⅲ	Ⅲ	Ⅱ	Ⅱ	Ⅱ
4(较大的)	Ⅳ	Ⅲ	Ⅱ	Ⅱ	Ⅱ	Ⅰ
5(重大的)	Ⅳ	Ⅲ	Ⅱ	Ⅱ	Ⅰ	Ⅰ
6(特大的)	Ⅲ	Ⅱ	Ⅱ	Ⅰ	Ⅰ	Ⅰ

表2.3中,Ⅰ类属于高风险等级,是不可以接受的;Ⅳ类属于低风险等级,其风险在可接受范围内。各级警示说明如下:

Ⅰ级——红色警告:不可以接受的风险;应立即采取风险缓解措施,直至风险降低到可以接受的程度。

Ⅱ级——橙色警戒:不希望有的风险;努力降低风险,在规定的时间内采取缓解措施。

Ⅲ级——黄色警示:有条件接受的风险;给出风险提示告诫所有人员。

Ⅳ级——可以接受的风险:正常运行。

有些单位还通过交易发生的频率、管理的复杂程度、估价金额大小的判断、重要性程度的披露、舞弊风险的高低、以往发现的问题及管理层关注等方面得出重要性程度的判断。总之，应尽可能将风险发生可能性的高低以及风险发生后对目标的影响程度进行量化分级。

某单位风险评估后确认的具体分值范围与相应的描述情况如表 2.4 所示，具体维度和金额可根据各单位的实际情况进行修订。

表 2.4　　风险事件发生的后果及其评价一览表

分值	风险性质	法律后果	影响程度	经济损失	声誉	安全	环境
5	灾难性	起诉	重大影响（如设施永久损坏，造成生产线废弃）	经济损失≥500 万元	负面消息在国际上流传，政府或监管机构进行调查，引起公众关注，对单位声誉造成无法弥补的损害	引起多位职工或公民死亡	对周围环境造成永久污染或无法弥补的破坏
4	重大	起诉	严重影响（如生产长时间关停）	500 万元＞经济损失≥300 万元	负面消息在全国流传，对单位声誉造成重大损害	导致一位职工或公民死亡	对周围环境造成严重污染或需高额恢复成本
3	重要	公开警告，罚款	中度影响（如生产故障造成停产）	300 万元＞经济损失≥100 万元	负面消息在某区域流传，对单位声誉造成中等损害	长期影响多位职工或公民的健康	环境污染和破坏在可控范围内，没有造成永久的环境影响
2	中等	公开警告，不罚款	一般影响（如生产线暂时无法生产）	100 万元＞经济损失≥10 万元	负面消息在当地局部流传，对单位声誉造成轻微损害	长期影响一位职工或公民的健康	无污染，没有产生永久的环境影响
1	轻微	被政府机关质疑或调查	轻度影响（如影响货物交付）	经济损失＜10 万元	负面消息在单位内部流传，单位声誉没有受损	短暂影响职工或公民的健康	系统内危害，无外界污染和环境影响

2.2.5　风险应对策略的选择

风险应对策略是根据风险评估的结果以及成本效益原则制定的管理风险的方向性态度。各单位应当根据实际情况，综合应用风险规避、风险降低、风险分担和风险承受等风险应对策略，实现对风险的有效控制。有时候，对于同一种风险可以同时采取几种策略。以采购为例，在采购中供应商会要求单位先付款后发货，此时单位会面临货物的质量和供货的时效是否出错等风险。面对不同的风险程度，单位可以采取以下不同的策略：①风险规避的做法是，必须要求先发货，经验收合格以后再付款；②风险降低的做法是，先付部分预付款，待货物验收合格后再付尾款；

③风险分担的做法是，将货款先付给独立的第三方金融机构，待货物验收合格后再转付给供应商；④风险承受的做法是，先付款，货到后即验收入库。

单位可以在充分识别、分析和评价风险的基础上，将所有可能被认知的风险进行汇总，并记录风险的评价结果，形成风险清单或者风险数据库。风险清单的要素一般包括风险所属的流程、风险的具体描述、风险的类别、风险的重要性水平和风险的应对策略等。

关于四种风险应对措施的具体操作办法，汇总如表 2.5 所示。

表 2.5　　四种风险应对策略与具体操作办法

应对策略	具体操作办法
风险规避（单位对超出风险承受度的风险，通过放弃或停止与该风险相关的业务活动以避免和减轻损失的策略）	通过政策、限制性制度和标准，阻止高风险的经济活动、交易行为、财务损失和资产风险的发生
	通过重新定义目标，调整定位及政策，或重新分配资源，停止某些特殊的经济活动
	在确定业务目标时，避免追逐“偏离定位”的机会
	审查投资方案，避免采取导致低回报的偏离战略，以及承担不可接受的高风险的行动
	通过出售、清算、剥离某些经济业务，规避风险
风险降低（单位在权衡成本与效益之后，准备采取适当的控制措施降低风险或者减轻损失，将风险控制在风险承受度之内的策略）	将资金、实物资产或信息资产分散放置在不同的地方，以降低遭受灾难性损失的风险
	借助内部流程或行动，将不良事件发生的可能性降低到可接受的程度，以控制风险
	通过给计划提供支持性的证明文件并授权合适的人作决策以应对偶发事件，必要时可定期对计划进行检查，边检查边执行
风险分担（单位准备借助他人的力量，采取业务分包、购买保险等方式和适当的控制措施，将风险控制在风险承受度之内的策略）	在明确的风险战略的指导下，与资金雄厚的独立机构签订保险合同
	与其他保险公司再签订合同，以减少投资风险
	通过与其他机构合作，减少风险的单方面影响
	通过与资金雄厚的独立机构签订风险分担合同，补偿风险
风险承受（单位对风险承受度之内的风险，在权衡成本与效益之后，不准备采取控制措施以降低风险或者减轻损失的策略）	不采取任何行动，将风险保持在现有水平
	根据外部情况，对经济事项进行重新定价，从而补偿风险成本
	通过合理设计的业务组合，抵消风险

风险管理策略和风险行动计划是风险应对过程需要仔细考量的两个最重要的

要素，直接关系到单位能否通过风险管理减少对于目标和发展的损害，能否给单位创造价值等。

风险偏好和风险容忍度是针对风险度量提出的新概念。从广义上看，风险偏好是指单位在实现其目标的过程中愿意接受的风险数量。风险偏好与单位战略直接相关，单位在制定战略时，应考虑将该战略的既定收益与风险偏好结合起来，目的是帮助单位的管理者在不同的战略之间选择与单位的风险偏好相一致的战略。风险偏好的概念是建立在风险容忍度概念的基础上的。风险容忍度是指在单位目标实现的过程中对差异的可接受程度，是单位在风险偏好的基础上设定的对相关目标实现过程中所出现的差异的可容忍限度。在确定各目标的风险容忍度时，单位应考虑相关目标的重要性，并将其与风险偏好联系起来。

风险应对是一个动态的过程，单位应当结合不同发展阶段和业务拓展情况，持续收集与风险变化相关的信息，进行风险识别和风险分析，及时调整风险应对策略。也就是说，应当重视风险评估的持续性，及时收集风险及与风险变化相关的各种信息，定期或者不定期地开展风险评估，适时更新、维护风险数据库。

2.3 控制活动落到实处

管理失控客观存在，这既与认识不足相关，也与缺乏有效的控制活动与控制方法相关。为了全面、有效地加强会计控制，必须讲究方式方法的科学性与有效性。

会计控制方法就是人们在控制实践过程中为了实现控制目标所采用的方法和措施。科学、有效的控制方法是顺利完成控制任务和达到控制目标的手段。

任何活动都是一个过程，任何过程都有输入和输出。输入是实施过程的基础、前提和条件；输出是完成过程的结果。输入与输出之间是增值转换的关系，过程的目的就是为了增值。会计控制活动也是这样。为了实现输入与输出之间的增值转换，就要投入必要的资源。例如，成本是在过程中(输入和输出中)的一组资源消耗的总和，是换取过程增值或结果有效的代价。控制成本是为了成本发生过程的有用性和有效性，而不是为控制而控制。

《内部会计控制规范——基本规范(试行)》提出的内部会计控制方法主要包括不相容职务相互分离控制、授权批准控制、会计系统控制、预算控制、财产保全控制、风险控制、内部报告控制和电子信息技术控制等。

《行政事业单位内部控制规范(试行)》认为单位内部控制的方法一般包括不相容岗位相互分离、内部授权审批控制、归口管理、预算控制、财产保护控制、会计控制、单据控制和信息内部公开。

《企业内部控制基本规范》提出的 7 项控制方法(措施)的要点如图 2.2 所示。

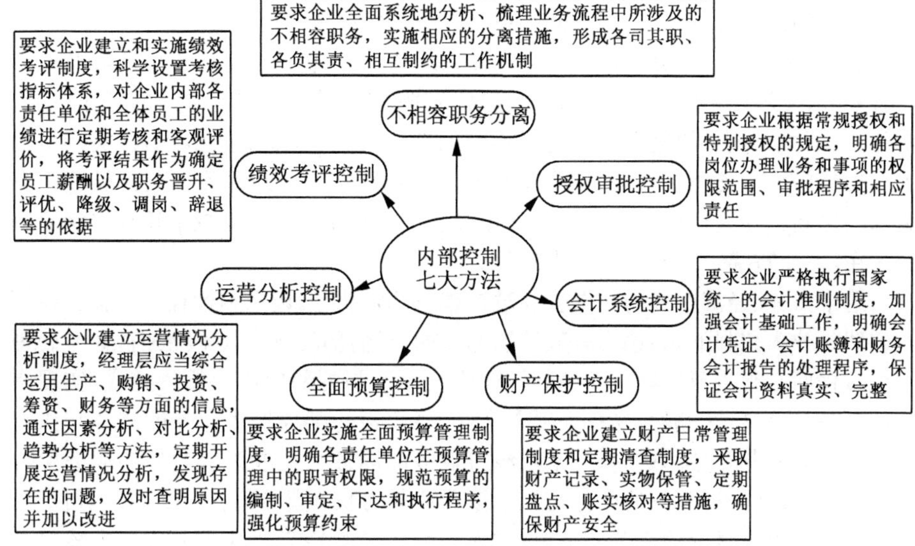

图 2.2　7 项控制措施的框架结构

上述三个文件虽然适用于不同的对象，但其日常控制方法存在交集，有许多共同之处，应当扬长避短、齐抓共管、落到实处。

会计控制活动是由一系列会计行为构成的系统，包括制定制度、实施措施和执行程序，重在对经济活动的风险进行防范和管控，即各种会计控制活动不仅要写入制度文件，做到制度设计有效，而且要落实在具体管理实务过程中，做到控制运行有效。会计控制活动要求根据风险评估结果，综合运用各种控制措施，将风险控制在可承受度之内。

2.3.1　不相容职务分离控制

(1)不相容职务分离的基本原理

不相容职务是指那些如果由一个人担任，既可能发生错误和舞弊行为，又可能掩盖其错误和舞弊行为的职务，一般包括授权批准与业务经办、业务经办与会计记录、会计记录与财产保管、业务经办与稽核检查、授权批准与监督检查等。

实证研究表明，两个或两个以上的人发生通同舞弊的可能性小于一个人，这是在"理性经济人"假设之下相互制约的理论依据。

"理性经济人"是经济学领域的基本假设和逻辑起点，具体分为"经济人"假设和"理性人"假设。"经济人"假设强调个人的自利心，即从个人的主观意愿上讲，每个个体都是追求自身利益最大化的。"理性人"假设强调了经济生活中的个体实现自利目标的能力，即在既定的外部约束下进行最优决策的能力。

为此，不相容职务分离控制要求全面系统地分析、梳理业务流程中所涉及的不相容职务，实施相应的分离措施，形成各司其职、各负其责、相互制约的工作机制。例如，一项支票业务的签发必须经过不同的部门或人员，如支票申领人、支票审批人、支票签发人、支票核对人、支票盖章人、支票记录人等，并保证该业务循环中有关部门之间相互进行检查与制约。不相容职务实行相互分离体现了相互牵制原则的运用，需要贯穿于内部控制的全过程。

通常，一项经济业务的处理会经过授权、批准、执行、记录和检查等步骤。在不相容职务分离控制下，为达到有效控制的目的，任何部门或个人不能独揽业务处理的全过程而必须实现过程分离；同时，还应交由不同的部门或人员去完成，实现岗位（或职责）分离。一般至少有 5 项要求：①授权进行某项经济业务的职务与执行该项业务的职务要分离；②执行某项经济业务的职务与批准该项业务的职务要分离；③执行某项经济业务的职务与记录该项业务的职务要分离；④保管某项财产的职务与记录该项财产的职务要分离；⑤保管与记录某项资产的职务与账实核对的职务要分离；等等。

（2）不相容职务分离控制的基本要点

第一，识别不相容职务，即对通常不能由一个人兼任的职务必须有全面的了解，这些职务包括出纳与记账、业务经办与记账、业务经办与业务审批、业务审批与记账、财物保管与记账、业务经办与财物保管、业务操作与业务复核。

第二，合理界定不同职务的职责与权限，只有这样，才能在各司其职的前提下，合理地分离不相容职务；也只有这样，一旦出现问题，才能准确地分清责任。

第三，分离不相容职务，在进行定岗和分工时，注意将不相容职务分离开来，使其相互牵制、相互制约。

第四，实施必要的保障措施，包括物理措施（保险柜、专用钥匙等）和技术措施（网络口令等），定期岗位轮换等。

（3）内部牵制是不相容职务分离的核心

不相容职务分离的核心是"内部牵制"，重点在于"权责制衡"。

《中华人民共和国会计法》明确规定："出纳人员不得兼任稽核、会计档案保管和收入、支出、费用、债权债务账目的登记工作。"并对下列四个方面突出相互分离、相互制约的监督要求：①记账人员与经济业务事项和会计事项的审批人员、经办人员、财物保管人员的职责权限应当明确，并相互分离、相互制约；②重大对外投资、资产处置、资金调度和其他重要经济业务事项的决策和执行的相互监督、相互制约程序应当明确；③财产清查的范围、期限和组织程序应当明确；④对会计资料进行定期内部审计的办法和程序应当明确。

一个会计人员既保管支票印章，又负责签发支票；既登记支票登记簿，又登记银行存款日记账；既负责编制会计凭证，又负责单位与银行之间账目的审核与对账等工作，就完全不符合不相容职务相互分离的控制原则，很有可能导致舞弊行为的发生。在库存管理中，实物保管、仓库记账、财务复核三者之间就是不相容职务，应当实行分离；如此等等。

如果对于不相容的职务不实行相互分离的措施，就容易发生舞弊等行为。因为人性是复杂的，人们的需要与潜在欲望是多种多样的，而且这些需要会随着各种条件的变化而不断改变。所以，不相容职务分离要求每项经济业务都要经过两个或两个以上的部门或人员的处理，使得单个人或部门的工作必须与其他人或部门的工作相一致或相联系，并受其监督和制约，这样可以避免或减少一个人单独从事和隐瞒不合规行为的机会。但是，如果担任不相容职务的员工之间相互串通勾结，则不相容职务分离的作用会消失殆尽；如果两个或更多的人串通舞弊，则可能逃避控制，使内部控制形同虚设。这既是内部控制的局限之一，也是建立的基本前提或假设。离开了这一假设，内部控制就无法建立。因此，单位在设计、建立内部控制制度时，首先应确定哪些岗位和职务是不相容的，再规定各个机构和岗位的职责、权限，使不相容岗位和职务之间能够相互监督、相互制约，形成有效的制衡机制。

(4)岗位轮换是一个行之有效的控制方法

对于关键财会岗位，可以实行强制休假制度，并在最长不超过 5 年的时间内进行岗位轮换。实行岗位轮换的关键岗位由单位根据实际情况确定并在内部公布。通过轮换交接可以揭露前任工作中可能存在的差错和弊端，同时抑制不法分子的不良动机。此外，顶岗的职工还可能提出改进工作的新设想，改善工作程序并提高工作效率等。

(5)任用会计人员应当实行回避制度

需要回避的直系亲属包括夫妻关系、直系血亲关系、三代以内旁系血亲以及配偶亲关系，如单位领导人的直系亲属不得担任本单位的会计机构负责人或会计主管人员，会计机构负责人、会计主管人员的直系亲属不得在本单位会计机构中担任出纳工作等。

2.3.2 授权批准控制

(1)授权控制

授权是指授予对某一大类业务或某项具体业务作出决定的权力。

授权控制是指各项业务的办理必须由被批准和被授权的人去执行，也就是说，单位的各级人员必须获得批准或授权，才能执行正常的或特殊的业务。授权控制也是一种事前控制方法。

“权”与“责”是相联系的，部门(职能部门)或个人被授予权力就负有相应的责任，按照工作岗位所确定的责任制度即为岗位责任制。因此，实行内部控制，应通过制度设计使每项管理工作的执行都得到适当的授权；同时，还应当取得一些证据来证明当事人核准执行业务是在职权范围内的行为，其应负的责任也在其责任范围内，如根据“岗位工作说明”定期检查权力执行和应负责任的情况。这样就使单位做到事事有人管、人人有责任、办事有标准、工作有检查，从而对各项经济业务活动进行有效的控制。

授权原则上采用书面授权委托书的形式，对于临时性、非重大事项，可进行口头授权。

授权委托书是授权人委托被授权人在授权范围内以授权人的名义行使职权或办理有关事务的法律文件，是被授权人的权利证明。授权委托书包括综合和单项两类，从形式上分为标准授权书和指定格式授权书等。

进行授权控制，既可防止滥用职权，又可让员工在授权范围内放手开展有关业务活动。所有业务未经授权不能执行，超越授权范围的审批业务，经办人员有权拒绝办理。

(2)授权批准控制

授权批准是指在办理各项经济业务时，必须明确规定涉及会计及相关工作审批过程中的范围、权限、程序、责任等内容。单位各级管理人员应当在授权范围内行使职权和承担责任。行政事业单位对于“三重一大”业务还应当实行集体决策审批或会签制度，任何个人不得单独进行决策或者擅自改变集体决策。所以，授权批准控制也是指在处理相关经济业务时对授权批准行为的监控。

授权批准方式有常规授权(一般授权)与特殊授权之分。

常规授权是指在日常经营管理活动中按照既定的职责和程序进行的授权，用以规范经济业务的权力、条件和有关责任者，其时效一般较长。常规授权通常是在对该业务管理人员任命的时候确定，在管理部门中也采用岗位责任制或管理文件的授权形式认定，或在经济业务中以规定其办理条件和办理范围的形式予以反映。例如，会计部门规定某人负责支票的审核与相关政策，那么，只要符合支票签发政策的部门和人员申请支票，该人员就可按这些政策的规定授权办理支票审核业务。

特别授权是指对办理例外的、非常规性交易事件的权力、条件和责任的应急性授权。特殊授权只涉及特定经济业务处理的具体条件及有关具体人员。例如，上述负责支票审核的某会计人员，在审核应当开具的支票时，发现金额高达数百万元，其额度远远超过该会计人员甚至会计部门的权限，对于这笔支票审核业务可以作为特殊授权办理。这样的授权时效较短，有的还须一事一议。

授权批准控制的基本原则：一是有关事项必须在发生之前经过授权批准；二是授权的依据是依事而不是依人；三是授权批准责任一定要明确，不可越权授权，对于越权行为一定要有相应的惩罚制度；四是所有过程都必须有书面证明；五是必须适度授权；六是授权的保障是监督。同样，审批控制也有两个原则：一是审批要有限度，不可越权审批；二是审批要有原则，不得随意审批。

(3)授权批准体系

一个授权批准体系包括：①授权批准的范围(单位所有的经营活动一般都应当纳入授权批准的范围)；②授权批准的层次(根据经济活动的重要性和金额大小确定不同的授权批准层次，有利于保证各管理层和有关人员有权有责)；③授权批准的责任(明确各岗位办理业务和事项的权限范围、审批程序和相关责任，包括分级审批、分额度审批和逐项审批等)；④授权批准的程序；⑤授权批准检查(检查凭证和文件以及现场观察等)。授权批准体系越完整，执行越到位，会计控制就越有效。

即使日常的费用报销也应当纳入授权批准的范围。以差旅费报销业务为例，此项业务一般会涉及以下三个部门和相关人员：一是报销人员与所在部门负责人应对报销事项的真实性负责；二是审核部门与人员应核定费用报销的相关标准；三是会计部门审核有关凭证的合法性、完整性，对符合条件的情形予以报销。

在公司制企业中，一般由股东会授权董事会，然后由董事会授权企业的总经理和有关管理人员。每一层级的管理人员既是上级管理人员的授权客体，又是对下级管理人员授权的主体。各级管理层必须在授权范围内行使职权和承担责任，经办人员也必须在授权范围内办理业务。

例如，某公司《对外投资融资管理制度》规定："公司对外投资融资的决策机构为股东大会或董事会。投资及融资金额一次性不超过公司最近一期经审计净资产20%(含20%)、年度累计不超过公司净资产50%的对外投资及融资行为，由公司董事会负责审批；投资及融资金额超过上述比例的对外投资及融资行为，由董事会审议后，交公司股东大会批准；除此以外的任何部门和个人均无权对公司的对外投资及融资作出决定。"

授权批准在层次上应当考虑连续性，应将可能发生的情况全面纳入授权批准体系，避免出现"真空"地带。当然，应当允许根据具体情况的变化不断对有关制度进行修正，适当调整授权层次。例如，出现新业务，应配上相应的规定；金额规模变动，应修改原有的层次界定；等等。

(4)授权批准实施步骤

第一步，明确授权审批体系的意义和实施理念。在建设授权审批体系之初，自上而下树立关于授权审批的正确理念是十分重要的。

第二步，组建或指定授权审批体系的相关机构。一方面，授权审批体系建设不是简单地形成一份权限审批表或者审核流程图，而是应当包括建立、维护、监督和完善的整个过程；另一方面，授权审批体系建设绝不是一项独立的工作，而是涉及单位各项流程中的审批过程，梳理授权审批在某种程度上就是整个管理流程的再造。从这两个方面出发，都需要有相应的机构来负责授权审批体系的建设。

第三步，梳理授权审批事项的范围。组织机构确定后，便可进行授权审批事项的梳理，确定这些事项的类别、金额和范围。在梳理授权审批事项的范围时，应体现全面性和重要性原则的具体应用，一方面要尽可能覆盖各个业务流程；另一方面要抓大放小，把精力花在影响大和风险高的事项上，尤其是对关键环节风险的实际分析和控制。

第四步，确定各事项的申请、审核和批准过程。单位可根据不同的事项确定该事项经过申请、审核和批准而生效的程序并落实到明确的岗位和层次。

对于复杂、重大的事项应加强审核，一般日常事项应简化程序。对于影响极小的日常事项，也可通过预算管理、总额限制或事后绩效考核来控制，不一定强化事前审核和审批，如对小额办公用品的领用可以实施总量限制。

涉及同一事项不同阶段的权限也应当统筹分析，有效梳理。以采购为例，某采购事项的审批可能涉及预算与计划、事项决策、合同与用印、验收与付款等。对于重大采购，这几个过程都应由领导审核并批准；而对于一般采购，只需预算批准和付款审核即可。

在完成了授权审批事项和授权审批过程的梳理后，单位可以审批权限表的形式将梳理后的结果固化，作为部门和岗位实际操作的依据。某公司大宗业务采购授权审批权限表的样式如表 2.6 所示。

表 2.6　　一般授权审批权限

类别	事项	金额（万元）	申请岗位	经办部门	部门领导	单位领导	备注说明
采购业务	大宗采购	＜50	需求人员	采购部门	审核	批准	
	……						

第五步，建立授权审批体系的持续跟踪和反馈机制。一些单位建立了授权审批体系，但往往运行一段时间后便再无人提及，这与缺乏跟踪和反馈机制有关。例如，由于紧急突发情况而使某事项先做后批，却没有再做事后处理，随后就会有更多的职员倾向于采取这种“高效”的方式。又如，部门或岗位变化，原授权审批体系对不上部门和岗位了，却无人调整，逐渐大家也会迷惑究竟该走哪个授权审批程序，最终造成了授权审批体系无人问津。因此，单位应当指定专门部门对授权审批

体系进行持续跟踪监督和评价，纠正和处理授权审批体系中的违规行为，追究违规审批所造成的损失，对不合理的权限设置进行及时调整和再发布。

第六步，建立授权审批体系的追责机制。一些单位可能出现“拍脑袋”（审核缺位）、“拍胸脯”（批准草率）和“拍屁股”（追责缺位）的现象，最终给单位造成了重大损失，却又未能充分吸取教训。追责机制不只是针对具有决策过失的个人进行惩罚，而且是一种健康的组织学习机制，强调对决策失误的分析并提出防范类似问题的方案。良好的追责机制能够协助单位不断优化决策体系，促进管理的健康发展。

2.3.3 会计系统控制

会计管理是一项既细致又复杂的工作，各个部门、各种程序、各项手续以及各种数字之间相互关联，要求会计机构和会计人员通过合理的制度、手续和处理程序，有机地联系和沟通生产经营的各个环节，相互配合、协调一致，以保证会计工作质量，提高会计工作效率。

会计作为一个信息系统，对内能够向管理层提供经营管理的诸多信息，对外可以向投资者、债权人等提供用于投融资等决策的信息。会计系统控制主要是通过对会计主体所发生的能以货币计量的各项经济业务进行确认、记录、计量和报告，要求严格执行国家统一的会计准则制度，加强会计基础工作，明确会计凭证、会计账簿和财务会计报告的处理程序，保证会计资料的真实、完整。其内容主要包括以下几个方面：

（1）会计机构控制

会计机构是直接从事、组织和领导会计工作的职能部门。各单位原则上要单独设置专职的会计机构；不具备单独设置会计机构条件的单位，应在有关机构中配备专职会计人员，否则应委托有关代理记账机构进行代理记账。

会计机构内一般可按业务工作分设财务组、成本组、材料组、工资组和综合组等，并建立会计工作岗位责任制，体现内部牵制制度的要求。

会计工作的组织形式应视单位的具体情况不同有集中核算和非集中核算之分。在集中核算的组织形式下，会计部门要完成单位经济业务的明细核算、总分类核算、财务报表编制和各有关项目的考核分析等工作；其他职能部门、车间、仓库的会计组织或会计人员只负责登记原始记录和填制原始凭证。在非集中核算组织形式下，某些业务的凭证整理、明细核算、适应单位日常管理需要的内部报表的编制与分析等分散到各个从事该项业务的车间、部门进行；而单位会计部门则集中进行总分类核算和财务报表的编制与分析等。

（2）会计人员控制

凡是从事会计工作的人员，必须取得会计从业资格证书。未取得会计从业资格证书的人员，不得从事会计工作。

担任单位会计机构负责人（会计主管人员）的，除取得会计从业资格证书外，还应当具备会计师以上专业技术职务资格或者从事会计工作3年以上。

大、中型企事业单位、业务主管部门应当根据法律和国家有关规定设置总会计师。总会计师由具有会计师以上专业技术资格的人员担任。

因有提供虚假财务会计报告，做假账，隐匿或者故意销毁会计凭证、会计账簿、财务会计报告，贪污、挪用公款，职务侵占等与会计职务有关的违法行为被依法追究刑事责任的人员，不得取得或者重新取得会计从业资格证书。

除前款规定的人员外，因违法违纪行为被吊销会计从业资格证书的人员，自被吊销会计从业资格证书之日起5年内不得重新取得会计从业资格证书。

(3)会计岗位职责控制

各单位应当建立内部会计管理体系和会计工作岗位责任制度，对会计人员进行科学、合理的分工，使之相互监督和制约。

内部会计管理体系的主要内容包括：单位领导人和总会计师对会计工作的领导职责；会计部门及其会计机构负责人、会计主管的职责和权限；会计部门与其他职能部门的关系；会计核算的组织形式；等等。

会计工作岗位责任制度的主要内容包括：会计人员的工作岗位设置；各会计工作岗位的职责和标准；各会计工作岗位的人员和具体分工；会计工作岗位轮换办法；对各会计工作岗位的考核办法；等等。

会计工作岗位一般可分为：会计机构负责人或者会计主管人员、出纳、财产物资核算、工资核算、成本费用核算、财务成果核算、资金核算、往来结算、总账报表、稽核和档案管理等。开展会计电算化和管理会计的单位，可以根据需要设置相应的工作岗位，也可以与其他工作岗位相结合。

会计工作岗位可以一人一岗、一人多岗或者一岗多人。但出纳人员不得兼管稽核，会计档案保管，收入、费用和债权债务账目的登记工作。会计人员的工作岗位应当有计划地进行轮换。

会计人员工作调动或者因故离职，必须将本人所经管的会计工作全部移交给接替人员。没有办清交接手续的，不得调动或者离职。接替人员应当认真接管移交的工作，并继续办理移交的未了事项。

一般会计人员办理交接手续，由会计机构负责人（会计主管人员）监交；会计机构负责人（会计主管人员）办理交接手续，由单位负责人监交，必要时主管单位可以派人会同监交。

会计机构、会计人员对违反会计法和国家统一的会计制度规定的会计事项，有权拒绝办理或者按照职权予以纠正；发现会计账簿记录与实物、款项及有关资料不相符的，按照国家统一的会计制度的规定有权自行处理的，应当及时处理；无权处理的，应当立即向单位负责人报告，请求查明原因并作出处理。

(4)会计管理制度控制

会计管理制度控制是会计控制最常见、最传统，也是行之有效的方法之一。例如，①政策法规控制也称合法性措施，是指以单位的方针政策及计划预算作为控制手段；②记录报告控制也称可靠性措施，任何管理形式和程序都要有对行动负责的授权记录，在正式说明经营状况和经营成果时，应有记录报告制度；③资产管理控制也称安全性措施，是指为保护财产的完整和安全所采取的控制措施。

建立与健全各项会计基础管理制度，可以为加强会计控制提供切实保证。一个单位的会计工作基础管理制度应当因地制宜、与时俱进，除了内部会计管理体系和会计工作岗位责任制度以外，至少还应当包括账务处理程序制度、内部牵制制度、稽核制度、原始记录管理制度、定额管理制度、计量验收制度、财产清查制度、财务收支审批制度、成本核算制度、财务分析制度和会计信息化制度等内容。

制度控制与纪律控制应相辅相成，立法执纪与循规蹈矩应相得益彰。遵守规矩，不敢违反，是会计人员应有的职业操守。因为制度本身并不能作为信赖会计控制有效性的全部基础，所以，为了保证制度的执行，还需要纪律控制。纪律是指为维护集体利益并保证工作进行而要求成员必须遵守的规章、条文，它规定能够做什么与不能够做什么，具有监视、强制和约束会计工作的作用。尤其是财经纪律，它是财务纪律和财政纪律的统称，是指国家为国民经济各部门、各地区、企事业单位和个人所规定的财政经济活动中必须严格遵守的行为准则，是从特定侧面调节人们财政经济活动的行为规范。财经纪律是凭借国家权力，以强制方式付诸实施的。

依法控制是会计控制的显著特点之一，任何违反财经纪律的行为都必须予以制止。例如，2014年7月28日，财政部审计署印发《深入开展贯彻执行中央八项规定严肃财经纪律和"小金库"专项治理工作方案》的通知(财监〔2014〕19号)，就是强化专项检查，抓好"三公"经费、会议费等预算管理，进一步治理"小金库"，切实严肃财经纪律的重要举措。

良好纪律的形成过程是一个由外在的强制逐步过渡到内在自律的过程。法律的生命力在于实施，一方面要坚持有法必依、执法必严、违法必究，另一方面要不断提高依法行政、依法理财的能力和水平。各级管理人员要带头学习和遵守法律，努力增强法治意识，自觉维护法律权威，牢记法律"红线"不可逾越、法律"底线"不可触碰，把法律的各项规定作为从事管理活动的行为准则，坚持学以致用，经常对照检查，严格依法办事，严肃财经纪律。

(5)会计工作程序控制

程序控制也称标准化控制，是对重复出现的业务，按客观要求，规定其处理的标准化程序作为行动的准则。进行程序控制有助于单位按规范处理同类业务，有科学的程序、标准可依，避免业务工作无章可循或有章不循，避免职责不清、互相扯皮等；有利于及时处理业务和提高工作效率；有利于减少差错，有利于暴露或查明差错；有利于追究有关人员的应负责任；有利于及时处理和解决问题；等等。实行程序控制，需要将单位各项业务的处理过程用文字的说明或流程图的方式表示出来，以形成制度，颁发执行，如制定现金报销流程，材料采购、核算、领用办法，产品成本计算规程及各种业务操作流程等。

程序控制也是一种典型的事前控制方法，它不仅要求按照牵制的原则进行程序设置，而且要求所有主要业务活动都要建立切实可行的办理程序。任何业务的处理程序都要与单位的机构设置、人员配备相吻合；任何业务的处理程序都要有助于制约错误和弊端；同时，还要注意程序的经济性与有效性，既不能繁琐与重复，也不能过于简单或存在漏洞。

会计核算系统控制是一种典型的程序控制方法，它是指对会计凭证、账簿、报表等一系列会计工作及其相关核算岗位的责任所进行的控制。各单位会计核算必须按照规定取得和填制会计凭证，包括原始凭证和记账凭证。会计凭证、会计账簿、财务报表和其他会计资料的内容必须符合国家统一会计制度的规定，不得伪造、变造会计凭证和会计账簿，不得设置账外账，不得报送虚假财务报表。

单位进行会计核算不得有下列行为：①随意改变资产、负债、所有者权益的确认标准或者计量方法，虚列、多列、不列或者少列资产、负债、所有者权益；②虚列或者隐瞒收入，推迟或者提前确认收入；③随意改变费用、成本的确认标准或者计量方法，虚列、多列、不列或者少列费用、成本；④随意调整利润的计算或分配方法，编造虚假利润或者隐瞒利润；⑤违反国家统一会计制度规定的其他行为。

(6)会计凭证控制

任何经济业务都要留印有痕、可资查证，所以，会计凭证(包括原始凭证和记账凭证)是会计控制最重要和最有说服力的基础资料。尤其是原始凭证(又称单据)，是在经济业务发生或完成时取得或填制的，用以记录或证明经济业务的发生或完成情况的文字凭据，它不仅能用来记录经济业务的发生或完成情况，而且可以明确经济责任，是进行会计核算工作的原始资料和重要依据，是会计资料中最具有法律效力的一种文件。

原始凭证的基本要素包括原始凭证名称，填制凭证的日期和编号，填制凭证的单位的名称或者填制人姓名。对外凭证应有接受凭证的单位的名称，经济业务所涉及的数量、计量单位、单价和金额，经济业务的内容摘要，经办业务部门或人员的签章等。

日常收付核算时，除应当具备原始凭证的上述内容外，还应当有以下附加条件:①从外单位取得的原始凭证应使用统一发票,发票上应印有税务专用章并加盖填制单位的公章;②自制的原始凭证必须有经办单位负责人或者由部门负责人指定的人员的签名或者盖章;③支付款项的原始凭证必须有收款单位或收款人的收款证明,不能仅以支付款项的有关凭证代替;④购买实物的原始凭证必须有验收证明;⑤销售货物发生退回并退还货款时,必须以退货发票、退货验收证明和对方的收款单据作为原始凭证;⑥职工公出借款填制的借款凭证必须附在记账凭证之后;⑦经上级有关部门批准的经济业务事项,应当将批准文件作为原始凭证的附件;等等。

原始凭证记载的各项内容均不得涂改。原始凭证有错误的,应当由出具单位重开或者更正,更正处应当加盖出具单位印章。原始凭证金额有错误的,应当由出具单位重开,不得在原始凭证上更正。记账凭证应当根据经过审核的原始凭证及有关资料编制。

会计机构和会计人员应当对原始凭证进行审核和监督。对不真实、不合法的原始凭证,不予受理。对弄虚作假、严重违法的原始凭证,在不予受理的同时,应当予以扣留,并及时向单位领导报告,请求查明原因,追究当事人的责任。对记载不准确、不完整的原始凭证,予以退回,并要求经办人员更正、补充。

对会计凭证可以要求连续编号。通过凭证编号可以控制单位签发的凭证数量以及相应的交易涉及的其他文件,如支票、发票、订单、存货收发证明的使用情况等,便于查询与核对,避免重复、遗漏;更重要的是,编号的连续性在一定程度上可以减少抽取发票、截取银行收款凭证等进行贪污舞弊的可能性。

各单位应当规定合理的凭证传递程序,可以运用流程图来确定内部会计控制的流程、凭证的传递与关键控制点等,并明确凭证填制、审核、装订和保管的责任。

(7)会计账簿控制

各单位应当依法设置会计账簿并保证其真实、完整。会计账簿登记必须以经过审核的会计凭证为依据,并符合有关法律、行政法规和国家统一的会计制度的规定。会计账簿包括总账、明细账、日记账和其他辅助性账簿。各单位发生的各项经济业务事项应当在依法设置的会计账簿上统一登记、核算,不得违反国家统一的会计制度的规定私设会计账簿登记、核算。

会计账簿应当按照连续编号的页码顺序登记。会计账簿记录发生错误或者隔页、缺号、跳行的,应当按照国家统一的会计制度规定的方法更正,并由会计人员和会计机构负责人(会计主管人员)在更正处盖章。

各单位应通过合理设置账户,登记会计账簿,进行复式记账,如实反映各项经济业务。国家统一制度规定的会计科目编号不应随意打乱重编,以便于编制会计凭证、登记账簿、查阅账目、实行会计电算化等。

各单位可运用流程图来设计结账的工作步骤、内容、完工时间和有关责任人，以保证结账工作顺序进行。控制结账程序能够保证单位会计处理的及时完成，并且能及时发现错误加以改正。

会计机构和会计人员对伪造、变造、故意毁灭会计账簿或者账外设账的行为，应当制止和纠正；制止和纠正无效的，应当向上级主管单位报告，请求作出处理。

(8)财务会计报告控制

财务会计报告由财务报表、财务报表附注和财务情况说明书组成。各单位应当定期将会计账簿记录与实物、款项及有关资料相互核对，保证会计账簿记录与实物及款项的实有数额相符、会计账簿记录与会计凭证的有关内容相符、会计账簿之间相对应的记录相符、会计账簿记录与财务报表的有关内容相符。

会计机构和会计人员应当对实物、款项进行监督，督促建立并严格执行财产清查制度。发现账簿记录与实物、款项不符时，应当按照国家有关规定进行处理。超出会计机构和会计人员职权范围的，应当立即向本单位领导报告，请求查明原因，作出处理。

财务会计报告应当根据经过审核的会计账簿记录和有关资料编制，并符合国家统一的会计制度关于财务会计报告的编制要求、提供对象和提供期限的规定；其他法律、行政法规另有规定的，从其规定。不得违反规定，随意改变财务会计报告的编制基础、编制依据、编制原则和编制方法，不得随意改变有关数据的会计口径。

各单位采用的会计处理方法，前后各期应当一致，不得随意变更；确有必要变更的，应当按照国家统一的会计制度的规定变更，并将变更的原因、情况及影响在财务会计报告中说明。

向不同的会计资料使用者提供的财务会计报告的编制依据应当一致。有关法律、行政法规规定财务会计报告须经注册会计师审计的，注册会计师及其所在的会计师事务所出具的审计报告应当随同财务会计报告一并提供。

财务会计报告应当由单位负责人和主管会计工作的负责人、会计机构负责人(会计主管人员)签名并盖章；设置总会计师的单位，还须由总会计师签名并盖章。单位负责人应当保证财务会计报告真实、完整。

2.3.4 财产保护控制

财产保护控制要求建立资产日常管理制度和定期清查机制，采取资产记录、实物保管、定期盘点、账实核对等措施，确保资产安全、完整。

资产日常管理制度包括资产记录、实物保管和处置报批等。其中，资产记录控制要求单位应当建立资产档案，对各类资产的信息进行登记、分类、汇总，为资产管理提供信息支持，并且妥善保管资产的各种文件资料，避免记录受损、被盗、被毁。

实物保管控制要求单位明确和落实资产保管及使用的责任，并对特定资产规定严格的限制条件，还可以根据实际情况对重要或特殊资产投保，在意外发生时减轻损失。处置报批控制要求根据有关资产管理的规定对资产的调剂、租借、处置等明确报批程序、审批权限和相关责任，防止未经审批随意处置资产。

资产的定期清查机制，包括定期盘点、账实核对，定期核实各类资产的实际数量，将盘点结果与资产台账和会计账簿进行比对；发现不符的，及时查明原因，并按照相关规定进行处理。

2.3.5 预算控制

预算控制要求单位实施全面预算管理制度，明确各责任单位在预算管理中的职责和权限，规范预算的编制、审定、下达和执行程序，强化预算约束。

内部会计控制应以建立健全的财务预算为依据，将财务预算分解落实到各责任中心，使之成为控制各责任中心经济活动的依据。

预算指标有定额与定率之分，定额控制没有弹性，定率控制具有弹性。

定额控制（也称绝对额控制），是指对单位和责任中心的财务指标采用绝对数进行控制，如资金、成本、费用和利润等。一般而言，对激励性指标（如利润等）确定最低控制标准，对约束性指标（如成本费用等）确定最高控制标准。

定率控制（也称相对数控制），是指对单位和责任中心的财务指标采用相对比率进行控制，如毛利率、边际贡献率、资本净利润率、总资产报酬率和税负率等。一般而言，定率控制具有投入与产出对比、开源与节流并重的特征。

单位应当以财务预算为重点，以业务预算为基础，以现金流为核心进行预算的编制，分季度按月落实财务预算管理工作，并要求做到预算内资金实行责任人限额审批，限额以上资金实行集体审批，严格控制无预算的资金支出。

预算控制不等于预算业务控制。预算业务控制包括对预算编制、预算审批、预算执行、决算和绩效评价等环节实施的业务控制；而预算控制本身是一种方法，在经济活动中发挥着事前计划、事中控制和事后反馈的作用。

2.3.6 运营分析控制

运营分析控制要求单位建立运营情况分析制度，综合运用生产、购销、投资、筹资和财务等方面的信息，通过因素分析、对比分析和趋势分析等方法，定期开展运营情况分析，发现存在的问题，及时查明原因并加以改进。

运营分析的过程实质上是对分析资料和信息去粗取精、去伪存真、由此及彼、由表及里的分类、综合、整理、加工过程，有时候还真要有孙悟空“火眼金睛”的洞察能力才能奏效。日常运营分析应当从维护单位运营健康和安全出发，为了财务保健的目的而进行，所以，运营分析应当是经常性的。为了做好日常的运营分析工作，要建立和健全会计信息系统或会计指标台账，要善于抓住最能够说明问题的数据，充分利用信息开展经常性的运营分析，要善于找到分析的重点，写出有说服力的分析报告等。

日常运营分析是会计分析的重点，一般从以下几个方面进行：

一是分析与评价财务状况，包括全面了解单位资产的流动性状态是否良好，资本结构和负债比例等是否恰当，现金流量状况是否正常等，说明单位的长短期偿债能力是否充分，从而评价单位长短期的财务风险与经营风险，为单位投资人和经营管理当局等提供有用的决策信息。

二是分析与评价盈利能力，包括应从整体、部门和不同项目等角度对盈利能力作深入分析和全面评价，不仅要分析绝对的利润总额，而且要分析相对的收益能力；不仅要关注现在的盈利状况，而且要观察对单位长远发展的促进作用。

三是分析与评价资产管理水平，包括对资产占有配置、利用水平、周转状况和获利能力等作全面和细致的分析，不仅要看总体的管理水平，而且要深入观察个别管理水平的高低；不仅要分析绝对额的增减变动，而且要分析相对周转速度的快慢；不仅要关注现在的营运状况，而且要善于预测管理水平的发展前景。

四是分析与评价成本费用水平，包括对一定时期成本费用的耗用情况作全面的分析和评价，不但要从整个单位和全部产品的角度进行综合分析，而且要对具体的职能部门和不同产品、不同作业进行深入分析，对成本费用结构进行研究，说明成本费用增减变动的实际原因。

五是分析与评价发展能力和发展趋势，包括应根据偿债能力、盈利能力、资产管理质量和成本费用控制水平等其他相关财务和经营方面的资料，对单位中长期经营前景作合理的预测和正确的评价，这不但能为单位经营管理当局和投资者等进行财务决策和财务预算提供重要依据，也能避免由于决策失误而给单位造成重大损失。

分析与控制都是手段，都是过程，而达到预算的控制目标才是运营分析的真正目的。开展运营分析的关键在于把握经营是否向着预算规定的目标发展，一旦发生偏差能找出问题所在，并根据新的情况解决问题或修正预算等。

2.3.7 绩效考评控制

绩效考评控制应当是运营分析的延伸，要求单位科学设置考核指标体系，对单位及其内部各职能部门和全体员工的业绩进行定期考核和客观评价，并将考评结果作为确定员工薪酬以及职务晋升、评优、降级、调岗和辞退的依据。

绩效考评首先明确要做什么(目标和计划)，然后找到衡量工作做得好坏的标准进行分析与监测。发现做得好的，进行奖励，使其继续保持或者做得更好，能够完成更高的目标；发现失误的地方，通过评价指出利弊得失，扬长避短，惩前毖后，改错纠偏。

专题讨论 2.2 ｜ 会计控制方法与现存风险是否一一对应？

会计控制方法是实现控制目标，发挥控制职能的技术手段，在控制体系和控制活动中占据着重要地位。会计控制方法是一个综合体系，制度、程序、措施等应当齐头并进、协同一致、配合得当、均衡发展。

控制方法与风险并不是一一对应的，而是交错对应的关系。有时候一个方法可能同时控制了好几个风险，也有时候几个措施只能控制一个风险。

例如，采购中单位要求各处室对采购合同进行会审，要有财务人员、法务人员、专业人员对采购事项发表意见，这既防范了采购中价格过高的风险，又防范了合同条款的质量风险，还防范了供应商是否具备资质的风险等。这是一个措施防范多个风险的情况。

再如，在资金安全方面，单位要求出纳不记账（不相容职务分离）、银行印鉴分开保管（不相容职务分离）、所有付款必须经过审批（授权），以及定期盘点现金（资产保护）等以防范资金的“监守自盗”。这就是针对高风险事项所表现的多个措施控制的情况。

所以，当发现某个控制措施无效时，并不表示该措施对应的风险一定会变大，如果存在替代性的控制活动，对风险也可以起到同样的防范作用。

控制过程是一系列行为动作，通过该行为动作可以把人、规程、方法等加以集成，以产生一种所期望的结果。任何事情都需要一个过程，不管做什么事情，结果固然重要，但过程也很重要，只有了解过程，才能确切地知道这件事该怎么去做。过程也是判断一个人或一件事成败的手段。控制过程的防错纠偏也需要一个过程，不是很快就有效果的，所以，控制过程需要有韧劲和耐心。

2.4 信息沟通快捷灵敏

2.4.1 信息与沟通应当涵盖整个控制过程

信息交流是组织结构的核心内容之一，也是组织存在的基础。没有信息交流就没有组织。为此，单位应当建立信息与沟通制度，明确内部控制相关信息的收集、处理和传递程序，确保信息及时沟通，促进内部控制的有效运行。

一是通过财务会计资料、经营管理资料、调研报告、专项信息、内部刊物和办公网络等渠道，获取内部信息。

二是通过行业协会组织、社会中介机构、业务往来单位、市场调查、来信来访、网络媒体以及有关监管部门等渠道，获取外部信息。

三是利用信息技术促进信息的集成与共享，充分发挥信息技术在信息与沟通中的作用。应当将内部控制相关信息在单位内部各管理级次和业务环节之间，以及单位与外部投资者、债权人、客户、供应商、中介机构和监管部门等有关方面之间进行沟通和反馈。信息沟通过程中发现的问题，应当及时报告并加以解决。重要信息应当及时传递给董事会、监事会和经理层。

在电算化时代，信息技术成为会计人员手脑功能的延伸。电算化成为手工核算的模拟，其过程对每个单位来说是基本相同的。在信息化时代，会计记录与报告由会计软件自动实现，在会计系统与业务系统对接集成、估值模型与控制规则内嵌入会计软件的情况下，部分会计确认与计量工作已经由会计软件自动实现。信息化不再仅仅是会计工作的工具和手段，而是成为单位会计工作的基础环境，带来了会计工作、会计监督理念与模式的变革。

2.4.2 加强会计信息化控制

会计信息化是指单位利用计算机、网络通信、云计算、大数据等现代信息技术手段开展会计核算，以及利用上述技术手段将会计核算与其他经营管理活动有机结合的过程。电算化和信息化以后对会计控制提出了新的要求：

一是岗位职责分工界限模糊。由于会计软件的功能集中，导致职责的集中，在手工操作中不易合并的岗位在会计信息化中可以合并。在某些管理不规范的单位中，一些会计人员身兼数职，既负责数据输入处理又负责数据输出报送等，这样就容易发生未经批准擅自对程序和数据库进行修改等舞弊行为。

二是对授权批准控制的冲击。在手工会计系统中，授权批准控制要求对于一项经济业务的每个环节都要经过某些具有相应权限人员的签章。在电算化环境下，这种签章转化为特殊的授权文件和口令。由于管理不善或系统程序中存在漏洞，窃取他人口令从而引发失控的案件屡见不鲜。例如，业务人员被客户收买，非法取得他人口令绕过批准程序开出销售提单；非法核销客户应收款及相关资料；等等。

三是内部控制的程序化使系统失控不易察觉。由于电算化系统中许多应用程度本身就带有内部控制的功能，使人的依赖性加强，使单位的内部控制取决于应用程序，如果程序发生差错或不起作用，将造成很大的损失。

电算化数据的采集虽然要求有原始单据才可以输入，但缺乏可靠信息的记录或未经确认的数据也有可能被输入，数据采集的不谨慎必然导致处理结果缺乏可信度。会计数据存储在磁性介质上，只有凭借计算机与会计软件才能阅读，数据删改容易，程序与数据都保存在计算机中，在监控不力的情况下很容易产生舞弊行为。

四是缺乏传统的交易痕迹。手工会计中严格的凭证制度在电算化中逐渐减少或消失，使文件记录的控制功能大大减弱。万一发现错误，由于部分交易几乎没有“痕迹”，使得对出错源头的追查变得很困难。

尽管无纸化是方向，但从会计资料作为会计核算结果的证据和线索而具有保存价值来讲，会计资料无纸化是有条件的。单位内部生成的会计凭证、账簿和辅助性会计资料，同时满足下列条件的，可以不输出纸面资料：①所记载的事项属于本单位重复发生的日常业务；②由单位信息系统自动生成；③可及时在单位信息系统中以人类可读形式查询和输出；④单位信息系统具有防止相关数据被篡改的有效机制；⑤单位对相关数据建立了电子备份制度，能有效防范自然灾害、意外事故和人为破坏的影响；⑥单位对电子和纸面会计资料建立了完善的索引体系。

符合条件的单位对会计资料进行无纸化管理，意味着对单位开展会计监督，包括注册会计师审计和政府监管机构的检查，都不能要求单位提供全套纸面会计资料。但是，单位应当对会计监督工作提供必要的支持，对于监督人员需要查阅和输出的电子资料，包括需要作为证据带走的电子会计资料，单位仍应当根据要求查询、打印，必要时进行签章确认。

五是信息存储电磁化使实物保护控制风险加大。在电算化系统下，会计信息以电磁信号的形式存储在磁性解质中，是无形的，容易被删除或篡改而不留痕迹；另外，电磁解质很容易损坏，信息资料也就易丢失或毁坏。所以，在电算化系统下，不仅要对交易处理进行控制，还要对网络系统的安全进行控制。

六是电子商务的应用也给内部控制带来许多新的挑战。以互联网为基础的电子商务已经给单位带来形式多样的商机。网上采购、网上销售、网上银行、网上支付、网上催账、网上报账、远程报表、远程审计等新功能的出现，必须要求有相应的内部控制程序加以配合。这就要求单位不断设计出新的内部控制制度来应付新情况的出现。

在网络安全日益受到威胁、信息安全事故层出不穷的当下，信息技术控制要求单位结合实际情况和计算机信息技术的应用程度，建立与本单位经营管理业务相适应的信息化控制流程，在提高业务处理效率的同时，加强对计算机信息系统开发与维护、访问与变更、数据输入与输出、文件存储与保管、网络安全等方面的控制，确保信息系统安全运用。

2.4.3 加强会计软件操作控制

为了保证会计信息处理质量，减少产生差错和事故的概率，应对会计软件的操作规程进行制度化。上机守则主要是对机房内工作所作的一般性规定。操作规程则是提出了计算机业务处理过程的具体操作步骤和要求，包括输入控制、处理控制和输出控制。

输入控制要点：①对各类经济业务单据和凭证应该在输入计算机之前进行审核，输入计算机时应由程序自动执行逻辑检验；②采用必要的人工审核措施，对输入的数据进行确认；③批量输入数据后要进行正确性检验或平衡检验；④数据经处理或使用之后，再进行数据修改时要留有痕迹。

处理控制要点：①对加工处理步骤的正确性进行控制；②对需要进行处理的数据再次进行正确性、合法性检验；③在主要数据文件刷新之前应进行保护；④处理过程中应有适当的控制，以保证对所有数据进行正确处理；⑤计算机处理业务记录应及时、完整、准确。

输出控制要点：①及时产生和输出账表；②应审核输出账表的正确性、合理性和完整性；③对于输出的经济业务，要明确各自的会计责任。

会计软件应当记录并生成用户操作日志，确保日志的安全、完整，提供按操作人员、操作时间和操作内容查询日志的功能，并能以简单易懂的形式输出。

2.4.4 严格信息化工作环境控制

机房是会计数据和程序的集中存放地，制定严格的机房管理制度并遵照执行是保障会计数据安全的首要防线，也是单位进行会计信息化工作的基本要求。严格的机房管理制度包括对进入人员的要求、操作机器人员的限制、操作管理规程和机器使用情况登记等。

工作环境控制的具体要求包括：①无关人员不能随便进入机房；②各种录入的数据均需经过严格的审批并具有完整、真实的原始凭证；③数据录入员对输入数据有疑问的，应及时核对，不能擅自修改；④机房工作人员不能擅自向任何人提供任何资料和数据；⑤软件操作人员不得泄露操作口令；⑥不准把外来存储设备带进机房，不准使用进行会计管理的计算机玩游戏、浏览网页；⑦开机后，操作人员不能擅自离开工作地点；⑧要做好日备份，同时还要有周备份和月备份；等等。当然，这些制度并不是一成不变的，必须随着单位经营的变化而不断修改、完善。只有借助于完备的制度才能减少错误的发生，从源头上确保会计信息的真实性和可行性。

2.4.5 切实保证信息系统安全稳定运行

任何单位必须建立信息系统开发、运行与维护等环节的岗位责任制度和不相容职务分离制度，防范利用计算机舞弊和犯罪；还应积极开展信息系统风险评估工作，定期对信息系统进行安全评估，及时发现系统安全问题并加以整改。

信息系统不相容职务涉及的人员主要可以分为三类:系统开发建设人员、系统管理和维护人员、系统操作和使用人员。系统开发建设人员在运行阶段不能操作和使用信息系统,否则就可能掌握其中的涉密数据,进行非法利用;系统管理和维护人员担任密码保管、授权、系统变更等关键任务,如果允许其使用信息系统,就可能较为容易地篡改数据,从而达到侵吞财产或滥用计算机信息的目的。信息系统的使用人员需要区分不同的岗位,包括业务数据录入、数据检查和业务批准等,他们之间也应有必要的相互牵制。

单位应当建立用户管理制度,加强对重要业务系统的访问权限管理,避免将不相容职责授予同一用户。单位应当采用密码控制等技术手段进行用户身份识别。对于重要的业务系统,应当采用数字证书、生物识别等可靠性强的技术手段来识别用户身份。对于发生岗位变化或离岗的用户,用户部门应当及时通知系统管理人员调整其在系统中的访问权限或者关闭账号。单位应当定期对系统中的账号进行审阅,避免存在授权不当或非授权账号。对于超级用户,单位应当严格规定其使用条件和操作程序,并对其在系统中的操作进行全程监控或审计。

计算机舞弊是指对计算机系统的舞弊和利用计算机进行舞弊的活动。前一种舞弊是把计算机系统当作目标,对计算机硬件、计算机系统中的数据和程序、计算机的辅助设施和资源(如电源等)进行破坏或偷窃。后一种舞弊是利用计算机作为实现舞弊的基本工具,利用计算机编制程序进行犯罪活动,如引入欺骗性的记录和数据;未经授权越级使用计算机;修改数据和程序,破坏数据库和程序;偷窃有价值的数据和软件;等等。

实证分析 2.1 ｜ 加强电算化控制刻不容缓

在广州市好又多百货商业广场有限公司(简称“好又多”)与广州正大万客隆佳景有限公司(简称“万客隆”)侵犯商业秘密纠纷案中,受雇于“好又多”并任职资讯部副课长的李某,在明知公司对资讯部有“不准泄露或透露公司内部任何商业机密信息、不准私自使用 FTP 上传或下载信息”等项电脑操作明文规定的情况下,于某年 8 月擅自从公司电脑中心服务器上将公司的供货商名址、商品购销价格、公司经营业绩及会员客户通讯录等资料下载到自己使用的终端机里,秘密复制软盘,然后向“万客隆”兜售,仅卖了 2 万元,致使公司经营业绩大幅下跌,该案件上诉的损失金额高达 4 200 万元。

从大量会计信息失控的案例来看,大部分原因还是由于控制疏漏造成的缺陷。例如,有的计算机会计系统程序员与操作员由一人担任,任何人都可进入机房接触计算机;有的单位制定的计算机会计系统的规章制度对外来者比较严,但对内部人员过宽;有的单位虽有制度,但不能严格执行;等等。有些情况已经被发现,但因没有及时制止而酿成大祸。

目前，大多数单位已经实现会计电算化或管理电算化，应当重视加强对电子信息系统开发与维护、数据输入与输出、文件储存与保管、网络安全等方面的控制。应当清醒地看到，在电脑与信息不断发展的今天，加强电算化控制有着十分重要的现实意义。如果让“电脑奇才”沦落为“网络间谍”，其后果是不堪设想的。

2.5 监督评价持续有效

2.5.1 对会计控制的监督检查

控制与监督是一对交叉概念。控制的第五大要素就是监督，监督是对某一特定环节或过程进行监视、督促和管理，使其结果能达到预定的控制目标。有效控制离不开监督，之所以监督就是为了控制。

“监”的繁体字“監”为会意字，下部是装水的器皿，上部像一个人跪于盆侧正看着自己在水中的倒影(容貌)，眼和脸都很醒目。“监”字本意就是以水为镜，自监其容，以观察面部有何脏污，用以清洗不洁之物，引申为“监视”或“监督”。“督”为形声字，目表意，表示用目(眼睛)查看；叔表声，指拾取豆子需仔细查看。督查、检查与监督为近义词。

监督检查法(也称检查控制法)是对内部控制制度的贯彻执行情况进行督查的有效方法之一，其目的是为了保证内部控制功能的充分发挥，促成既定政策的贯彻和管理目标的实现。监督检查可以是春风化雨，润物细无声；也可以是疾风暴雨，横扫枯枝败叶。

会计控制与其他业务控制相比，最大的优势之一就在于持续性的监督检查。日常工作中所称的会计监管，也就是会计监督与会计管理的简称，即对经济业务既要监督又要管理，要寓监督于管理之中，要寓管理于监督之中。

如果不实行严格的检查控制，会计控制可能形同虚设，管理工作可能会陷入盲目轻信，可能会纵使玩忽职守或贻误工作等。

对会计控制的监督检查可以采用重点抽查和普遍检查等办法，一般又可以分为日常监控和专项监控两个方面。

日常监控是指单位对建立与实施会计控制的情况进行常规、持续的监督检查。持续性监控具有连续的、全面的、系统的特征。

专项监控是指在单位发展战略、组织结构、经营活动、业务流程、关键岗位员工等发生较大调整或变化的情况下，对会计控制的某一或者某些方面进行有针对性的监督检查。专项监控的范围和频率应当根据风险评估结果以及日常监督的有效性等予以确定。专项监控具有不定期的、专门的、有针对性的特征。

应当由谁来实施对会计控制的监督检查呢？一般由单位财务、监察、审计和相关业务部门联合组成检查小组，负责对单位内部会计控制的执行情况进行监督检查，应挑选具备独立性、业务胜任能力和职业道德素养的评价人员，组成评价工作组。

是否可以由财务部门负责对会计控制进行监督检查？从不相容职务分离和权力制衡的要求出发，应当将内部审计人员（或内部控制人员）从财务人员中分离出来，直接对董事会或审计委员会负责，这样才能真正有效发挥内部审计人员（或内部控制人员）的作用：既要注重查错防弊，又努力为经营管理服务，更重要的是将日常检查监督与会计控制评价结合起来，起到促进作用。

2.5.2 评价会计控制的方法与内容

完整的会计控制评价程序一般包括制订评价工作方案、组成评价工作组、实施现场测试、认定控制缺陷、汇总评价结果和编报评价报告等环节。评价方法有个别访谈法、调查问卷法、实地观察法、证据检查法、重新执行法和穿行测试法等。

会计控制评价主要是为了解决会计控制的有效性问题，是对会计控制建立与实施情况进行监督检查的重要组成部分，包括评价会计控制设计是否有效和运行是否有效两个主要方面。

设计有效是指为实现控制目标所必需的控制要素都存在并且设计恰当，即当某项控制措施由拥有必要授权和专业胜任能力的人员按照规定的程序与要求执行，能够实现控制目标，则表明该项控制的设计是有效的。

执行有效是指现有控制按照规定程序得到了正确执行，即如果某项控制正在按照设计运行，执行人员拥有必要授权和专业胜任能力，能够实现控制目标，则表明该项控制的运行是有效的。

如何衡量会计控制的有效性也是一道难题，其标准无法完全通过定量的方法进行明确，通常的标准包括：①不存在重大缺陷；②不存在一项或多项重要缺陷的组合致使剩余风险未能被控制在合理水平；③不存在一项或多项缺陷的组合致使内部控制五要素未能同时存在并发挥作用。

评价会计控制可以单独进行，也可以与单位内部控制情况结合起来。单位建立与实施内部控制应当包括五要素，评价也应从五要素入手。也就是说，单位应当对与实现整体控制目标相关的内部环境、风险评估、控制活动、信息与沟通、内部监督等内部控制要素进行全面、系统、有针对性的评价。

2.5.3 发现控制缺陷并加以整改

单位在实施会计控制评价的过程中，应对控制缺陷进行分类分析。按控制缺陷的成因或来源一般可分为设计缺陷和运行缺陷，并根据该缺陷影响整体控制目标实现的严重程度，分为一般缺陷、重要缺陷和重大缺陷。

设计缺陷是指缺少为实现控制目标所必需的控制，或现存控制设计不适当，即使正常运行也难以实现控制目标。

运行缺陷是指现存设计完好的控制没有按设计意图运行，或执行者没有获得必要授权或缺乏胜任能力以有效地实施控制。

会计控制缺陷是描述会计控制有效性的一个负向维度。开展评价的主要目的就是找出控制缺陷并有针对性地进行整改。所以，应当制定内部控制缺陷认定标准(包括设计缺陷和运行缺陷)，对监督过程中发现的内部控制缺陷，分析缺陷的性质和产生的原因，提出整改方案，采取适当的形式及时向董事会、监事会或者经理层报告。

缺陷识别后，各单位需要整理出缺陷清单，明确每个缺陷的具体描述、整改责任人和整改时间等信息，然后有步骤地对缺陷进行整改。尤其需要明确分管领导，落实监督责任，要求对所有缺陷的整改情况进行定期跟进，并进行复查。

当然，并不是所有缺陷都需要马上整改。有些缺陷，特别是一般缺陷并不需要立即整改。因为任何整改都意味着控制措施的增加，而任何控制都是有成本的，如果整改的投入大于缺陷可能引起的风险损失，那么，从成本收益角度来看，这一缺陷可以暂时不整改，只要以后不再重复错误就可以了，即对该项风险采取了承受的态度。还有些缺陷可能引起较大的风险损失，但针对该项缺陷的整改不是马上可以开展的，需要一定的时间和过程，那么，对于这类缺陷需要明确具体的整改步骤和整改期间，然后进行持续的关注和进度控制。

2.5.4 按规定程序报告评价内容与结果

会计控制是否真正起到了防错纠偏的作用？必须在监督评价的基础上才能进行报告，从而促使会计控制落到实处。

内部会计控制监督与评价的主要职责可归纳为以下几个方面：①对内部会计控制的执行情况进行检查和评价；②写出评价报告，对涉及会计工作的各项经济业务、内部机构和岗位在内部控制上存在的缺陷提出改进建议；③对执行内部会计控制成效显著的单位和个人提出表彰建议，对违反内部会计控制的单位和个人提出处理意见；等等。

内部审计机构可以结合内部监督管理的要求，对会计控制的有效性进行监督检查,并按照单位内部审计工作的程序进行报告;对监督检查中发现的内部控制重大缺陷,有权直接向董事会及其审计委员会、监事会报告。通过报告检查与评价的结果,有利于发现内部控制存在的不足,并不断地完善内部控制,以确保内部会计控制的贯彻实施。

有效的会计控制还应当建立于单位内各责任领域,从而建立起相关的责任中心。责任会计是信息反馈系统的有效工具之一。责任会计以责任预算为基础,对责任预算的执行情况进行系统的反映,将实际完成情况与预算目标对比,可以评价和考核各个责任中心的工作成果。责任中心的业绩评价和考核应通过编制责任报告来完成,它是根据责任会计记录编制的反映责任预算实际执行情况,揭示责任预算与实际执行之间的差异的内部会计报告。

单位也可以聘请中介机构或相关专业人员对本单位内部会计控制的建立健全及有效实施进行评价,接受委托的中介机构或相关专业人员应当对委托单位内部会计控制中的重大缺陷提出书面报告。

单位应当创造条件编制内部控制缺陷认定汇总表,结合日常监督和专项监督发现的制度缺陷和运行缺陷及其持续改进情况,对控制缺陷及其成因、表现形式和影响程度进行综合分析和全面复核,提出认定意见,并以适当的形式向董事会、监事会或者经理层报告,并将会计控制评价报告作为进一步完善内部控制、提高经营管理水平和风险防范能力的重要依据。

经典案例评析

一些单位目前正在探索"防""堵""查"三结合的会计风险防控体系:在经营一线,建立以"防"为主线的全过程监控防线;在财会部门常规性核算的基础上,对各岗位、各项业务进行日常性和周期性的检查,建立以"堵"为主的监控防线;通过内部稽核、离任审计、落实举报、纪律检查和专项审计等手段,建立以"查"为主的监控防线,从而充分发挥内部审计与监督检查的作用,使内部会计控制落到实处。

还有些单位每年列出对会计控制进行监督检查的重点内容,开展必要的自查、互查和抽查,其监督检查的重点内容归纳如下:

(1)检查单位会计控制制度的合法性、合理性、真实性、健全性和有效性,看是否符合《中华人民共和国会计法》《会计基础工作规范》和《内部会计控制规范——基本规范》等的规定,是否符合本单位经济业务的需要,是否具有较强的可操作性。

(2)检查单位负责人是否是实施内部会计控制的责任人,是否重视并积极组织实施单位内部会计控制。

(3)检查总会计师、财务负责人和会计主管人员是否是内部会计控制的重要执行人,是否组织有关人员建立健全并有效实施单位内部会计控制制度。

(4)检查单位经济业务审批人、经办人、会计人员、财产保管人员和稽核检查人员的职责权限是否明确,是否实行不相容岗位相互分离,相互之间是否形成制约关系,是否存在一人全程办理货币资金业务。

(5)检查单位授权批准控制,在处理财务会计业务时,管理人员是否按照授权批准的范围、权限行使职权和承担责任,经办人员是否在授权范围内办理业务。

(6)检查单位会计系统控制,看是否依据《中华人民共和国会计法》和国家统一的会计制度制定本单位的会计管理制度,充分发挥会计监督的职能。

(7)检查单位预算控制,看是否按照国家财政部门规定的程序进行预算的编制、预算的审定和预算的批复,是否严格执行预算。

(8)检查单位财产保全控制,看是否确保流动资产、固定资产及其他资产的安全、完整,是否做到账账相符、账实相符。

(9)检查监督会计电算化内部会计控制,看是否做到对会计电算化输入、处理、输出环节的控制,是否做到对会计电算化系统设备、数据、程序、网络安全的控制。

(10)检查会计机构内部是否建立了稽核制度,是否明确了专职或兼职稽核人员,稽核人员对日常会计核算工作中出现的疏忽、错误及舞弊等问题是否做到及时纠正或制止。

(11)检查出纳人员是否做到不兼管稽核,会计档案保管,收入、费用、债权债务账目的登记工作。

(12)检查是否设置了内部审计机构或审计人员,审计制度是否健全,是否能够按审计工作计划和审计方案开展审计工作,是否有审计工作记录和审计工作报告等。

(13)检查重大对外投资、资产处置、资金调度和其他重要经济业务事项的决策和执行,是否做到单位领导集体联签,是否做到决策人和执行人相分离,是否做到相互监督、相互制约。

(14)检查取得的原始凭证是否做到了真实、准确、完整。

(15)检查取得的收入是否符合国家政策规定,是否存在挪用、截留、转移、设账外账和“小金库”的问题。

(16)检查各项支出是否符合法规、规章和制度,是否有扩大开支范围、提高开支标准的问题。

(17)检查被举报的内容。

(18)其他应当检查监督的内容。

第3章　控制货币资金

货币资金的流动性最强、舞弊风险也最高，对其流入流出环节上的任何疏忽，都有可能导致资金流失和舞弊产生。

3.1　货币资金风险评价

3.1.1　货币资金控制对象

货币资金是指企业所拥有或控制的现金、银行存款和其他货币资金。企业大量的经营业务活动都是通过货币资金的收付（流入、流出）进行的，实施货币资金控制具有综合控制的特征。在经营活动中，货币资金变为非货币性资产，非货币性资产又变为货币资金，这种周而复始的过程称为货币资金流转。货币资金流转是否合法、合理、顺畅，能否有效控制，不仅对经营活动起着保证与促进的作用，同时也与其他业务循环存在着直接或间接的联系。货币资金核算与相应会计控制的程序如图3.1所示。

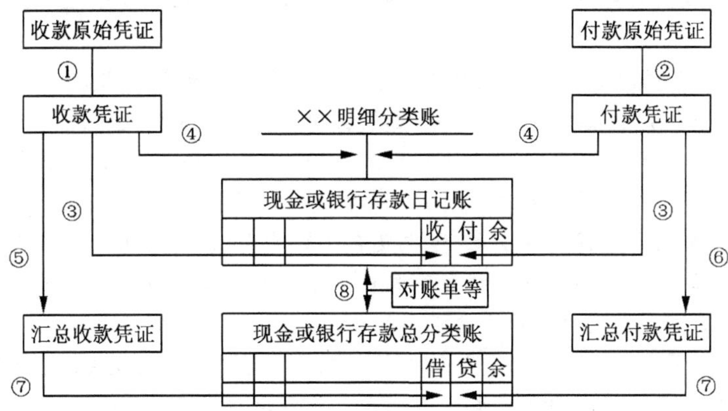

图3.1　货币资金核算与会计控制程序

①根据审核无误的收款原始凭证编制收款凭证，并加以核对。

②根据审核无误的付款原始凭证编制付款凭证，并加以核对。

③根据收付款凭证登记现金或银行存款日记账，并加以核对。

④根据收付款凭证登记明细分类账，并加以核对。

⑤根据收款凭证编制汇总收款凭证，并加以核对。

⑥根据付款凭证编制汇总付款凭证，并加以核对。

⑦根据汇总收付款凭证登记总分类账，并加以核对。

⑧定期将日记账、总分类账与对账单、银行函证等进行核对。

资金是经营活动的“血液”，也是生存和发展的基础。资金活动包括筹资、投资和资金营运等。实证表明，在资金活动中可能存在的风险无一不是重要风险，一旦转变为现实，危害重大。尤其是2008年国际金融危机爆发后，由于经济萧条，资金链断裂，导致不少企业经营困难甚至破产倒闭。如何防范资金风险、维护资金安全、提高资金的使用效益成为广泛关注的热点问题。

3.1.2 货币资金失控风险

货币资金容易被侵占、挪用、贪污，因而加强货币资金控制十分必要。例如，货币资金未经适当审批或超越授权审批，可能因重大差错、舞弊、欺诈而导致损失；票据的遗失、变造、伪造、被盗用以及非法使用印章，可能导致资产损失、法律诉讼或信用损失；资金记录不准确、不完整，可能造成账实不符或财务会计报告信息失真。

实证分析3.1 | 货币资金失控导致舞弊产生

某年10月，毕业于某大学的周某被某县外贸公司进出口二部聘为财务主管。作为一名年轻的财务主管，刚开始工作时他踌躇满志，得到了领导的器重和同事的赞赏。

不久，周某的思想发生了变化。“我平时看见客户进进出出，出手大方，好潇洒；公司业务人员年底也有不菲奖金；朋友圈中不少人做生意发了财。自己作为专业财务，同样辛苦付出，脑子又不比别人笨，回报却相差太大，我的心里便产生了不平衡。”面对自己经手的大把客户货款，又考虑到公司管理不严，支票、印鉴等全套银行凭证全部由自己保管和支配，账也是自己做的现状，周某认为有机可乘了。

两年后的10月，周某伺机利用某客户业务资金量大、利润高的条件，通过黑市兑换外汇，采用隐匿实际兑换美金汇率的手段，设法截留和侵吞公款。

该年11月23日，周某与一个姓朴的韩国人秘密接触，兑换美元，回来后将汇率提高0.4，从中贪污5 000多元。第一次作案就轻易得手，周某沾沾自喜。以后几次以同样的手法作案，均无人发现，他的胆子越来越大。

第三年春节,"哥们"刘某找到周某,说要购买上海某啤酒屋的股份,向周某借25 万元。周某知道自己没有这么多钱借给刘某,可为了不在朋友面前丢了面子、伤了和气,他决定铤而走险,以支付客户货款等名义,从账上提出公款,为朋友分批"调头寸"。由于内部控制制度形同虚设,周某此举竟然又没被发现。

同年 4 月,刘某介绍周某认识了一个大连老板王某,一来二去,周某和王某也成了"哥们"。一天,王某向周某吹嘘,他的水产冷冻加工生意效益很好,每年利润20%~30%,最高可达 50%,就是缺少资金,怂恿周某参股经营,年终按股分红。当年 4 月 12 日,周某把应付上海某电子有限公司的货款,故意拖延支付,挪用 9 万元。至 5 月 24 日,他又连续挪用公款共计 34 万元,作为投资电汇给大连的王某。后来,由于该外贸公司与上海某电子有限公司的业务中止了,需要回笼资金平账,周某只能停止挪用,并开始想方设法收回资金。由于借款不能及时归还,再加上周某自己又一直大肆挥霍,造成资金缺口,尚有近 25 万元不能退赔。周某自知罪孽深重,带 5 万元赃款闻风而逃。经审理查明,周某贪污人民币 13 万余元,挪用公款59 万元。

在戒备森严的看守所里,而立之年的周某要在铁窗里待上 12 年! 这与他错误的人生观和价值观有必然的内在联系,也与会计控制机制不健全、缺乏必要的检查与监督制度密切相关,这样的悲剧给人们留下沉重的思考。

3.1.3 货币资金控制的具体目标

一是货币资金的安全性。通过良好的内部控制,确保库存现金安全,预防被盗窃、诈骗和挪用。

二是货币资金的完整性。检查收到的货币是否已全部入账,预防私设"小金库"等侵占收入的违法行为出现。

三是货币资金的合法性。检查货币资金的取得和使用是否符合国家财经法规的要求,手续是否齐备。

四是货币资金的效益性。通过合理调度货币资金,以便其发挥最大的效益。

五是货币资金披露的可靠性。确保货币资金会计核算资料的准确性、可靠性以及信息披露的真实性和完整性。

3.2 库存现金控制活动

3.2.1 库存现金失控风险

任何企业在任何时候,对于任何一笔现金收付业务的发生和处理都不能由一个人单独包办到底。如果没有恰当的职务分离和授权批准制度，没有严格的会计控制程序与控制方法，也没有行之有效的检查与监督措施等，失控会不期而遇。

实证分析 3.2 出纳以身试法与管理失控现状

某公司出纳在 2 年多的时间内涉嫌挪用公款 500 余万元，其中，侵占金额约 300 万元，其作案手段与公司失控现状如下：

(1)公司的两枚财务印鉴章没有分别由财务负责人和办公室管理，且存放印鉴章的抽屉不锁，缺乏安全保管措施，出纳就利用印鉴章管理失控的现状，私盖银行账户的印鉴章，从公司账户提取备用金直接转入个人账户。

(2)公司的公章使用未按用印的要求进行，对部门和个人借用款项没有严格审批和监管，出纳采用编造公司员工出差说明，私盖公章，以差旅费名义提取现金。

(3)将公司收取的房租、押金、定金、废品处理等现金收入直接予以侵吞。

(4)将部分收入延迟做账，挪用资金。

(5)擅自提现挪用，之后部分归还，以缩小公司账上银行存款额与银行对账单存款额的差距。

(6)将一张支付货款的单据复印多次作为套取现金的凭证。

(7)将涂改后的银行结算单据作为记账凭证，以挪用、侵占公款。

(8)将银行对账单用电子扫描的方式做成电子文件，然后进行涂改，造成与公司银行账存款余额一致的假象，以隐瞒其挪用和侵占公款的真相。

经检查，公司会计对银行账单基本上不复核、不对账、不函证，也未能在公司开设的网上银行进行核对查询，放任出纳员一人包揽了收付、制单、记账、复核、银行存款余额调节表编制的所有工作，风险防范意识与警惕性极差。记账凭证不按规定日期打印，往往过了结账日甚至几个月后才打印凭证，存在诸多打印出来的记账凭证的内容与实际账务不符的情况，但仍然没有被发现。公司每年只保留 12 月份(年末)的银行对账单供内外审计人员查账时作流程使用，每月的银行对账单既未核对，也未保留，从而客观上为出纳伪造银行对账单提供了便利。

面对诸如此类的失控案例，企业应当十分关注以下几个关键问题：

一是如何保证现金收支正确、合法？企业应该根据现金管理的规定，按照有关现金收支业务，严格审核业务内容，正确计算现金数额；如数收付现金，避免错收、错支及违法乱纪问题的发生。

二是如何保证现金结算及时、适当？企业应该合理安排现金收支时间，适当选择现金收支方式，提高资金使用效率，避免提前或逾期付款而占用资金和影响业务的开展。

三是如何保证现金存储安全、完整？企业应该严格保管现金，安全放置现金，超过限额部分应及时送存银行，防止现金遭受抢劫、盗窃，以及贪污、挪用等损失，保证货币资金安全、完整。

四是如何保证现金核算真实、合规？企业应该结合实际情况，按照现金内部控制制度的要求设计现金收支凭证和核算账表，如实记录现金收支业务，正确核算现金收支数额，监督并反映坐支、私分、私存和非法占用现金等违纪问题，提供真实、准确的现金核算信息。

3.2.2 现金收支控制流程与控制要点

一个完整的现金收支控制流程至少应当包含以下14个控制环节(如图3.2所示)。

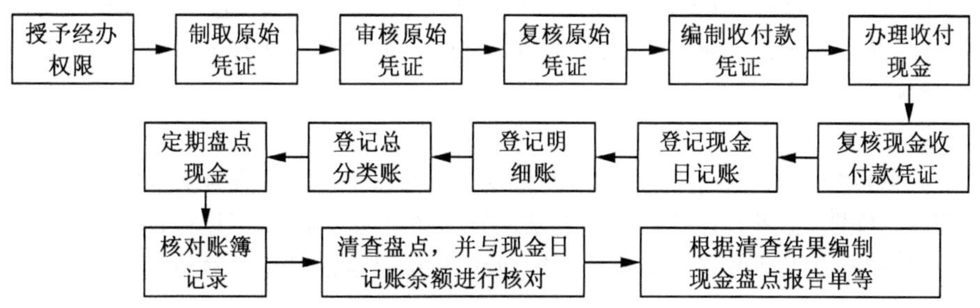

图3.2 现金收支控制环节

不同企业的现金收付流程可以略有差异，但以下8个方面应当作为现金收支控制的要点，不可马虎：

(1)审批

业务经办人员办理现金收支业务，须得到一般授权或特殊授权。经办人员须在反映经济业务的原始凭证上签章；经办部门负责人审核原始凭证，并签字盖章。审查原始凭证，可以保证现金收支业务按照授权进行，增强经办人员和负责人员的责任感，保证现金收付的真实性和合法性，避免乱收乱支、假收假支及现金舞弊等问题的发生。

(2)审核

会计主管人员或其指定人员审查现金收支原始凭证，主要审核原始凭证反映的现金收支业务是否真实、合法，原始凭证的填制是否符合要求；审核无误后，签章批准方可办理现金收付记账凭证。审核原始凭证，可以保证现金收支凭证真实、合法，提供正确的现金支付和核算依据，保证出纳人员支付现金正确、合法。

(3)收付

出纳员复核现金收支记账凭证及所附原始凭证;按照凭证所列数额,收付现金,并在凭证上加盖“收讫”或“付讫”戳记及私章。为了加强现金收付控制,必须建立严格的出纳责任制,对不相容职务进行分离,主要是:出纳员必须根据经过审签的记账凭证收支现金,而不能直接根据原始凭证办理现金结算;出纳员不能编制收付记账凭证,不能兼管收入、费用、债权、债务的账簿登记工作、稽核工作和会计档案保管工作;现金支票、印鉴不能全部由出纳人员保管;非出纳人员不能兼职现金管理工作;等等。加强现金收付控制是保证现金实物安全、完整的主要环节,对明确现金收付责任,防止贪污、挪用、私存现金,以及重付、漏收现金等具有重要作用。

(4)复核

稽核员审核现金收支记账凭证及所附原始凭证,并签字、盖章。复核记账凭证,可以保证现金收支业务的正确性和会计核算的真实性,防止记账失实并及时纠正收付错误。

(5)记账

出纳员根据现金收付记账凭证登记现金日记账;记账员根据现金收付凭证登记相关明细账;总账会计登记总分类账。分工登记现金账簿,可以保证现金收支业务有据可查,并保证各账之间相互制约,及时提供准确的现金核算信息。

(6)核对

稽核员或其他非记账人员核对现金日记账和有关明细账、总分类账,并签字、盖章;如有误差,报批准后予以处理。稽核人员核对现金记录,有助于现金核算信息的正确和现金实物的安全、完整。

(7)清点

出纳员每日清点库存现金,并与日记账余额进行核对;发现现金短缺或溢余,应及时查明原因,报经审批后予以处理。每天清点现金,能够防止现金丢失和收支、记账发生差错,经常保持账实相符。

(8)清查

财务部门应不定期对库存现金进行抽查,主管会计应经常与出纳核对库存现金情况。每个季度财务负责人至少会同主管会计抽查一次库存现金,对差异情况进行分析,形成库存现金盘点报告,提出改进意见,以书面形式呈报财务经理。清查时,需有出纳人员在场,核对账实;根据清查结果编制现金盘点报告单,填制账存与实存的符合情况;如有误差,须报批准后予以调整处理。通过清查,有利于加强对出纳工作的监督,防止贪污盗窃和挪用现金等非法问题的发生。

在上述现金控制流程中,“业务审批”“财务稽核”和“清查盘点”最为关键。由业务部门进行的原始凭证审批，可以保证经济业务的真实性、合理性和合法性，这是控制的第一道关卡；由稽核人员实施核对控制，可以保证现金收付核算的正确性，这是及时发现现金收付和现金账务记录错误的主要环节，对于保证核算工作的质量十分重要；由清查人员进行的库存现金清查盘点，可以确保现金的安全、完整，这是保护现金安全的最后一环。三个关键控制点不可或缺。

专题讨论3.1 现金收支日常核算有哪些基本要点？

第一，对取得的货币资金收入必须及时入账，不得账外设账，严禁收款不入账。有条件的企业可以实行收支两条线和集中收付制度，加强对货币资金的集中统一管理。企业现金收入应及时送存开户银行。当日送存有困难的，由开户银行确定送存时间。

第二，现金报销时，对发生的每一项经济业务收支，必须取得外来原始凭证或自制原始凭证，并经过规定的审批与审核程序。

第三，企业从开户银行提取现金，应当写明用途，由本企业财会部门负责人签字、盖章。企业支付现金，可以从本企业库存现金中支付或者从开户银行提取，不得从本企业的现金收入中直接支付，即不得坐支现金。因特殊情况需要坐支现金的，应当事先报经开户银行审查批准，由开户银行核定坐支范围和限额。

第四，不准用不符合制度的凭证顶替库存现金，即不得“白条抵库”；不准谎报用途套取现金；不准用银行账户代其他企业和个人存入或支取现金；不准将企业收入的现金以个人名义存储，不准保留账外公款，不得设置“小金库”等。

第五，企业应当加强对现金库存限额的管理，超过库存限额的现金应当及时存入开户银行。根据《现金管理暂行条例》的规定，结合企业的实际情况，确定企业的现金开支范围和现金支付限额。不属于现金开支范围或超过现金开支限额的业务，应当通过银行办理转账结算。

第六，现金收入、支出和保管业务应当由出纳人员负责办理，非出纳人员不得经管现金。每笔现金的收入、支出都必须有原始凭证，作为收付款的书面证明，并应分别编制“现金收款凭证”或“现金付款凭证”，由会计主管人员或指定人员严格审核。

第七，为了及时反映现金的收入、付出和结存状况，应设置“现金日记账”进行序时逐笔登记。每日终了，应加计收付总数，结算出库存现金结存额，以便与实际现金库存数额进行核对。通过登记现金日记账，可以反映现金增减和结存状况，便于现金管理和合理使用现金。

第八，备用金管理。各部门由于工作性质，需要备用金的，可书面提出申请，经企业负责人(经理)批准。根据企业负责人(经理)的通知，部门领取备用金时，应填写借款单，经财务负责人审核，由出纳人员依据凭证付款。各部门指定专人负责备用金管理，并将人员名单报送财务部门备案。备用金管理人员每周与财务部门结算一次，及时补充备用金。财务部门按时催促备用金管理人员办理财务报销手续。因业务发展或部门调整，不再需要使用备用金的部门应及时办理相关手续，归还备用金。

3.3 银行存款控制活动

3.3.1 银行存款失控风险

某些企业由于员工较少，会计人员更少，而会计人员手中有权，有的权力还较大，但有权要用好权，而不能滥用权，为此，加强对会计工作与会计人员的日常检查与监控就显得很有意义。近年来，个别自以为"年轻有为"的财务人员由于法制观念淡薄，私心膨胀，滥用职权，再加上缺乏有效的法治教育和必要的内部控制制约，导致触犯法律而自毁前程。

实证分析 3.3 | 小会计为何胆敢贪污挪用公款 2.2 亿元?

卞某担任某基金委综合计划局计划财务处出纳和经费管理处会计，虽然已过不惑之年，但依然单身，为了所谓的"爱情"，卞某将罪恶的手一次次伸向公款。在情人面前，他俨然是个大款，为情人买名贵首饰，送豪华住宅；而在单位，他则每天骑自行车上班，衣着朴素，中午吃盒饭。当听说卞某 1995～2003 年间贪污、挪用公款达 2.2 亿余元的消息时，很多同事大吃一惊。

1994 年，卞某与其情人柴某相识。为了博得柴某的欢心，卞某吹嘘一个朋友死后留给自己一笔钱，还谎称自己可以称得上是"国内首富"。他让柴某将此款存起来。而实际上，这笔钱是国家自然科学基金委员会财务局拨出的一笔项目经费，因银行账号错误被退回科学基金委员会账户。

2000 年年底，卞某又认识了柴某的哥哥和妹妹。为了证明自己有本事，卞某将本应重拨给某科研单位的 137.2 万元项目款转入柴某哥哥提供的上海某实业公司账户内。为了维持与柴某的关系，从 2000 年 7 月至 2002 年 3 月，卞某利用伪造给受资助单位拨款的进账单做账等手段，先后 3 次将公款 1 242.2 万元挪给柴某哥哥所开的公司。此外，卞某还 5 次将科学基金委员会批准拨出的项目经费共计 714 万余元截留，以柴某妹妹的名义存入银行，最后到了卞某手中。

从 1995 年 8 月至 2003 年 1 月，卞某利用职务便利，分别采取伪造银行信用凭证、电汇凭证、进账单等手段贪污公款 1 262.37 万元，采取伪造银行进账单、编造银行对账单和编造支票配售记录等手段，单独或伙同他人将公款 20 993.3 万元挪给他人进行经营活动。是怎样的会计控制漏洞帮了他的忙？令人深思！

根据银行账户管理办法及相关制度的规定，管理人员一定要十分关注以下几个方面的关键问题：

一是如何保证银行存款的收付正确、合法？应当严格按照银行管理条例办理银行存款收付业务，认真审核银行存款的收入来源和支出用途，正确计算和准确收支银行存款金额。

二是如何保证银行存款结算适当、及时？必须按照银行规定的结算方式办理各项收支款项，按不同结算方式的使用范围、条件和结算程序，及时、合理安排货款结算时间和办理结算手续，避免逾期托收、误期拒付、透支存款以及结算方式不当而影响资金使用效率和耽误购销业务。

三是如何保证银行存款安全、完整？应当严格管理银行存款，认真核对存款记录，妥善保管结算票据、专用印鉴和支票，及时核对银行存款和办理支票挂失，严禁出租、出借银行账户和转让支票，确保银行存款安全、完整。

四是如何保证银行存款记录真实、可靠？应当按照会计制度的规定，正确记录银行存款业务，如实核算收入支出活动，认真核对银行存款记录，保证银行存款记录真实、可靠，随时提供准确的银行存款增减变动信息。

3.3.2 银行存款收支控制流程与控制要点

一个完整的银行存款会计控制流程应当包含以下 16 个控制环节(如图 3.3 所示)。

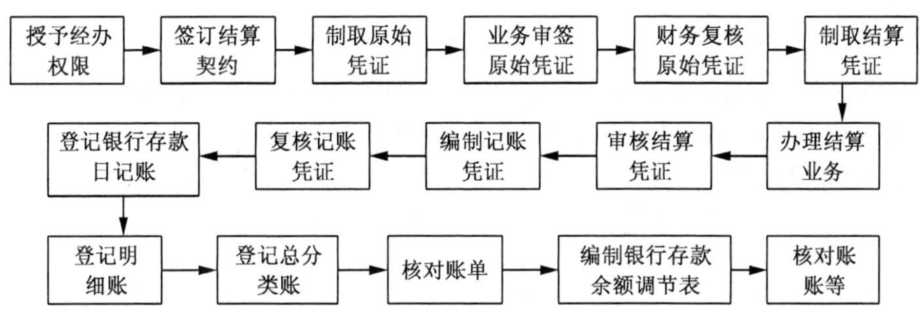

图 3.3 银行存款收付控制环节

由于银行存款结算方式不同等原因，不同企业的银行存款收支流程和业务环节可以有所差别，但对以下控制要点不能懈怠：

(1)审批

业务人员办理有关银行存款事项或经办有关业务，需核实原始凭证内容并签章，交业务部门负责人审核并签章；超出业务部门权限规定的银行存款收支业务，须报上级主管部门审批并签字、盖章。审批银行存款收支业务，可以保证业务办理的正确性和合法性，加强经办人员的责任感，避免违纪违规情况的发生。

(2)审核

会计主管人员或指定人员审核原始凭证和结算凭证，签章同意办理银行存款结算。审核原始凭证，检查经济业务是否合理、合法，保证银行存款结算正确、有效；审核结算凭证，检查银行存款结算是否正确，保证存款的安全和核算的正确。

(3)结算

出纳人员根据审签的凭证或按照授权办理银行存款收付业务；出纳员办理结算前，复核原始凭证及有关合同文本；按不同的结算方式填制结算凭证或取得结算凭证；结算凭证应加盖财务专用章和出纳员私章；财务专用章、签发支票的印鉴和财务负责人印鉴应由主管会计和出纳人员分别保管；转账支票和结算凭证必须按编号顺序连续使用；作废的转账支票应加盖“作废”戳记；收付款项后应在凭证上加盖“收讫”或“付讫”戳记；非出纳人员不得经管银行存款业务。应有效监督银行存款的各项收付工作，防止套取存款、出借账户和转让支票等弊端的发生。

(4)复核

稽核员审核银行存款收付记账凭证是否附有原始凭证及结算凭证、结算金额是否一致、记账科目是否正确、有关人员是否签章等，审核无误后签字并盖章。复核记账凭证，可以发现银行存款收付错误和记账凭证编制差错，保证核算正确无误。

(5)记账

出纳员根据银行存款收付记账凭证登记银行存款日记账；会计人员根据收付凭证登记相关明细账；总账会计登记总分类账银行存款科目；各记账人员在记账凭证上签章。登记银行存款日记账，可以保证银行存款收支业务的可查性，防止或发现结算弊端，及时提供可靠的银行存款核算信息。

(6)核对

稽核员或其他非记账人员核对银行存款日记账、有关明细账和总分类账；如有误差报经批准后予以处理；核对人员签字盖章。核对银行存款账簿，可以及时发现银行存款核算错误及记账失误，保证账账相符和记录正确。

(7)对账

由非出纳人员逐笔核对银行存款日记账和银行对账单，并编制银行存款余额调节表，调整未达账项。出纳人员一般不得同时从事银行对账单的获取和银行存款余额调节表的编制等工作；确需出纳人员从事上述工作的，应当指定其他人员定期进行审核、监督。核对对账单，可以及时发现企业或银行记账差错，防止银行存款非法行为的发生，保证银行存款真实和货款结算及时。

在以上控制要点中，“业务审批”“财务稽核”和“对账审核”至关重要。对于这三个关键控制点必须严格把控，千万不能掉以轻心。

每个企业都会在银行开立账户，如结算账户、贷款账户等，这些账户每年都会发生大量的业务往来。为了保证这些账户的一致、相符，企业与银行都应当经常核对账目，查清未达账，防患于未然。但也有一些企业对银行与企业之间的对账不够重视，工作粗心大意，酿成错误。

实证分析3.4 | 资金日常对账是不可或缺的

某企业由于财务人员的疏忽大意，135万元货款先后出现两次支付。由于企业不及时向开户银行对账，货款错付几个月后才被发现，随后虽然采取了积极措施进行了追缴，可此款早被挪作他用，最后被迫告上法庭，两企业由协作伙伴到对簿公堂，都是不按时对账惹的祸！

像这样的事例不仅发生在企业身上，银行也会出现类似的问题。有时银行对收入、支付凭证在审查时不注意，也会出现记账串户。例如，一家化工厂存入80万元转账支票，被银行错误地存入了账号紧挨着的小企业中，这家小企业这时正需要资金，向银行申请贷款又缺乏担保人，当老板发现其账户上突然多了80万元时，马上就动用了这笔资金，用于购买生产急需的设备，等几个月后化工厂发现80万元未到账时，才知道是银行记串了账户。责任虽然在银行，可钱没有了，企业便与银行打起了官司。

从目前来看，无论是企业还是银行，虽然都有很多制度进行制约，但工作上的失误、犯罪分子的内外勾结等，都可能会对企业利益造成损害，应当引起银企双方的足够重视，采取积极的措施，加以预防。

采用网上交易、电子支付等方式办理资金支付业务的企业，应当与承办银行签订网上银行操作协议，明确双方在资金安全方面的责任、义务和交易范围等。操作人员应当根据操作授权和密码进行规范操作，并强化职务分离牵制。切记：使用网上交易、电子支付方式的企业办理资金支付业务，不能因支付方式的改变而随意简化、变更货币资金控制所必需的授权批准程序。

企业在日常管理中要注意建立会计人员按时对账责任制，对每月发生的企业、银行往来账项进行核对，坚持做到日清月结，对未达账项要建立台账，注明原因。

企业应把做好银企对账工作作为强化内部控制管理的一项重要措施来抓，落实责任，做到按时对账、及时对账，把一切隐患消灭在萌芽状态。

企业还可以建立岗位责任追究制。无论是企业的出纳员，还是财务主管，直到主管领导，都要实行岗位责任制。对那些工作不负责任、图省事、走过场的直接责任人和负领导责任的人员，要进行经济、行政处罚；对那些失职、渎职造成严重经济损失的，要追究其法律责任，以确保银企之间账账相符，资金安全、完整。

专题讨论 3.2 ｜ 银行针对操作风险有哪些应对措施？

风险是具体的，在设定控制目标的时候，应当关注具体风险的具体表现形式。

银行的金融风险除了具有风险的一般特征之外，还具有以下个性特征：

一是社会性。金融机构自有资本占全部资产的比重一般较小，绝大部分资金来自存款和借入资金，因而金融机构的特殊地位决定了社会公众与金融机构的关系是一种依附性的债权债务关系。如果金融机构经营不善，无偿债能力，就会导致客户大量挤兑，损害公众利益，进而危害经济纪律和货币政策的执行。

二是扩张性。现代金融业的发展使得各金融机构紧密相连、互为依存。一家银行发生问题往往会使整个金融体系周转不灵乃至引发信用危机，出现“多米诺骨牌”效应。

三是可控性。金融机构可以通过采取增加资本金，调整风险性资产来增强抵御风险的能力，并及时以转移、补偿等方式将风险控制在一定的范围之内。

四是周期性。货币政策在周期性规律的作用下，有宽松期与紧缩期之分。在宽松期放款，投资及结算矛盾相对缓和，影响金融机构安全性的因素逐渐减弱，金融风险就小；反之，紧缩期的金融同业间及金融与经济间的矛盾加剧，影响金融机构安全性的因素逐渐增强，金融风险就大些。

近年来，国际银行业和银行监管机构在关注银行业的信用风险和市场风险的同时，越来越重视防范操作风险。由巴塞尔银行监管委员会于 2004 年 6 月发布的《新资本协议》更是继信用风险、市场风险之后，对银行的操作风险提出了资本要求。为了达到有效防范和控制操作金融风险的目的，中国银行业监督管理委员会早在 2005 年 3 月 22 日就发布了《关于加大防范操作风险工作力度的通知》，金融界称之为防范操作风险的“内部控制十三条”规定，由此确定了授权卡(柜员卡)、印鉴密押、空白凭证、金库尾箱、查询对账和轮岗休假六个重点环节和以下十项联动措施：①针对票据业务案件高发，实行按规定收取保证金和推行由他行托管保证金的联动，禁止各银行业金融机构自开、自贴和自管保证金；②一线业务的卡、证、章管理和基层机构行政章的管理联动；③基层行行长、营业网点主任定期进行交流轮岗和会计主管实行委派制的配套与联动；④重要岗位的强制性休假和岗位审计的配套与联动;⑤激励基层员工揭发、举报和对员工保护制度的配套与联动;⑥贷款尽职调查和纸质或电子介质档案妥善保管责任制的配套与联动;⑦完善审计体制、提升审计职能和加强对审计问责制度建设的配套与联动;⑧查案、破案和处分到位的双向考核制度建设的配套与联动;⑨案件查处和信息披露制度建设的配套与联动;⑩对基层操作风险管控奖(表扬、奖励)惩(惩戒、处分)并举的激励约束机制建设的配套联动。

3.4 货币资金监管重点

3.4.1 货币资金岗位分工与职务分离

企业无论规模大小,其货币资金内部控制的基本要求都是实行钱账分管,将经管货币资金业务的人与记录这些业务的人分离,具体要点有以下几个方面:

一是货币资金实物收付及保管只能由经授权的出纳员负责处理,其他职员不得接触未经支付的货币资金。出纳员不得兼任稽核,会计档案保管和收入、支出、费用、债权债务账目的登记工作,不得由一个人办理货币资金业务的全过程。

规模较大的企业,出纳员应将每天的收支现金数登记现金出纳备查簿。现金日记账与现金总账应由其他人员登记。规模较小的企业,可用现金日记账代替现金出纳备查簿,由出纳登记,但现金总账的登记工作须由其他职员担任。

二是负责应收款项的人员不能同时负责现金收入账的工作,负责应付款项的人员不能同时负责现金支出账的工作。

三是保管支票簿的职员不能同时负责现金支出账和调整银行存款账。

四是负责调整银行存款账的人员应与负责银行存款账、现金支出账、应收款和应付款的人员分离。

五是货币资金支出的审批人员应与出纳员、支票保管员和记账员分离。

企业应重点检查是否存在货币资金业务不相容职务混岗的现象。出纳是货币资金"把关守口"的重要岗位,应当配备合格的会计人员,依法办理各项资金收付业务,并结合企业实际情况,对办理资金业务的人员定期进行岗位轮换。

3.4.2 货币资金授权批准制度

任何企业都应当对货币资金业务建立严格的授权批准制度,明确审批人对货币资金业务的授权批准方式、权限、程序、责任和相关控制措施,规定经办人办理货币资金业务的职责范围和工作要求。

对于重要货币资金支付业务,应当实行集体决策和审批,并建立责任追究制度,防范贪污、侵占、挪用货币资金等行为。严禁未经授权的机构或人员办理货币资金业务或直接接触货币资金。

专题讨论 3.3 | 如何确定货币资金授权审批权限?

某企业制定的资金支付审批权限摘要如下:

第一,各种材料物资采购在办理验收入库等手续后,业务人员应及时根据正确、有效的单据(包括合同、发票、运费单据、入库单等)填制报销凭证,由部门主管审核确认,报总经理审批。一次性购买 50 万元以上的,报董事长审批。

第二,在建工程、固定资产、无形资产购建或处置的审批权限:10 万元以下的,由相关部门提出意见,报总经理审批;10 万～50 万元的,由相关部门提出意见,经总经理办公会议讨论研究,报董事长审批;50 万元以上的,由相关部门提出意见,经总经理办公会议讨论研究后,由董事长提议,提交董事会审议批准。

第三,筹资、投资及资本运营、董事会费用、重大非经营性费用支出,由经办人、部门负责人签字审核后,报公司董事长审批。

第四,差旅费、招待费、业务用品、公杂费的审批权限:1 000 元以下的,报分管财务副总经理审批;1 000～5 000 元的,报总经理审批;5 000 元以上的,报董事长审批。

第五,其他各项费用的支出均采取以下报销流程:索取符合要求的正规发票→经办人员签字→部门主管签字确认→总经理审批→财务复核后办理报销。

第六,因出差、购物、缴纳费用等临时借取备用金的,由经办人员填写临时借款条据,经部门主管签字确认,5 000 元以下的报总经理审批,5 000 元以上的报董事长审批。

企业应重点检查货币资金支出的授权批准手续是否健全,是否存在越权审批行为。审批人应当根据货币资金授权批准制度的规定,在授权范围内进行审批,不得超越审批权限。经办人应当在职责范围内,按照审批人的批准意见办理货币资金业务。对于审批人超越授权范围审批的货币资金业务,经办人员有权拒绝办理,并及时向审批人的上级授权部门报告。

3.4.3 限制接近货币资金

限制接近是指严格限制未经授权的人员对资产的直接接触,只有经过授权批准的人员才能接触该资产,包括限制对资产本身的接触和通过文件批准方式对资产使用或分配的间接接触。

(1)限制接近现金

现金收支的责任应当落实到特定的出纳员。出纳员应与控制现金余额的会计记录人员和登记应收账款的人员相分离。可以设立单独封闭的出纳室或带锁的收银机来保护现金的安全。零星现金的支出也可以通过指定专门的核算人员管理备用金的方法来加以控制。

(2)限制接近其他易变现资产

其他易变现资产,如应收票据和有价证券等,一般都采用确保两个人同时接近资产的方式加以控制。例如,由银行等第三方保管易变现资产;在处理保管的易变现资产时,要求由两名管理人员共同签名;等等。

3.4.4 加强各种票据管理

票据是办理货币资金结算最常见的手段。企业应当加强与资金相关的票据的管理,明确各种票据的购买、保管、领用、背书转让、注销等环节的职责、权限和处理程序,并专设登记簿进行记录,防止空白票据的遗失和被盗用。企业因填写、开具失误或者其他原因而导致作废的票据,应当按规定予以保存,不得随意处置或销毁。对超过法定保管期限、可以销毁的票据,在履行审核批准手续后销毁,但应当建立销毁清册并由授权人员监销。

企业应当设置票据登记簿对票据进行登记;对收取的重要票据,应留有复印件并妥善保管;不得跳号开具票据;不得随意开具印章齐全的空白支票。

企业应重点检查是否存在办理付款业务所需的全部印章交由一人保管的现象,各种票据的购买、领用、保管手续是否健全,票据保管是否存在漏洞等。

专题讨论 3.4 | 如何防范支票失控风险?

某公司对支票的管控措施包括以下几个方面:

第一,支票由出纳人员或企业指定专人保管。支票与财务印鉴由不同人员分开保管。

第二,支票领用时按要求逐项认真填写"票据登记簿",由所在部门负责人审核,经财务负责人批准并签字后才能领取。

第三,原则上不得领取空白支票;特殊情况,经总经理审批。各部门累计领取支票不得超过 3 张;超过 3 张未报账的,财务部门暂停该部门的领取业务。

第四,支票付款后及时办理报销手续,购置物品需要物品保管人员或使用人员验收并签字后方可报销。财务部门应催促各业务部门及时办理结算报销手续。

第五,收到支票后,及时送存银行,不拖不压。

第六,收付款业务发生时,出纳人员及时登记日记账。做到先登账后付款,先收款后登账。出纳人员按月对账，并由出纳以外的人员编制"银行存款余额调节表"，书面呈报财务经理。

第七，每周五下班前各公司出纳人员将银行存款余额书面或电话报告财务经理，为资金筹措、安排、调度提供及时、准确的决策依据。

3.4.5 严格印章管理

银行预留印鉴章应当分别由专人保管，不能集中在一个人的手上，以免舞弊。财务专用章应由专人保管，个人名章必须由本人或其授权人员保管。严禁一个人保管支付款项所需的全部印章。

按规定需要有关负责人签字或盖章的经济业务，必须严格履行签字或盖章手续，用章必须履行相关的审批手续并进行登记。

保护好印章的安全。印章除了专人保管以外，对每一次使用印章都应作记录；在不使用财务印章时，印章应当与支票分开存放。

空白支票、预留银行印鉴、支票密码或密码生成器、汇票委托书等要由专人负责管理，按照不相容岗位相分离的原则实施控制，避免管理空白支票和汇票委托书等的工作人员同时掌握企业的公章、财务专用章、负责人名章或财务负责人名章、支票密码或密码生成器。

3.4.6 以合法的原始凭证为依据办理货币资金收支业务

经办人员是否根据合法的原始凭证填列必要的内部凭证，并在预算范围内根据各级授权审批后才能到财务部门办理收支手续的流程监管很重要；尤其是会计部门的稽核人员是否对原始凭证的合法性、真实性和合理性进行严格复核，对于非法的支出是否拒绝办理，对于不合理的支出是否报告等控制行为更加重要。切记：只有根据经过审核无误的原始凭证编制记账凭证以后，才能将其作为出纳员办理收付的依据。

对于业务简单、规模很小的企业，或者企业内经常发生的日常零星费用报销，也可由出纳员在审核原始凭证合法性、真实性与合理性的基础上，编制记账凭证，并直接办理货币资金的收付。但记账凭证及其所附原始凭证必须事后经会计人员复核并签章确认；如发现问题，应当及时纠正。

3.4.7 货币资金核算必须序时逐笔登记，做到日清月结

企业必须设置订本式现金日记账和银行存款日记账，并应按银行账户、币种分别核算货币资金的收入、付出和结存余额。全部收支应及时、准确地入账。日记账

必须序时逐笔登记，做到日清月结。

出纳员应每日盘点现金，并与现金日记账余额核对相符。应控制现金坐支，当日收入的现金应及时送存银行。月末，会计人员必须将现金、银行存款、其他货币资金总账余额与出纳员的银行存款日记账、现金日记账、其他货币资金日记账核对相符。银行存款日记账应与银行存款对账单核对，若有未达账项的应编制银行存款余额调节表。如果经过调整账单仍然不相符的，应当查明原因，及时处理。对于未达账项，应查明原因，督促有关责任人员及时处理。

出纳员应将以公司名义开设的信用卡对账单与其他货币资金的信用卡存款明细账按月核对。对于已支用而尚未报销的费用，应督促信用卡使用人及时报账。

3.4.8 及时、动态地控制现金流量

一个企业获取现金流量的能力与会计控制能力休戚相关。因为现金流量比利润更重要，所以，通过分析与控制现金流量，明白现金流量增减变动的原因，有助于防范经营失败的风险。

在现金流量信息中，经营活动的净现金流量信息最值得关注。将经营活动净现金流量与财务报表的相关项目进行比较，可以分析评价企业获取现金的能力、现金的流动性、现金的偿付能力和收益的质量等，并向有关部门提供及时、动态的资金变动信息。一旦发现异常情况应当及时报告，并采取果断措施。

企业可以安排审计人员（非财务人员）定期或不定期地核对货币资金账目，包括履行核对、抽查、向银行函证等检查程序。

综上所述，任何单位都应当建立健全对货币资金控制活动的评价与监督制度，明确检查机构或人员的职责权限，实施有效的检查。货币资金评价与监督的对象就是货币资金控制目标的实现情况与实现程度，谨防货币资金失控风险。在监督检查过程中，凡是发现货币资金内部控制存在缺陷的，应当及时报告，并采取措施予以纠正。

经典案例评析

某单位业务单一，设有一个会计（行政处副处长兼任）和一个出纳，分别在岗位上工作了10年和8年，从未轮岗。在一次对该单位货币资金进行的突击盘点和检查中，发现该单位银行账户存在432万元短缺，却与保险柜里的30多张“白条”金额相加相等。经查，这些“白条”都是会计李某所打，李某对此事也供认不讳，并坦白用“白条”所套取的大部分资金都用于网络赌球，已无法追回。

对白条抵库、套取资金的行为，出纳解释说：“由于我们是中央单位，保密意识

比较强，不该问的不问，李某是领导，领导的事更不敢问，他说领导需要，并签字出具条子，我自然就是付款。”

李某坦白说：“我第一次用‘白条’向单位借款是在5年前，那时候我女朋友刚从外地过来，我要为她租房，房东要求一次付清一年的房租，可我拿不出那么多钱，于是就想着向单位借钱。我写了一张2万元的‘借据’，交给出纳。出纳二话没说就把钱打给了我。到了年底，我发现出纳也没有找我讨要，我想只要我不在账上反映，上级单位也不知道，这第一年过去了，果然平安无事。第二年我被提拔为副处长，胆子更大了点。于是，我打了第二张‘借据’，找张某要20万元，张某倒是问我这些钱要干什么，我跟她说是领导要的，别问那么多，她就把钱打给了我，实际上我把这些钱拿去赌球。可是，这20万元去赌球以后就血本无归，我彻底懵了，我本想赌球我一定会赢的，用20万元赢点零花钱，然后再把本金还给单位。这回该怎么办，20万元对我就是天文数字，于是我不惜铤而走险，再次以同样的手法借出了40万元，我想一举翻本。结果你们应该知道了，我只好一而再，再而三地以‘白条’借款，无法自拔了，如果你们不来审计，我可能还会继续这个赌局，现在一切都晚了！”

经检查后发现，该单位货币资金控制环节至少存在以下缺陷：①关键岗位的人员配备和职业道德教育等方面存有缺陷，会计人员素质低下，关键岗位长期不轮岗。即使单位不具备轮岗条件，也应采取专项审计等替代控制措施。②将领导信息都列为保密，信息封闭、沟通不畅，助长了特权思想，不利于接受监督，该单位控制文化存在严重缺陷。③缺乏完善的库存现金管理办法和支出授权审批程序等制度，会计控制形同虚设。④出纳没有尽到应有的职业谨慎，没有坚持原则、严格把关。会计沉迷于网络赌博，道德存在缺陷。⑤单位缺乏有效的监督检查制度，未能及时发现问题，日积月累，后果严重。

第4章　控制实物资产

实物控制应当与价值管理结合起来，在全面梳理各项资产管理流程的基础上查找漏洞，落实关键控制点，确保实物资产管理处于不断优化的状态。

4.1　实物资产风险评价

4.1.1　实物资产控制对象

实物主要包括存货、工程项目和固定资产等。存货和固定资产占资产总额的比重较大，工程项目存在较高风险，一直以来都成为会计控制的关注点。

实物资产作为企业重要的经济资源，是从事经营活动并实现发展战略必不可少的物质基础。实物资产控制又称"实物流"管控，应当与"价值流"结合起来，从资产采购开始到资产信息系统管理，贯穿于企业经营活动的全过程(如图4.1所示)。

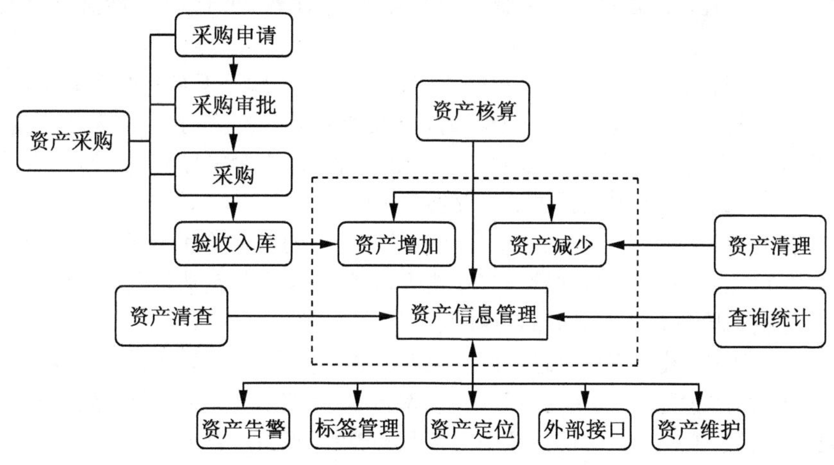

图4.1　实物资产控制内容与资产信息系统

任何占用实物资产的企业，都应当在全面梳理资产管理流程的基础上，全面查找资产管理漏洞，防范失控，确保各项资产管理处于不断优化的状态。

实物资产控制与会计核算既相关又有区别，会计核算注重实物资产的价值计量，而实物资产的控制对象包括使用实物的数量状况与价值状况。在业务流程上，实物资产控制可能先于会计核算，但又要与会计核算结果进行对接，使实物资产控制成为既有具体资产价值计量，又有其自然属性和物理形态描述的一个有机整体。

4.1.2 实物资产失控风险

谁来合理确保实物资产的安全、完整、不受侵害，是实物资产控制面临的最大的问题。实物资产业务未经适当审批或超越授权审批，可能因重大差错、舞弊、欺诈而导致资产损失；实物资产请购依据不充分，采购批量、采购时点不合理，相关审批程序不规范、不正确，可能导致资产损失、资源浪费或发生舞弊；验收程序不规范，可能导致资产账实不符和资产损失；使用与维护不当、管理不善或处置不当，可能导致实物资产损坏、变质、浪费、被盗、被侵占或流失；盘点工作不规范，可能由于未能及时查清资产状况并作出处理而导致财务信息不准确，资产和利润虚增、虚减；等等。

实物资产通过不同的渠道取得，采用不同的手段管理，并以不同的方式存放，特别是一些公私通用的实物资产，如果购置随意、管理放任、使用无序，失控难以避免。在资产使用者的观念中，“重钱轻物”的现象比较突出，尤其是企业管理者，要切实树立管钱、管物同等重要的思想，纠正“重钱轻物”的偏见，树立“钱物并重”的观念。通过实施资产控制的全局观念和节约意识，杜绝“面子工程”和重复建设等浪费。

还有一些企业由于管理制度不完善，管理权责不明确，落实制度不到位，对哪些资产归谁管以及谁管哪些资产分不清，管理措施跟不上，加上实物资产数量多、分布广、涉及面宽，对实物资产采购、入库、出库、使用、报废等环节缺乏行之有效的管理措施，造成资产流失或损失的情况屡见不鲜。

如何有效控制在建工程和固定资产更是一个日趋复杂的现实问题。从项目的决策、筹资、施工、核算到日常管理与处置等，其难度及风险越来越大。对固定资产相关业务的风险意识不强，对市场风险、经营风险、财务风险认识不充分，风险评估及预测缺乏手段，甚至只凭管理者或决策者的感觉盲目决策，导致投资决策失误等错弊案例时有发生。尤其是盲目开发、草率行事、审批失察、固定资产处置与收益核算随心所欲、工程项目实施过程中的营私舞弊等，更是触目惊心。

4.1.3 实物资产的控制目标

实物资产控制的总体目标是：实行实物资产的职责分工和审批控制，保证实物资产的取得合理、实际存在；建立健全实物资产收、发、领、退等制度，正确核算实物资产，确保实物资产计价的合理、准确；定期盘点实物资产，保护财产物资的安全、完整；保证实物资产信息的真实性和完整性以及在财务会计报告上的正确披露。

实物资产日常管控的主要难点在于责任落实。由于实物资产体量大、分布广、资产使用和管理人员变动带来的资产转移频繁，使具体资产的管理责任难以落实。因此，要落实实物资产管理的责任，必须遵循用、管统一的原则，使资产管理责任落实到每一个人，让每一项资产在任何时候都有人管，并为此建立相应的管理、考核制度，设定具有可操作性的考核指标，并将考核结果纳入资产管理部门和具体责任人的绩效考核范围，进行单项考核。

实物资产控制的重点：一是实物资产的积压、短缺或实物资产质量不佳（如减值、霉变、毁损等），可能导致资金占用过量、资产价值贬损或供货中断；二是固定资产更新改造不够、使用效能低下、维护不当、产能过剩，可能导致企业缺乏竞争力、安全事故频发或资源浪费；三是工程项目的营私舞弊造成资产流失、资金损失和相关人员的犯罪；等等。

4.2 存货控制活动

4.2.1 存货失控风险

存货是为生产或销售而储备的物资，对其控制和管理效率的高低直接反映并决定着企业收益、风险和流动性的综合水平。由于存货具有防止停工待料、适应市场变化、降低进货成本、维持均衡生产等功能，因此，人们想多储备存货。但储备存货不但会增加进货成本、储存成本和缺货成本，而且会由于占用了大量储备资金而造成资金短缺，使流动资金失衡。所以，需要计算和控制最佳的采购批量，计算和控制存货的保本储存期和保利储存期，还要控制存货占销售成本的比重，并将这一比重保持在合理的水平。

存货管控具有种类、数量繁多，品种、规格复杂，流动性大，周转速度较快，计价方法较多（实际成本计价法、计划成本计价法、成本与市价孰低法）且容易存在人为调节情况等特点。为此，企业应当建立存货等各项实物资产管理的岗位责任制度，对存货等各项实物资产的验收入库、领用、发出、盘点、保管及处置等关键环节进行控制，防止各种实物资产被盗、毁损和流失，更要防止存货管理失控、人为调节成本、盘点和处置不当等情况的发生。

实证分析 4.1 ｜ 管理混乱导致存货失控

某企业年销售额 5 000 万元左右，近年来却业绩下滑、亏损严重，其内部管理的混乱是根本原因，以存货管理问题最为突出。该企业材料采购由总经理个人掌握，材料购入后没有合同等相关资料，仓库保管员只能按实际收到材料的数量和品种入库；会计只能估价入账，发票往往几个月后甚至 1 年以后才收回，发票的数量与实际入库数量不进行核对，造成材料成本不准确，忽高忽低；期末仓库不进行盘点，财务账面存货与实物差异较大；车间生产随用随领，对超额领料缺少控制，多领不办理退库手续，生产线上残余料随处可见，浪费现象严重。

经查，该企业基本没有存货内部控制制度，采购业务的决策缺少监督，不相容职务未严格分离，存货盘点制度形同虚设，存货的确认和计量完全凭会计人员的经验，直接导致企业的成本费用不实。

存货在制造业和流通业的资产中所占的比重一般较大，而且直接影响成本的高低。随着企业生产经营过程的进行，有的存货被耗用后形成在产品成本、产成品成本等；有的存货被销售后形成产品或商品的销售成本；有的存货以销售费用的形式被耗用；有的存货仍以原有形态存在着。存货的多少与营业成本的高低变化有着密切的关系，并影响与营业收入是否配比的问题。所以，存货生成的会计信息一旦失真，不仅影响资产的价值，而且影响损益的确定。

4.2.2 存货控制流程

梳理存货业务不仅可能因人而异，而且应当因地制宜。某公司在全面梳理存货业务流程的基础上，发现存货管理共分 7 个环节，可能存在一些控制缺陷（薄弱环节）。对照存货内部控制的规范要求，先整理出 16 个风险控制点，从而提出了有针对性的 25 项控制措施等，然后采用表格列示法归纳说明如表 4.1 所示，用以明确存货管控的责任，可资参考借鉴。

表 4.1　　存货业务环节、控制关键点和控制措施

业务环节	风险控制点	具体控制措施
存货验收	验收作业	①根据送货单和采购单等验收采购存货的数量、品种等 ②根据生产和质检要求等验收存货的数量、质量、品种、批次等
	验收报告的编制与审核	③编制验收报告，检查供应商或生产部门、验收日期、存货名称、存货数量、存货质量以及运货人的名称、购货订单的编号等是否存在问题 ④对验收报告的全面性、真实性和可靠性等方面进行审核
	退换货处理	⑤若品名、规格、数量、质量等与采购单据的资料不符，应通知采购经办人员与供应商协调补货、退货或扣款等事宜，并根据合同违约责任进行处理
存货入库	入库单的编制与审核	⑥验收报告经相关授权部门审核无误后，编制入库单，内容包括存货的名称、数量、质量、入库经办人以及入库日期等
存货仓储	存货登记表的编制	⑦建立清楚、完整的账物管理制度，对存货进行详细记录 ⑧备料及时，确保生产的正常进行
	存货检查记录的编制	⑨对所存物料进行定期检查，并及时汇报，以便及时采购补充 ⑩坚持对仓库的巡查和对物料的抽查制度，定期清理仓库中的呆滞料和不合格品、生产加工过程中的多余物料和废次品等
	出入库人员记录的编制	⑪仓储部门的人员开展工作时务必遵循相关的规定，管理人员对于进入仓库的人员应办理进出登记手续，保证所有存货的安全与完整
存货出库	领料单/发货单的编制与审核	⑫领料单应根据生产部门的情况和原材料等的需求情况进行编制，内容包括所需领用的材料的名称、数量、规格和领用的原因等 ⑬发货通知单应根据销售情况和存货存储情况进行编制 ⑭领料单/发货单应由相应的被授权人进行审核
存货清查与盘点	盘点计划的编制与审核	⑮在盘点工作开始之前编制盘点计划 ⑯盘点计划需经过授权的人员审核，确保盘点计划切实可行
	盘点作业	⑰严格按照盘点计划实施抽盘和监盘等程序
	盘点报告的编制与审核	⑱盘点人员在执行盘点作业时应如实记录盘点情况，并编制报告，分析存在差异的原因，提出相关的处理意见 ⑲报告及提出的处理意见应经授权人员审核

续表

业务环节	风险控制点	具体控制措施
存货处置	存货现状分析	⑳定期检查、分析存储状态,以便充分了解毁损情况
	存货处置单的编制与审核	㉑经办人员编制存货毁损丢失处置单,标明应处置存货的品种、规格、价值、存放地点和报毁原因 ㉒报废审核组应对确认的存货毁损丢失处置单进行审核
账务处理	记录	㉓根据原始凭证对各环节存货的数量和金额进行明细核算
	调整	㉔定期与其他相关部门核对,及时调整
	分析	㉕分析存货流转情况和成本构成,提供优化方案

4.2.3 存货控制要点与控制方法

虽然存货业务在不同的企业流程差异较大,但归纳起来,一般包括请购与采购、验收与保管、领用与发出、盘点与处置等,其控制的主要环节如图 4.2 所示。

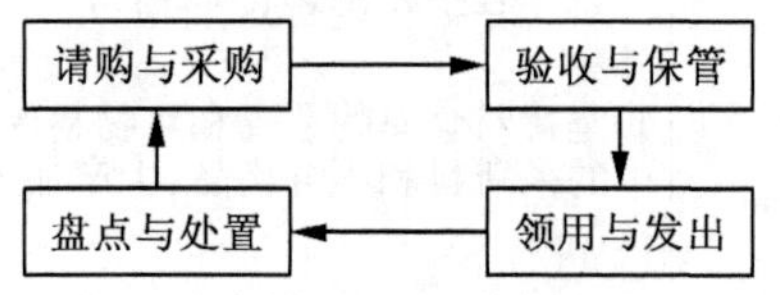

图 4.2 存货控制流程

存货控制流程中的控制要点至少有以下几个方面:

(1)请购与采购控制

存货采购业务按计划申报程序进行,由采购部门根据企业生产经营计划和材料请购单编制采购计划,提出具体的采购目录,经主管计划的负责人审核后报主管领导审批。

企业应当对采购环节建立完善的管理制度,确保采购过程透明化。企业应根据预算或采购计划办理采购手续,预算外或计划外采购须经严格审批。

企业应当根据预算的有关规定,结合本系统的业务特点编制存货年度、季度和月份的采购、生产、存储、销售预算,并按照预算对实际执行情况予以考核。

(2)验收与保管控制

实物管理部门在接收外购货物时,应检查订货合同、入库通知单、供货方提供的材质证明书、合格证、装箱单、磅码单、运单和提运通知单等原始单据之间及与待验货物之间是否相符;应对待验货物进行数量复核和质量检验,必要时送交技术部门或请专家协助进行。对不经仓储直接投入生产的货物,也应进行检验。

对验收后数量相符、质量合格的货物办理相关入库手续。对验收后不符合要求的货物,应及时退货或索赔。

采购人员应按合同的交货时间催交,在收到供货方的发票、运单后填写收料单,一式四联,采购部门自留一联,其余三联连同发票及合同副本送库房办理入库。采购部门应验收收到材料的品种、数量,填制验收单;质量检验部门检验质量,签署验收单;仓库保管部门根据验收单验收存货,填制入库单,登记存货台账,将发票、运单连同收料单送回采购部门。

实物管理部门对接收的货物按类别、编号、名称、规格型号、计量单位、单价、金额等设置存货实物明细账,标明存放地点、仓号和仓位等,并定期与财务部门核对。对会计期末货物已到、发票未到的存货,可暂估入账。

废品应当与其他存货分开存放和保管。

(3)领用与发出控制

企业应当建立严格的存货发出流程和制度。存货的发出需要经过相关部门批准,大批商品、贵重商品或危险品的发出应当得到特别授权。仓库应当根据经审批的销售通知单发出货物,并定期将发货记录与销售部门和财务部门核对。

存货发出时应以经审核批准的凭证为依据,并确保与之完全相符。例如,批准的生产通知单或材料领用单等,仓储人员应仔细检查申领部门的授权人签字后,方能发放存货。发货人应根据有关单据及时登记存货收发登记簿,并填制存货出库单或者将一式多联的领料单及时送交财务部门作有关会计处理。

生产管理部门应根据经批准的生产指令安排生产,并制定生产过程中投料、加工、检验、交付等不同环节之间的信息流、物资流及凭证流的传递方式和内部控制节点。生产过程中应建立健全原始记录,包括设备使用、物资消耗、费用开支、劳动考勤和生产成果等记录。生产部门会计期末如有已领未用的材料结存,可办理退料手续。

企业应根据自身生产工艺的特点及经营模式制定内部成本核算流程和账务处理程序,并予以控制:一是依据成本计算方法设置成本计算单,明确成本计算的责任主体;二是根据需要,企业可制定生产进度控制、产品质量控制和成本控制措施,也可选择用制定成本项目定额的方法实施控制;但是,在成本核算时应获取经相关部门确认的原始资料,如材料耗用、制造费用汇总、工费统计和完工产量等。

所有存货发出的责任人应当及时核对有关票据、凭证,确保其与存货的品名、规格、型号、数量、价格一致。

企业应当根据存货的特点及企业内部存货流转的管理方式,确定存货计价方法，防止通过人为调节存货计价方法操纵当期损益。计价方法一经确定，未经批准，不得随意变更。

存货核算控制是确保存货计价准确的重要控制点。采购部门和仓储保管部门应对存货的购进、发出和库存进行日常核算，仓储保管部门应登记材料卡片，采购部门登记既有数量又有金额的明细账，定期将收料单送财务部门；财务部门根据入库单、验收单、付款通知单、付款凭证等编制记账凭证，登记存货总分类账及有关明细账，月末与采购部门和仓储管理部门进行核对。

(4)盘点与处置控制

企业应当制定并选择适当的存货盘点制度，明确盘点范围、方法、人员、频率和时间等，制订详细的盘点计划，合理安排人员，有序摆放存货，保持盘点记录的完整，及时处理盘盈、盘亏。

账面盘点和现货盘点是最常见的盘存控制法。账面盘点又称永续盘点，就是把每天入库及出库货品的数量及单价记录在电脑或账簿上，而后不断地累计加总算出账面上的库存量及库存金额。现货盘点又称实地盘点(实盘)，就是实际清点仓库内的库存数，再依货品单价计算出实际库存金额的方法。实务上采取“账面盘点”和“现货盘点”平行的方法，当账面数与实存数发生差异时，应查明出现误差的原因。

盘点内容包括数量盘点、重量盘点、账实核对、账表核对和账账核对等，可分为定期盘点和临时盘点等。定期盘点(全面盘点)是指在一定时间内，一般是每季度、每半年或年终财务结算前进行一次全面的盘点；临时盘点是指认为有必要盘点对账时(如仓库发生货物损失事故，保管员更换等)，组织一次局部性或全面的盘点。

盘点方法有盲盘和明盘之分。盲盘法是指在盘点时不看商品库存报表，直接核查实物，抄录编号和数量，抄录完毕后才与报表对比的方法。明盘法与盲盘法相反，是指拿着报表点实物。又可细分为不同的操作方法。例如，单人明盘法就是一个人边看报表边点数；双人唱盘法就是一个人看报表，另一个人看实物；还可以细分为唱报表和唱实物两种不同方法，如一个人不看报表记账，另一个人看报表核对；等等。

存货盘点应当及时编制盘点表，盘盈、盘亏情况要分析原因，提出处理意见，经相关部门批准后，在期末结账前处理完毕。

实物管理部门对仓储物资应按其所要求的储存条件储存，并建立和健全防火、防潮、防鼠、防盗和防变质等措施。实物管理部门可根据业务需要统设仓库或分设仓库。若分设仓库，不同仓库之间的物资流动也应办理出入库手续。

仓储的物资应由责任保管员控制，严格限制接触存货，入库存货应及时记入收发存登记簿或存货卡片，并详细标明存放地点。

保管人员应经常对存货实物进行检查,发现存在损坏、变质或长期积压的存货时应及时汇报,待批准后作出处理。

贵重物品、生产用关键备件、精密仪器和危险品的仓储制度应根据其特殊性另行制定,基本要求高于普通存货:缩小接触范围、严格审批制度、加强实物管理等。

生产管理部门应组织专人对完工产品进行检验,只有经过检验的产品才可以作为库存商品办理入库手续。库存商品发出时,应先由销售部门开出发货通知凭证,仓储部门再据此发货,并定期将发货记录与销售部门和财务部门核对。若正常退货,仓储部门应根据销售部门填写的产品退货凭证办理退库手续,对拟入库的商品仍需验收。若由于产品质量问题而退货,应查明退货原因并分清责任归属,对劣质品可选择修复、报废等处理方法。

通过实地盘点,查看有无短缺、变质、损坏等情况,检查结果应予记录。若发现有短缺、损坏、变质等,应及时填制专门的报告单说明数量及原因,经有关人员批准后,由保管部门和财务部门分别调整数量和金额记录。

4.3 工程项目控制活动

4.3.1 工程项目失控风险

工程项目是指企业自行或者委托其他单位所进行的建造、安装活动。工程项目达到预定可使用状态,经过竣工验收以后可以转为固定资产。

工程项目一般周期较长、投资额较大且建成后难以改变现状。工程项目往往由许多前后衔接的阶段和各种各样的生产技术活动构成,所处的环境是开放的、复杂多变的,有较大的风险性和不确定性。项目建设可能涉及多个不同的利益主体,包括建设单位、承包商、供应商、设计单位及咨询中介机构等。以上这些特殊性决定了对工程项目的控制更应当遵循客观规律,按特定目的、原则和程序实行控制。如果缺乏科学论证,盲目上马,可能导致工程失败;如果存在商业贿赂舞弊行为,则可能导致工程质量低劣和安全隐患等。在对工程项目和固定资产的审查中经常发现,不少“蛀虫”就是通过“吃掉工程”而“发财致富”的,尤其是基建环节中的职务犯罪案发数一直居工程项目各环节之首。

实证分析 4.2 | 工程项目腐败已经成为管理失控的重灾区

据某市检察院统计,某年查处的国有企业贪污贿赂犯罪案件中,涉及基建环节的案件有36件,约占总数的10%,大部分发生在实力雄厚的国有骨干建筑企业中。某区检察院在某工程公司连续侦破9起重大贪污贿赂案,涉案9人,总案值高达80余万元。其中,受贿人员从供销科科员到公司副经理,全都是对工程(劳务)分包、结算工程款和材料采购有决定权的"人物"。

某年3月初,某区检察院接到举报:某工程公司供销科科长张某在外购买高档住房,与其收入明显不符。调查后发现张某权力很大,每年公司的供应材料几乎由他一手操办。按内部规定,一次性采购款超过30万元的应由上级领导审批,但只要"把好尺度"不"上线",所有业务都由科长一人说了算。该年4月至案发,张某当科长近10个月,共受贿达17余万元。而追根溯源,拉张某"下水"的是供应科采购员李某。张某上任之初,李某就授意某商行经理为了多接业务,在张某的办公室里给张某1万元"见面礼"。同样,经李某介绍,张某收了某私营物资公司1万元,以购买450万元的供应材料作为交换。而在此前后,李某本人也利用采购权,受贿9.21万元。随着案件调查的深入,与工程分包、材料采购有关的高层领导也纷纷落马。熊某,加工科科长,主管钢结构外发加工业务。"身居要职"的他透露想买家具后,客户立刻开车送其夫妇到外地家具城挑选。从某年起,熊某先后收受数家加工单位贿赂6.6万元。俞某,金属结构厂副厂长,利用负责外发加工项目的职务便利,收受承包人"感谢费"4万元。朱某,金属结构厂厂长,在购买设备等方面"做手脚",捞进不义之财6.4万元。徐某,副经理,主管公司所有工程项目的施工。在麻将桌上,业务单位的5万元借款不明不白成了"礼金"。同案牵扯出来的还有公司下属原压力容器厂副厂长陈某和公司机械部部长祝某,两人通过截留、套现等方式,贪污数万元。

工程项目发生贪污舞弊,不仅在工程发包环节会发生,而且还向分包和材料采购领域渗透。据悉,企业能承接到大型的建筑工程项目,均有数目可观的工程(劳务)分包量和材料采购量,劳务分包金额一般要占承包金额的20%～30%。而劳务和工程分包商一般都为个人承包、挂靠或规模较小的施工队。为了承接到分包项目或在工程结算时得到优惠,个别分包商不惜采用贿赂手法,贿赂数额一般是利润的10%～50%。而且,行贿"目标"明确,受贿人员集中在对工程(劳务)分包、结算工程款和材料采购有决定权的人员身上——相当一部分建筑公司的这部分权力直接掌握在分公司、工程部或项目经理手中。

从控制环境和控制机制分析,不少企业的法人治理机构和监管制度不健全,建设项目管理无据可依;从建设项目立项、概预算编制和招标开始就缺乏明确的规定,又未按规定对建设项目进行核算与监督等。更有甚者,搞项目就是为了捞钱!项目越乱,越能浑水摸鱼!

分析控制环节和控制程序,不少企业立项缺乏必要的可行性研究(或流于形式),由于决策不当、审批不严、盲目上马,可能导致建设项目难以实现预期目标甚至导致项目失败;项目设计方案不合理、设计深度不足、概预算脱离实际、技术方案未能有效落实,可能导致建设项目质量存在隐患、投资失控以及项目建成后运行成本过高等风险;招投标过程中存在串通、暗箱操作或商业贿赂等舞弊行为,可能导致中标价格不实、中标人实际难以胜任等风险;项目变更审核不严格、工程变更频繁,可能导致费用超支、工期延误等风险;建设项目价款结算管理不严格、价款结算不及时、项目资金不落实、资金使用管理混乱,可能导致工程进度延迟或中断、资金损失等风险;竣工验收不规范、最终把关不严,可能导致工程交付使用后存在重大隐患;虚报项目投资完成额、虚列建设成本或者隐匿结余资金、未经竣工财务决算审计,可能导致竣工决算失真等。

4.3.2 工程项目控制流程

从编制工程项目建议书开始到竣工验收成为固定资产为止,其控制流程包括项目投资预测、决策、预算、执行等程序,应当规范相关机构和人员的职责权限,建立工程项目与固定资产投资决策的责任制度,加强工程项目的预算、招投标、质量管理等环节的会计控制,防范决策失误及工程发包、承包、施工、验收等过程中的舞弊行为,具体过程如图4.3所示。

4.3.3 工程项目控制要点与控制方法

(1)职责分工与授权批准控制

在建立与实施工程项目内部控制的过程中,职责分工、权限范围和审批程序应当明确、规范,机构设置和人员配备应当科学、合理,具体控制政策和措施包括:

一是建立工程项目的岗位责任制,明确相关部门和岗位的职责权限,确保办理工程项目业务的不相容岗位相互分离、制约和监督。

二是根据工程项目的特点配备合格的人员办理工程项目业务。办理工程项目业务的人员应当具备良好的业务素质和职业道德。企业应当配备专门的会计人员办理工程项目会计核算业务,其应当熟悉国家法律法规及工程项目管理方面的专业知识。对于重大项目,企业应当考虑聘请具备规定资质和胜任能力的中介机构(如招标代理、工程监理、财务监理等)和专业人士(如工程造价专家、质量控制专家等)协助企业进行工程项目业务的实施和管理。企业应建立适当的程序对所聘请的中介机构和专业人士的工作进行必要的督导。

三是建立工程项目授权制度和审核批准制度,并按照规定的权限和程序办理工程项目业务。完善的授权批准制度包括:企业的资本性预算只有经过董事会等高层治理机构批准方可生效;所有工程项目的立项和建造均须经企业管理者的书面认可;等等。

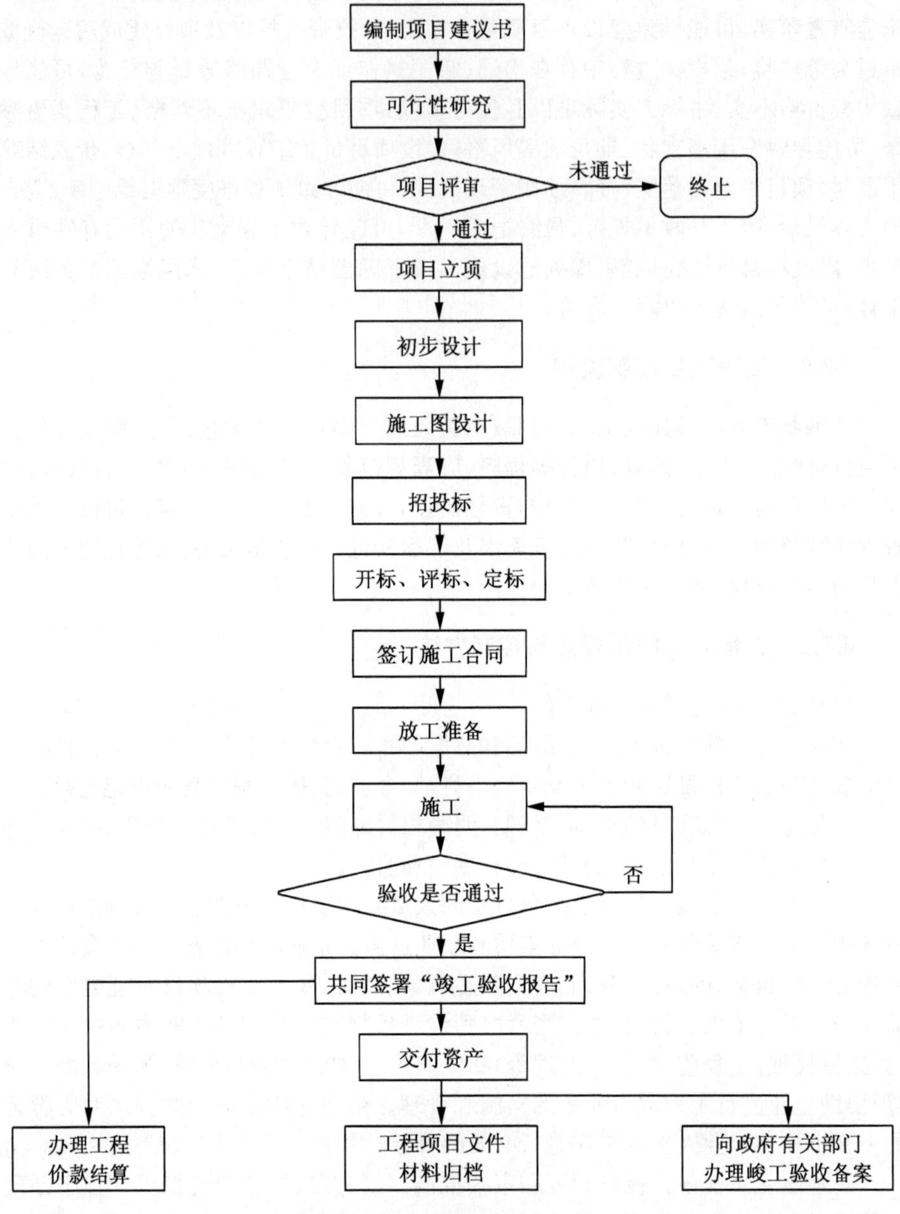

图 4.3　工程项目控制流程

四是制定工程项目业务流程，明确项目决策、概预算编制、价款支付和竣工决算等环节的控制要求，并设置相应的记录或凭证，如实记载工程项目各环节业务的开展情况，确保工程项目全过程得到有效控制。除在建工程总账外，企业还必须设置在建工程明细分类账和工程项目登记卡，按工程项目类别和每个工程项目进行明细分类核算，对投入的工程物资等及时、准确地进行记录和核算。

(2)立项与招标控制

企业应当根据发展战略和年度投资计划，提出项目建议书，进行可行性研究，编制可行性研究报告，重点关注国家产业政策和环境保护等因素。也可以委托专业机构开展可行性研究，并组织专业人员对可行性研究报告进行评审，出具评审意见。

建设单位在工程立项决策阶段，作为投资主体应积极参与工程造价管理，充分发挥自身的主体优势作用。在这一阶段，对工程造价的管理重点是积极参与项目决策前的准备工作，认真收集有关基础数据，如为进行工程的选址、设计、技术、经济分析提供可靠的自然、地理、气象、水文、地质、社会、经济以及交通运输与环境保护等基础数据资料等，并委托有相应资质的单位，在认真调查研究的基础上，实事求是地进行技术经济论证，编制一份具有真实性和科学性的可行性研究报告和投资估算报告。投资估算报告的编制应从现实出发，充分考虑施工过程中可能出现的各种情况及不利因素对工程造价的影响，考虑市场情况及建设期间可能出现的价格调整系数，使投资估算既基本上符合实际又留有余地，真正起到控制项目总投资的作用。

整个工程项目决策过程应有完整的书面记录。重大工程项目应当报经董事会或者类似决策机构集体审议批准。严禁任何个人单独决策工程项目或者擅自改变集体决策意见。企业应当建立工程项目决策及实施责任制度，明确相关部门及人员的责任，定期或不定期地进行检查。

企业还应根据项目性质和标底金额，明确招标范围和要求，规范招标程序，不得人为肢解工程项目规避招标。通常应当采用招标形式确定设计单位和施工单位，明确工程项目预期实现的目标和具体要求，确保招标过程公开、公正、透明。

建设工程招投标制度是控制工程造价的有效手段，建设单位应充分利用这一有效的竞争手段进行工程造价控制。

(3)建设与验收控制

企业应当加强对工程项目建设过程和验收环节的监控，落实责任制，实行严格的概预算管理，严把质量关，确保工程项目达到设计要求。

严格的工程监理制度必不可少。工程监理人员应当深入施工现场，监控工程进度和质量，及时发现和纠正建设过程中的问题。工程监理人员应当具备相应的资质和良好的职业操守。

建立工程进度价款支付环节的控制制度，对价款支付的条件、方式以及会计核算程序作出明确规定，确保价款支付及时、准确。会计人员应当对工程合同、协议约定的价款支付方式、有关部门提交的价款支付申请及凭证、审批人的批准意见等进行审查和复核。复核无误后，方可办理价款支付手续。工程进度款的支付要按工程项目进度或者合同、协议的约定进行，不得随意提前支付。企业会计人员在办理价款支付业务的过程中发现拟支付的价款与合同、协议约定的价款支付方式及金额不符，或与工程的实际完工进度不符等异常情况，应当及时报告。

对于自行建造的工程项目，以及以包工不包料方式委托其他单位承担的工程项目，应当建立针对材料采购、收发、保管和记录的相关控制程序。计划部门应当合理安排施工任务和进度，选择最佳施工方案，配合财务部门做好成本计划的编制工作。材料供应部门应当建立和健全材料制度，加强对材料采购和收、发、领、退的管理，努力降低材料的采购成本、节约仓储保管费，降低材料费支出。劳动工资部门应当加强对劳动力的管理，改善劳动组织，严格控制非生产用工，调动职工的积极性，提高劳动效率，节约工资支出。生产技术部门则需做好技术措施计划的编制和贯彻工作，以保证降低成本的计划的实现。设备管理部门必须加强机械设备的调度和维修，以保证企业机械设备的完好率和利用率。行政管理部门应当精简机构，紧缩开支，节约行政管理费用等。建立健全材料的收、发、领、退制度。实行限额领料制度是节约材料费支出的重要措施。

严格控制项目的变更，对于必要的项目变更应经过相关部门或中介机构（如工程监理、财务监理等）的审核。重大的项目变更应比照项目决策和概预算控制的有关程序加以严格控制。因工程变更等原因造成价款支付方式及金额发生变动的，应当提供完整的书面文件和其他相关资料。会计人员应当对工程变更所涉及的价款支付进行审核。

及时编制竣工决算，开展决算审计，组织专业人员进行竣工验收，重点关注项目投资额、概预算执行、资金管理和工程质量等内容。验收合格的工程项目应当编制财产清单，及时办理资产移交手续。竣工决算环节的控制流程应当科学、严密，竣工清理范围、竣工决算依据、决算审计要求、竣工验收程序和资产移交手续等应当明确。工程项目的确认、计量和报告应当符合国家统一的会计准则的规定。

建立工程项目后评估制度，对完工工程项目的经济性、项目建议书和可行性研究报告提出的预期经济目标进行对比分析，并作为绩效考核和责任追究的基本依据。主要从技术、财务和经济三个方面对项目建成后实际达到的各项指标进行分析总结，并与可行性研究方案、计划任务书、概预算等资料进行对比，以检查预计和设计的完成程度，分析完成或未完成的原因，总结经验和教训，为今后的投资决策提供参考。

4.4 固定资产控制活动

4.4.1 固定资产失控风险

固定资产的数量和质量在一定程度上反映了企业规模的大小和技术水平的高低,对经营和发展具有十分重要的作用。因此,企业应根据固定资产的特点,分析、归纳、设计合理的业务流程,抓住控制要点,健全风险控制措施,保证固定资产安全、完整与高效运行。

固定资产管理是一项较强的技术性工作,应配备有工作责任心、管理能力强、懂业务、会计算机操作的专职人员。固定资产失控的涉及面较为广泛,其所造成的损失并不限于实物形态,有些价值损失可能十分隐闭。

实证分析 4.3 | 固定资产清理与私设小金库

某审计人员在对某公司进行审计时发现该公司某年 6 月份一台原值为 10.5 万元的车床累计提取折旧额 9.7 万元,已报废清理,共发生清理净损失 6 000 元,却一直挂在"固定资产清理"账户中。审计人员在清理有关账户时,发现与该车床有关的两笔总额为 8 000 元的清理支出记入费用账户,仅有一笔清理收入为 2 000 元的记录反映在"固定资产清理"账户上。审计人员发现,这 2 000 元的付款单位为一家乡镇企业。审计人员认为,花费 8 000 元的代价仅换来 2 000 元的收入是很不正常的,于是,就到该乡镇企业查证,发现该企业共分两次支付 2.2 万元购置了这台车床(已投入正常生产)。在真相面前,公司领导道出了其中缘由:因该车床已不能适应企业的生产要求,且已接近报废期限,于是就花费了 8 000 元更换了关键部件,然后高价出售给这家乡镇企业,并将其中的 2 万元私存银行,备作职工福利,从而形成账外账。

目前,固定资产业务管理失控的常见情形主要有盲目购建,盲目发展;工程项目预算失控,造成经济损失;资本化利息计算不正确,资本性支出挤占生产成本;固定资产盘盈不入账,存在账外资产;固定资产不清理、不处理,账情不清;固定资产变价收入或残值收入不入账;随意改变折旧的计算方法,虚增(减)折旧;虚列工程项目支出与维修费用支出;捐赠固定资产不入账,形成账外资产;等等。

4.4.2 固定资产控制流程

固定资产与投资规划和工程项目相关,是一项较为复杂的组织管理工作,其控制流程至少包括固定资产投资规划、资本预算、工程项目、购建验收、计价核算和报废清理等，其控制的主要环节如图 4.4 所示。

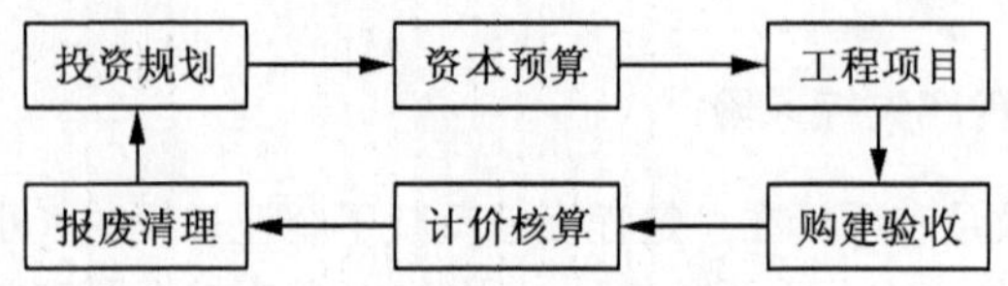

图 4.4　固定资产控制流程

某公司在全面梳理固定资产业务流程的基础上，发现固定资产管理共有 10 个环节可能存在控制缺陷(薄弱环节)。对照固定资产控制的规范要求，先整理出 23 个风险控制点，从而提出了有针对性的 23 项控制措施等，然后采用表格列示法归纳说明如表 4.2 所示，用以健全和落实固定资产控制责任。

表 4.2　固定资产控制流程与控制措施

业务环节	风险控制点	具体控制措施
验收	竣工决算与验收	①工程项目交付使用之前应办理竣工决算和工程验收，购入的一般固定资产须办理验收手续
	验收报告的编制与审核	②对竣工和购入的固定资产编制验收报告，列明固定资产的数量、型号、供应商或建造商、送到时间或竣工时间、质量等内容，经审核后交付使用
登记	固定资产目录	③资产管理部门制定固定资产目录，列明固定资产的编号、名称、型号和使用年限等
	固定资产卡片	④固定资产卡片的编号应与固定资产目录保持一致，内容包括资产来源、验收和盘点等，目录和卡片均应定期或不定期复核
投保	投保方案的制订与审核	⑤资产管理部门根据需要拟订固定资产投保方案，投保方案与投保项目力求适当，投保方案需经主管部门审核
	保险公司的甄选和确定	⑥选定合适的保险公司并与其签订保险合同，合同内容主要涉及资产名称、数量、型号、保险金额以及索赔条款等
	保险索赔	⑦投保期内发生损失，相关部门形成书面报告，经审核后办理索赔
维护	日常维护	⑧固定资产使用部门加强对固定资产的日常维护，确保生产的顺利进行
	定期检查	⑨定期对固定资产进行检查，排除隐患并编制检查分析记录

续表

业务环节	风险控制点	具体控制措施
技改	技改方案的编制与审核	⑩资产使用部门根据需要提出技改方案并经过管理部门的审核,应当与财务部门一起进行预算或可行性分析
	控制与管理	⑪管理部门需对技改方案实施过程适时监控,加强管理
清查与盘点	清查方案的编制与审核	⑫仓储部门和管理部门需定期进行清查与盘点,在清查作业实施之前应编制清查方案,经过管理部门的审核后进行相关的清查作业
	清查报告的编制与审核	⑬在清查结束后,清查人员需要编制清查报告,管理部门需就清查报告进行审核,确保真实性和可靠性
	盘盈、盘亏处理	⑭对清查过程中发现的盘盈、盘亏应分析原因,报告审核通过后应及时调整固定资产账面价值,确保账实相符
抵押	抵押申请与审核	⑮抵押申请应包括资产数量、名称、型号、原存放地等内容,相关管理部门需对申请的真实性进行审核
	价值评估	⑯办理抵押时需委托中介机构鉴定、评估固定资产的实际价值
	抵押合同的签订与审批	⑰固定资产抵押合同应详细说明抵押当事人双方的情况,抵押资产的名称、类型、担保等,经审查和批准后签订正式合同
出租	出租申请的编制与审核	⑱相关管理部门提出出租或出借申请,写明申请理由,并由相关授权人员和部门就申请进行审核
	签订合同	⑲申请审核通过后签订出租或出借合同,包括合同双方的具体情况、出租的原因和期限等内容
出售	出售申请的提出与审核	⑳使用固定资产的部门提出出售申请,需说明出售的原因,出售固定资产的名称、型号、数量等内容,管理部门对申请进行审核
	价值评估	㉑按照规定的程序出具资产评估报告
账务处理	折旧	㉒计提折旧的方法由财务部门根据固定资产的实际使用情况进行合理的估计和确定,并及时检查、核对
	复核	㉓定期对折旧和固定资产进行复核,确保账实、账账、账表相符

固定资产控制会涉及使用部门、归口部门(如基建部门、资产管理部门)、主管领导和财务部门等,应由这些部门联手参与管理,其分工管理及控制流程如图4.5所示。

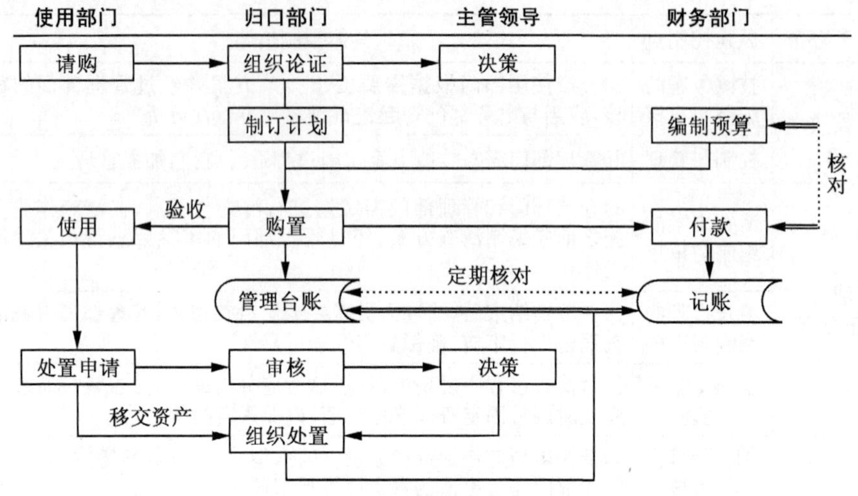

图 4.5 固定资产分工管理与控制

4.4.3 固定资产控制要点与控制方法

(1)预算控制

企业应当建立固定资产预算管理制度,根据固定资产的使用情况和生产经营发展目标等因素拟定固定资产投资项目,对项目的可行性进行研究、分析,编制固定资产投资预算,并按规定程序审批,确保固定资产投资决策科学、合理。

编制资本支出预算,应由工程技术、计划、财务、采购、生产等部门的人员共同参加,以便减少资本支出预算错误的可能性。

资本支出预算必须在考虑多种因素的基础上编制。这些因素包括投资的预算额、投资的机会成本、投资的资本成本和预计现金净流入等。

对于投资额较大的专案,资本支出预算应有分项投资预算额,以便日后对投资的实际支出额进行控制。而对于将对企业产生重大影响的资本支出预算,则必须由董事会批准才能执行。

对于重大的固定资产投资项目,应当考虑聘请独立的中介机构或专业人士进行可行性研究与评价,并由企业实行集体决策和审批,防止出现决策失误而造成严重损失。

对于预算内固定资产投资项目,有关部门应严格按照预算执行进度办理相关手续;对于超预算或预算外固定资产投资项目,应由固定资产相关责任部门提出申请,经审批后办理相关手续。

固定资产管理部门应同时承担起固定资产日常维修及保养的管理工作。其职责包括:每年制订对各类固定资产的维修计划,并将其列入预算,报财务部门及企业管理当局批准;直接实施或组织使用部门技术人员共同实施维修计划;监督使用部门固定资产的使用情况;对维修保养的过程和结果进行记录。

(2)请购与审批控制

对于外购的固定资产应当建立请购与审批制度,明确请购部门(或人员)和审批部门(或人员)的职责权限及相应的请购与审批程序。固定资产采购过程应当规范、透明。对于一般固定资产采购,应由采购部门充分了解供应商的情况,采取比质比价的办法确定供应商;对于重大固定资产采购,应采取招标方式进行。

电脑、打印机等专用资产,由于其移动的方便性,管理上容易滋生漏洞,应制定特别的业务处理流程。例如,电脑等设备从确定采购时起就给出其"身份证",确定使用人和责任人等。

对重大工程建设项目应成立专门管理小组,其成员应来自工程部、审计、财务、投资、专家及使用单位,共同参与项目论证、公开招标等环节的工作。既体现公平、公正原则,又通过招标等良性竞争手段,为企业创造经济效益。

(3)采购控制

采购部在执行固定资产采购程序时,应先向供应商询价,并取得供应商的报价单进行比价。例如,某公司规定:单批次5万元以下(含)寻找至少2家以上的供应商进行询价比价;单批次5万元以上至30万元寻找至少3家供应商进行招标采购;单批次30万元以上寻找3家以上供应商进行招标采购并组织招标小组确定最优方案。该公司固定资产购置业务的处理程序如图4.6所示。

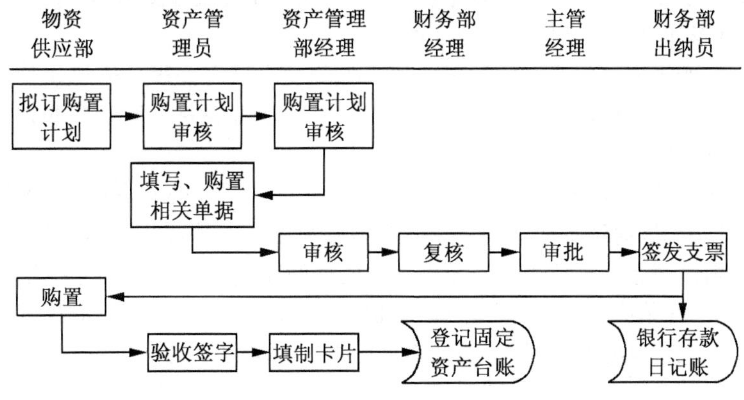

图4.6 固定资产购置业务处理程序

(4)验收控制

应当建立严格的固定资产交付使用验收制度,确保固定资产的数量、质量等符合使用要求。固定资产交付使用的验收工作由固定资产管理部门、使用部门及相关部门共同实施。

外购固定资产,应当根据合同、协议、供应商发货单等对所购固定资产的品种、规格、数量、质量、技术要求及其他内容进行验收,出具验收单或验收报告,验收合格后方可投入使用。

自行建造的固定资产,应由制造部门、固定资产管理部门和使用部门共同填制固定资产移交使用验收单,验收合格后移交使用部门投入使用。

对投资者投入、接受捐赠、债务重组、企业合并、非货币性资产交换、外企业无偿划拨转入以及以其他方式取得的固定资产,均应办理相应的验收手续。

对经营租赁、借用、代管的固定资产,应设立登记簿记录备查,避免与本企业财产相混淆,并应及时归还。

对验收合格的固定资产应及时办理入库、编号、建卡、调配等手续,并登记固定资产管理台账。

(5)入账控制

财务部门应当按照会计准则或制度的规定,及时确认固定资产的购买或建造成本并登记入账,做好账账、账表、账实、账卡相符工作。应当定期或不定期检查固定资产明细及标签,确保具备足够详细的信息,以便固定资产的有效识别与盘点。

企业可以按照管理需要设置专门管理固定资产的机构,加强对固定资产的维修和保养工作。该机构的职责包括:每年制订各类房屋、设备等的维修计划和实施维修计划或根据使用中出现的紧急情况采取修理措施;监督使用部门的使用情况;对使用、维修和保养的结果进行记录;等等。

固定资产管理部门应对各种房屋和设备分别设置有关表单来记录使用、维修和保养情况,或者直接在房屋、设备明细账的卡片或者表单上记录这些情况,并对记录情况进行定期检查。

固定资产核算应分类设置各种账户分别记录。其分类有房屋、机器设备、家具、办公设备和运输设备等。各类资产应附有单独的卡片或表单,记录各种详细、有用的资料。每张卡片或表单应记录每项资产的简要说明、存放地点、购入或建造日期、相应的凭单或工作单号码、资产的价值、规定的计量单位、折旧计算方法、估计残值、每个会计期间的应提折旧及累计已提折旧金额。此外,固定资产记录还应表明该项财产维修和保养的情况。所有卡片或表单应编上交叉索引号码,以便与控制账户或其他记录相核对。

明细分类账的记录应定期与总分类控制账户核对,核对过程中发现的差异应采用适当的方法加以揭示。对差异作出任何调整前，应由一名指定的企业高级管理人员负责对差异进行调查，并对调查结果进行审批。

财务部门在登记各类资产明细账时，应有适当的复核程序来验证各种应计入资产价值的费用，防止多计或少计财产价值。

(6)报废清理情况

固定资产报废、清理环节可能存在如下风险：资产的出售、废弃、停用、重新定价或转由个人使用并未得到批准；本可以使用于其他方面的资产被出售或废弃；由于资产清理未通知财务部门，造成记录有误；等等。为此，企业应制定严格的程序来处置固定资产，在未经审批之前不得擅自处理。首先，应编制财产报废、清理通知单，通知单的内容包括固定资产卡片上记载的所有内容、报废理由、估计清理费用和估计残值回收等。其次，固定资产报废通知单需由不同级别的管理人员审批。金额较大的固定资产(主要生产流水线、建筑物等)需经董事会批准，金额较小的经部门经理或其他授权人员批准即可。

固定资产报废通知单至少一式三联，一联由审批人留底备案；一联作为执行报废工作的授权证明；一联交财务部门。财务部门收到执行完毕的报废通知单后，应审查通知单是否经执行部门主管签字认可，并应及时注销固定资产的账面价值。

(7)清查盘点控制

企业应当定期对固定资产进行盘点。盘点前，固定资产管理部门、使用部门和财务部门应当进行固定资产账簿记录的核对，保证账账相符。

企业应组成固定资产盘点小组对固定资产进行盘点，根据盘点结果填写固定资产盘点表，并与账簿记录核对，对账实不符，固定资产盘盈、盘亏的，编制固定资产盘盈、盘亏表。

固定资产发生盘盈、盘亏，应由固定资产使用部门和管理部门逐笔查明原因，共同编制盘盈、盘亏处理意见，经企业授权部门或人员批准后由财务部门及时调整有关账簿记录，使其反映固定资产的实际情况。

企业应至少在每年年末由固定资产管理部门和财务部门对固定资产进行检查、分析。检查和分析应包括定期核对固定资产明细账与总账，并对差异及时分析和调整。若有盘盈或盘亏，需编报“固定资产盘盈盘亏报告表”，列出原因和责任，报部门经理、生产部门经理、财务部门和总经理批准后，财务部门进行相应的账务调整，管理部门应对台账和固定资产卡片的内容进行更新。

固定资产增减变动的原因很多，审查监督人员应当熟练掌握好对固定资产增减方面的财务制度和有关规定，深入实际，有效监控。例如，固定资产减少的原因主要有以固定资产对外投资、固定资产清理报废和固定资产盘亏等。固定资产减少业务的会计漏洞客观存在。在审查固定资产减少业务时，必须高度重视非正常情况，特别是非陈旧、落后固定资产的意外减少等。

实证分析 4.4　合理怀疑下的问题导向分析

某查账人员在对某企业查账时发现，该企业发生两台进口空调提前报废的业务。值得注意的是，这类报废业务只做了一张转账凭证，会计分录为："借：营业外支出——非常损失 12 000 元，借：累计折旧 3 000 元，贷：固定资产 15 000 元。"经查询，在此期间企业并未发生盗窃、火灾等情况；另外，从这两台空调的净值看，除非发生意外，不应该这么早就报废了。

查账人员怀疑这笔业务有问题，于是进行了跟踪查证。其调阅了这两台空调的固定资产卡片，发现均仅使用两年多一点，且没有修理记录，说明它们仍处于完好状态。查账人员又反复与该企业财务主管人员及空调的使用负责人交谈，了解该项业务的真实情况。最后证实，该项业务是虚报固定资产毁损，实则是将两台空调送给了关系单位的两个重要负责人，因而在账务处理上产生了上述奇怪的现象。

4.5　实物资产监管重点

4.5.1　实物资产岗位分工与职务分离

(1)存货的岗位分工与职务分离

对存货业务应当实行职务分离控制，存货的计划、验收、保管、发货、盘点和记账不能由一个人包办，具体要求有以下几个方面：①企业应将比价和订货的职责与操作分离，应指定未参与比价的人员按核定的价格执行采购计划；②存货计划的编制者应与其复核及审批人员分离；③采购人员应与验收、保管人员分离；④负责保管的人不能同时负责存货的会计记录；⑤存货的盘点应由负责存货保管、记账的人员以及独立于这些职务的其他人员共同进行。

(2)工程项目与固定资产的岗位分工与职务分离

对工程项目与固定资产应当实行职务分离控制，工程项目与固定资产的全部业务过程不能由一个人包办。企业应当建立工程项目业务的岗位责任制，明确相关部门和岗位的职责、权限，确保办理工程项目业务的不相容岗位相互分离、制约和监督。工程项目业务的不相容岗位一般包括：①项目建议、可行性研究与项目决策；②概预算编制与审核；③项目决策与项目实施；④项目实施与价款支付；⑤项目实施与项目验收；⑥竣工决算与竣工决算审计。

工程项目竣工验收以后才能转为固定资产。企业应当建立固定资产业务的岗位责任制，明确相关部门和岗位的职责、权限，确保办理固定资产业务的不相容岗位相互分离、制约和监督。同一部门或个人不得办理固定资产业务的全过程。固定资产业务的不相容岗位至少包括以下几个方面：①固定资产投资预算的编制与审批；②固定资产投资预算的审批与执行；③固定资产的采购、验收与款项支付；④固定资产投保的申请与审批；⑤固定资产处置的审批与执行；⑥固定资产的取得与处置业务的执行以及相关会计记录。

4.5.2 实物资产授权批准制度

企业应当对实物资产的相关业务建立严格的授权批准制度，明确审批人的授权批准方式、权限、程序、责任及相关控制措施，规定经办人的职责范围和工作要求。严禁未经授权的机构或人员办理实物资产业务。

专题讨论 4.1 ｜ 如何进一步完善存货授权批准制度？

第一，企业应由最高管理当局直接或授权具体部门或人员批准存货计划的制订和修订。凡具体部门有计划批准权的，应界定其权限范围。

第二，企业应授权实物管理部门或专门检验机构对拟仓储的原材料、辅料、燃料、低值易耗品和库存商品等进行检验。如因数量、质量等原因，可以拒收。

第三，生产指令一般由生产计划部门批准，但重大生产调整或重大指令修正应由企业最高管理当局另行授权或批准。

第四，领料单应由生产管理部门核准，而领料限额之外的超额审批权，需要企业特别授权。

第五，生产过程中发生的常规费用，应由生产管理部门批准；非常规费用或单笔大额费用，需企业最高管理当局批准或专门授权。

第六，存货应由专人保管，只有授权批准的人才能进入仓库。应严格限制接触存货。除实物管理部门及仓储人员外，其余部门和人员接近存货时，应由有权部门特别授权。若存储的是贵重物品、危险品或需加以保密的物品，则需扩大接近限制，规定更严格的接触限制条件，必要时，存货管理部门内部也应当执行授权接触。

第七，库存商品的发出需经有权部门批准，大批商品、贵重商品或危险品的发出应得到特别授权。残、次、冷、背存货的处置，存货盘盈、盘亏的处理，以及存货跌价准备的提取应经企业最高管理当局的批准或授权。

第八，相关人员因故暂时外出，若其职责在外出期间确需行使，而通信方式无法解决时，应按规定程序实施替代授权或授权替代。

第九，应注意严格限制成本构成资料、工艺流程资料、机密配方、技术诀窍资料、核心软件编程等内部文件的有意或无意泄露。应与知情人员签订保密协议，避免不相关人员对有关资料的接触。

专题讨论 4.2 ｜ 工程项目与固定资产授权批准制度的要点是什么？

第一，工程项目与固定资产的需求一般应由使用部门提出。采购部门、企业内部的建筑或建设部门一般不首先提出采购或承建的要求。

第二，资产请购或建造的审批人应与请购或建造要求的提出者分离，即固定资产购置与处置和工程支出的批准人应独立于申请人。

第三，资本预算的复核审批人应独立于资本预算的编制人。重大合同必须由独立于经办人以外的负责人批准，必要时应请法律顾问进行审核。

第四，固定资产的验收人应与采购或承建人、款项支付人职务分离。

第五，固定资产的使用或保管人不能同时担任记账工作。固定资产盘查工作不能只由使用或保管人员或负责记账的人员进行，应由独立于这些人员的第三者共同参加。

第六，对未使用、不需用的固定资产及时办理封存和申报手续；对多余、闲置或使用不当的固定资产，应及时向有关部门反映。固定资产的验收、内部转移、出售出租、报废清理等必须办理有关手续，并经过有关部门的审核和批准。

企业应当重点检查实物资产管理业务混岗现象和越权审批等违规行为。所有经办实物资产业务的审批人应当根据授权批准制度的规定，在授权范围内进行审批，不得超越审批权限。经办人应当在职责范围内，按照审批人的批准意见办理实物资产业务。对于审批人超越授权范围审批的实物资产业务，经办人有权拒绝办理，并及时向审批人的上级授权部门报告，尤其是对实物资产的出售、投资、废弃、停用、重新定价或转由个人使用等行为是否得到授权批准等。对于固定资产还应当重点检查项目决策程序是否合规，概预算编制的依据是否真实，是否按规定对概预算进行审核等。

4.5.3 限制接近实物资产

对实物保护应有专职的仓库保管员控制，通过设置分离、封闭的仓库区域等方式实现。在零售企业中，存货等实物保护可以通过在营业时间中和营业时间后控制接近库房的方式（如使用夜盗警铃、发放有限的钥匙）来实现。对贵重商品或固定资产使用带锁的营业柜，以及聘用专人日常巡视和采用某些监控设备等，也是实物保护控制的措施之一。

4.5.4 定期盘点和账实核对

定期盘点是指定期对实物资产进行盘点，并将盘点结果与会计记录进行比较。任何企业都应当定期对实物资产计点数量、核对账实等，这是最常见的实物监控方法之一。盘点工作应由负责保管、记账等不同职能的人员以及与厂房、设备无关的其他局外人共同担任。盘点结果记录在盘点清单上。盘点人员(一般要求两人以上)应在盘点清单上签字。实地盘点结束后,应将盘点清单的内容与实物资产卡片相核对,如发现差异,应审查其原因,经过一定的批准程序才能进行账面调整。每次盘点的清单应归档保存。

各企业应当定期对会计账簿记录的有关数字与库存实物、往来单位或者个人等进行核对,保证账证相符、账账相符、账实相符。对账工作每年至少进行一次。

专题讨论4.3 | 对账工作的基本要求是什么?

第一,账证核对。核对会计账簿记录与原始凭证、记账凭证的时间、凭证字号、内容、金额是否一致,记账方向是否相符。

第二,账账核对。核对不同会计账簿之间的账簿记录是否相符,包括总账有关账户的余额核对、总账与明细账核对、总账与日记账核对、会计部门的财产物资明细账与财产物资保管和使用部门的有关明细账核对等。

第三,账实核对。核对会计账簿记录与财产等实有数额是否相符,包括:现金日记账账面余额与现金实际库存数相核对;银行存款日记账账面余额定期与银行对账单相核对;各种财物明细账账面余额与财物实存数额相核对;各种应收、应付款明细账账面余额与有关债务、债权单位或者个人相核对;等等。

实物资产盘点并与会计记录核对一致在很大程度上保证了资产的安全,虽然并不排除实物资产和会计记录存在相同错误的可能性。为保证盘点时资产的安全,通常应先盘点实物,再核对账册,以防止盘盈资产的流失。

实物盘点结果与有关会计记录之间的差异应由独立于保管和记录职务的人员进行调查。盘点结果与会计记录如果不一致,说明资产管理上可能出现错误、浪费、损失或其他不正常现象。为防止差异再次发生,应通过详细调查分析原因、查明责任,并根据资产性质、现行制度和差异数额,采取保护性控制。

需要说明的是,企业可以根据某项资产的性态来确定盘点频率。显然,动产较之不动产,可携带品较之不可携带品,消费品较之生产用品,货币性资产较之非货币性资产的盘点频率要高得多。

4.5.5 记录保护与财产保险

记录保护是指应当妥善保管涉及资产的各种文件资料,避免记录受损、被盗、被毁。首先,应该严格限制接近会计记录的人员,以保持保管、批准和记录职务分离的有效性。其次,会计记录应妥善保存,尽可能减少记录受损、被盗或被毁的可能性。再次，某些重要资料应留有备份，以便在遭受意外损失或毁坏时恢复。

企业应建立重要资产的个体档案，对资产的增减变动作出及时、全面的记录，同时加强对财产所有权凭证的登记与管理等。还可以实施财产保险，通过资产投保（如火灾险、盗窃险、责任险等）来增加实物资产受损后补偿的程度或机会，从而保护企业的实物安全。

4.5.6 资产质量与资产减值损失

资产的质量与其流动性的强弱有关。较高质量的资产，其流动性可能较强。

不良资产是指资产中存在问题、难以参加正常生产经营运转的部分，包括 3 年以上的应收账款、其他应收款及预付账款，积压的存货、闲置的固定资产和不良投资等的账面余额，待处理流动资产及固定资产净损失，以及潜亏挂账和经营亏损挂账等。不良资产比率从企业不能正常循环周转以谋取收益的资产角度反映出资产的质量，揭示了资产管理和使用上存在的问题。该指标越高，表明沉积下来、不能正常参加经营运转的资金越多，资金利用率越低。该指标应当越小越好。

除了一部分新设企业和资产质量特别好的企业以外，执行企业会计准则的企业应当按照规定计提各项资产减值准备，以真实、客观地反映资产的现有状况与质量。但谨慎性原则并不意味着企业可以任意设置各种秘密准备。计提秘密准备属于滥用谨慎性原则，应按重大会计差错更正的要求进行会计处理。目前，人为控制资产减值准备的提取和冲回现象还是存在。由于资产减值会计的特殊性、资产减值的不确定性，可能会给企业管理当局的利润操纵提供较大的空间。

4.5.7 各项实物资产管理制度的执行情况

通过重点检查各项实物资产管理制度的执行情况，查看实物形态的安全性和完整性。例如，保管部门对入库资产的数量是否及时记入收、发、存登记簿并标明其存放地点、仓号和仓位等？是否已经设置分离且封闭的仓库区域？是否只有经授权批准的人才能进入并严格限制接触实物资产？验收部门收到货物后，是否检查货物的数量和质量并填制验收单？验收完毕后是否立即将货物转运至仓储保管部门，并将验收单分送采购部门、仓储保管部门和财会部门？仓储保管部门在收到货物时，是否对其数量进行验点，并将验点结果与验收单相核对？等等。

专题讨论 4.4 | 如何及时发现实物舞弊行为？

第一，查核永续盘存的记录，检查实物资产的完整性与实物资产收、发、存是否符合客观实际。各部门保存原始单据，除定期整理、汇总归档之外，应抽查账证与账实的符合程度。

第二，审查实物资产损耗时，应注意账面结存与实际存量是否一致，对实际损耗与理论损耗的差异要进行比较分析，看其是否有虚假报耗的问题。

第三，将原材料入库、领料、加工、成本核算、产成品入库、产品发出等各环节的相关关系联系起来考虑，并进行必要的测试。

第四，由专人定期对领料单据、成品入库凭证、制造费用发生及分摊情况、人工费用记录等进行稽核，并对成本核算的方法和结果进行复核与审查。

第五，可事先对入库通知凭证、生产指令、领发料凭证、产量和工时记录、发货通知单、领用单、转移单等单据等自制原始凭证顺序编号，并对编号后的凭证按顺序领用。检查对未编号的凭证是否规定使用限制等。

综上所述，任何单位都应当建立健全对实物资产控制活动的评价与监督制度，明确检查机构或人员的职责权限，定期和不定期地进行检查。实物资产评价与监督的对象就是其控制目标的实现情况与实现程度，谨防实物资产失控风险。在监督检查过程中，凡是发现实物资产内部控制存在缺陷的，应当及时报告，并采取措施予以纠正。

经典案例评析

近年来，多地曝出路灯工程腐败案，涉及市政管理、建设部门以及乡镇村委的干部和工作人员。一方面，路灯工程及其管理频现小官巨贪；另一方面，从招标到验收都得花钱疏通。

杭州电力局原路灯管理所工程科科长吴某在2005～2013年间，受贿116万元及价值1万多元的金条。杭州当地一家装饰照明公司负责人余某向吴某行贿90万元。吴某供述，他帮余某或相关企业围标，不管最终谁中标，工程都由余某负责施工。河北怀来县东庄子村2012年安装太阳能路灯，5名村干部共从中收受路灯承包商的贿赂15万元多，村委会成员几乎“一锅端”。唐山市丰润区两个村安装195盏太阳能路灯，每盏路灯开票价5 900元，实际价格4 500元，其中，20多万元差价被两个村的村支书和村委会主任瓜分。

利用材料质量差异，抬高供货成本获取差价谋利成为行业内的“公开秘密”。湖北荆门市城区路灯管理局沈某、张某两人采取注册“空壳”公司，制造虚假供货合同抬高价格，4年间共侵占货款差价近500万元，其中最大一单套现金额高达230万元。

不同原材料的路灯在安装完毕后，一般从外观看不出差别，但实际质量和价格相差甚大，越高档、豪华的路灯，价格水分越大。“一盏成本近万元的路灯，合同价能做到两三万元，其中差价被主管领导、承办人员、承包商层层瓜分”。

路灯系统除路面的灯具、灯杆、配电箱外，还有埋在地下的线和日常使用中高额的电费开支，相关管理人员都能从中找到“做手脚”的空间。云南福贡县原城管局局长普某在城市路灯建设中与供货商勾结，实测所需4芯铜芯电缆4 000米，合同采购却达4 600米，靠虚报的600米电缆线贪污10多万元。承担杭州市城区超过15万盏路灯维护管理的杭州电力局路灯管理所，每月仅电费开支就高达700万～900万元。原会计徐某于2007～2013年，采取篡改银行对账单等方式，虚增电费累计侵吞588万元用于购买房产和投资。

明亮的路灯下为什么会一片“漆黑”？各个环节都有管理措施为什么还会有这么多的“小官巨贪”？看来，单位在对实物资产控制的过程中，不仅应当加强对立项、招标、建设、验收等环节主要风险点的有针对性的控制，还应当采取切实有效的措施实施监督检查，将控制活动落到实处。千万不能让“灯下黑”成为常态，更要制止各种“小官巨贪”！

第 5 章　控制对外投资

重大投资决策正确与否直接关系到企业的生存与发展，因而规范投资行为、防范投资风险、确保投资安全、提高投资效益是会计控制的重要目标。

5.1　对外投资风险评价

5.1.1　对外投资控制对象

对外投资是将资金或资产投放于企业外部以期取得经济利益的行为。对外投资风险较大。例如，2015 年 6～7 月间，我国股市暴涨、暴跌，千股涨停、千股跌停、千股停牌。如果投资规模较大，对企业未来的发展举足轻重，一旦失误或失利，将大伤元气。

对外投资包括投资于实体项目和投资于有价证券等，其循环涉及的主要环节如图 5.1 所示。

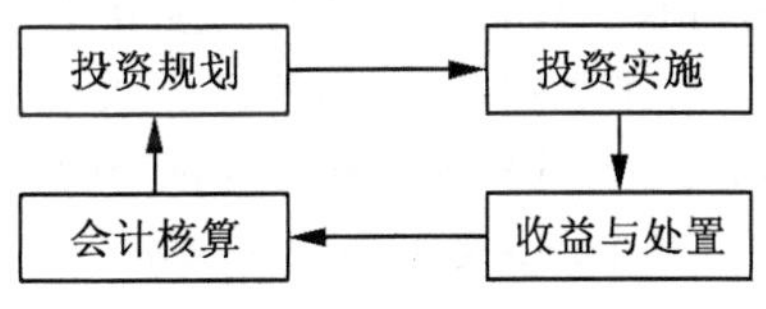

图 5.1　对外投资业务循环

5.1.2　对外投资失控风险

对外投资风险是指在投资活动中，由于受到难以预计因素的影响以及投资失控给企业带来的不确定性，导致偏离投资目标而产生的风险。例如，企业投资行为违反国家法律法规，可能遭受外部处罚、经济损失和信誉损失；投资业务未经适当审批或超越审批权限，可能因重大差错、舞弊、欺诈而导致损失；投资项目未经科学、严密的评估和论证，可能因决策失误而导致重大损失；投资项目的执行缺乏有效管理，可能因不能保障投资安全和投资收益而导致损失；投资项目处置的决策与执行不当，可能导致权益受损。

投资业务循环体系中常见的管理失控主要有：盲目投资，投资效益差；隐匿投资，形成账外资产；将投资收益移作他用，逃避税收；证券投资"黑箱"操作，亏损由企业负担，盈利截留或私分；投资证券保管不妥，账实不符；投资会计处理错误，随意调节投资收益，将部分或全部投资收益挂账在"其他应付款"账户，隐瞒收入，或干脆转移到账外账，形成"小金库"，造成收入不实、私分收益等。

实证分析 5.1 | 投资管理失控的惨痛教训

某股份有限公司总经理与某投资服务咨询有限公司（简称"投资服务公司"）签订合作协议，将 3 500 万元交给投资服务公司投资证券市场。但注册资金仅 90 万元的这家投资服务公司，合作期满却无力偿还这笔款项。经审计，这笔短期投资的资金状况为：资金账户余 688.9 万元，持股市值 1 907.1 万元，持股成本 3 024.9 万元，账面亏损 903.9 万元。欠下这笔投资债务的投资服务公司由股份有限公司职工持股会出资 59.2 万元和已经离职的公司原证券部经理彭某个人出资 30.8 万元合资组建而成，系股份有限公司的关联公司。根据当时股份有限公司与该公司的合作意向，股份有限公司将这笔自有资金委托该公司进行"证券市场的投资运作"，用于提高资产盈利能力，部分抵消公司当年预算收入转低的不利影响。但在本案例中，投资计划的编制并没有以财务分析的结果为依据，而仅以提高资产盈利能力为由；也没有考虑资金运营能力及对公司投资收益的影响；更没有向有关专家咨询和进行可行性论证。公司对投资计划缺乏严格的复核审查及审批制度，总经理作为高级管理人员，对与注册资本仅有 90 万元的投资服务公司合作运营高达 3 500 万元的投资这一事项缺乏足够的风险意识和防范风险的具体措施。当时的董事会尽管已经觉察到此举存在不妥，但还是在合作协议书"已经签订"的被动情况下将该投资进行了下去，最终导致出现巨额投资损失。

5.1.3 对外投资控制的具体目标

一是积极防范投资决策风险，通过实行投资预算、授权和审批控制，确保企业投资活动符合企业发展战略。

二是控制合规性风险，确保投资活动遵循国家法律法规，符合国家产业政策和宏观调控趋势。

三是正确核算投资业务，堵塞漏洞，防止舞弊，保护投资资产的安全。

四是合理安排与投资活动有关的资产与负债,控制流动性风险。

五是投资及投资收益的确认、计量和报告符合会计准则的要求,确保投资信息的真实性和完整性以及在财务报表上的正确披露。

5.2 对外投资控制活动

5.2.1 对外投资控制流程

企业应当建立规范的对外投资决策机制和程序,加强投资项目立项、评估、决策、实施、投资处置等环节的会计控制,严格控制投资风险。对外投资业务比较复杂,其一般流程如图 5.2 所示。

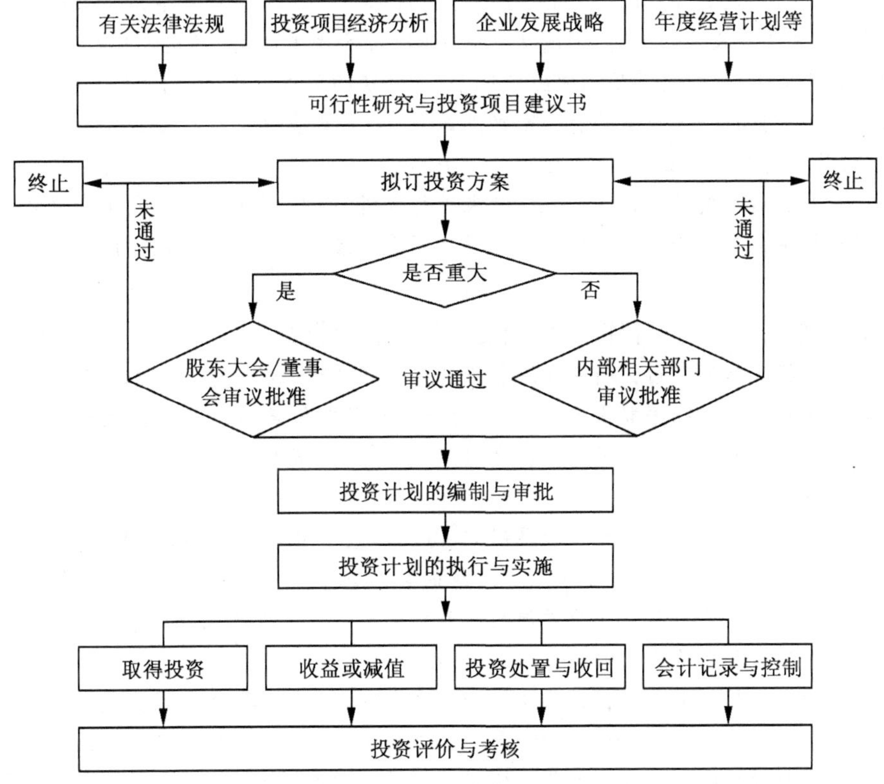

图 5.2 对外投资控制流程

5.2.2 对外投资控制要点与控制方法

(1)对外投资决策控制

投资决策环节一般包括投资预算的编制和审批,投资建议的提出、分析与论证,项目立项,可行性研究,评估,决策等,应当按照规定的权限和程序对评估可行的投资项目进行决策审批。重大投资项目应当报经股东(大)会或董事会批准。其中,对外投资的预算管理和可行性研究十分重要。

专题讨论 5.1 | 如何加强对外投资的预算控制?

在每年年度开始之前,企业应授权具体部门或人员编制短期投资预算和长期投资预算,对下一年度的投资业务进行事前控制。

编制短期投资预算时,主要应考虑资金的充裕程度、资金的机会成本及风险程度等;编制长期投资预算时,则应从企业整体发展计划出发,并考虑资金的安排、资金的机会成本、被投资单位的效益状况、投资存在的风险以及企业长期发展目标等因素。对外投资预算应当符合国家产业政策、企业发展战略和社会需要。投资规模、结构和资金安排应当科学、合理。

企业应对年度投资预算的执行结果进行分析、检查,为确定下一年度投资方向和编制投资预算打好基础。任何对外投资预算一经批准,应当严格执行。

专题讨论 5.2 | 是可行性研究,还是不可行性分析?

对外投资履行可行性研究或编制投资建议书并组织相关部门或人员对投资项目进行分析论证的程序非常重要,必要时还应对被投资单位进行资信调查和实地考察。对外投资项目当有其他投资者时,还应根据情况对其他投资者的资信状况进行调查。

对于投资项目必须进行可行性研究,分析投资回报率、内部收益率、投资回收期、投资风险及其他有助于作出投资决策的各种分析。重大投资项目还应组织相关部门或人员或委托具有相应资质的专业机构进行可行性研究,全面、客观、及时、可靠地对项目作出恰当的评价。

投资项目建议书或可行性研究报告的内容应真实、可靠,支持投资建议和可行性论证的依据应充分、恰当,投资合同的签订应征求法律顾问的意见。企业财务部门应当参与投资建议项目与可行性研究的测算和分析论证等工作,包括取得资信调查和实地考察等结果。只有在对立项项目进行评估,并比较选择投资方案优劣的基础上,才能提出对外投资的决策建议。

据统计,世界上80%的企业倒闭都是由于投资决策失败所致。所以,建议用"不可行性分析"管控投资风险。[①] 如果企业能够在项目前期做好不可行性研究分析,精确估算投资额和项目竞争力,对未来的产品市场进行情景规划,对风险做好充分准备,然后再作出投资或不投资的决策,那么,项目的成功率就会大幅度提高。

企业应当建立对外投资的集体决策制度。一般投资项目可由授权的相关部门或人员在职责权限范围内批准;重大投资项目决策应当实行集体审议联签,并实施对外投资决策及问责制度,明确相关部门及人员的责任,定期或不定期地进行检查。

(2)对外投资风险控制

风险对投资者而言永远是存在的,时间就是影响风险最主要的因素,而未来具有不确定性;风险还来源于投资者掌握信息的不够充分和缺乏足够的市场影响力等。所以,需要进行风险评估。例如,进行证券投资必然要承担一定的风险,这是证券投资的基本特征之一,所以,进行证券投资风险评估是很有必要的。

专题讨论5.3 | 哪些证券投资风险应予关注?

第一,违约风险。违约风险是指证券发行人无法按期支付利息或偿还本金的风险。通常,政府发行的证券违约风险小,金融机构发行的证券次之,工商企业发行的证券风险较大。造成企业证券违约的原因有政治经济形势发生重大变动;发生自然灾害、火灾等;企业经营管理不善,成本高,浪费大;企业在市场竞争中失败,主要顾客消失;企业财务管理失误,不能及时偿还到期债务;等等。

第二,利息率风险。利息率风险是指由于利息率的变动而引起证券价格波动,从而使投资人遭受损失的风险。证券的价格通常会随利息率的变动而变动,银行利率下降,则证券价格上升;银行利率上升,则证券价格下跌。不同期限的证券,利息率风险不一样,期限越长,风险越大。

第三,购买力风险。购买力风险是指由于通货膨胀而使证券到期或出售时所获得的货币资金的购买力降低的风险。在通货膨胀时期,购买力风险对投资者有重要影响。一般而言,随着通货膨胀的发生,变动收益证券比固定收益证券要好。因此,普通股票被认为比公司债券和其他有固定收入的证券能更好地避免购买力风险。

第四,流动性风险。流动性风险是指在投资人想出售有价证券获取现金时,证券不能立即出售的风险。一种能在较短期限内按市价大量出售的资产,是流动性

① 蔡丰.用不可行性分析管控投资风险[J].财经,2014(11).

较高的资产，这种资产的流动性风险较小；反之，如果一种资产不能在短期内按市价大量出售，则属于流动性较低的资产，这种资产的流动性风险较大。例如，购买小公司的债券，想立即出售比较困难，因而流动性风险较大；但若购买国库券，几乎可以立即出售，则流动性风险小。

第五，期限性风险。期限性风险是指由于证券期限长而给投资人带来的风险。一项投资，到期日越长，投资人遭受的不确定性因素就越多，承担的风险也就越大。同一家企业发行的8年期债券要比3年期债券的风险大。

(3)资产投出控制

资产投出业务的控制包括投资合同的签订、投资计划的编制和实施、资产的投出等。

对需要签订合同的对外投资业务，应当根据对外投资决策的内容，并以对外投资分析和论证或可行性研究为依据与被投资单位进行谈判，谈判必须有两人以上参加。对外投资合同需经授权部门或人员审查批准后签订。

投资执行部门应当会同财会部门和其他相关部门编制投资计划，并且按照计划所确定的项目、进度、时间、金额和方式投出资产。

对外投资如果出现需要提前或延迟投出资产、变更投资额、改变投资方式、中止投资等情况的，应当按程序报经原授权审批人或上级授权部门审批。

已实施的对外投资项目需要进行二期投资的，企业应按规定程序重新履行分析论证和审批等程序。

(4)对外投资持有控制

对外投资持有控制包括投资项目的安全、完整，投资收益的收取，有关凭证的保管和记录，相关会计核算等。

企业应当指定专门的部门或人员对投资项目进行跟踪管理，及时掌握被投资单位的财务状况和经营情况，并组织对外投资质量分析，发现异常情况应及时向有关部门和人员报告，以便采取相应措施，并保管好权益证书，建立详细的记录，包括有价证券名称、面值、数量、编号、取得日期、期限和利率等；对其他投资应记录被投资单位的名称、投资合同与协议的编号、出资方式、股权比例、投资收益分配方式等。企业财务部门应定期与相关管理部门和人员清点核对有关权益证书。

无论是现实的、潜在的投资者和债权人，还是政府，必然会关心企业财务报表所反映的资产、收益数据的真实性和可靠性。要使利益相关人和审计人员对其提供的财务信息感到可信，就必须对投资的计价进行有效控制，对取得的投资收益予以合理揭示，防止因计价方法的不恰当运用和其他原因导致报表错误。

财务部门在进行相关会计处理时，应当对投资计划、审批文件、合同或协议、资产评估证明、投资获取的权益证书等相关凭证的真实性、合法性、准确性和完整性进行严格审核。应将对外投资业务的所有收支纳入会计核算体系，严禁设置账外账。应加强对对外投资收益收取的控制，按时足额收取对外投资持有期间获取的利息、股利以及其他收益，并及时入账。

(5)对外投资处置控制

对外投资处置控制包括投资收回、转让、核销等。

对外投资收回的资产，应及时足额收取，并按规定入账。提前或延期收回对外投资的，应经集体审议批准。收回货币资金的，应及时办理收款业务；收回实物资产的，应编制资产回收清单并由相关部门验收；收回无形资产的，应检查、核实被投资单位未继续使用；收回债权的，应确认其真实性和价值。

转让对外投资应经集体审议决策，由相关机构或人员合理确定转让价格，并报授权批准机构或部门批准，必要时可请具有相应资质的专门机构进行评估。

核销对外投资，应取得因被投资单位破产等而不能收回投资的法律文书和证明文件，并经集体审议批准。

财务部门在进行资产处置的相关会计处理时，应当认真审核与对外投资处置有关的审批文件、会议记录及相关资料、对外投资处置后的资产回收清单和验收报告，审核对外投资转让的作价等。对需办理产权转移手续的资产，应查验其产权转移情况。

任何企业都应当加强对审批文件、投资合同或协议、投资计划书、对外投资处置等文件资料的管理，明确各种文件资料的取得、调阅、保管、归档等各个环节的管理规定及相关人员的职责权限。

对外投资的舞弊案例往往与货币资金管理的失控有着千丝万缕的联系。例如，一些出纳人员竟然能够擅自多次开具现金支票提取现金，挪用、贪污现金用于炒股，案发后又提款出逃；还有一些企业截留收入用于炒股，甚至公款私用，私分收益。个别企业在短期投资上的不规范运作已经给企业和个人带来了巨大损失。因此，堵塞漏洞，消除隐患，防止并及时发现、纠正错误及舞弊行为，是维护对外投资资产的安全与完整的重要保证。

5.3 对外投资监管重点

5.3.1 对外投资的岗位分工与职务分离

对外投资控制应保证一切对外投资活动必须经过适当的审批程序和职务分离制度才能进行，为此，企业应当建立对外投资业务的岗位责任制，明确相关部门和岗位的职责、权限,确保办理对外投资业务的不相容岗位相互分离、制约和监督。

对外投资不相容岗位一般包括以下几个方面:①对外投资预算的编制与审批;②对外投资项目的分析论证与评估;③对外投资的决策与执行;④对外投资处置的审批与执行;⑤对外投资业务的执行与相关会计记录。

在对外投资业务中,涉及证券业务的执行人与记录人、保管人应当互相分离;证券的保管与接触至少由两名以上人员共同控制,证券的存取必须及时、详细记录于登记簿,并由所有在场经受人员签名;还应当根据具体情况对办理对外投资业务的人员进行定期岗位轮换。

5.3.2 对外投资授权批准制度

投资预算应由企业最高管理当局直接批准。发生预算外的投资必须调整预算。企业应授权具体部门或人员办理各项投资业务,包括取得与处置,都必须按照企业最高管理当局已批准的预算和下达的指令进行。未经授权,任何人不得擅自作出投资决定。

最高管理当局应授权财务部门对每个投资项目预期的经济效益进行测算,对投资预算提出审核意见;未经效益测算,不得进行投资。

所有投资合同、投资处置合同应经企业最高管理当局批准。决定转让长期股权投资的,转让价格低于评估价格的,必须经最高管理当局专门批准后,方可实施转让。

合法的投资业务应在业务的授权、业务的执行、会计记录以及资产的保管等方面有明确的分工,不得由一人同时负责上述任何两项工作。例如,长期投资业务经企业高层管理机构核准后,可由高层负责人员授权签批,由财务经理办理具体的股票或债券买卖业务,由财务部门负责进行会计记录和账务处理,并由专人负责保管股票或债券。这种合理的职责分工即形成的相互牵制有利于避免或减少投资业务中发生的错误或舞弊。

对外投资内部控制制度要确保一切对外投资交易活动必须经过适当的审批程序和职务分离制度才能进行。尤其是投资资产中的有价证券,其流动性仅次于现金,如果没有严格的审批授权控制制度,很容易被贪污、冒领、挪用或转移。所以,企业应重点检查投资业务岗位的设置是否科学、合理,是否存在不相容职务混岗现象,以及人员配备是否合理;检查分级授权是否合理,对外投资的授权批准手续是否健全,是否存在越权审批等违反规定的行为。对于审批人超越授权范围审批的对外投资业务,经办人有权拒绝办理并及时向上级部门报告。严禁未经授权的部门或人员办理对外投资业务。

5.3.3 投资业务的管理情况

应重点检查对外投资决策过程是否符合规定的程序，重大投资决策是否实行集体审议联签等责任制度，是否加强投资项目立项、评估、决策、实施、投资处置等环节的会计控制，严格控制投资风险。

检查所有的投资是否都编制了投资计划，详细说明了准备投资的对象、投资目的、影响投资收益的因素等。投资计划在执行前必须严格审核，审核的内容主要有证券市场的估计是否合理、投资收益的估算是否正确、投资的理由是否恰当、计划购入的证券能否达到投资目的等。

检查所有投资决策是否都有书面文件予以记录。这些书面文件应进行编号控制，以便日后追查经济责任。在一些规模较大的企业，由董事会成员组成的投资委员会应对上述文件进行复查。审查时，应重点关注各项资产是否按照投资预算或计划投出，以非货币性资产投出的，重点检查资产的作价是否合理；检查有关对外投资权益证书等凭证的保管和记录情况，投资期间获得的投资收益是否及时、足额收回；检查投资资产的处置是否经过授权批准，资产的回收是否完整、及时，资产的作价是否合理；等等。

5.3.4 投资核算的具体情况

重点检查各项投资的会计记录是否真实、完整。例如，应对每一种股票或债券分别设立明细分类账并详细记录其名称、面值、证书编号、数量、取得日期、经纪人(证券商)名称、购入成本、收取的股息或利息等。对于其他投资，也应设置明细分类账，核算其投出、收益和收回等业务，并对投资的形式(如流动资产、固定资产、无形资产等)、投向(即接受投资的单位)、投资的计价以及投资收益等作出详细记录。

除无记名证券外，企业在购入股票或债券时应在购入的当日尽快登记于企业名下，切忌登记于经办人员名下，防止冒名转移并借其他名义谋取私利的舞弊行为的发生。

实证分析 5.2 | 投资失控造成公款私分

某厂用200元公款买了40张彩票。开奖后，其中一张彩票中了5万元大奖，而且还可参加电视摇奖，将获奖金5万～100万元。该厂厂长袁某与会计焦某、出纳项某赶赴某省彩票发行中心摇奖现场，摇出了40万元大奖，扣除个人所得税8万元。经袁某、焦某和项某三人商量，这笔意外之财被三人私分了。袁某分得19.2万元，拿出3.4万元借给企业用于生产，会计焦某和出纳项某各分得5.2万元，另外分给两个知情人各1万元，请客吃饭花掉2万元，余下的3万元存于项某账户中。

事情传开后，职工们认为既然是厂里花钱买的彩票，中了奖应归集体所有，私分就是侵占了公款。某区人民法院最终以职务侵占罪分别判处袁某有期徒刑5年，焦某和项某有期徒刑2年，缓刑2年。

这是一个因为投资失控而导致有关人员走上犯罪道路的案例。依据袁某的想法，区区几百元钱，能中奖就是自己的，如果中不到也无所谓，反正不会给企业带来很大的损失。事实上，用公款购买彩票属于企业的投资行为，投资可能会给企业带来利益，但同时也蕴含着风险。因此，必须对投资行为进行严格的控制。

买彩票不是合理的投资，没有经过管理层的研究讨论，虽然金额不大，但也必须按照投资程序办事。此外，既然彩票来自企业的投资，那就应该有相应的控制程序。彩票作为企业的财产，应由专人保管，其所带来的收益自然应归企业所有。

任何企业购买股票、债券、彩票等有价证券都应规范操作，并经常进行符合性测试，包括有价证券买卖的授权、执行和记录是否严格分工；有价证券买卖的核准手续是否齐全；有无健全的有价证券保管制度；有关有价证券投资的明细记录是否真实、完整；对有价证券的记录和流动是否有切实的控制措施；有价证券是否定期盘点核对；等等。

本案例虽然有厂长、会计、出纳的分工，但由于三者串通一气，导致所谓的职责分工形同虚设，内部控制严重失效。内部控制制度不是万能的，当员工串通舞弊时，现有的内部控制也会失效。因此，内部控制不仅要分工合理，而且要对员工进行职业道德教育，创造一个良好的内部控制环境，为内部控制的有效执行打下坚实的基础。

综上所述，凡是有对外投资的单位，都应当建立健全对外投资控制活动的评价与监督制度，明确检查机构或人员的职责权限，定期或不定期地进行检查。对外投资评价与监督的对象就是对外投资控制目标的实现情况与实现程度，谨防投资失控风险。在监督检查过程中，凡是发现投资控制存在缺陷的，应当及时报告，并采取措施予以纠正。

经典案例评析

在对外投资决策过程中，决策者的投资心态至关重要。实证研究表明，不少投资失败与跌入“陷阱”后不能自拔，与失控心理等因素密切相关。

竞争十风险，是市场经济客观存在的典型特征，有赢就有输，也可能两败俱伤。为此，决策者一定要有心理准备、知识储备和能力培养，其中，善于识别“陷阱”十分重要。耶鲁大学经济学家苏必克(M.Shubik)通过对下述游戏的研究，发现一种属于“人生陷阱”(或称“失败陷阱”)的心态,被称为“苏必克现象”。参与竞价的甲和乙在这个“陷阱”里越陷越深,不能自拔,最后都付出了痛苦的代价。

在一次鸡尾酒会上,主持人宣布拍卖一张千元大钞,要求以50元为单位互相竞价,出价最高和第二高的两个人都要如数付给他所开的价钱,但只有前者获得这张钞票。于是,开始了此起彼伏的竞价。当价钱抬高到500元时,只剩三四个人在竞价。最后,只剩下甲和乙两个人相持不下。

当甲喊出“950元”时,乙不假思索地脱口而出:“1 050元。”会场里出现一阵小小的骚动。主持人转而得意地看着甲,等待甲加价,或者退出。甲咬一咬牙,说:“2 050元。”人群里出现更大的骚动。此时,只见乙摆摆手,表示退出这个“疯狂的拍卖”。结果,甲付出2 050元买到那张千元钞票,而乙则平白付出1 050元。两个人各自损失的1 050元都入了主持人的荷包。

竞拍(或称投资活动)开始的时候,大家都想以廉价而容易的方式赢得一张千元大钞,希望自己所出的是最后价钱。直到出价相当高时,相持不下的两个人才发现掉进了一个“陷阱”,但前面投入了相当多已不能全身而退,要挣脱困境只有再增加价码,这时,追加投资可能只是一种无奈的选择。

显然,报高价是一种背叛行为,因为这有利于报价者本人短期内的地位,却有害于共同的利益。每一次新的报价会使潜在收益降低。双方反复背叛的结果会导致两败俱伤。当出价接近这张千元大钞的价值时,竞争者发现了自己的愚蠢,但已身不由己;当出价高于这张千元大钞时,不管再怎么努力,都是损失者。

尤其应当小心的是:为了挽回面子或者惩罚对方,结果却越陷越深,不能自拔。此时,谁发现越陷越深,就应当果断停止继续竞价,然而在贪婪心理的支配下,谁会结束竞价呢?失败往往就是贪婪十心理素质差的后果。

人生路途中的“陷阱”与捕杀动物所设的陷阱一样,通常有三个特征:一是有一个明显的诱饵;二是通往诱饵之路是单向的,可进不可退;三是你越想挣脱,就陷得越深。对于没有投资能力和经验的人来说,最好的策略是不参与。一旦加入就意味着可能会付出代价,因为参与竞价的人们就是想通过击退对手来减少自己的损失甚至获得好处,双方都是这样想的,于是价格就持续抬高而难以控制。这如同一个沼泽,滑落其中后,越是挣扎就陷得越深,等到这时就后悔莫及了。

心态是人们对待事物的看法和态度,是采取一切行动的基础。不同的心态会带来不同的后果。但心态是可以不断调整的,也是可以控制的。

失败也许是成功之母,但重复失败是愚蠢的。认知风险的意义在于知己知彼,从而权衡能力、风险与利弊。为避免落入“陷阱”,人们需要克服贪欲,尤其是初涉投融资活动的人们更要有“见好就收”的思想准备和自控能力;同时,随时保持警觉和理智,了解事情的真相,关注事态的发展,不要“越陷越深”。

第 6 章　控制筹资与负债

筹资风险主要体现在债务上，如何规范筹资决策程序、控制负债程度、降低资本成本、防范财务风险与担保风险都是格外重要的控制内容。

6.1　筹资风险评价

6.1.1　筹资控制对象

筹资是指根据经营活动对资金的需要，通过一定的渠道，采取适当的方式，获取所需资金的行为，如发行股票（包括普通股和优先股）、发行债券、取得借款、吸收直接投资、商业信用和开展融资租赁业务等。控制筹资活动的主要环节如图 6.1 所示。

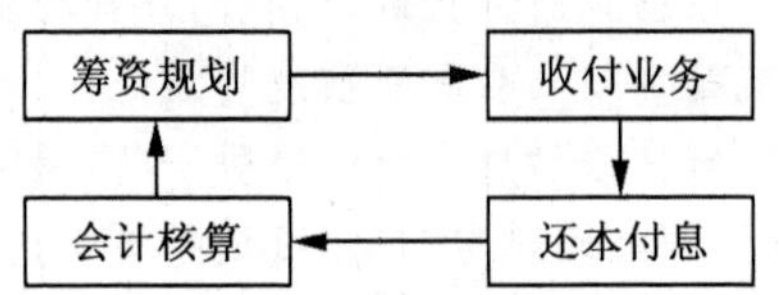

图 6.1　筹资业务控制循环

具有良好发展前景、处于成长时期的企业通常会产生扩张动机。扩张动机是企业因扩大生产经营规模或追加对外投资的需要而产生的融资动机，其直接结果是导致企业筹资总额和资产总额的增加。

为了偿还债务也需要融资。一是调整性偿债筹资，即企业虽有一定的能力支付到期旧债，但为了调整原有资本结构，仍然举债，从而使资本结构更加合理；二是恶化性偿债筹资，即企业现有的支付能力已不足以偿付到期旧债而被迫举债还债，这表明企业的财务状况已有恶化迹象。

凡发生筹资业务的单位应当加强对筹资活动的会计控制，合理确定筹资规模、筹资结构和筹资方式，降低资金成本，防范和控制财务风险，确保筹措资金的合理、有效使用。有担保业务的企业应当严格控制担保行为，建立担保决策程序和责任制度，明确担保原则、担保标准和条件、担保责任等相关内容，加强对担保合同订立的管理，及时了解和掌握被担保人的经营和财务状况，防范潜在风险，避免或减少可能发生的损失。

6.1.2 筹资失控风险

筹资风险是指由于资金供需市场和宏观经济环境的变化，筹集资金给财务成果带来的不确定性，包括利率风险、再融资风险、财务杠杆效应、汇率风险和购买力风险等。利率风险是指由于金融市场金融资产的波动而导致筹资成本的变动；再融资风险是指由于金融市场上金融工具品种、融资方式的变动而导致企业再融资产生不确定性，或企业本身筹资结构的不合理导致再融资困难；财务杠杆效应是指由于企业使用杠杆融资给相关者的利益带来不确定性；汇率风险是指由于汇率变动而引起的企业外汇业务成果的不确定性；购买力风险是指由于币值的变动给筹资带来的影响。

盲目筹资与负债无度的现象也时常可见。有的无合理的借款预算，片面地认为只要能借到钱就是本领；有的筹资计划不合理，甚至根本不作可行性分析。在实际工作中，借款使用不当、不按规定用途使用借款、长期占用或挪用借款的情况较为普遍。在还本付息环节，利息计算不正确，利息财务处理不规范，长期借款归还不及时，甚至存有想坑害银行等债权人的心理等，应当予以关注。

筹资失控的风险主要包括：筹资活动违反国家法律法规，可能遭受外部处罚、经济损失和信誉损失；筹资活动未经适当审批或超越授权审批，可能因重大差错、舞弊、欺诈而导致损失；筹资决策失误，引发资本结构不合理或无效融资，可能导致筹资成本过高或债务危机；债务过高和资金调度不当，可能导致企业不能按期偿付债务；筹资记录错误或会计处理不正确，可能造成债务和筹资成本信息不真实；等等。

实证分析 6.1 | 三鹿集团的惨败教训

2008 年 12 月 25 日，河北省石家庄市政府举行新闻发布会，通报三鹿集团股份有限公司破产案处理情况。三鹿牌婴幼儿配方奶粉重大食品安全事故发生后，三鹿集团于 2008 年 9 月 12 日全面停产。截至 2008 年 10 月 31 日的财务审计和资产评估显示，三鹿集团资产总额为 15.61 亿元，总负债为 17.62 亿元，净资产为 —2.01亿元；12 月 19 日，三鹿集团又借款 9.02 亿元付给全国奶协，用于支付患病婴幼儿的治疗和赔偿费用，此时，三鹿集团已经严重资不抵债。至此，曾经中国品牌资产评价中心评定，价值高达 149.07 亿元的三鹿品牌资产已灰飞烟灭。

三聚氰胺是造成这场悲剧的导火索，但事件背后的运营风险、负债无度、管理失控才是真正的罪魁祸首。经营层醉心于规模扩张，高层管理人员风险意识淡薄。依赖负债快速增长风险巨大，危机处理不当导致灭顶之灾。

6.1.3 筹资控制的具体目标

企业筹措资金的基本原则应当是规模适当，足量而不过量；筹措及时，适时而不闲置或滞后；来源合理，注意收益与成本配比，研究资金来源的渠道、资金市场的供给情况；筹资方式经济、合理，并注意确定合理的资金结构，努力降低成本、减少筹资风险。

为此，筹资控制的具体目标体现在以下几个方面：一是合理确定筹资规模和筹资结构，并符合相关的法律法规；二是合理选择筹资渠道和筹资方式，积极降低筹资成本；三是有效控制负债程度，积极防范债务危机与财务风险；四是确保筹资与债务信息的真实性和完整性以及在财务报表上的正确披露。

6.2 筹资控制活动

6.2.1 筹资控制流程

合理筹集资金要求在财务预测分析的基础上，确定一定时期内经营活动的资金需用量。企业是否筹资、筹资多少、怎样筹资等，均应经过审批授权、签订合同或协议、取得资金、计算利息或股利、偿还本息等环节的控制。如果缺乏有效的职务分离和授权批准制度，没有严格的会计控制程序与控制方法等，失控在所难免。筹资业务活动较为复杂，其一般流程如图 6.2 所示。

6.2.2 筹资控制要点与控制方法

(1)确定筹资规模

筹资规模是指一定时期内企业的筹资总额。考虑筹资规模是制定筹资策略和进行资金规划的主要内容，也是确定筹资方式的基本依据。

投资规模是决定筹资规模的主要依据，它对筹资的影响主要包括：①投资总量决定筹资总量，或者说，只有先确定投资规模，方可确定筹资总量；②投资项目决定所筹资金的期限，固定资产投资项目要求所筹的资金占用期限长，而流动资产投资项目要求所筹的资金占用期限短。

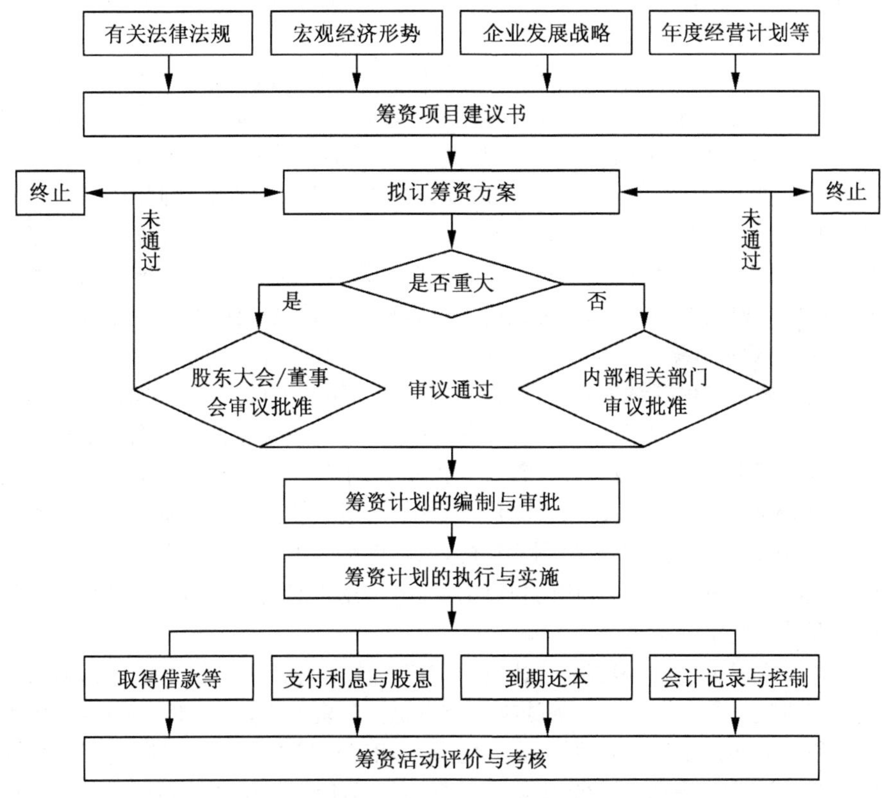

图 6.2　筹资业务的一般流程

正确确定筹资规模涉及三个规模层次，即筹资总规模、主权资本规模和外部筹资规模。其中，筹资总规模受制于投资总规模；主权资本规模包括资本金规模与留存收益规模，具有相对稳定性；对外筹资规模是筹资总规模减去主权资本规模之后的差额。

为了保持财务结构的稳健和提高资产运营的效率，一般情况下，应保持资金来源与资产占用之间的对应关系。

对于维持正常生产经营所需的最低数额的现金、原材料的保险储备、必要的成品或商品储备，以及固定资产等长期稳定占用的资产，应与长期稳定的资金来源相对应，也即应与企业采用权益资本和长期负债等筹资方式所筹集的资金的规模相对应。从其与企业业务量的关系看，这类筹资需要量的规模可称为不变资金规模。

对于随业务量变动的资金占用，如最低储备以外的现金、存货、应收账款等波动性资产,应与临时采用的筹资方式所筹集的资金规模相对应。这类筹资需要量规模从其与企业业务量的关系看可称为变动资金规模。

将筹资规模按其与业务量之间的习性关系分为不变规模与变动规模,有利于企业按照量本利分析的思想,在业务量预测的基础上,对筹资规模作出正确预测。

此外,筹资规模还应与投资需求时间对应。投资经常是分段进行的,因此,筹资也相应地要求分几个阶段。在一定时期内可能有几项投资活动同时进行,它们所需要的资金会一次或分次筹措,因此,确定筹资规模时,必须弄清总体投资需要和某一年度(季度、月度)的筹资额。只有明确了筹资的时间要求,才能准确把握某一时期内的筹资需要量。适时、足额而不过量地筹资是最理性的。

(2)提出筹资方案

为增强企业的可持续发展能力,在不同生命周期阶段可实施不同的融资战略。

企业在初创阶段,财务实力相对较弱,战略管理重点应放在如何保证筹集生产经营必需的资金上,筹资战略处于首位。由于初创期负债筹资的风险大且筹资成本高,债权人必然要求较高的风险溢价,而这个阶段企业并无或只有很少的应税收益,即使利用负债经营也不能得到节税的好处,应较多地运用权益资本筹资。企业初创期收益水平较低,并有迫切的投资需要,可采用零股利政策;若非分股利不可,也应主要采用股票股利方式。

企业步入成长期后,销售的快速增长将产生比创业期更充裕的现金流,因而能降低经营风险。企业发展期财务战略的重点是弥补资本不足,减少现金缺口,增大负债节税效应和抑制投资盲目扩张等,宜采取相对稳健的筹资战略和适度分权的投资战略,投资所需资本采取集中供应与自主筹措相结合,强化立项审批制度和信用管理,严格项目负责制,保证企业的可持续发展。

稳定的市场份额和较高的资金周转效率是企业成熟期的特征,这时通过负债融资而提高的财务风险可通过降低经营风险来抵消。由于市场增长潜力弱,产品均衡价格形成,竞争转向成本效率;由于缺乏市场机会,新增项目少,现金流出少,形成较大现金净流量;由于投资收益率高,账面利润大,负债杠杆效应明显,股东报酬期望高;等等。为改善现状,企业可采取较为激进的筹资战略、创新性投资战略、扎实的成本控制战略、高股利或现金性分配战略,以及强化风险监测与危机预警战略。诚然,适度负债确实可以充分利用举债经营来获取财务杠杆收益,但是,如果企业一味追求财务杠杆收益,盲目扩大负债规模,一旦经营不善,息税前利润达不到预期目标,无力偿付到期债务,就很有可能陷入财务困境甚至破产。

企业应当根据发展战略和经营计划拟订筹资方案,明确筹资用途、规模、结构和方式等相关内容,对筹资环节的潜在风险作出充分估计并提出可行的应对策略。筹资方案的战略性评估包括是否与企业发展战略相符合,筹资规模是否适当等;筹资方案的经济性评估包括筹资成本是否最低，资本结构是否恰当，筹资成本与资金收益是否匹配等；筹资方案的风险性评估包括筹资方案面临哪些风险，风险大小是否适当、可控，是否与收益匹配等。

通过比较各种资金筹措方式的优劣和筹措成本的大小，而后决定所需资金如何筹集是一种明智的选择。在编制筹资预算、作出筹资决算时，还应考虑资产负债率和流动比率等偿债能力的财务比率指标。

年度中间若资金需求量突破预算，应考虑增加资金的筹措量，调整年度预算。年度终了，应检查全年的筹资工作是否既满足了生产经营发展的需要，又使所筹资金有效地发挥作用、创造收益，并尽可能地降低了企业的总体资金成本。

(3)落实授权批准控制

筹资预算一般需经最高管理当局直接批准。发生预算外筹资，先调整预算，然后由管理当局批准。

管理当局可授权财务部门具体负责筹资事宜，财务部门在其权限范围内办理筹资业务，未经管理当局授权，任何人不得擅自对外筹措资金。

有关筹资合同、协议或决议等法律文件必须经企业最高管理当局批准。企业可授权有关人员对上述文件进行审核，提出意见，作为批准决策的参考。

企业应当根据批准的筹资方案，按照规定的权限和程序筹集资金。筹集的资金应当严格按照筹资方案合理安排和使用，不得随意改变资金用途。企业应当强化筹资信用管理，确保筹集的资金按期偿付。

企业应当按照筹资方案所规定的用途使用对外筹集的资金。由于市场环境变化等特殊情况而导致确需改变资金用途的，应当履行审批手续，并对审批过程进行完整的书面记录。严禁擅自改变资金用途。

(4)加强日常资金收支监督

企业应当指定财务部门严格按照筹资合同或协议规定的本金、利率、期限及币种计算利息或租金，经有关人员审核确认后，与债权人进行核对。本金和应付利息必须与债权人定期对账，如有不符，应查明原因，按规定及时处理。支付筹资利息、股息、租金等，应当履行审批手续，经授权人员批准后方可支付。

对日常资金收支进行监督的内容包括资金来源、资金管理渠道、资金支出管理范围和支出标准项目等。监督的重点是合法性问题，如注意审核财务支出的内容是否符合法律、法规、规章和制度；相关资金有无挪用、截留或改变使用性质的问题；支出的内容有无变通、虚报、冒领的问题；是否有扩大开支范围、提高开支标准的问题；支出金额与实际需要量是否相符；等等。谨防违法违纪行为的发生。

6.3 负债控制活动

6.3.1 适度负债与债务管控措施

自有资金的数量总是有限的，当企业处于扩张期时，就会产生负债筹资的需求。适当借入资金有利于扩大经营规模，提高市场竞争能力。同时，由负债产生的利息在税前支付，有节税效应。债务资本成本与权益资本成本相比较低，负债筹资有利于降低加权资本成本。此外，负债经营还不会稀释控制权。

负债经营是指利用银行借款、发行债券、商业信用、融资租赁等形式来筹集资金的一种经营方法。“借钱生财”的方法可以使一些企业迅速崛起，尤其是资金密集型企业更需要运用负债经营。

负债经营也是现代企业应有的经营策略，通过负债经营不仅可以弥补自有资金的不足，而且可以用借贷资金来实现盈利。债务的利息负担是一定的，如果企业的资金利润率低于利息率，就会使股东的可分配盈利减少，股息下降，使股票投资的财务风险增加。也就是说，企业融资产生的财务杠杆作用犹如一把“双刃剑”，当融资产生的利润大于债息时，给股东带来的是收益增长的效应，此时可以“加杠杆”；反之，就是收益减少的财务风险，此时应当“去杠杆”。

虽然企业在生产过程中运用负债经营是不可避免的，但这并不意味着负债越多越好，过高的负债对于企业来说也是负担，严重的话会导致资不抵债甚至破产。企业不仅要考虑负债经营带来的正面作用，而且要考虑负债经营带来的负面作用。

实证分析 6.2 | 负债无度将导致资不抵债

作为韩国第二大企业的大宇集团，业务发展覆盖面非常广泛，涉及外贸、造船、重型装备、电子、通信、汽车、金融、化工、建筑等，由于其发展过于迅速，债务也在逐年增加，后期的大宇集团每年的资产负债率都超过了100%，1996年为337.2%，1997年为421.1%，1998年高达573%。在亚洲金融危机的冲击下，大宇集团还是我行我素，负债无度。1999年11月，大宇集团由于经营不善，控制乏力，资不抵债而宣告破产。

一般认为，资产负债率的合理范围是50%～70%，当负债经营超过一定的限度，就会带给企业致命的打击。首先，过度负债经营会导致企业无力偿还债务。负债筹集的资金需要按时支付利息和本金，如果无法支付，则需要承担违约责任，支付违约金等。其次，过度负债经营会加大企业的财务风险。虽然负债经营可以带来正面的财务杠杆效应，但当息税前资产利润率低于债务利息率时，就会带来负面的财务杠杆效应，使企业的收益更大幅度地下降，甚至导致企业亏损。在负债金额保持不变时，企业的亏损越多，偿债能力就越弱，财务风险就会增加。最后，当负债比率过高时，就会降低企业的偿债能力，降低对债权人的保证程度，债权人对风险的忧虑会随之增加，企业的信用等级也会随之下降，这将会给企业的再融资造成困难。再加上到期的债务没有资金及时偿还，使企业面临资金链断裂的风险。

“适度是药，过度是毒”。适度负债不仅可以获取资金，还可以利用财务杠杆效应获得更多收益，增加企业价值。过度负债不仅会加大财务风险，导致再筹资能力下降，而且会使企业无法偿还债务，最终进入破产清算。如何合理安排负债筹资的比重，在利用其正面作用的同时最大限度地避免其负面作用，会计控制非常重要。

(1)树立风险意识，建立有效的风险防范机制

企业只有生存，才能更好地发展。生存是第一位的，不能因为过于追求利润而使企业出现生存危机。因此，要建立风险防范机制，对企业存在的风险进行预测，并根据情况调整企业的决策，尽量规避风险。例如，采用负债经营数据信息化跟踪处理，定期出具报表反映企业的负债结构和资金流动性，并及时提供给管理者，使企业高管及时掌握相关信息，正确使用资金，降低企业的财务风险。同时，应确定合理的资本结构，使权益资金与债务资金之间的比例保持在合理的范围内，并选择正确的筹资方式，不能片面地因为负债筹资方式可以获得节税作用、降低资本成本而没有节制地利用负债筹资，要正确把握负债的量。通常情况下，企业可以运用短期和长期偿债能力来衡量负债的限度。短期偿债能力指标主要有流动比率和速动比率，长期偿债能力指标主要有资产负债率、已获利息保障倍数等。目前，学术界一般认为流动比率保持在 2 左右，速动比率保持在 1 左右比较合理，这两个比值说明企业的债务规模比较适宜。这两个指标数值越大，说明偿债能力越强，但也不宜过高，因为过高反映企业的资金没有得到合理的利用；资产负债率保持在 50%左右比较稳健，其值越高，偿债能力越弱；已获利息保障倍数必须大于 1，否则将不能偿还所借的债务；等等。在综合考虑各因素的情况下，企业筹资时可首选内部留存收益，其次才考虑外部筹资中的负债筹资，当负债筹资不能满足资金需求时，再利用发行股票等权益筹资方式。

(2)建立健全债务管理内部控制制度

债务管理制度至少需要明确以下内容：债务业务的归口管理部门；债务业务的管理岗位及其职责权限；债务业务的工作流程、审批权限和责任划分；债务合同或协议的订立、履行、登记等程序；大额债务的认定标准；与债务相关的对账和检查责任；等等。

债务管理过程应当明确相关岗位的职责权限，确保举债申请与审批、债务业务

经办与会计核算、债务业务经办与债务对账检查等不相容岗位相互分离，加强制约和监督。不得由一人办理债务业务的全过程。

企业在举借债务之前，对债务业务应进行充分评估和论证，应当根据国家的规定、企业实际的支出需求、宏观经济和金融市场形势，恰当选择举债方式，编制债务融资和偿还方案，并对方案进行评估和论证，对于大额举债，还应当由企业领导班子集体研究决定。

应当在债务内部管理制度中明确规定举借和偿还债务的审批权限、相关程序和责任。债务的举借和偿还应当严格执行审批制度。大额债务的举借和偿还属于重大经济事项，还应当实行集体决策审批或者联签制度。

(3)加强债务业务的日常管控

债务业务的日常管控主要关注以下几个方面：严格按照规定的用途使用债务资金；做好债务的会计核算和档案保管工作；加强债务的对账和检查控制，定期与债权人核对债务余额，按照债务融资和偿还方案安排还本付息资金，做好偿债准备，按时足额还本付息，进行债务清理，防范和控制财务风险；及时评价债务业务活动，发现问题应当确定整改措施，追究违规人员的责任。

在运用负债经营的过程中应加强对营运资金的管理。例如，对货币资金的管理，确定最佳的货币资金持有量，提高企业对资金的利用效率；对应收账款的管理，确定合理的信用政策，减少应收账款对资金的占用，加速其周转；等等。

(4)积极控制财务风险

财务风险是指财务结构不合理、融资不当而使企业丧失偿债能力，导致投资者预期收益下降的风险。

企业应当根据所处的行业特点和自身情况，确定合理的资产负债结构。应保持适当的短期变现能力(如流动比率和速动比率)和长期偿债能力(如资产负债率和产权比率)，以提高企业的市场竞争力和抵抗筹资风险的能力。应动态地监控资产负债率、流动比率、速动比率等反映偿债能力的财务指标以改善资产负债结构。对于一些生产经营好、产品适销对路、资金周转快的企业，负债比率可以适当高些；对于那些经营不理想、产销不畅、资金周转缓慢的企业，其负债比率应适当低些，否则就会使企业在原来经营风险的基础上，又增加过多的筹资风险。

在持续经营过程中，还应观察企业是否已经保持适度的筹资结构与弹性，如依据经营周期的需要搭配长、短期借款的期限，资金的筹集、投放和回收是否有效衔接与及时调度，能否履行还本付息义务等。

企业生存的基本条件是以收抵支、到期偿债。生存威胁来自两个方面：一是长期亏损，二是不能偿还到期债务。亏损企业为维持运营被迫进行偿债性融资，借新债还旧债，如不能扭亏为盈，迟早会因为借不到钱而使资金无法周转，从而不能偿还到期债务。盈利企业也可能因扩大生产规模而大量借款,但由于各种原因而导致投资失败,为偿债,企业必须出售其资产,使生产经营无法持续下去。所以,控制以收抵支和偿还到期债务的能力,减少破产的风险,使企业能够长期稳定地生存下去,是会计控制的重要任务。

6.3.2 借款业务控制流程与控制要点

由于向银行取得长短期借款是最常见的筹资业务,因此,日常负债控制的重点业务是银行借款,其借款流程与控制要点分述如下:

(1)向银行提出借款申请

企业应选择那些愿意承担风险,勇于开拓,肯为企业分析潜在的财务问题,有着良好的服务,乐于为具有发展潜力的企业发放贷款,在企业有困难时帮助其渡过难关的银行。同时,企业还应关注银行的专业化程度,选择那些拥有丰富专业化贷款经验的银行进行合作;保证所选银行的稳定性,使借款不至于中途发生变故;等等。当然,筹资成本、借款期限、还款方式和利息支付方式的选择也很重要。

企业第一次向银行申请长期借款时,应先向银行提出书面申请,经银行对企业的偿债能力、信用状况和借款理由初审同意后,再填写正式的借款申请书。银行借款申请书的内容主要包括用途、借款金额、还款计划、使用借款项目的预计经济效益、借款的抵押品和担保单位等,还应注明借款种类、数额和还款日期等有关信息。

(2)经银行审核同意后,签订借款合同或协议

银行对企业的长期借款申请书进行审查的主要内容包括以下两个方面:一是借款企业的基本情况,审查的重点是企业的生产经营状况、产品质量、技术水平、竞争能力、市场占有率和盈利能力等,并将其作为评价企业投资项目可行性的基础;二是投资项目技术、经济的可行性,审查的重点是是否符合国家产业政策和长期规划,是否符合市场需要,所需各项投入品(如设备、材料、能源、技术等)是否能够得到充分保证,生产工艺是否先进、合理,投资项目的投资回收期、净现值、投资报酬率和还本付息能力是否具有社会经济效益等。

对于企业的短期借款申请书,银行审查的重点主要包括:借款的用途和原因,以便决定是否给予贷款;企业产品(或劳务)的市场供求情况和市场竞争能力,贷款的物资保证程度,以便决定贷款的数额;企业的资金周转情况和物资耗用情况,以便决定贷款的期限。

银行审查同意后,就可签订借款合同(即借款契约),明确借贷双方的权利、义务和经济责任等。借款合同按其是否有担保或抵押品,可分为担保借款合同、抵押借款合同和信用借款合同等形式。借款合同的主要内容包括借款单位、借款用途、借款金额、借款日期、还款日期和还款计划等。

为了进一步明确借贷双方、担保和公证单位的权利、义务及经济责任等，往往在签订借款合同之外再签订借款协议书(包括担保借款协议书、抵押借款协议书和信用借款协议书等)。借款协议书一般一式四份，借贷双方各持一份、担保单位一份、公证单位一份(如果没有担保，就一式三份)。其主要内容包括分期借款和还款计划、利息计算方法、借款延期手续、借款方的抵押品情况、担保人的责任、借贷双方的违约责任等。借款协议书必须由借贷双方、担保单位、公证单位共同加盖公章，并由其主要负责人签字、盖章。

(3)支取和使用借款

一般情况下，在签署长期借款合同后，企业应按固定资产投资计划，在合同确定的借款总额内编制年度分季用款计划，并报送经办银行(同时，还应按期报送其财务报表和其他有关资料)。企业需用资金时，在核定的贷款指标内，按借款合同规定的用途和时间支用借款。

签署短期借款合同后，银行应按合同规定的时间和金额向借款人提供贷款，企业即可按计划支取和使用所借款项。

(4)按期还本付息

企业应按借款合同规定的期限还本付息。如果因故不能按期支付本息，应在借款到期之前的3～5天内提出展期申请。如果展期理由合理、正当，经银行审查同意后，通常可以展期一次。逾期不能归还借款本息的，银行可以依法按合同规定没收(或变卖)抵押品，或要求担保单位偿还。

为了确保银行借款筹资业务处理程序合法、有效，以下四个关键控制点提请关注：一是银行借款筹资决策、具体经办借款业务和会计记录应当实行职务分离；二是应当指定专人严格审核借款合同，审核通过后交由企业法人代表在合同上签章；三是认真核对银行收款通知和借款合同等，确保其相符；四是按照借款合约履行法定义务。

6.4 担保控制活动

6.4.1 担保业务失控风险

担保，是指企业作为担保人按照公平、自愿、互利的原则与债权人约定，当债务人不履行债务时，依照法律规定和合同、协议承担相应法律责任的行为。担保一方面有利于银行等债权人降低贷款风险，另一方面使债权人与债务人形成了稳定、可靠的资金供需关系。

筹资中的担保是企业作为担保人按公平、自愿、互利原则与债权人约定，当债务人不履行债务时，依照法律规定和合同承担相应法律责任的行为。担保业务属于高风险经济活动，一些企业因担保而陷入诉讼，导致重大经济损失。

实证分析6.3 | 谨防担保陷阱与连带责任

某实业公司的法定代表人张某为了向银行申请贷款，找到了熟人蔡某，提出请蔡某的联合公司为他们担保。老实、仗义的蔡某爽快地在张某带来的格式担保合同上签字并加盖公章。银行向该实业公司发放贷款700万元。张某将这笔钱投进了期货市场，最后全部亏损，无法还钱，张某又向蔡某提出继续担保，蔡某又签下了担保书，银行以借新还旧的方法，重新发放了750万元贷款，将其中的700万元还旧贷。直到贷款期满，张某还是还不出750万元的借款，银行将实业公司和联合公司告上了法庭，这时实业公司已关门，张某也下落不明。因联合公司担保了贷款的归还，法院依法判联合公司对实业公司的750万元借款承担连带清偿责任。联合公司觉得冤枉，但法律是无情的。

实力雄厚的某联合公司法定代表人蔡某为自己的"老实受骗"而万分痛苦。"只是履行一下形式而已。"这就是张某给蔡某吃的"空心汤团"。

这是一个因担保而发生法律诉讼的案例，暗藏的"担保陷阱"让为数不少的"东郭先生"尝尽苦果。因为担保要承担还款的连带责任，相当于企业对外借款筹资。

按照《企业内部控制应用指引——担保》的要求，担保业务不相容岗位至少应当包括：担保业务的评估与审批；担保业务的审批与执行；担保业务的执行与核对；担保业务相关财产的保管与担保业务记录。

上述案例中的企业缺乏相关的职务分离制度，法定代表人可以在担保合同上签字并加盖公章而无须经过任何他人的权力制衡，简直就是一个人说了算，根本没有经过必要的调查和审批；尤其是没有分析担保交易对企业财务状况和未来收益的影响；对于重大担保事项须经董事会的批准，而不是法人代表人一人决定的，董事会没有发挥应有的监督审批作用。该联合公司的筹资担保已完全失控，导致公司遭受巨大损失。

综上所述，企业在办理担保业务的过程中至少应防范下列风险：一是对担保申请人的资信状况调查不深，审批不严或越权审批，可能导致企业担保决策失误或遭受欺诈；二是对被担保人出现财务困难或经营陷入困境等状况监控不力，应对措施不当，可能导致企业承担法律责任；三是担保过程中存在舞弊行为，可能导致调查、审批、经办等相关人员涉案或企业利益受损。

在上述案例中，该联合公司一错再错，在第一笔担保贷款无法偿还的情况下，居然再次为该实业公司提供担保，不得不说该企业对担保事项没有控制观念。企业并未认识到向其他企业提供担保意味着什么,高层领导的风险意识淡薄,认可了"只是履行一下形式而已"。作为担保方,首先应该了解被担保企业的基本情况,即企业的经营能力和偿债能力。为降低风险,一般只能为那些财务状况好的企业提供担保。对于那些质量较好的企业也不能盲目担保,还要了解其资信情况,因为财务状况好的企业未必就会及时偿还贷款,信用情况未必就好。再者,必须了解贷款的金额、性质和用途等。上述案例中的实业公司贷款是为了期货市场的投资,期货是一个高风险的投资项目,对于这样的贷款最好是不要提供担保。

6.4.2 筹资担保控制流程与控制要点

企业应当依法制定和完善担保业务政策及相关制度,明确担保的对象、范围、方式、条件、程序、担保限额和禁止担保等事项,规范调查评估、审核批准、担保执行等环节的工作流程,按政策和流程办理担保业务,并重视对担保风险的监控,其具体流程如图 6.3 所示。

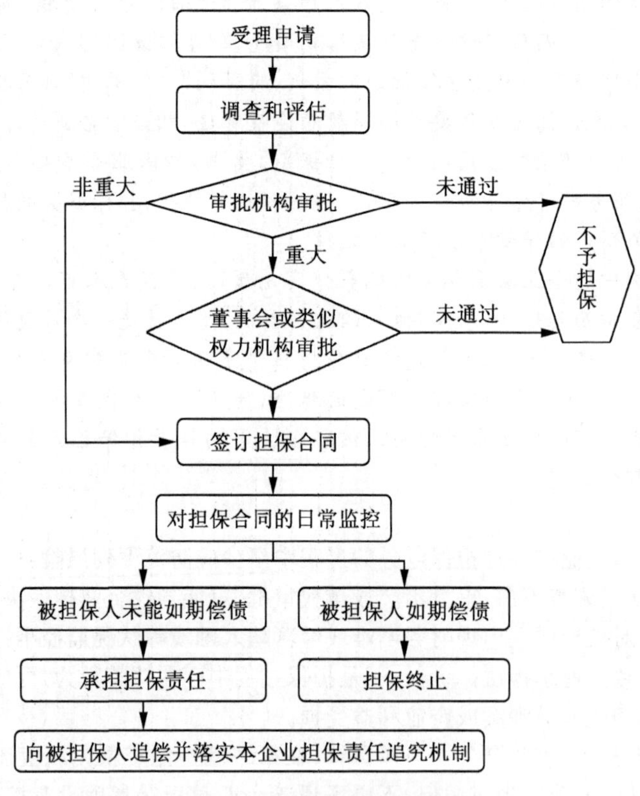

图 6.3　担保业务控制流程

对担保流程中风险控制的要点及其控制措施说明如下：

(1)受理申请

受理申请是办理担保业务的第一道关口，其主要风险是：企业担保政策和相关管理制度不健全，导致难以对担保申请人提出的担保申请进行初步评价和审核；或者虽然建立了担保政策和相关管理制度，但对担保申请人提出的担保申请审查不严，导致申请受理流于形式等。

专题讨论 6.1 | 申请受理有哪些主要的控制措施？

第一，依法制定和完善本企业的担保政策和相关管理制度，明确担保的对象、范围、方式、条件、程序、担保限额和禁止担保事项。

第二，严格按照担保政策和相关管理制度对担保申请人提出的担保申请进行审核，如担保申请人是否属于可以提供担保的对象。一般而言，对于与本企业存在密切业务关系、需要互保的企业，与本企业有潜在重要业务关系的企业，本企业的子公司及具有控制关系的其他企业等，可以考虑提供担保；反之，则必须十分慎重。

第三，如果担保申请人实力较强、经营良好、恪守信用，可以考虑接受申请；反之则不应受理。此外，如果担保申请人申请资料完备、情况翔实，可予受理；反之则不予受理。

(2)调查和评估

对担保申请人进行资信调查和风险评估是办理担保业务的过程中不可或缺的重要环节，在相当程度上影响甚至决定担保业务的未来走向。这一环节的主要风险是：对担保申请人的资信调查不深入、不透彻，对担保项目的风险评估不全面、不科学，导致企业担保决策失误或遭受欺诈，为担保业务埋下巨大隐患。

专题讨论 6.2 | 调查和评估的主要控制措施有哪些？

第一，委派具备胜任能力的专业人员开展调查和评估。调查评估人员与担保业务审批人员应当分离。担保申请人为企业关联方的，与关联方存在经济利益或近亲属关系的有关人员不得参与调查评估。企业可以自行对担保申请人进行资信调查和风险评估，也可以委托中介机构承担这一工作，同时应加强对中介机构工作情况的监控。

第二，对担保申请人的资信状况和有关情况进行全面、客观的调查评估。在调查和评估过程中，应当重点关注以下事项：①担保业务是否符合国家法律法规和本企业担保政策的要求，凡与国家法律法规和本企业担保政策相抵触的业务，一律不得提供担保;②担保申请人的资信状况,包括基本情况、资产质量、财务状况、经营情况、信用程度和行业前景等;③担保申请人用于担保和第三方担保的资产状况及其权利归属;④企业要求担保申请人提供反担保的,还应对与反担保有关的资产状况进行评估。

企业应当尽可能地运用各种行之有效的方法,对担保申请人的资信状况进行调查,务求真实、准确。例如,在对担保申请人的财务状况进行调查时,应深入分析其短期偿债能力、长期偿债能力、盈利能力、资产管理能力和可持续发展能力等核心指标,从而做到胸有成竹、防患于未然。涉及对境外企业提供担保的,还应特别关注担保申请人所在国家和地区的政治、经济、法律等因素,并评估外汇政策、汇率变动等可能对担保业务造成的影响。

第三,对担保项目的经营前景和盈利能力进行合理预测。企业整体的资信状况和担保项目的预期运营情况构成判断担保申请人偿债能力的两大重要方面,应当予以重视。

第四,划定不予担保的"红线",并结合调查评估情况作出判断。《企业内部控制应用指引第 12 号——担保》明确规定了以下 5 类不予担保的情形:①担保项目不符合国家法律法规和本企业担保政策的;②担保申请人已进入重组、托管、兼并或破产清算程序的;③担保申请人财务状况恶化、资不抵债、管理混乱、经营风险较大的;④担保申请人与其他企业存在较大经济纠纷,面临法律诉讼且可能承担较大赔偿责任的;⑤担保申请人与本企业已经发生过担保纠纷且仍未妥善解决的,或不能及时足额交纳担保费用的。企业应当将上述 5 类情形作为办理担保业务的"高压线",严格遵守、不得突破;同时,可以结合企业自身的实际情况,进一步充实、完善有关管理要求,切实防范为"带病"企业提供担保。

第五,形成书面评估报告,全面反映调查评估情况,为担保决策提供第一手资料。企业应当规范评估报告的形式和内容,妥善保管评估报告,并作为日后追究有关人员担保责任的重要依据。

(3)审批

审批环节在担保业务中具有承上启下的作用,既是对调查评估结果的判断和认定,也是担保业务能否进入实际执行阶段的必经之路。这一环节的主要风险是:授权审批制度不健全,导致对担保业务的审批不规范;审批不严格或者越权审批,导致担保决策出现重大疏漏,可能引发严重后果;审批过程存在舞弊行为,可能导致经办审批等相关人员涉案或企业利益受损。

专题讨论 6.3 | 担保审批环节有哪些主要控制措施?

第一,建立和完善担保授权审批制度,明确授权批准的方式、权限、程序、责任和相关控制措施,规定各层级人员应当在授权范围内进行审批,不得超越权限审批。企业内设机构不得以企业名义对外提供担保。企业应当加大对分公司对外提供担保的管控力度,严格限制分公司的担保行为,避免因分公司违规担保而给本企业带来不利后果。

第二,建立和完善重大担保业务的集体决策审批制度。企业应当根据《中华人民共和国公司法》等国家法律法规,结合企业章程和有关管理制度,明确重大担保业务的判断标准、审批权限和程序。上市公司的重大对外担保应取得董会全体成员 2/3 以上签署同意或者经股东大会批准,未经董事会或者类似权力机构批准,不得对外提供重大担保。

第三,认真审查对担保申请人的调查评估报告,在充分掌握有关情况的基础上,权衡比较本企业净资产状况、担保限额和担保申请人提出的担保金额,确保将担保金额控制在企业设定的担保限额之内。

第四,从严办理担保变更审批。被担保人要求变更担保事项的,企业应当重新履行调查评估程序,根据新的调查评估报告重新履行审批手续。

(4)签订担保合同

担保合同是审批机构同意办理担保业务的直接体现,也是约定担保双方权利义务的基础载体。担保合同的签订标志着企业的担保权利和担保责任进入法律意义上的实际履行阶段。签订担保合同的主要风险是:未经授权对外订立担保合同,或者担保合同的内容存在重大疏漏和欺诈,可能导致企业诉讼失败、权利追索被动、经济利益和信誉受损。

专题讨论 6.4 | 对担保合同应实施哪些控制措施?

第一,严格按照经审核批准的担保业务订立担保合同。合同订立经办人员应当在职责范围内,按照审批人员的批准意见拟订合同条款。

第二,认真审核合同条款,确保担保合同的条款内容完整、表述严谨准确、相关手续齐备。在担保合同中应明确被担保人的权利、义务和违约责任等相关内容,并要求被担保人定期提供财务会计报告和有关资料,及时通报担保事项的实施情况。如果担保申请人同时向多方申请担保,企业应当在担保合同中明确约定本企业的担保份额和相应的责任。

第三,实行担保合同会审联签。除担保业务经办部门之外,鼓励和倡导企业法律部门、财务部门和内审部门等参与担保合同会审联签,增强担保合同的合法性、规范性和完备性,有效避免权利义务约定或合同文本表述等方面的疏漏。

第四,加强对有关身份证明和印章的管理。例如,在担保合同签订的过程中,依照法律规定和企业内部管理制度,往往需要提供、使用企业法定代表人的身份证明、个人印章和担保合同专用章等。从近年来暴露出来的一些担保典型案例看,由于一些企业在有关人员身份证明、印章管理中存在薄弱环节,导致身份证明和印章被盗用,造成了难以挽回的严重后果。因此,必须加强对身份证明和印章的管理,保证担保合同用章用印符合当事人的真实意愿。

第五,规范担保合同的记录、传递和保管,确保担保合同运转轨迹清晰、完整、有案可查。

(5)日常监控

切实加强对担保合同执行情况的日常监控,通过及时、准确、全面地掌握被担保人的经营状况、财务状况和担保项目运行情况,最大限度地实现企业担保权益、降低企业担保责任。这是一项艰巨而重要的任务。这一环节的主要风险是:重合同签订,轻后续管理,对担保合同的履行情况疏于监控或监控不当,导致企业不能及时发现和妥善应对被担保人的异常情况,可能延误处置时机,加剧担保风险,加重经济损失。

专题讨论 6.5 | 对担保业务的日常监控需要落实哪些主要控制措施?

第一,指定专人定期监测被担保人的经营情况和财务状况,对被担保人进行跟踪和监督,了解担保项目的执行、资金的使用、贷款的归还、财务运行及风险等情况,促进担保合同的有效履行。企业财务部门应及时,最好是按月或者按季收集、分析被担保人担保期内的财务会计报告等相关资料,持续关注被担保人的财务状况、经营成果、现金流量以及担保合同的履行情况,积极配合担保经办部门防范担保业务风险。

第二,及时报告被担保人的异常情况和重要信息。企业有关部门和人员在实施日常监控的过程中发现被担保人经营困难、债务沉重,或者存在违反担保合同的其他情况,应当按照《企业内部控制应用指引第 17 号——内部信息传递》的要求,第一时间向企业有关管理人员报告,以便及时采取有针对性的应对措施。

(6)核算控制

担保业务直接涉及担保财产、费用收取、财务分析、债务承担、会计处理和相关信息披露等,会计控制在担保业务经办中具有举足轻重的重要作用。这一环节的主要风险是:会计系统控制不力,可能导致担保业务记录残缺不全,日常监控难以奏效,或者担保会计处理和信息披露不符合有关监管要求,可能引发行政处罚。

专题讨论 6.6 | 如何对担保业务实施核算控制?

第一,健全担保业务经办部门与财务部门的信息沟通机制,促进担保信息及时、有效沟通。

第二,建立担保事项台账,详细记录担保对象、金额、期限、用于抵押和质押的物品或权利以及其他有关事项;同时,及时足额收取担保费用,维护企业担保权益。

第三,严格按照会计准则的规定进行担保会计处理,发现被担保人出现财务状况恶化、资不抵债、破产清算等情形的,应当合理确认预计负债和损失;属于上市公司的,还应当区别不同情况依法予以公告。

第四,切实加强对反担保财产的管理,妥善保管被担保人用于反担保的权利凭证,定期核实财产的存续状况和价值,发现问题及时处理,确保反担保财产安全、完整。

第五,夯实担保合同基础管理,妥善保管担保合同、与担保合同相关的主合同、反担保函或反担保合同,以及抵押、质押的权利凭证和有关原始资料,做到担保业务档案完整无缺。当担保合同到期时,企业应全面清查用于担保的财产和权利凭证,按照合同约定及时终止担保关系。

(7)代为清偿和权利追索

被担保人在担保期间如果顺利履行了对银行等债权人的偿债义务,且向担保企业及时、足额支付了担保费用,担保合同一般应予终止,担保双方可以解除担保权利义务。但在实践中,由于各方面因素的影响,部分被担保人无法偿还到期债务,"连累"担保企业不得不按照担保合同的约定承担清偿债务的责任。因此,在代为清偿后依法主张对被担保人的追索权,成为担保企业降低担保损失的最后一道屏障。这一环节的主要风险是:违背担保合同的约定不履行代为清偿义务,可能被银行等债权人诉诸法律成为连带被告,影响企业形象和声誉;承担代为清偿义务后向被担保人追索不力,可能造成较大经济损失。

专题讨论 6.7 | 对代为清偿和权利追索的主要控制措施有哪些?

第一,强化法制意识和责任观念,在被担保人确实无力偿付债务或履行相关合同义务时,自觉按照担保合同承担代偿义务,维护企业诚实守信的市场形象。

第二,运用法律武器向被担保人追索赔偿,在此过程中,企业担保业务经办部门、财务部门和法律部门等应当通力合作，做到在司法程序中举证有力；同时，依法处置被担保人的反担保财产，尽力减少经济损失。

第三，启动担保业务后评估工作，严格落实担保业务责任追究制度，对在担保中出现重大决策失误、未履行集体审批程序或不按规定管理担保业务的部门及人员，严格追究其行政责任和经济责任，并深入开展总结分析，举一反三，不断完善内部控制制度，防患于未然。

6.5 筹资监管重点

6.5.1 筹资业务职务分离与授权审批的执行情况

企业应当建立筹资业务的岗位责任制，明确有关部门和岗位的职责、权限，确保办理筹资业务的不相容岗位相互分离、制约和监督。同一部门或个人不得办理筹资业务的全过程。筹资业务的不相容岗位至少包括：①筹资方案的拟订与决策；②筹资合同或协议的审批与订立；③与筹资有关的各种款项偿付的审批与执行；④筹资业务的执行与相关会计记录。

对于重大筹资方案，企业应当提交股东（大）会或董事会审议；行政事业单位应当实行集体决策审批或者联签制度。筹资方案需经有关管理部门或上级主管单位批准的，应及时报请批准。筹资方案发生重大变更的，应重新履行审批程序。

企业应重点检查筹资业务岗位的设置是否科学、合理，是否存在不相容职务混岗的现象；应检查授权批准手续是否健全，是否存在越权审批等违反规定的行为；应当关注是否实施筹资和担保业务责任追究制度，是否存在决策失误、未履行集体审批程序或不按授权批准办理的情况；等等。

6.5.2 筹资成本与债务风险

企业能以怎样的筹资成本筹集资金并承担怎样的筹资风险，决定着企业所筹集资金最终的使用效益。较低的筹资成本、合理的资本结构和较低的筹资风险能够使企业应付裕如、进退有据，不至于背负沉重的压力，可以从容地追求长期目标，实现可持续发展；而较高的筹资成本、不合理的资本结构和较高的筹资风险，常常使企业经营压力倍增。所以，企业一方面需要保持一定的资金流动性以应付不合理资本结构带来的财务风险，另一方面要追求较高的投资收益以补偿高额的筹资成本。如果企业过度追求短期利益，饮鸩止渴或者铤而走险，经营活动的可持续性将得不到保证，随着财务风险的加大，正常发展将受到严重制约。

企业应当从事前评估、事中监督和事后追查入手，检查是否保持合理的资本结构，如资产负债率不应过高、息税前资产利润率应当大于负债利率、年末贷款余额不应超过净资产、担保应具备相应能力等；还应当分析或有负债的现状，谨防变为现实负债，及时提请管控当局予以关注。

一个企业偿债能力的强弱与信用管理水平和信誉的高低有着密切的关系。偿债能力强则信誉好，而要信誉好，还必须加强信用管理，不断提高偿债能力。尤其是对短期偿债能力的管控更显示出会计人员的理财能力。

6.5.3 担保风险的控制情况

由于担保业务风险的客观存在，因此，接受担保初期就要对被担保方进行整体信用评价。在担保期内，要跟踪评估，及时了解其信用变化情况。如发现担保风险加大时，可要求被担保企业另寻一方对我公司实行反担保，即我担保你，你再找一个人担保我所担保的这笔债务。在代为清偿后要依法主张对被担保人的追索权。

对等担保与反担保是有区别的。对等担保涉及两方，担保的是不同的债务；而反担保涉及三方，担保的是同一笔债务。为了降低企业担保风险，还可以要求被担保方同时以股权作为抵押等。

企业应当加强对筹资活动的检查监督，严格按照筹资方案确定的用途使用资金，确保款项收支、还本付息、担保业务等行为符合有关规定。筹资活动完成后应按规定进行筹资后评价，对存在违规现象的，严格追究其责任。

凡是发生筹资与负债业务的企业，都应当建立健全对筹资和负债控制活动的评价与监督的检查制度，明确检查机构或人员的职责权限，定期或不定期地进行检查。筹资和负债评价与监督的对象就是其控制目标的实现情况和实现程度，谨防负债失控风险。在监督检查过程中，凡是发现筹资内部控制存在缺陷的，应当及时报告，并采取措施予以纠正。

经典案例评析

某年C股份有限公司因未能披露定期报告而退市。随后，证券监管部门公布了对C公司及相关人员的行政处罚决定。经查明，公司原董事长许某等人以支付货款、虚构工程项目和对外投资等多种手段，将十几亿元公司资金腾、挪、转移，其中近6亿元资金被转移至国外藏匿。监守自盗公司大量资产后，许某携妻儿等移民某国，失去音讯。

为了使虚构业绩看起来更真实，C公司虚构业务，伪造相应的资金流。C公司通过设立“壳公司”，利用上市公司信用为“壳公司”贷款提供担保，通过“壳公司”从银行大量融资后注入上市公司，数年累计从银行融资20多亿元，再通过支付成本费用的方式将部分资金转移到国外，并伪造与业绩相关的资金收付款痕迹。值得注意的是，在许某神秘失踪期间，银行仍继续为C公司的“壳公司”提供了部分贷款。为逃避监管，C公司一直未披露大量的银行融资和担保。

由于董事会和董事长道德缺失，使得整个公司的内部控制失效，无法发挥内部控制在保护公司资产安全、保证财务会计报告真实、可靠等方面的重要作用。

贷款银行在内部控制方面缺少完善的信息沟通机制，片面轻信C公司作为上市公司的信用，而忽视了C公司从未披露融资、担保等情况，导致前后共向其“壳公司”贷款20多亿元；同时，贷款银行与监管部门的沟通不畅，未能第一时间知悉C公司高管人员的异常变动和真实的财务状况，也未能及时发现舞弊行为。

会计师事务所的审计质量控制程序存在缺陷，签字注册会计师的专业胜任能力不足，且未实施必要的审计程序，未揭示定期存单质押和虚假存货事宜。在处罚C公司的同时，证券监管部门还处罚了担任公司年报审计工作的3名注册会计师，理由是注册会计师在对货币资金和存货项目的审计过程中，未能勤勉尽责，未能揭示4.27亿元大额定期存单质押情况，未能识别1.06亿元虚假钻石毛坯等。

第7章　控制收入

销售与收款是收入控制的主要内容，应当防范收入失真，防止合同与发票失控，严禁账外设账等。会计控制应当确保各项收入信息的真实性和完整性以及在财务会计报告上的正确披露。

7.1　收入风险评价

7.1.1　收入控制对象

收入是指企业在销售商品、提供劳务及转让资产使用权等日常活动中所形成的经济利益的总流入，包括营业收入、投资收益和营业外收入等。

销售是企业收入的主要来源。销售业务主要是指销售商品并取得货款的行为。在市场经济中，企业必须面对市场争取销售业务，因为企业的发展集中表现为销售的增加，销售对企业来说足够重要。

销售业务并不是简单的交易过程，从收到对方的订单，洽谈交易事宜，到签订合同和交接货物，再到收取货款或催讨货款，甚至还有退货和折扣、折让等，其间风险不可避免。为了保证销售循环的有效性和可靠性，应按各相关业务环节进行明确分工，由不同的人员分别负责办理，加强内部牵制，防止错误及舞弊行为的发生。企业应当在制定商品或劳务等的定价原则、信用标准和条件、收款方式等销售政策时，充分发挥会计机构和人员的作用，加强合同订立、商品发出和账款回收的会计控制，避免或减少坏账损失。

7.1.2　收入失控风险

收入失控风险主要包括：销售行为违反国家法律法规，可能遭受外部处罚、经济损失和信誉损失；销售未经适当审批或超越授权审批，可能因重大差错、舞弊、欺诈而导致损失；销售合同或协议的签订未经正确授权，可能导致资产损失、舞弊和法律诉讼；客户信用管理不到位，结算方式选择不当，账款回收不力等，可能造成销售款项不能收回或遭受欺诈；应收账款和应收票据管理不善，账龄分析不准确，可能由于未能收回或未能及时收回欠款而导致收入流失和法律诉讼等。

实证分析 7.1　警惕现金销货交易背后的偷税行为

某纺织品有限公司某年实现销售 856 万元，实现利润 10 056.23 元，企业所得税实行查账征收方式。后经税务部门审查发现，该公司该年 3 月 12 日利用虚开增值税发票虚列原材料成本 178 568.36 元，11 月 15 日将现金货款 30 万元打入老板娘的个人信用借记卡用于购买小汽车等。根据《中华人民共和国税收征收管理法》的规定，上述行为被定性为偷税，应补缴企业所得税 156 117.44 元，罚款 78 058.72 元。

目前，在现金销货交易中，有些客户就是冲着不要发票可以享受较低的售价而成交的，他们在偷税行为中得到了价格实惠，甚至成为偷税行为的“共谋”。一些公司也在部分销售不开票隐瞒销项税额的情况下，没有索取进项税额发票的动力，为了“节省”进货成本，往往怂恿原材料供应者不开票而降低供货价或者虚开增值税发票，多列成本，造成了偷税的恶性循环。

一些私营经营者主观上受个人利益驱动，总想偷点税，而会计却听命于经营者，造成销售、成本、存货、利税严重不实，使会计监管成为一句空话。一些看似简单、清楚的账目成为应付税务部门检查的摆设，后面往往隐藏着很深的偷税“黑洞”。

7.1.3　收入控制的具体目标

一是企业应当实行销售与收款业务的职责分工和授权审批控制，保证销售收入的真实性和合理性，保证产品的安全、完整。

二是建立和健全销售与收款业务的凭证流转和管理等制度，正确核算销售与收款业务。

三是定期清理和分析应收款项与坏账情况，保持账户记录的正确性。

四是确保销售与收款信息的真实、完整以及在财务会计报告上的正确披露。

7.2　销售控制活动

7.2.1　销售失控风险

在销售与收款的各环节中，入账金额不实已经成为一些企业调节收入、营私舞弊的“调节器”，成为掩盖各种不正常经营行为的“防空洞”，更有甚者利用同户名甚至不同户名私自将应收账款与其他往来账户轧抵，从而形成账外账；还有的采用应收票据背书或者应收账款长期挂账私设“小金库”。一些案例表明，有关人员之所以胆敢侵吞公款往往与销售控制形同虚设有着直接与间接的关系。

实证分析 7.2 | 他为什么能够截留收入占为己有？

某中药店下属7个门市部，主管会计肖某统辖这些门市部的财务账目。凭着手中的权力和职务上的便利，肖某萌生了犯罪歹念。他以门市部人手紧缺为由，要求下属部门将报表、现金解款单交由他统一做账，并代为解款。于是，肖某以“助人为乐”之名，行贪污舞弊之实，将一笔又一笔本该解到银行去的销售款“扣留”，占为私有。就是利用这种“少解”或“不解”银行的手法，肖某先后贪污37次，计5.9万元。为保持账目平衡，肖某在制作各门市部的销售汇总表时，减少销售现金数目，虚增“应收账款”项目，继而再以商品进销差价予以冲抵。肖某还假借各种名义开具现金发票，如职工差旅费、购房用款、困难补助费等，从银行提取现金予以侵吞。然后，肖某又将现金支票存根抽出，换上相同金额的转账支票，冒充记账凭证的附件，从而使提取的现金不通过现金日记账，在做账时假列应付款或减少商品进销差价或增加商品进销差价予以冲抵。肖某就是利用此手法作案34次，贪污人民币21.1万元，而这些作假手法竟然很久没被发现。

肖某在两年多的时间里共贪污公款73次，达32.7万余元。这笔巨额赃款竟被肖某全部用于赌博，挥霍殆尽。案发以后，肖某以贪污、赌博罪被判处死刑。

肖某的贪污犯罪行为为何能持续这么长时间而不为人所察？当法院深究其原因时，发现该企业负责人缺乏内部会计控制观念，企业的内部会计控制形同虚设，分管经理对财务不监督、不管理、不审查，财务审核制度形同虚设。篱笆抓不紧，野狗钻得进。管理失控，后患无穷。

为了保证销售循环业务的有效性和可靠性，企业应按各相关业务环节进行明确分工，加强销售牵制，防止错误及舞弊行为的发生。尤其应当建立销售与收款业务的岗位责任制，明确相关部门和岗位的职责、权限，确保办理销售与收款业务的不相容岗位相互分离、制约和监督。

7.2.2 销售控制流程

一个完整的销售与收款控制流程一般包括销售预算、销售定价、接受订单、客户谈判、信用分析、签订合同、开具发票、组织发货、销货退回、收款与应收账款等，但不同企业的销售与收款环节可以有所区别，通常有如图7.1所示的四个主要控制环节。

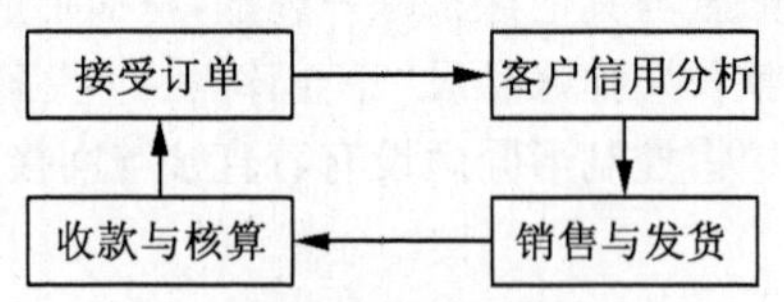

图 7.1　销售与收款控制循环

7.2.3　销售控制流程要点与控制方法

(1)销售预算控制

企业应对销售业务建立预算管理制度,制定销售目标,确立销售管理责任制。

应根据市场情况、目标利润、企业生产经营能力制定销售与收款预算,并将销售与收款预算细化到各产品系列和各有关销售部门与销售人员。

销售与收款预算应当由企业最高管理当局直接或授权销售部门制定和修订,并经企业最高管理当局批准。

销售和收款业务应按照适当的授权进行。企业管理层应根据自身特点针对不同的销售业务内容设置不同的授权范围。销售价格及其折扣、付款条件、运费的确定、销售退回和销货折让、应收账款的坏账准备及坏账核销,应经适当审批。

(2)销售定价控制

定价是很重要的一个管理环节,应当建立销售定价控制制度,制定价目表、折扣政策、付款政策等并予以执行。定价政策的失误将导致企业利润减少,失去市场竞争力和降低市场份额。在法制逐步完善的今天,轻率定价可能使企业违反有关价格法等,招致惩罚,因而定价控制十分必要。

定价策略应考虑营销能力、销售成本和市场状况等众多因素。标准定价一旦确立,应保证对同一层次的顾客公平地实施相同的价格,并对其定期作出评价。

在新产品投入市场之前,应建立目标价格,并将该价格与市场替代产品(如果有替代品的话)作比较,参考本产品的特点和市场潜力,必要时进行调价。调价信息应及时传递给有关分销商、承销商和顾客。

对销售折扣、折让等优惠政策的给予应由有关主管人员审核批准。对于折扣、折让给予的实际数量、金额应有所记录,并且反映给予的原因。以上文件应归档以便日后核查。

实施折扣与折让前应作预测,并确定该政策给企业带来的目标利润;事后应将实际销售和收益的情况与目标利润相比较,并且报告有关部门。

(3)客户信用能力控制

客户有没有偿付能力,对于债权人来说至关重要。客户的信用能力是企业财务状况、经营成果和现金流量的综合反映。一个企业偿债与支付能力的强与弱、资产运营和管理能力的好与坏、获利水平的高与低,都会直接或间接地反映在信用能力上,并对企业的融资结果产生重大影响,所以,对客户的信用能力进行评价与分析具有十分重要的现实意义。

专题讨论 7.1 | 如何审查客户信用与确认客户信用评级?

某公司认为,从初识客户到维护老客户,业务人员以及经办业务的各级管理人员都应全面了解客户的资信情况,选择信用良好的客户进行交易。

对客户信用进行审核的内容是多方面的,至少有5"W":一是Who,包括人员素质、销售业绩和社会关系等;二是Where,包括地理位置、物流配送情况等;三是When,包括从事本行业的时间、何时开始合作、有否合作经历等;四是What,包括信用档案有无不良记录等;五是Why,包括为什么要合作、合作原因、合作动机和合作前景等。

对客户信用的评定等级一般可以分为:A类客户,回款2个月内,按常规签订合同;B类客户,回款5个月内,最好预付一部分货款;C类客户,回款8个月内,必须预付一部分货款;D类客户,回款时间相当长,不可靠,应货款两清。

企业在向客户提供商业信用时,必须考虑客户是否会拖欠或拒付账款,怎样最大限度地防止客户拖欠账款以及一旦账款遭到拖欠甚至拒付时应采取怎样的对策等。收账政策就是指当客户违反信用条件,拖欠甚至拒付账款时企业所采取的收账策略与措施。

企业为了扩大销售,增强竞争能力,往往对客户的逾期未付款项规定一个允许的拖欠期限,超过规定的期限,企业就应采取各种形式进行催收。如果企业制定的收款政策过宽,会导致逾期未付款项的客户拖延时间更长,对企业不利;收账政策过严,催收过急,又可能伤害无意拖欠的客户,影响企业未来的销售和利润。因此,企业在制定收账政策时,应权衡利弊,掌握好宽严界限。

(4)合同订立与审批控制

合同,是指企业与自然人、法人及其他组织等平等主体之间设立、变更、终止民事权利义务关系的协议。企业对外发生经济行为,除即时结清外,应订立书面合同。

控制合同对防范销售风险十分重要。签订合同应符合《中华人民共和国合同法》和《企业内部控制应用指引第16号——合同管理》的规定。合同文本一般由业务承办部门起草、法律部门审核。重大合同或法律关系复杂的特殊合同应当由法律部门参与起草。国家或行业有合同示范文本的，可以优先选用，但对涉及权利义务关系的条款应当认真审查，并根据实际情况进行适当修改。

企业应当建立健全销售合同审批制度。审批人员应对销售价格、信用政策、发货及收款方式等严格把关。

企业应当加强对合同文本的审核，重点关注合同的主体、内容和形式是否合法，合同内容是否符合企业的经济利益，对方当事人是否具有履约能力，合同的权利和义务、违约责任和争议解决条款是否明确等。

企业对影响重大或法律关系复杂的合同文本，应当组织内部相关部门进行审核，必要时征求律师意见。

财会部门应根据合同条款审核后办理结算业务。未按合同条款履约的，或应签订书面合同而未签订的，财会部门有权拒绝付款，并及时向企业有关负责人报告。

合同管理部门应当加强合同登记管理，充分利用信息化手段，定期对合同进行统计、分类和归档，详细登记合同的订立、履行和变更等情况，实行合同的全过程封闭式管理。

(5)发货管理控制

企业销售部门应按照经批准的销售合同编制销售计划，向发货部门下达销售通知单，同时编制销售发票通知单，并经审批后下达给财会部门，由财会部门根据销售发票通知单向客户开出销售发票。编制销售发票通知单的人员与开具销售发票的人员应相互分离。

销售人员接到客户订单后，初审其条款是否符合本企业的规定，对符合本企业规定的订单，如系现销的，直接开出销售通知单；如系赊销的，由销售部门对其信用状况进行审查。

对于赊销业务，销售部门应审查该客户的信用期限和累计欠款余额(包含本次拟销售金额在内)是否超过本企业的规定。如未超过，可由销售部门自行确定是否接受订单；如超过信用期限或信用额度，则需由企业负责人或其授权人员审批。如销售部门或企业负责人(含其授权人)批准销售的，开出销售通知单，并通知该客户；如不批准，则将不批准的情况告知该客户。销售通知单一式二联，第一联由销售部门留存，第二联作为财会部门入账的原始凭证。

销售部门根据其留存的销售通知单第一联填制销售台账。销售部门设置的销售台账应及时反映各种商品、劳务等销售的开单、发货和收款情况。销售台账应当附有客户订单、销售合同和客户签收回执等相关购货单据。

销售部门根据销售通知单填开发货单一式多联，第一联由销售部门留存，第二联交给顾客，经财会部门办理收款手续并盖章后作为提货凭证。

发货部门应当对销售发货单据进行审核，严格按照销售通知单所列的发货品种和规格、发货数量、发货时间、发货方式组织发货，并建立货物出库、发运等环节的岗位责任制，确保货物的安全发运。

(6)销货退回控制

应当建立销售退回管理制度。企业发生的销售退回必须经销售主管审批后方可执行。销售退回的货物应由质检部门检验和仓储部门清点后方可入库。质检部门应对客户退回的货物进行检验并出具检验证明；仓储部门应在清点货物、注明退回货物的品种和数量后填制退货接收报告。

财会部门应对检验证明、退货接收报告以及退货方出具的退货凭证等进行审核后办理相应的退款事宜。

企业应当在销售与发货各环节设置相关的记录，填制相应的凭证，建立完整的销售登记制度，并加强销售合同、销售计划、销售通知单、发货凭证、运货凭证、销售发票等文件和凭证的相互核对。销售部门应设置销售台账，及时反映各种商品、劳务等销售的开单、发货、收款情况。销售台账应当附有客户订单、销售合同、客户签收回执等相关购货单据。

(7)销售风险控制

销售风险是企业在开展市场营销活动的过程中，由于出现不利的环境因素而导致市场营销活动受损甚至失败的状态，包括产品风险、定价风险、分销渠道风险和促销风险等。企业在开展市场营销活动的过程中，必须分析市场营销可能出现的风险，并努力加以预防，设置控制措施和方案，最终实现企业的营销目标。

当风险产生以后，如何面对风险是决定风险能否正确和顺利处理的关键。风险的发生会给企业带来损害，也可能给社会、顾客带来损害。企业首先应该诚实地面对社会和顾客：一方面，最大限度地减少对社会和顾客的损害；另一方面，快速采取措施制止风险的扩大和扩散。如果风险产生后，企业回避、推托甚至辩解，反而会使风险扩大、损害增加。

实证分析 7.3 | 不同的风险态度，不同的法律后果

1996 年，湖南常德一顾客因服用三株口服液后引发了其他疾病并致死，经媒体报道后引发了三株公司的风险。面对该风险，三株公司一开始不承认，进而是推卸责任，最后被推上了法庭，风险越搞越大，最终酿成三株公司的灭顶之灾。

1999 年 6 月，在欧洲发生的可口可乐饮料污染事件中，可口可乐公司一是派高层管理者飞赴比利时、法国处理饮料污染事件，并向受害者道歉；二是委托权威机构对风险原因进行调查并将结果向公众公布；三是控制和影响信息发布源。通过公司的一系列措施，最终成功地控制了风险的损害程度。

市场经济是风险经济,风险一旦产生,企业应该迅速地运用法律武器来处理风险,依法办事。在日常业务往来中,企业对一些具有潜在风险的业务,首先要依法签订合同,这是预防风险的第一道门槛。然后,当因为对方的原因而给企业造成风险后,应该当机立断,积极寻求法律途径处理风险。

7.3 收款控制活动

7.3.1 收款失控风险

企业应当定期抽查、核对销售业务记录、销售收款会计记录、商品出库记录和库存商品实物记录,及时发现并处理销售与收款中存在的问题;还应当定期与往来客户通过函证等方式核对应收账款、应收票据、预收账款等往来款项。如有不符,应当查明原因,及时处理。关注销售与收款中的不正常现象,可以及时发现问题,及时补救。

实证分析 7.4 | 收款无人监管将导致漏洞百出

现年 26 岁的小葛从学校毕业后被分到一家地段医院担任门诊收费员,后任出纳。她在出纳工作中很快发现医院对出纳员的监督不全面、不到位,尤其在门诊收费解款这一环节上,出纳将门诊收费款解入银行后,将门诊发票号码销号后保存,单位的门诊复核员只复核发票金额是否与电脑日报表上的现金相符,而出纳是否将这些金额解入银行或解入金额是否正确均无人监督;此外,出纳员既发放发票,又负责发票销号,前后也无人监管。小葛将这一管理上的漏洞告诉了男友小乔。小乔刚买了一套商品房,一个月近 2 000 元的住房贷款给他带来很大的压力。而这时,担任门诊收费员的小乔与小葛的出纳工作正好形成前后工序的连接。小乔向小葛建议,每次向门诊收费员收款时,不收小乔的款,或者收后不解入银行,只要小葛将小乔所用的发票虚假销号,账面就做平了,所收门诊费就可落入小乔的口袋。经不住小乔的劝说,小葛决定尝试一次。当她第一次采用销账不解款的方法侵吞了收费款后,见没人发现,于是,俩人的胆子越来越大,短短几个月,他们前后配合作案 30 多起,共侵吞公款 24 万余元。这些钱一部分被两人共同挥霍,其余 10 万余元存入银行由小葛保管,准备两人结婚时用。后来迫于压力,俩人向检察机关自首。法院以贪污罪判处小葛有期徒刑 6 年零 6 个月,判处小乔有期徒刑 6 年。

7.3.2 收款控制要点与控制方法

企业应当按照《现金管理暂行条例》《支付结算办法》和《内部会计控制规范——货币资金(试行)》等的规定,及时办理销售收款业务。应将销售收入及时入账,不得账外设账,不得擅自坐支现金。销售人员应当避免接触销售现款。

会计部门应当根据销售部门提供的销售合同和销售通知单等凭据开出销售发票,并经审核无误后,加盖发票专用章;根据发票记账联和销售通知单编制记账凭证,通知出纳员办理收款手续;经过审核的赊销或预收账款业务,在发货单和发票上加盖转讫章。

出纳员根据记账凭证,分别办理现金收款和银行收款,在发货单和发票上加盖现金收讫章和银行收讫章。

保管员根据加盖财务收讫章或转讫章的发货单发货。销售部门根据发货单逐笔登记存货明细账(卡),按月(日)编制存货收、发、存月(日)报表。

对于赊销顾客偿付货款的支票,由财务会计部门审核无误后送存开户银行,并根据银行进账单填制记账凭证,据以登记应收账款明细账和银行存款日记账。

总账会计根据记账凭证逐笔或汇总登记总分类账,总账应按月与明细分类账核对。

财务会计部门定期根据顾客的应收账款明细账和营业收入明细账编制往来户对账单,寄送顾客供核对之用。

企业还应有专人保管应收票据,对于即将到期的应收票据,应及时向付款人提示付款;已贴现票据应在备查簿中登记,以便日后追踪管理。应制定逾期票据的冲销管理程序和逾期票据追踪监控制度。企业应收票据的取得和贴现必须经由保管票据以外的主管人员的书面批准。

7.3.3 应收款项控制要点与控制方法

应收款项包括应收账款、应收票据、其他应收款和预付账款,也是企业的主要流动资产之一,其管理状况直接影响着企业的资产质量和资产营运能力。不少企业存在应收款项数量较大、变现能力较差、周转速度较慢等问题,隐含着大量坏账损失,会影响整体资产质量,容易导致虚盈实亏。为了加强内部控制,提高财务管理水平,应当切实加强对应收款项的有效控制。

(1)建立应收款项台账管理制度

企业应当按照客户设立应收款项台账,详细反映内部各业务部门以及客户应收款项的发生、增减变动、余额及其每笔账龄等财务信息;同时,加强合同管理,对债务人执行合同的情况进行跟踪分析,防止坏账风险的发生。

企业财务管理部门应当定期编制应收款项明细表，向企业管理人员和有关业务部门反映应收款项的余额和账龄等信息，及时分析应收款项的管理情况，提请有关责任部门采取相应措施，减少企业资产损失。

专题讨论 7.2　如何加强应收账款的会计控制？

会计部门应当在总分类账的基础上，按照客户的名称设置明细分类账，详细、序时地记载与客户的往来情况。

全部赊销业务都应正确、及时、详细地登入有关客户的明细分类账，随时反映每个客户的赊欠情况，根据需要还可设置销货特种日记账以反映赊销情况。

赊销业务的全过程应分工执掌，如登记明细账、填制赊欠客户的赊欠账单、向赊欠客户交送或邮寄账单和处理客户收入的现金等，都应分派专人负责。

编制账龄分析表，检查应收账款的实际占用天数，据此了解有多少欠款尚在信用期内，应及时监督；有多少欠款已超过信用期，计算出超时长短的款项各占多少百分比，估计有多少欠款会造成坏账，并应检查其信用政策的执行情况等。一般而言，收欠的难点和重点是逾期款项，特别是陈年老账，拖欠越久，收回的难度越大，变现的可能性越小，预期的价值也就越低，应予以特别关注。

有关明细账应定期与总账核对，并通过账龄分析、应收账款周转率和平均收账期分析等，观察应收账款与流动资金是否处于正常水平，并及时将有关问题账款的情况予以通报。

(2)建立应收款项催收责任制度

企业对到期的应收款项，应当及时提醒客户依约付款；对逾期的应收款项，应当采取多种方式进行催收；对重大的逾期应收款项，可以通过诉讼方式解决。应当定期与往来客户通过函证等方式核对应收账款、应收票据和预收账款等往来款项；如有不符，应查明原因，及时处理。

企业应当落实内部催收款项的责任，将应收款项的回收与内部各业务部门的绩效考核及其奖惩挂钩。对于造成逾期应收款项的业务部门和相关人员，企业应当在内部以恰当方式予以警示，接受员工的监督。对于造成坏账损失的业务部门和责任人员，企业应当按照内部管理制度扣减其奖励。

企业在追索逾期应收款项的过程中，按照内部财务管理制度的规定支付给专门收账的机构或人员的劳务费用和诉讼费用，作为当期费用处理，不得挂账。

企业为了减少坏账损失而与债务人协商，对逾期应收款项按一定比例折扣后收回的，根据企业董事会或者经理(厂长)办公会审议决定和债权债务双方签订的有效协议，可以将折扣部分作为损失处理。

企业加强收账管理，及早收回货款，可以减少坏账损失，减少应收账款的资金占用，但会增加收账费用。因此，制定收账政策就是要在增加收账费用与减少坏账损失、减少应收账款机会成本之间进行权衡，若前者小于后者，则说明制定的收账政策是可取的。

（3）建立应收款项清查制度

企业应当定期组织专人全面清查各应收款项，并与债务人核对，做到债权明确、账实相符、账账相符。在清查应收款项时，相对应的应付款项应当一并清查，以确认应收款项的真实数额。要注意诉讼时效，防止超过诉讼时效而导致债权主张不能得到支持的情况发生。

（4）建立坏账核销管理制度

在清查核实的基础上，对确实不能收回的各种应收款项应当作为坏账损失，并及时进行处理。属于生产经营期间的，作为本期损益；属于清算期间的，作为清算损益。坏账损失处理后，应当依据税法的有关规定向主管税务机关申报，按照会计规定的方法进行核算。

（5）严格坏账损失内部处理程序

清查发现的坏账损失，应当按照以下程序处理：①企业内部有关责任部门经过取证，提出报告，阐明坏账损失的原因和事实；②企业内部审计（监察）部门经过追查责任，提出结案意见；③涉及诉讼的损失，企业应当委托律师出具法律意见书；④企业财务管理部门经过审核后，对确认的坏账损失提出财务处理意见，按照企业内部的管理制度提交董事会或者经理（厂长）办公会审定。

对于处理的坏账损失应当实行账销案存，继续保留追索权。处理的全部坏账损失，应当在财务会计报告中予以披露。

7.4 销售与收款监管重点

7.4.1 销售与收款的岗位分工与职务分离

企业应当建立销售与收款业务的岗位责任制，明确相关部门和岗位的职责权限，确保办理销售与收款业务的不相容岗位相互分离、制约和监督。销售与收款不相容岗位至少应当包括以下几个方面：①客户信用管理与销售合同或协议的审批、签订；②销售合同或协议的审批、签订与办理发货；③销售货款的确认、回收与相关会计记录；④销售退回货品的验收、处置与相关会计记录；⑤销售业务经办与发票开具、管理；⑥坏账准备的计提与审批、坏账的核销与审批。

企业尤其应当将办理销售、发货、收款三项业务的部门（或岗位）分别设立：销售部门(或岗位)主要负责处理订单、签订合同、执行销售政策和信用政策、催收货款;发货部门(或岗位)主要负责审核销售发货单据是否齐全并办理发货的具体事宜;财会部门(或岗位)主要负责销售款项的结算和记录、监督、管理货款的回收。

不得由同一部门或个人办理销售与收款业务的全过程。适当的职务分离应重点关注以下几个方面:接受销售订单、收款应与发货职能相分离;批准赊销、开出发票和收取货款的职能应相互分离;发货通知单的编制人不能同时执行存货的提取、产品的包装和托运工作;销售和收款应与记账职能相互分离;填制发票的人员不能同时复核发票;办理退货实物验收的人员必须与退货账务记录分离;应收账款记录人员不能担任该账目的核实工作;应有独立人员定期审核销售和收款业务的合规性、合理性和会计记录的正确性、及时性等。

有条件的企业应当建立专门的信用管理岗位,负责制定企业信用政策,监督各部门信用政策的执行情况。信用管理岗位与销售业务岗位应分设。企业应当根据具体情况对办理销售与收款业务的人员进行岗位轮换。

7.4.2 销售与收款的授权批准制度与执行情况

企业应当对销售与收款业务建立严格的授权批准制度,明确审批人员对销售与收款业务的授权批准方式、权限、程序、责任和相关控制措施,规定经办人的职责范围和工作要求。

对于超过企业既定销售政策和信用政策规定范围的特殊销售业务,应当进行集体决策,防止决策失误而造成严重损失。销货部门首先应认真审查收到的顾客订单,确定其订购品种、数量是否可行,并且应审查顾客的资信情况和赊销限额,之后才可填制销货通知单,送往仓库经审核后发运商品。对销售折让、退回或坏账注销等业务都要严加审核和控制。

审批人应当根据销售与收款授权批准制度的规定,在授权范围内进行审批,不得超越审批权限。

经办人应当在职责范围内,按照审批人的批准意见办理销售与收款业务。对于审批人超越授权范围审批的销售与收款业务,经办人员有权拒绝办理,并及时向审批人的上级授权部门报告。

企业应当在制定商品或劳务的定价原则、信用标准和条件、收款方式等销售政策时,充分发挥会计机构和人员的作用,加强合同订立、商品发出和账款回收的会计控制,避免或减少坏账损失。企业应在减少信用管理主观因素的同时,遵循职责分离、相互制衡、风险最小化的控制原则,建立考核制度,实行应收账款责任制。可以将应收账款回笼与销售收入挂钩,将逾期应收账款催收与相应责任承担结合,落实客户资信调查、跟踪管理、分级授信、定期对账、追账催收等主要节点的控制和管理。

企业应重点检查是否存在销售与收款业务不相容职务混岗的现象，授权批准手续是否健全，是否存在越权审批行为。

7.4.3 销售合同管理与风险评估情况

销售合同可能是销售业务权力的源头，其控制流程包括合同订立、合同履行和合同后评估三个方面。其中，合同履行是一个持续性的过程，包括对合同的履行情况进行监控和合同纠纷处理等。合同控制流程如图 7.2 所示。

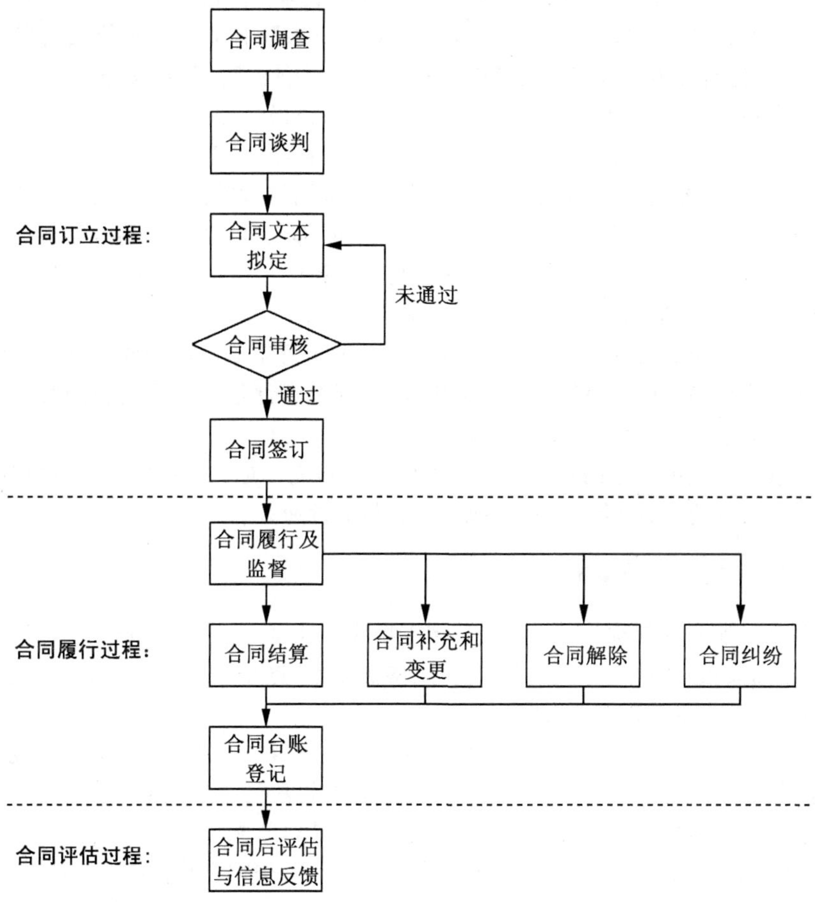

图 7.2 合同控制流程

企业应重点检查销售合同是否由专人管理并及时归档；客户的信用期限和信

用额度的调整是否经相应权限审批人员审核批准；应收款项一旦出现逾期，是否责成有关业务人员制订有时间限制的催讨计划，并落实有效监督；尤其应当关注信用风险和合同风险评估，防范出现经营失败。

合同风险是指在合同的签订和履行过程中，由于没有完全遵照法律法规发生法律纠纷而导致企业被诉、败诉的可能性。常见的合同风险有：①因合同条款不完备或只订口头合同而导致合同无效或责任不清。②对债务人企业的关、停、并、转等情况不密切关注，导致在对方清算过程中不能及时介入并参加受偿。③不善于利用法律手段来保障自己债权的实现。例如，在依据合同占有对方财产而对方不给付款项时，不依法采取留置措施；在对方对第三人享有债权时不依法行使代位权；在对方擅自向第三人转移资产以逃避债务时，不依法行使撤销权等。④一些债务人企业由于不及时行使自己的请求权，使自己的权利失去法律保护。

为了规避合同风险，在签订合同时应细心、认真，严格遵守有关法律法规，力求合同条款完备、准确，不产生歧义。重大合同可以请律师帮助签订，甚至请公证机关进行公证。此外，在签订借贷、买卖、货物运输、加工承揽等合同时，债权人为了保障其债权的实现，可以严格依照《中华人民共和国担保法》的有关规定，通过保证、抵押、质押、留置、定金等方式设定担保。

企业应当建立合同履行情况评估制度，至少于每年年末对合同履行的总体情况和重大合同履行的具体情况进行分析评估，对分析评估时发现的合同履行中存在的不足，应当及时反馈信息并加以改进。

企业还应当健全合同管理考核与责任追究制度。对合同订立、履行过程中出现的违法违规行为，应当追究有关机构或人员的责任。

7.4.4 发票管理情况

发票控制对遏制舞弊尤为重要。根据税法的规定，企业必须按规定开具、保管发票，还需要按规定取得发票。不能使用虚假发票，这是一条严格控制的“红线”；但在现实中，发票管理问题很多。

在经济活动中，非法取得或填制、伪造或变造增值税发票等原始凭证以骗取收支，会计人员依据不真实的原始凭证进行核算等非法行为会导致一系列会计信息失真。随着经济体制多元化，经济业务复杂化，票据已成了一些不法分子偷税漏税、谋取不正当利益的工具。有的非法印制票据，不按规定使用或填写票据；有的不执行内部会计监督制度，经济业务的审批、经办全由一人包揽；等等。为此，企业应重点检查发票管理的执行情况是否符合有关规定，如发票是否由专人保管，是否由专人办理领用登记手续，包括销售发票涉及的重要凭证，如销售通知单、发货凭证等。

如果因发票失控出现问题而引发税务风险，作为具体负责发票管理的财务部门自然责无旁贷。但除了财务部门外，业务部门作为企业具体业务的实施部门，也应承担相应的责任。尤其是增值税专用发票，更应设计严密的控制体系，以确保每一张增值税专用发票被纳入监控范围（如图 7.3 所示）。

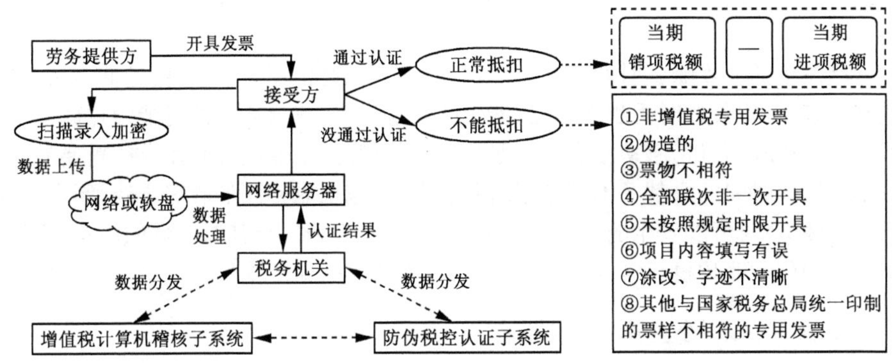

图 7.3　增值税专用发票监控体系

税务风险管理存在不少"雷区"，包括应该防范虚开增值税专用发票而引发的行政及刑事风险。根据《中华人民共和国刑法》的规定，虚开增值税专用发票的，"处 3 年以下有期徒刑或者拘役，并处 2 万元以上 20 万元以下罚金；虚开的税款数额较大或者有其他严重情节的，处 3 年以上 10 年以下有期徒刑，并处 5 万元以上 50 万元以下罚金；数额巨大或者有其他特别严重情节的，处 10 年以上有期徒刑或者无期徒刑，并处 5 万元以上 50 万元以下罚金或者没收财产"。

7.4.5　应收款项监控情况

企业应重点检查销售收入是否及时入账，应收账款的催收是否有效，坏账核销和应收票据的管理是否符合规定，应收账款的管理过程是否遵循职务分设、相互制衡的原则等。

销售部门应与财务部门建立每月财务对账制度，对账过程和结果应留有书面记录，对账差异应限期查明、调整。财务部门提供应收账款账龄清单及有关财务报表，发现情况异常时应及时发出警报。对应收账款管理过程中有法律追索权的原始凭证应归档并由专人保存。销售部门应建立与客户的定期对账制度，年度应由规定的非销售部门对重点客户进行函证；对账和函证结果应当留有记录，差异应及时报告和处理。

企业的应收大于应付，说明资金被其他单位占用了，这不仅会丧失机会收益，而且会由于资金外流而造成资金短缺，产生资金周转不平衡。

应收款项管理的重点是应收账款。应收账款具有促进销售、减少存货的功能，但增加应收账款会增大机会成本，增加收账等管理费用，还会增加坏账损失。企业应充分利用信用标准、信用条件和收账政策，加速应收账款的回笼，不断降低应收账款占销售额的比重，这既与销售业绩和盈利业绩相关，也与现金流量和收益质量相关。

已发生的应收账款时间长短不一，有的尚未超过信用期，有的已逾期拖欠。一般来讲，逾期拖欠的时间越长，账款催收的难度越大，成为坏账的可能性也就越大。因此，进行账龄分析，密切注意应收账款的回收情况，是控制应收账款的重要环节。对不同拖欠时间的账款及不同信用品质的客户，应采取不同的收账方法，制定不同的收账政策；对可能发生的坏账损失需有所准备，充分估计其对损益的影响。对尚未过期的应收账款也不能放松管理与监督，以防发生新的拖欠。

7.4.6 私设“小金库”的监控情况

账外设账表现为在法定会计账簿之外，另设一套或多套账簿，用于登记没有纳入法定会计账簿之内统一核算的其他经济业务事项，以达到种种非法目的。账外设账是滋生“小金库”的温床，是产生虚假会计资料的根源，直接影响会计资料的真实、完整，是一种极为严重的违法行为。

从查处的“小金库”的情况看，涉及范围包括行政事业单位、企业、各类团体和临时机构等。例如，上海 2010 年开展的国有及国有控股企业、社会团体的“小金库”专项治理中，国有及国有控股企业和社会团体自查发现“小金库”641 个，金额 15 950.48 万元；重点检查发现“小金库”14 个，金额 643.13 万元；国有及国有控股企业受行政处罚人数 3 人，受行政处罚企业个数 1 户，受企业内部处理人数 32 人，受党纪处理人数 3 人，移交司法机关处理人数 6 人，通报的案件数 1 件；社会团体受行政处罚单位 2 个，组织处理 1 人，通报案件 3 件。“小金库”专项治理工作取得了阶段性成果。

实证分析 7.5 | 如何有效遏制形形色色的“小金库”？

2007 年年末，江苏省沛县审计局在对某企业主管部门进行审计时，采取内部控制制度测评、广泛审前调查、突击现金盘点、审查相关会议记录并实施账账核对、财务核算与业务工作核对等方式，一举查出该企业采取将下属单位上交的资产转让等收入单独设置流水账、虚报离休干部经费、收入不入账等手段，隐瞒收入设置“小金库”6 个，私存私放资金达 1 392 万元的严重违规问题。

在审前调查阶段，审计组通过走访有关职能部门了解到，该系统的资产转让收入可能未纳入大账统一核算，有关部门对主管部门进行检查问起这部分收入时，说账在基层单位；对其基层单位检查时，基层单位说账都让主管部门收走了，从而长期逃避有关部门的监管。这一重要线索引起了审计人员的高度重视。

审计人员首先对现金进行了突击盘点，未发现异常情况。随后审查了有关明细账，也未发现审前调查所了解的情况。询问财务人员，财务人员说前几年基层单位确有资产转让收入，但都是由我们主管部门审批后各记各的账，这两年各单位的资产都卖光了，也就没有这块收入了。难道审前调查了解的情况有误？此案一度陷入困境。

审计人员在审查"其他应付款"明细账时发现了一个名为"基层单位"的分户明细账，该分户明细账的期末余额高达246万元。本应按债权人设置的"其他应付款"明细账，为什么设置得如此笼统？在基层单位经济效益普遍较差的情况下，是哪些单位有闲钱借给其主管部门？这是否就是从"小金库"中借的资金？带着这些疑问，审计人员找财务科长进行了谈话。在事实面前，财务科长道出了真相。自2002年以来，该企业为了隐瞒收入，将下属单位上交的资产转让，农资管理费和房屋租赁费等收入940万元单独设置流水账并由专人以个人存款方式管理，除返还基层单位558万元、借给基层单位77万元、发生少量其他业务支出外，借给本部门使用246万元，审计时结余59万元。

初战告捷，审计人员决定进一步进行拉网式的排查。首先，进一步审查该企业的"其他应付款"明细账，发现欠破产组10万元；其次，审查"其他收入"明细账，发现"老干部办公室"交来离休干部医药费2万元；最后，查阅该企业的会议记录，发现其所属化肥厂设备转让款318万元和地块开发借款100万元。带着这些疑点，审计人员再次找财务科长、现金出纳和资产会计进行谈话，通过摆事实和政策攻心，他们分别提供了3个"小金库"的资料：

一是私存私放某罐头厂小工工资款17万元。2005年4月，该罐头厂破产组交给该企业财务科罐头厂小工工资款17万元，交接后至审计时共发放175人5.66万元，账面反映2006年6月该企业借用罐头厂小工工资款10万元，余1.35万元。

二是私存私放某化肥厂设备转让等款项318万元。2005年3至4月，收取所属某化肥厂因不能按期归还银行贷款而抵押设备被转让的差价款318万元，支出302万元，结余16万元。

三是私存私放该企业地块开发借款100万元。2005年收到地块开发借款100万元，支出99.45万元，结余0.55万元。

"小金库"的形成多种多样，包括隐匿收入、虚列支出、转移资产等。"小金库"的存在也多种多样，包括股权和债权、固定资产、银行存款、现金和有价证券等形态。"小金库"往往只有企业领导等少数几个人知道，具有很大的隐蔽性。有的"小金库"虽在一定范围内公开，但在财务手续上却留有后路，使上级在检查时不易抓住把柄，待某项专门检查结束后，这部分资金又成了名副其实的"小金库"。"小金库"往往会引发群体腐败，导致企业监督制度和制约力量沦为摆设，应当引以为戒。

各企业发生的各项经济业务应当在依法设置的会计账簿上统一登记、核算，不得违反《中华人民共和国会计法》和国家统一的会计制度的规定私设会计账簿，这是对账外设账问题作出的禁止性强制规定。《中华人民共和国公司法》也明确规定除法定的会计账簿外，不得另立会计账簿。对公司资产不得以个人名义开立账户存储。

综上所述，任何单位都应当建立健全对销售与收款控制活动的评价与监督制度，明确检查机构或人员的职责权限，定期或不定期地进行检查。销售与收款评价和监督的对象就是其控制目标的实现情况与实现程度，谨防收入失控风险。在监督检查的过程中，凡是发现销售与收款内部控制存在缺陷的，应当及时报告，并采取措施予以纠正。

经典案例评析

利用销售发票进行舞弊，从而转移或隐匿收入的手段五花八门，不胜枚举：

(1)不开发票。这种情况多发生在罚没收入、提供劳务和出售账外物资等活动中，或者按领导旨意不开发票，交存小金库或私自瓜分等。

(2)开白发票。这种情况俗称打白条，即在白纸上书写证明收支款项或领发货物的字样。有些企业以收据代替发票，或以发票存根联、记账联冲作报销单。还有的企业不按规定用途开具发票，甚至采用假发票等。

(3)虚开发票。某些企业为了入账方便或个人谋求私利，采取在发票上虚列商品名，虚报价格、数量、日期等以此蒙混过关。

(4)阴阳发票。这种情况俗称大头小尾发票，发票的存根联、记账联、收款联和报销联前后填开不一致的数量和金额，并将差额挪作他用。

(5)金蝉脱壳。有些企业在办理税务登记、领购发票并经营一段时间后，踪影全无，变成了逃亡户，发票也不知去向。由于发票是税款的变相体现，发票丢失可能意味着税款的流失。

(6)开票中介。有的不法商人成立所谓的公司，以出售增值税专用发票为业，赚取一定数额的手续费。

(7)拒开发票。有些个体户在生产经营过程中以没有发票为由，拒绝给购买者开具发票；或者以降价手段诱惑消费者，以达到不开发票、少缴税款的目的。

(8)黑市交易。常常有一些票贩子聚集在车站、码头、地铁等公共场所,私售一些非法发票,种类由普通发票到增值税专用发票等,一应俱全。

(9)以假乱真。在黑市交易中,有许多假的增值税专用发票。有些企业无视税法的严肃性,购买一些假发票入账,结果势必给企业带来很大的危害。

销售发票是会计正式记录销售收入的标志,若对其控制不严将会导致企业财务状况反映不实和舞弊行为的发生。为此,应特别注意以下几点:一是开票时应以有关单据为依据,如客户的购货订单、发货通知单等;二是发货通知单上需编号,以保证所有发出的货物均开单;三是发票抬头的名称应与主要客户一览表或客户购货订单相对照;四是发票上的数量必须以发货通知单上载明的实际发运货物的数量或完成的劳务数量记录为依据,并应受除记录发运数量外的其他有关人员的检查;五是发票上的价格必须以信贷部门和销售部门批准的金额或价格目录表为依据,并应受独立于销售职能的其他人员的检查;六是发票上算出的金额和其他内容应受其他独立于发票编制人的人员的复核;七是对发票总额应加以控制,即所有发票应加出合计金额,以便与应收账款或销货合计数相核对。

第 8 章　控制支出

节省支出是会计管理的传统。任何企业都应当开源节流，增收节支。支出控制的重点是采购与付款。会计控制应当确保各项支出信息的真实性和完整性以及在财务会计报告上的正确披露。

8.1　支出风险评价

8.1.1　支出控制对象

“节省每一笔支出”是“好管家”的座右铭，应当传承不息。

支出是经营过程中为获得另一项资产或为清偿债务所发生的资产的流出。支出具有目的性、可计量性和多样性等特征。不同的目的有不同的支出，会导致不同的结果。资本性支出转化为一项资产，被作为资产列入资产负债表，随着每期对资产的耗费，按照受益原则和耗费比例通过转移、折旧和摊销等方法逐渐转化为费用。收益性支出是为了取得本期收入的必要花费，作为当期损益被列入利润表。

按照配比原则的要求，收入和为换取收入而支出的费用在同一会计期间确认。产品在出售前与当期收入不能配比，其成本应按“存货”列报，是“可储存的成本”。只有产品出售时才能与当期收入配比，将存货转为当期成本，即营业成本。

期间费用是指不能经济、合理地归属于特定产品，因而只能在发生当期立即转为费用的“不可储存的成本”，包括销售费用、管理费用和财务费用。

8.1.2　支出失控风险

支出风险涉及面广，问题多，控制难度大，尤其是采购与付款业务可能是舞弊的“重灾区”。例如，采购行为违反国家法律法规，可能遭受外部处罚、经济损失和信誉损失；请购与采购未经适当审批或超越授权审批，可能因重大差错、舞弊、欺诈而导致损失；订货与合同不合理、不合法，相关审批程序不规范、不正确，可能导致资产损失、资源浪费或发生舞弊;付款与核算方式不恰当、执行有偏差,也可能导致企业资金损失或信用受损;尤其是为了企业“小团体”的利益或为了偷逃税费,大量的虚假发票与虚假支出令人震惊。

实证分析 8.1 | 虚假报销的背后反映出怎样的失控现状?

国家审计署审计长刘家义在 2010 年 6 月 23 日向全国人大常委会作 2009 年度中央预算执行和其他财政收支的审计工作报告时表示,审计署抽查 56 个中央部门已报销的 29 363 张可疑发票中,有 5 170 张为虚假发票,列支金额为 1.42 亿元。其中,8 个部门本级和 34 个所属单位在无真实经济业务背景的情况下,利用虚假发票套取资金 9 784.14 万元,主要用于发放职工福利和补贴等;12 个部门本级和 37 个所属单位对票据审核把关不严,接受虚假发票报账 4 456.66 万元。如此高级别的单位发生如此严重的虚假发票案件,不仅匪夷所思,而且触目惊心。

南方航空集团的陈标采用伪造签名、虚构发票的方法,在短短两年间疯狂作案 93 次,贪污公款 103 万元。在陈标报销的一些票据中,相关“领导”“见证人”的签名都是伪造的。小到请朋友吃饭,大到家里装修,都找单位“报销”。其中,陈标最大的一笔贪污款高达 40 万元。

在一些单位,报销单据控制可能是最重要的控制点之一。尤其是对于外来单据的审核,切不可掉以轻心。报销时,必须将外来单据作为报销单的附件,费用单上应准确无误地填写外来单据的内容、附件张数、日期和金额等,所有报销单必须经报销人、部门负责人、财会部门负责人签字方为有效。外来单据应具备对方单位抬头、印章、日期、经济活动内容与金额等要素。

8.1.3 支出控制的具体目标

一是实行支出业务,尤其是采购与付款的职责分工与授权批准控制。
二是正确组织支出业务的各项会计核算。
三是建立和健全支出业务凭证流转与管理等制度。
四是定期清欠结算款项,保持账户记录的正确性。
五是确保支出信息的真实性和完整性以及在财务会计报告上的正确披露。

8.2 采购控制活动

8.2.1 采购失控风险

因采购行为所导致的支出(付款)通常是支出管控的重点,它包括企业购买物资或接受劳务及支付款项等相关活动。其中,物资包括原材料、商品、工程物资和固定资产等。

采购行为可能是日常生产经营活动的起点,它既是企业"实物流"的重要组成部分,又与"资金流"密切关联,还与存货管理、生产与销售等活动紧密相关,其业务发生频繁、交易金额大、运行环节多,容易产生管理漏洞。企业应当合理设置采购与付款业务的机构和岗位,建立和完善采购与付款的控制程序,加强请购、审批、合同订立、采购、验收、付款等环节的会计控制,堵塞采购环节的漏洞,减少采购风险。

从控制环节与程序风险分析,不少企业未编制采购预算,采购计划安排不合理,可能导致采购失败或者资金、资产浪费;未采用恰当的采购方式或者在招投标中存在不规范甚至违法行为,可能导致采购的产品质次价高等;采购组织形式和采购方式变更,采购进口产品等规定事项未按照要求履行内部审核或审批程序,可能滋生舞弊、造成效率低下或资金浪费;大宗设备、物资或重大服务采购业务需求未由企业领导班子集体研究决定并成立由内部资产、财会、审计、纪检监察等部门人员组成的采购工作小组,可能造成资金使用效率低下或采购产品、服务质次价高等;采购验收不规范,付款审核不严格,可能导致实际接收产品与采购合同的约定有差异、资金损失或企业信用受损等;采购业务相关档案保管不善,可能导致采购业务无效、责任不清等。

实证分析 8.2 | 采购失控必将导致舞弊发生

某供应科明文规定按线条分工负责采购业务,每个采购员分工负责某一线条上货物的询价、请购、采购、储存入库、填单签收等全过程工作,各自为政,工作不得推诿。该供应科科长在未经授权批准的前提下对采购员说:"你们的采购发票由我来复核签字,我的采购发票由你们来签字。"多年如此。

财务科是根据采购员递交的发票和有两个人签字的单据办理付款手续的,出纳与复核人员手中从来就没有采购预算,也不强求收料单要附在发票后面(制度有此规定),月末从不核查仓库物资实有数。多年来,该企业对采购与付款没有实施过专项检查、分析考核或业绩评价,内外审计也没有异议。

该供应科科长利用职务之便,钻企业会计控制形同虚设的漏洞,采用少购货多报销、多采购少入库、提高单价拿回扣等非法手段侵吞大量资金。

采购与付款是舞弊的高发环节,对此既要制度设计有效、有针对性,又要制度运行有效、注重实际操作规程与实效,否则,别有用心的人就会有机可乘。

面对诸如此类的失控现状,企业更应当通过合理设置采购与付款业务的机构和岗位,建立和完善采购与付款的会计控制程序,加强请购、审批、合同订立、采购、验收、付款等环节的会计控制,并在采购与付款各环节设置相关的记录,填制相应的凭证，建立完整的采购登记制度，加强请购手续、采购订单（或采购合同）、验收证明、入库凭证、采购发票等文件和凭证的相互核对。

8.2.2 采购业务控制流程

一个完整的采购与付款控制流程包括请购与审核供应商、核对库存、批准采购、询价与比价、确定供应商、合同会签、签订合同、收货、验收、付款与应付账款等，会涉及采购部门、验收部门、仓库（或使用部门）和财务部门等（如图 8.1 所示）。

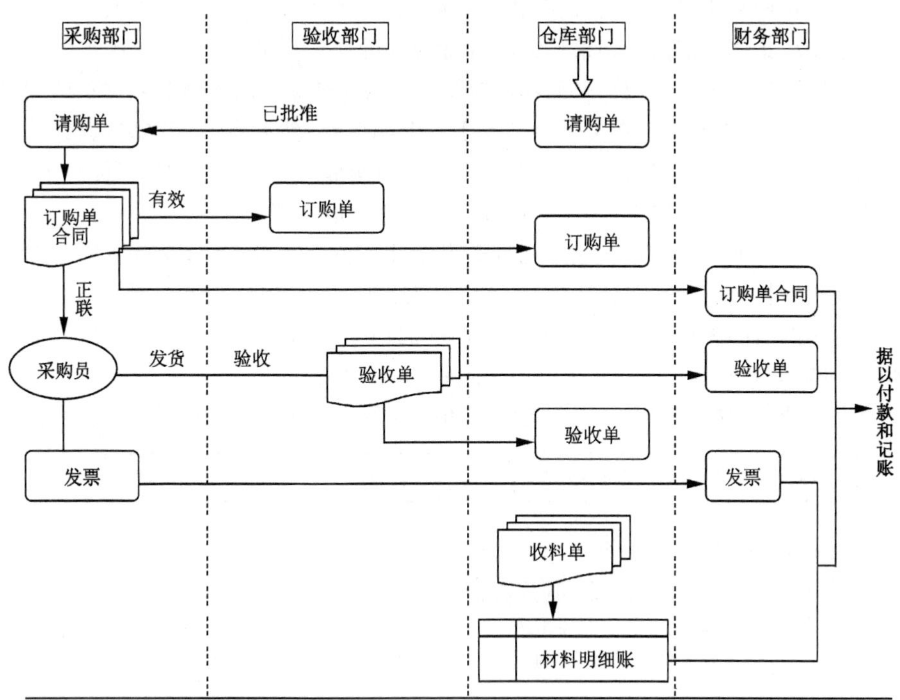

图 8.1 采购业务控制流程

不同企业的采购与付款环节可以有区别，但如图 8.2 所示的四个控制点十分关键，绝不能放松。

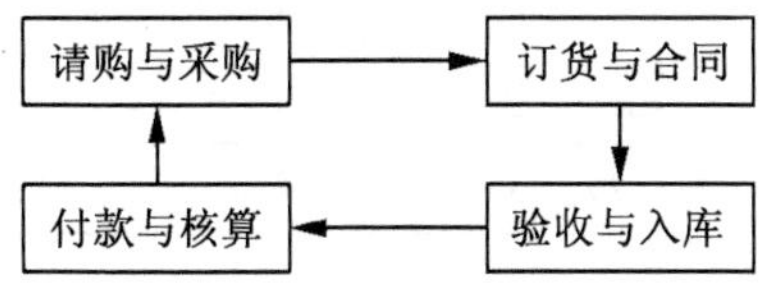

图 8.2 采购与付款控制循环

8.2.3 采购控制流程要点与控制方法

(1)请购、采购与审批控制

采购申请一般由使用部门或仓储部门提出,物资供应部门根据采购申请、年度采购计划、工程用料计划和库存消耗定额编制月度采购计划,由部门主管或其授权人员审核是否合理。若合理,则签字认可交采购部门;金额巨大或特殊采购,应由主管经理或分管采购工作的负责人审批。

请购单应注明请购部门,请购物品名称、规格、数量,要求到货日期及用途等内容。请购单是用料部门通知采购部门进货的一种业务凭证,该凭证经用料部门负责人签字后送交采购部门。采购部门应认真审核请购单上所申请购入材料的用途和需要量等,并查明库存数量是否已低于最低储备量,然后批准请购单,据此编制采购计划。因特殊原因需取消请购申请时,原请购部门应通知采购部门停止采购,采购部门应在原请购单上加盖"撤销"印章,并退回请购部门。

重要物品或劳务的请购应当经过决策论证和特殊审批程序;零星需要的物品可由使用者根据实际需要直接提出,不经采购部门审批,但使用者在请购单上一般应解释请购目的和用途,经使用部门主管审批,并经财务部门同意后,交采购部门办理采购;紧急需求的特殊请购,应制定特殊审批程序。

某企业制定的请购审批流程与请购审批权限分别如图 8.3 和图 8.4 所示。

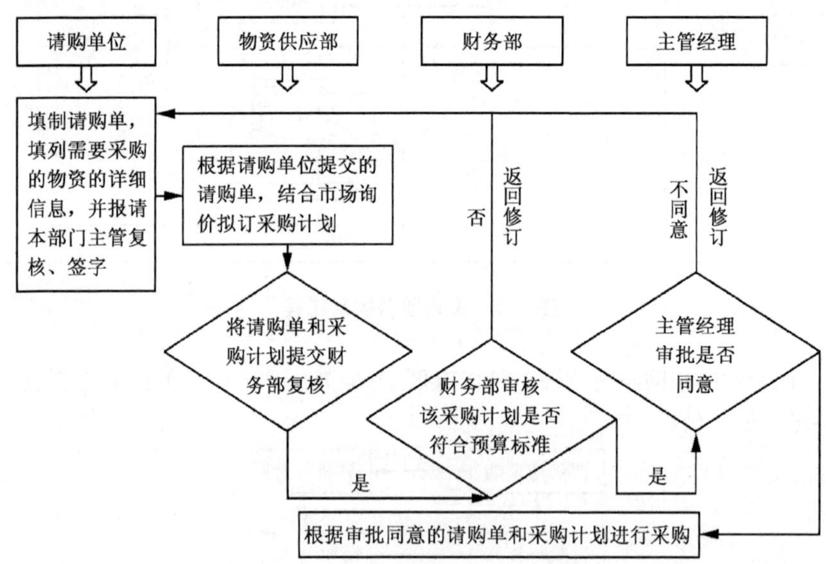

图 8.3 某企业请购审批流程

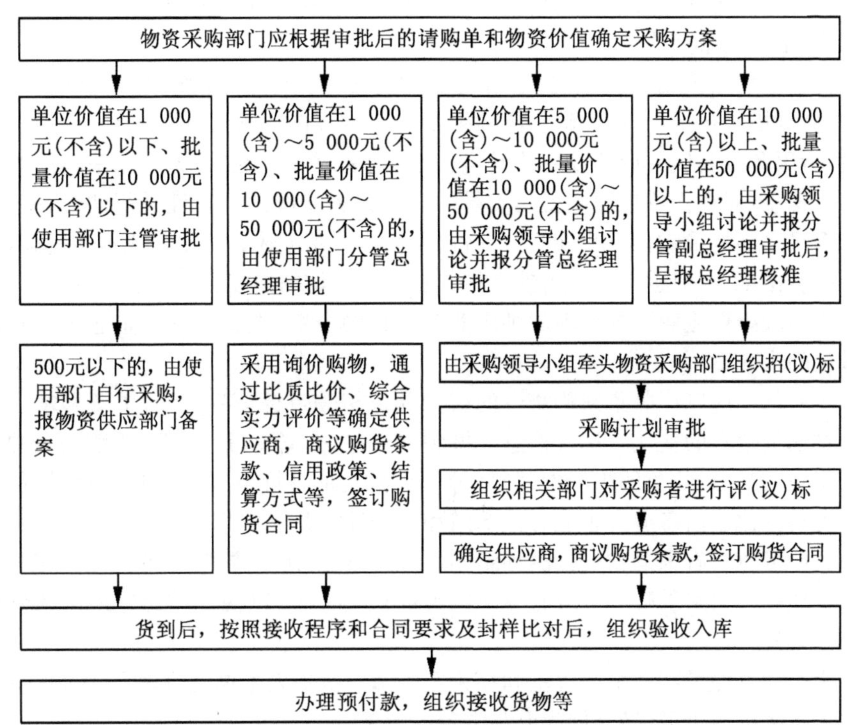

图 8.4　某企业请购审批权限

(2)订货与合同控制

订货与合同控制流程中通常有三个环节经常处于高风险领域。

一是询价与核价,这可能是采购与付款环节控制权力的源头,应予以特别关注。

采购部门接到经审批后的请购单,根据请购单对请购物品数量、质量等的要求,向不同的供应商(通常要求两家以上)询价。询价的内容至少应包括价格、质量指标、折扣、付款条件及交货时间。企业应当根据具体情况采用适当、有效的核价程序以确认采购价格。

企业应由采购部门和相关部门共同参与询价与核价程序并确定供应商,但是决定供应商的人员不能同时负责审批。

在向供应商发出订单前,一般应由专人检查该订单是否得到授权人的签字,是否有经批准的请购单作依据。复查订购单的编制过程和内容主要包括复查从请购单上摘录的资料,有关供应商的主要资料,价格、数量和金额的计算等。其中,价格须比照经验确定的标准或平均价格，以保证订购单的正确。采购部门还应建立采购档案，定期对未完成的订单进行分析。

为确保价格机制透明，应制定合理的询价程序，并重点了解供应商的相关情况，其控制措施包括：定期了解供应商的基本资料，如产品价格、质量、供货条件、信誉、售后服务以及供应商的设备状况、技术水平和财务状况等，为企业采购决策提供可靠信息；对潜在供应商应就其质量、技术、财务状况的可行性进行调查；等等。对于零星物品的采购，由于采购量小、价格不高，采用上述方式采购成本会过高，一般授权直接采购，但也应形成由独立的人员抽样暗访的制度。

二是选择供应商。根据不同供应商所提供的资料，选择有利于企业生产和成本最低的供应商。

供应部门应广泛收集采购物资的质量和价格等市场信息，及时了解和掌握主要采购物资信息的变化。比价信息应做到规范化、有宽度，且要编制采购物资的价格分析表，提供近几年的市场价、国际价、国内价、最高价、最低价和平均价等价格要素资料。比价信息应由企业有关部门和总经理室共享。

企业可对所有采购物资按品种编制比价表，包括比价要素、比价择优工作时限和市场预测。大宗采购一般应有 3 个以上的供货单位，以便比质比价采购和供核价部门审核。

主要物资的采购应由经理室和相关业务部门负责人根据比价表和比价信息进行比价择优集体决策，确定供应商和限定的价格。

大宗物资的采购应采用招标的方式。可组成招标小组，按招标机构(物料供应中心或招标代理机构)根据采购人的委托编制招标文件、发布招标公告、递交投标文件、开标及投标文件的评审，从质量、技术性能、价格、售后服务、付款方式等多方面综合评估，进行优选，按规定的决标工作程序确定中标单位并公开招标方案。

日常物资采购由采购部门按批准的计划，在限价范围内详细填写(物资采购申报单)，按比价择优原则提出初选供应商和价格的意见，并由部门领导审核后报核价部门核准。

三是订立合同。合同是商事活动中履约的承诺，是一种信用责任，应予以特别关注。企业应由采购部门下订单或起草购货合同并经授权部门或人员审核、审批。

向确定的供应商发出订单应事先顺序编号，列示内容应适当。订单应分送请购部门、收货部门和财务部门，购货合同应分送财务等部门。

固定资产、专项物资和大宗原材料的采购一般涉及金额较大，发出订单之前可能还需要实地查看或取样。

企业可以根据物品或劳务等的性质及其供应情况确定采购方式。一般物品或劳务等的采购应采用订单采购或合同订货等方式，小额零星物品或劳务等的采购可以采用直接购买等方式。

采购部门在发出订单并办妥预付款手续后，供货单位是否能按订单所定的条件交货，需采购部门经常关注。采购人员在必要时可到供货单位查看产品的生产进度并检查质量，以保证供货单位按条件发货。同时，采购人员还应掌握本企业的生产进度，以确保供货单位的交货能够满足本企业的生产需要。采购部门对后续检查工作应进行记录，以全面掌握材料的供应情况。

采购人员一旦发现供货单位有异常情况或有上当受骗的可能，应及时报告主管部门并及时处理，尽量减少与挽回损失。

(3)验收与入库控制

收货部门在货运单上签字之前，应通过计数、过磅或测量等方法来证明货运单上所列示的数量，同时还应在可能的范围内对货物的质量进行检验(如检验有无因运输损失而导致的缺陷等)。

对货物的质量检验需要有一定的专业知识或必须经过仪器才能进行检验时，应由质检部门进行检验，并在检验报告单上签字。该报告单应构成收料单的内容。

每项收到的货物都必须在检验之后填制事先顺序编号的收料单。收料单至少应包括供应商名称、收货日期、货物名称、货物数量、货物质量、运货人名称和原订单编号等。收料单应分送采购部门和财务部门。

经验收合格的货物应交适当场所存储或直接交使用者。

采购部门在接到收料单后，若发现货物数量和质量不符合订单要求，应及时与供应商联系，并分别情况按以下程序进行控制：①数量不足一般要求供应商予以补足，质量上的问题应决定是退货还是要求供应商给予适当的折让；②采购部门决定退货后，应编制退货通知单，授权运输部门办理退回手续；③如果采购部门向供应商提出折让要求，当合适的折让金额经双方确定后，财务部门应指定专人审核原始凭证的合法性、真实性与合理性；④发生退货与折让均应取得供应商开出的红字发票；⑤退货通知单、红字发票等凭据均应送财务部门。

企业采购、验收与会计记录工作应当分离，以保证采购数量的真实性，采购价格、质量的合规性，采购记录和会计核算的正确性。

8.3 付款控制活动

8.3.1 付款失控风险

制度形同虚设或制度不严，有章不循，从而让舞弊分子有机可乘，是支出或付款失控的基本特征。

实证分析8.3 | 采购员钻了管理失控的漏洞

戴某是江苏省仪征市工业学校一名合同制驾驶员。2007年年初,经校长办公会研究决定,戴某担任兼职采购员,负责采购机电系实验器材。

在戴某与前任采购员进行工作交接后,一笔2.5万元的采购剩余款也交给了戴某,好几个月了,依然无人问津。戴某想,何不放进自己的口袋?然而当他自己真正下手时,心里又很忐忑,这当中最让他担惊受怕的就是机电系主任周某。思来想去,他决定分给周某1万元,即使东窗事发,周某的嘴也好被"堵"住。2008年6月,戴某拿着1万元找到了周某。没想到,周某欣然笑纳了戴某拿来的1万元。

2010年7月,上海大众汽车公司年产30万辆整车的第五工厂落户仪征,以汽车专业见长的仪征工业学校迎来了前所未有的发展机遇。为更好地配套服务"上海大众",仪征工业学校经上级主管部门批准升格为仪征技师学院。

"上海大众"需要众多技术工人,培养的任务自然就落到了本土的仪征技师学院身上。随着机电系招生规模的扩大,其教学所需的器材采购数额也从当初每学期的几万元一下子上升到数十万甚至数百万元。

戴某感到"发财"的机会来了,他想机电系每个月都有数十万元的电机试验器材需要采购,自己在其中报几张发票,捞点"小钱"又算得了什么。他先后到南京、扬州等地,从不法商贩手中买来假发票,又到仪征某小商品市场私刻了南京箭石贸易公司等企业的公章。有了假发票和假公章,以后的每次采购,戴某都堂而皇之地由自己开票,发货清单也由自己伪造。而被戴某拉下水的机电系主任周某不仅没有怀疑,反而积极地帮助戴某提高采购计划,不假思索地签字审批。

仅2008年6月至2011年6月的3年时间里,戴某就利用担任采购员的便利,单独或与同案人周某共谋报销虚假发票8次,金额高达16万余元,其中,个人分得赃款11万余元。

2011年年初,仪征市审计局在对仪征技师学院财务账目进行例行审计时,发现该学院账目混乱,发票的审批手续很不健全,有超计划采购等异常情况。

在这起采购与付款的舞弊案件中,学院出于对戴某的信任以及存在的管理漏洞,给了采购员以及系主任实施舞弊的机会,学院在采购计划、请购、实施、验收以及入账、付款等环节都存在较严重的漏洞。

第一,采购备用金管理较为松懈。在戴某接任采购员时,有一笔2.5万元的采购金是从前任采购员处交接过来的,由于学院管理上的松懈,长时间无人问津,不久就被戴某私自侵占了。可见,学院岗位交接工作并不规范。涉及资金交接的时候,财务应参与监交,对资金的保管进行监督。

第二,采购计划未结合预算进行控制。采购计划是采购的起始,往往是采购的

第一道控制环节。本案中的采购计划可以从以下两个方面加以完善：一是采购计划应结合预算管理，以年度预算为标准，分解到各学期、各月份的采购计划，落实相应的预算执行责任，并且纳入绩效考核机制。超出预算的采购计划应经过学院领导的审批，以确保预算的刚性执行。二是在做好预算管理和超额审批机制的情况下，定期对采购的审批流程进行审查。需要特别注意的是，如果采购员将采购金额故意调整至低于某个审批临界点，往往就能避开审批程序，单位也要定期做好统计分析，关注特殊金额的审批流程，如以“99”结尾的采购金额等。

第三，请购环节缺乏必要的审批。戴某在每次采购时，都堂而皇之地自行开具发票和发货单，可见，学院对于请购流程缺乏必要的审批。一般来说，在采购流程中，每次采购开始之前都应该对照采购计划，由机电系的负责人或相关需求方提出申请，经学院审批认可后才能开展物资采购实施流程。

第四，采购实施环节未进行询价、比价和相应审批。单位对物资的采购都应该进行一定的询价和比价，在几家供应商中选择性价比最优的货物进行采购。而本案中，学院并没有供应商选择审批的环节，给了戴某极大的权力“指定”供应商。

第五，采购验收环节不相容职务未分离。本案显示，戴某不仅伪造发票和公章，还伪造了供应商的发货单。通常情况下，采购验收环节应由戴某以外的人员负责，并需要核对供应商提供的发货单，以作备案或交由财务入账。但本案中的采购与验收不相容职务并未分离。

第六，入账和付款环节没有进行票据的真伪检验与核对。戴某伪造发票和私刻公章，在长达 3 年的时间内多次成功拿到了结算资金，直到审计局查账时才发现。可见，财务在收到发票时，并未对票据的真伪进行检验，导致在很长一段时间内，戴某都成功地蒙混过关。财务在收到票据后要对其真伪进行初步判断，如果涉及大额发票，还可以直接上当地财税网进行查阅。采购流程一般会涉及相应的请购单、采购订单、采购发票、送货单、入库单、验收单等单据，财务在入账时也应该对这几种单据在核对无误的前提下才办理付款手续。

8.3.2 付款控制流程与控制要点

企业应当按照《现金管理暂行条例》《支付结算办法》和《内部会计控制规范——货币资金(试行)》等规定办理采购付款业务，其支付流程应当把握如图 8.5 所示的四个要点。

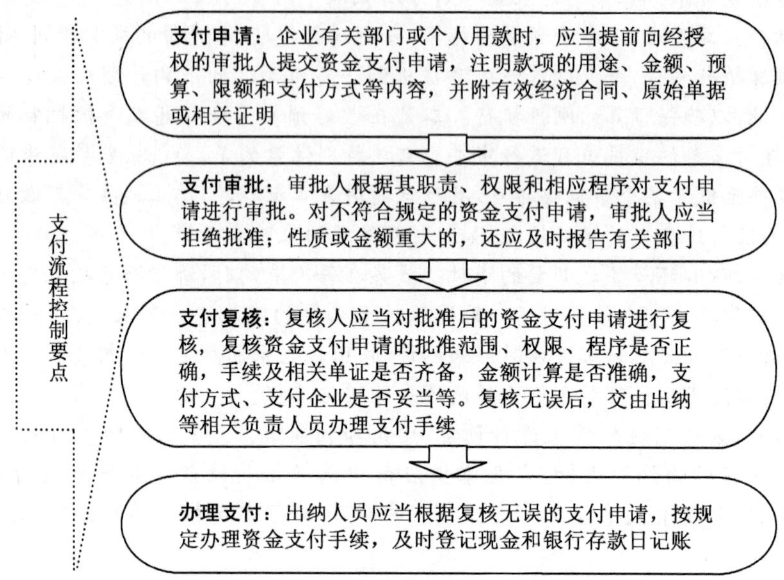

图 8.5　支付控制程序与控制要点

财会部门在办理付款业务时，应当对采购发票、结算凭证、验收证明等相关凭证的真实性、完整性、合法性及合规性进行严格审核。例如，财务部门在接到收料单后，应与购货合同、发票核对，按照合同规定的付款条件付款并登记有关账簿。付款应以经核对、核准的单证为依据进行控制。劳务采购应将采购合同、使用部门经办人与部门负责人签字后的发票和请购单核对后按合同规定的付款条件付款。

付款的审批人与付款的执行人职务应当分离，付款方式不恰当、执行有偏差，可能导致企业资金损失或信用受损。

企业应当建立预付账款和定金的授权批准制度，加强对预付账款和定金的管理。对要求预付款的大额采购，应按合同规定的付款条件预付款，在接到收料单后要与预付账款明细账核对，按合同规定的付款条件结清余款。

企业应认真审查预付款合同，必要时聘请法律顾问审查。如果是分期预付款项的，应严格分期支付手续。

一些企业由于人员较少、业务繁忙，却急于发展等原因，只要采购员买进货物，填好单据，字一签，往财务科一送，出纳员就要付款。盲目采购与监管失控可能是导致采购资金流失的重要原因之一。

实证分析8.4 | 盲目预付的失控状态

某年深圳某公司向港商订购彩电，港商要求预付半数定金，该公司求货心切，合同签订以后立即支付800万元的定金。结果因港商远离香港，潜逃无踪而血本无归。企业因求货心切，在不了解供货方信用状况和是否有货供应的情况下就盲目预付款(定金)，难免上当受骗，教训令人深思。在类似案例中，也不排斥企业内部人员利用职权，营私舞弊，内外勾结，假借预付定金的名义将资金抽走占为己有，或化公为私，予以侵吞。在纷繁复杂的市场经济中，加强付款环节的会计控制与监督检查是非常重要的。

企业应当加强对应付账款和应付票据的管理，由专人按照约定的付款日期和折扣条件等予以管理。已到期的应付款项须经有关授权人员审批后方可办理结算与支付。

企业还应当建立退货管理制度，对退货条件、退货手续、货物出库、退货货款回收等作出明确规定，及时收回退货货款。对涉及退货及折让的采购，财务部门应在接到采购部门开来的借项凭单后，与购货合同、收料单、发票、退货通知单及红字发票核对，按修改后的付款金额和付款条件付款。

企业应采用对账、函证等方法，定期或不定期与供应商核对应付账款、应付票据和预付账款等往来款项；如有不符，应查明原因，及时处理。

8.4 采购与付款监管重点

8.4.1 采购与付款的岗位分工与职务分离

企业在采购与付款循环的各项业务中，应当建立相应的岗位责任制，明确相关部门和岗位的职责、权限，确保办理采购与付款业务的不相容岗位相互分离、制约和监督，具体要点包括：①请购与审批；②供应商的选择与审批；③采购合同或协议的拟订、审核与审批；④采购、验收与相关记录；⑤付款的申请、审批与执行。

任何企业都不得由同一部门或个人办理采购与付款业务的全过程。办理采购与付款业务的人员应当具备良好的业务素质和职业道德，还应当根据具体情况对办理采购与付款业务的人员进行岗位轮换。

为此，企业应重点检查是否存在采购与付款业务不相容职务混岗的现象。例如，采购申请应由使用部门提出，采购部门采购；货物的采购人不能同时担任货物的验收工作；付款审批人和付款执行人不能同时办理寻求供应商和索价业务；货物的采购、储存和使用人不能担任财务的记录工作；付款审核人应与付款执行人职务相分离；记录应付账款的人不能同时担任付款职务；等等。

8.4.2 采购与付款授权批准制度

企业应当建立健全采购决策程序，根据采购物资的类别和所需资金量的大小实行分级分权管理，明确各级管理者，各有关部门及人员的权限、程序、责任和相关控制措施，根据授权逐级审批。

企业的生产计划部门一般会根据顾客订单或者对销售预测和存货要求的分析来决定生产授权；企业对资本支出和租赁合同通常会特别授权，只容许特定人员提出请购。

对于重要和技术性较强的采购业务，应当组织专家进行论证，实行集体决策和审批，防止出现决策失误而造成严重损失；采购合同的签订须经有关授权人员审批；采购款项的支付应经有关授权人员审批，严禁未经授权的机构或人员办理采购与付款业务。

审批人应当根据采购与付款业务授权批准制度的规定，在授权范围内进行审批，不得超越审批权限。

经办人应当在职责范围内，按照审批人的批准意见办理采购与付款业务。对于审批人超越授权范围审批的采购与付款业务，经办人员有权拒绝办理，并及时向审批人的上级授权部门报告。

企业应重点检查大宗采购与付款业务的授权批准手续是否健全，是否存在越权审批的行为。对于需要履行采购决策程序的，还应指定非采购的专门部门承担审核、抽查和监督工作。

8.4.3 采购与付款流程的检查

企业应重点检查采购部门是否根据批准的请购单编制采购计划以后与客户签订采购合同或发出订货单；是否履行了必要的询价与核价程序；是否慎重选择供货单位与供货条件，必要时派人到供货单位调查情况，了解供货单位的信誉和财务状况。应关注企业是否每年对供应商进行评估，优胜劣汰，并补充新的供应商进行新一轮的比价择优循环工作。评估和择优工作应有非采购部门参加。还应重点检查采购部门是否将比价和订货的职责分离，合同是否有规范的格式、明确的标的且符合法律法规，经审核批准后的合同是否有专人管理；是否存在未经同意越权超额采购物资的情况；等等。应关注企业是否已经建立分析制度，对采购计划的执行情况、授权和批准的实施情况以及其他采购与付款内部控制执行情况进行分析，及时发现舞弊，纠正偏差。

8.4.4 各类大额款项支付制度的执行情况

企业应重点检查大额购物款、工程款和材料设备款的支付是否符合相关法规、制度和合同的要求。例如,企业是否已经建立工程进度价款支付环节的控制制度,对价款支付的条件、方式以及会计核算程序作出明确规定,确保价款支付及时、正确。例如,应当检查办理工程项目价款支付业务是否符合《内部会计控制规范——货币资金(试行)》的有关规定,办理工程项目采购业务是否符合《内部会计控制规范——采购与付款(试行)》的有关规定等。

8.4.5 应付款项和预付账款的监控要点

一是发票价格、运输费、税款等必须与合同复核无误,凭证齐全后才可办理结算和支付货款;对于预付款的支付,不仅要与合同核对,履行审批手续,还要关注支付风险。若有销售折扣与折让或部分退货,要注意从原发票中扣除后再办理结算。会计部门有责任检查所购的货物,并在应付账款中记录。会计部门收到采购发票时,应将发票上所记的规格、价格、数量、条件及运费等与合同或订单上的有关资料核对,并与验收单上的内容进行核对和比较。

二是除了向不能转账的集体企业或个人购买货物以及不足转账起点金额的可以支付现金外,货款一般须通过银行办理转账,不得违反结算纪律,擅自支付现金或现金支票。货款支付前应由企业授权人签字,未经签字,不得向外支付货款。支票签章人签章时应仔细审核有关单据。

三是购货发票以外增加购货成本的各种费用、损失,如保管、装卸、搬运而支出的费用以及在途损耗等,必须经过会计部门的凭证审查和损耗原因分析,确定其合法性和合理性。

四是应付款项的明细分类账和总分类账应经常核对,以确保账账相符。

综上所述,任何单位都应当建立健全对采购与付款控制活动的评价与监督制度,明确检查机构或人员的职责权限,定期或不定期地进行检查。采购与付款评价和监督的对象就是其控制目标的实现情况和实现程度,谨防支出失控风险。在监督检查过程中,凡是发现采购与付款内部控制存在缺陷的,应当及时报告,并采取措施予以纠正。

经典案例评析

某健康职业技术学院巫院长从 2006 年至 2013 年 7 年间,利用职务之便,伙同他人采用虚报工资、虚开发票等手段,侵吞公款 813 万元,收受贿赂 89.5 万元。经审计,他们变造的签单竟有 1 646 份,且旷日持久,积沙成塔。

某航空航天大学数学学院孟主任于 2010 年 12 月至 2011 年 9 月间,采取伪造领导签字、虚开会议通知、虚构会议支出和办公用品支出等手段,先后多次挪用项目经费 237 万余元;2011 年 1 月至 2011 年 8 月间,通过在报销单、劳务费列表、学生助学金等列表单上伪造领导和领用人签字等方式,先后多次虚报冒领项目经费 27 万余元。

多起费用支出失控案暴露出上述单位至少存在以下重大控制缺陷:

一是费用报销审批程序不规范。被告人之所以可以冒充领导签字来骗取经费,就是由于单位对于费用报销的审批程序不规范,尤其是有领导签字的费用单可以直接放行而不再进行严格的审核。有些业务部门的相关报销人员往往跳过其他审核环节,直接找最高领导签字,这时候财务如果审核得严格,就会遭到业务人员的抱怨:“领导都批准了为什么你们还不发放。”于是,很多时候,财务往往看到最高领导签字就直接拨付。久而久之,业务人员就慢慢地敢于模仿领导的签字来骗取费用。

二是报销签字管理不严格,审查形同虚设。有些案件正是由于对签字的再复核才使问题败露的。

为了谨防类似风险,可以采取以下措施:①财务部门应该预留领导的签字,以加强对签字的真假比对,及时发现虚假签字的痕迹;②财务部门对于只有一个领导签字的报销单据必须进行仔细确认,特殊情况下可以直接报签字领导进行电话确认;③对领导的签字发票进行定期汇总或抽样报审批的领导再次确认;等等。

第 9 章　控制成本费用

成本费用(包括税费)是经营耗费的综合表现,在产品价格不变的条件下,成本费用的高低决定着盈利水平。勤俭节约、精打细算是讲效益、“练内功”的真实表现。提高经济效益,从控制成本费用开始。

9.1　成本费用风险评价

9.1.1　成本费用控制对象

成本费用是一种物化劳动和活劳动的耗费,是为了取得收入的必要支出。其中,成本是指可归属于产品成本、劳务成本的直接材料、直接人工和其他直接费用,不包括为第三方或客户垫付的款项。费用是指企业在日常活动中发生的、会导致所有者权益减少的、与所有者分配利润无关的、除成本之外的其他经济利益的总流出。

在企业中,成本费用通常由营业成本和期间费用构成,它与营业收入配比后形成营业利润。成本控制应当从各项费用的发生开始,从节约每一笔支出入手。

在竞争的市场上,如果同类产品的性能、质量相差无几,决定产品竞争力的主要因素就是价格,而决定产品价格高低的主要因素就是成本。只有降低了成本,才有可能降低产品的价格。在市场经济条件下,市场竞争日趋激烈,利润空间逐渐缩小,成本水平的高低直接决定着产品盈利能力的大小和竞争能力的强弱。因此,强化企业成本管理与控制就成为企业生存和发展的必然选择。企业应当做好成本费用管理的各项基础工作,制定成本费用标准,分解成本费用指标,控制成本费用差异,考核成本费用指标的完成情况,落实奖罚措施以降低成本费用、提高经济效益。

成本费用控制的主要环节如图 9.1 所示。

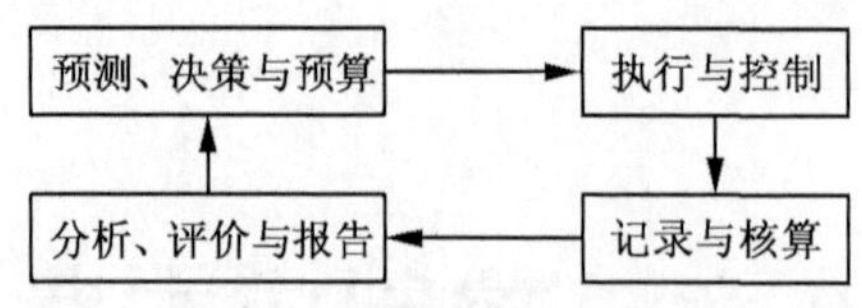

图 9.1　成本费用控制循环

9.1.2　成本费用失控风险

如何确保成本费用真实、可靠是成本费用控制面临的最大的考验。成本费用环节的真空点与失控点不少。例如，成本费用支出违反国家法律法规，可能遭受外部处罚、经济损失和信誉损失；成本费用支出未经适当审批或超越授权审批，可能因重大差错、舞弊、欺诈而导致损失；成本费用预测不科学、不合理，可能因成本费用支出超预算或者预算外支出导致企业权益受损；成本费用的核算和相关会计信息不合法、不真实、不完整，可能导致企业财务会计报告失真；等等。

实证分析 9.1　｜　“蚁贪式”伪造费用支出导致侵占大量资金

黄某是某植物园财务科的一名出纳，2006 年 9 月至 2010 年 12 月，他采取修改工资表数据、制作虚假工资表等手段，为虚构的本单位职工欧毅、屈臣等 6 人支付工资及虚增自己工资的方式，骗取该单位公款 470 余万元。

某区青少年活动中心原会计郭某于 1999 年 11 月至 2006 年 5 月间，通过虚构员工等方式冒领工资 470 万元，并买了一栋总价 500 多万元的豪宅。

有人以为工资都是通过银行发放的，风险很低；而舞弊案例表明，职位虽低的人却可以不断挪用和贪污，被称为“蚁贪”。审查这些案例后发现，单位工资编制中的不相容职务没有分离，工资信息中正式员工信息和劳务信息没有分离控制，对工资发放的核对形同虚设是发生舞弊的内在原因。“千里之坝，溃于蚁穴”。如果认真审视各项费用的发生与支付流程，谨防各种真空点与失控点，就可以防患于未然。

目前，成本费用业务管理失控的常见情形主要有成本费用不预算、不审批，缺乏严格的控制程序与方法；虚列费用，虚计成本，调节存货、成本与利润；提前或延迟分摊费用，与会计期间不配比；成本费用结转不实，任意调节；费用分配方式选用不当，随意改变；有关税金少计、错计、漏计；费用凭证不符合规范；产品退货、退料核算不正确；成本费用信息的反馈延迟或不畅；资产负债表日后发现成本费用的核算有误；等等。

9.1.3 成本费用控制的具体目标

一是实行成本费用业务的职责分工。
二是实行成本费用业务预算和审批控制。
三是正确组织成本费用业务的会计核算。
四是建立健全成本费用业务凭证流转与管理等制度。
五是定期分析成本费用,合理节约成本费用,保持账户记录的正确性。
六是保证成本费用信息的真实性和完整性以及在财务报表上的正确披露。

9.2 成本费用控制活动

9.2.1 成本费用控制流程

成本费用控制是指对整个生产经营过程中各项成本费用的发生进行引导和限制,使之按照预定的目标或预算(计划)进行的一种管理活动。

在制造业中,成本费用主要发生在生产加工循环中。生产加工循环是将原材料加工成产成品的过程,主要包括生产过程中领用原材料、加工产品支付费用、分摊各种生产费用及计算成本等各项业务,其会计控制涉及的范围如图 9.2 所示。

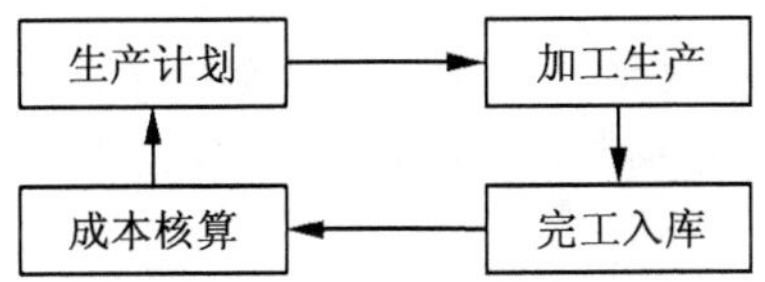

图 9.2 生产加工业务控制循环

生产计划是企业年度生产经营综合计划的重要组成部分,是企业计划期内努力实现的生产目标。生产计划是组织生产的必要前提和生产管理的中心。编制生产计划时要贯彻以销定产、以产促销的原则,合理利用企业的生产能力,做到定性分析与定量分析相结合,并要进行综合平衡。

加工生产产品的过程是劳动者与劳动资料相结合的过程,也是为生产产品而消耗一定的物化劳动和活劳动,构成产品生产成本的过程。产品生产成本一般包括直接材料、直接人工和制造费用等项目。在生产过程中,要尽可能以最小的劳动消耗取得最大的生产成果,为此必须加强工艺技术管理,合理组织劳动资源,加强计划管理和质量管理,提高生产效率。

生产的直接结果就是产品。产品完工后要经技术和质量检验,对检验完毕的产成品,在转交给产成品库时,必须编制产成品入库凭证,以明确转移责任。

企业应及时核算产品成本。成本计算因企业生产工艺过程、生产组织和管理要求的不同,应分别采用不同的成本计算方法,如品种法、分批法和分步法等。计算成本时,要进行材料费用的归集和分配、工资的归集和分配、制造费用的归集和分配等,最后计算出各种产品的成本,并采用一定的方法把各种产品的成本划分为完工产品的成本和未完工产品的成本等。

专题讨论 9.1 | 成本核算控制流程如何量身定制?

企业应根据自身生产工艺的特点及经营模式制定内部成本核算流程和账务处理程序,并建立健全以下内部会计控制制度:

第一,依据成本计算方法和管理要求设置成本计算单,明确成本计算的责任主体,建立成本会计核算系统,以成本中心或产品为对象归集成本。

第二,根据需要制定生产进度控制、产品质量控制和成本控制措施,也可选择用制定成本项目定额的方法实施控制。

第三,将原材料入库、领料、加工、成本核算、产成品入库和产品发出等各环节的相关责任具体落实到个人。应由专人定期对领料单据、成品入库凭证、制造费用发生及分摊情况、人工费用记录等进行稽核,并对成本核算的方法和结果进行复核与审查。

第四,事先对入库通知凭证、生产指令、领发料凭证、产量和工时记录、发货通知单据等自制原始凭证顺序编号,并对编号后的凭证顺序领用,对未编号的凭证不得使用。

第五,在成本核算时,应获取经相关部门确认的原始资料,如材料耗用、制造费用汇总、工费统计和完工产量等。计算成本常用的资料有:供货商发票及相应的应付账款账户资料、应收账款销售记录、原材料和存货记录、工程人工日常记录、产品盘点资料等,以上资料应及时审批和处理。

第六,定期检查存货成本、制造费用、工资和福利费分配率,保证生产成本资料的准确性。

第七,审核各项工资性支出是否符合有关规定,正确核算工资费用以降低产品成本和经营管理费用。

第八,在产品和产成品应根据有关转移证明,定期到相应部门盘点并计算成本。

第九,应严格限制成本构成资料、工艺流程资料、机密配方、技术诀窍资料和核心软件编程等内部文件的有意或无意泄露,与知情人员签订保密协议,避免不相关人员对有关资料的接触等。

从广义来看，生产加工业务循环与销售业务、采购业务、库存业务有着必然的联系，所以，成本控制不仅应当是生产加工过程的、全员参与的，还应当“提前”和“延伸”。“提前”就是加大技术投资控制、工艺技术控制和采购成本控制等；“延伸”就是将上下游资源整合起来。例如，产品生命周期成本就是指在企业内部及其关联方发生的全部成本，包括产品开发、设计、制造、营销等过程中发生的成本，消费者购入产品后发生的使用成本、维护成本，以及产品的废弃处置成本。现代控制要求积极创造条件实施全面成本控制，这是一种全员、全过程和全方位的成本控制。它与传统成本管理观念相比，在深度、广度和指导思想等方面有了很大的改变：扩大了成本控制的空间范围，增大了成本控制的时间跨度，可以充分发挥成本控制的积极效能。

9.2.2 成本费用控制要点与控制方法

(1)成本决策与预算控制

企业可以根据历史成本数据、同行业同类型标杆企业的有关成本资料、料工费价格变动趋势、人力和物力的资源状况，以及产品销售情况等，运用本量利分析、投入产出分析、变动成本计算、定量分析、定性分析、价值链成本比较分析等专门方法，对未来企业成本水平及其发展趋势进行科学预测与决策，制订科学、合理的成本管理目标。

成本预测和决策应本着费用最少、效益最大的原则，明确合理的期限，充分考虑成本预测的不确定因素，确定成本定额标准。成本预测还应当服从企业的整体战略目标，考虑各种成本降低方案，从中选择最优成本方案。

企业应当根据成本预测和决策形成的成本目标，建立成本预算制度。通过编制成本预算，将企业的成本目标具体化。成本费用预算应当符合企业的发展目标和成本效益原则。

根据成本费用预算内容，分解成本费用指标，落实成本费用责任主体，考核成本费用指标的完成情况，制定奖惩措施，实行成本费用责任追究制度。

成本预算的编制应由生产部门、销售部门、采购部门和仓储部门共同参与。对形成的预算要层层分解，力求个人和小组均有相应的控制指标。定期分析实际与预算的差异，及时调整预算。成本预算的调整也应由财务部门、销售部门批准。

企业应由最高管理当局直接或授权具体部门或人员批准计划的制订和修订。例如，具体部门有计划批准权，则应界定其权限范围。对需追加的成本费用预算，应当重新办理审批手续。

生产指令一般由生产计划部门批准，但重大生产调整或重大指令修正应由企业最高管理当局另行授权或批准。

(2)成本费用支出与执行控制

产品成本支出控制是指在生产过程中将直接材料、燃料和动力、直接人工、制造费用等各项费用支出限制在规定的标准范围内,保证企业达到降低成本的目标。

从事生产经营活动的企业可以采用标准成本、定额成本或作业成本等成本控制方法,利用现代信息技术,结合生产工艺特点,实施对成本的控制与管理,包括:①加强对材料采购和耗用的成本控制,将材料成本控制在预算范围内,应按照生产计划或耗用定额确定材料物资耗用的品种与数量,控制材料耗用成本;②建立人工成本控制制度,合理设置工作岗位,以岗定责,以岗定员,以岗定酬,通过实施严格的绩效考评与激励机制控制人工成本;③制定费用的开支范围、标准和费用支出的申请、审核、审批、支付程序,严格控制各项费用开支。

成本控制工作一般包括以下三个步骤:①采用标准成本、定额成本或作业成本等方法制定各项消耗定额和费用开支标准,并将这些定额和指标层层分解落实到各个生产部门、车间、班组和个人,使各级都有明确的控制标准和责任;②监督生产费用的实际开支,建立严格的审核制度,其中包括限额领料和费用开支的审批等;③分析成本超支的原因,采取降低成本的措施。

会计机构或人员在办理费用支出业务时,应当根据经批准的成本费用支出申请,对发票、结算凭证等相关凭据的真实性、完整性、合法性及合规性进行严格审核。

(3)产品成本记录与核算控制

企业应当建立合理的成本费用核算制度,应符合《企业产品成本核算制度》的规定,不得随意改变成本费用的确认标准或者计量方法,不得虚列、多列、不列或者少列成本费用。

由于调节成本费用直接影响损益,其手段又相当隐闭,因此,成本费用失控的问题较多,其日常核算控制应当更关注以下几个方面:

一是控制计价方法与差异分摊。采用实际成本核算产成品的企业,月终结转发出产成品的实际成本,可以采用的计价方法有全月一次加权平均法、移动加权平均法、先进先出法和个别计价法等。企业在某一个会计年度内,一般只能确定一种计价方法。计价方法一经确定,不能随意变更。有的企业出于调节当年损益的需要,在年度中间随意改变既定的计价方法,如将已经确定的加权平均法改为个别计价法,或者将先进先出法改为加权平均法等。另一些企业为了调节当年损益,在结转产品成本差异时,通过调高或压低成本差异率,多计算或少计算应结转的产品成本差异,以达到虚减或虚增利润的目的。

专题讨论 9.2　通过差异分配调节成本费用

为了调控利润增长幅度，在结转销售成本方面，可有意提高产品成本差异率，多结转产品销售成本，使利润下降。某公司某年 12 月份结转的成本差异为 330 万元。经查产成品明细账和产品成本差异明细账，并与有关账册查证核对，方知 12 月初结存产成品的计划成本为 2 000 万元，月初结存产成品的成本差异为 200 万元，本月入库产成品的计划成本为 4 000 万元，结转成本差异为 340 万元，本月应计产成品成本差异率为 9%。本月结转销售产品的计划成本为 3 000 万元，同时应结转的产成品成本差异为 270 万元。按规定计算的实际数额与账面数额对照，可以清楚地看出 12 月份多转销产品的成本差异为 60 万元(330－270)。

二是控制约当产量与成本估算。在产品完工程度的确定比较复杂，有些部件的完工程度需要采取技术方法进行测定，于是，有的企业在此做文章，利用约当产量估算等特点，调节当年损益。例如，为了虚增利润，采取多计在产品数量的作弊手段；为了虚减利润，则使用少计在产品数量的方式。某公司 12 月末在产品数量 200 台，经技术测定计算出在产品的完工程度为 50%，约当产量为 100 台。但在分配该产品应负担的全部生产费用时，将在产品折合成完工产品的数量改为 160 台，即约当产量人为定在 80%，完工程度多计了 30%，由于在产品多分配生产费用，致使完工产品相应地少计成本。随着产品的销售，也就增加了产品销售的成本，导致利润减少。

三是控制分类方法与分配方法。虚盈实亏或虚亏实盈，除调节收入外，大量的手法是调节成本费用，如不同成本费用项目之间分类的变化、相互间或在不同时间和项目间转移费用、随意改变广告费用与商标使用费的性质、随意将费用资本化或作递延费用处理、在成本费用账户中列支了不应计入成本费用的开支等。

有的企业为了调节当年损益，不按规定的分配办法分配制造费用，造成费用分配不实；采取多分摊或少分摊费用的手段作弊；采取转移成本费用的作弊手段，从本期发生的期间费用总额中转出一部分数额挂账；为了压低产品成本，期末在分配制造费用时，从制造费用总额中转出部分数额作为期间费用；将发生的部分期间费用记入“制造费用”账户，然后分配记入“生产成本”账户，期末再有意少结转完工产品成本，从而实现虚增当年利润的目的；将本期发生的生产费用在盈利产品与亏损产品之间进行不合理分配，造成盈亏不实；等等。内部会计控制对此应当予以积极防范和有效监控。

计入各种产品成本的月初在产品费用和本月发生的生产费用，应在各种产品的完工产品和月末在产品之间进行合理分配。常用的分配方法有不计算在产品成本、在产品按其年初数固定计算、在产品成本按其所消耗原材料的费用计算、约当产量比例法、定额比例法、在产品成本按完工产品成本计算、在产品成本按定额成本计算等。企业应当根据产品生产的特点选择适合本企业的分配方法，一经选定，不能随意变更。但有的企业为了调节本期盈亏，往往改变已经选用的分配方法。

专题讨论 9.3　通过成本分配调节成本费用

一些经济效益明显好转的企业，可能会将原采用的“在产品成本按完工产品成本计算”的分配方法改变为“不计算在产品成本”的分配方法。例如，某企业生产甲产品，每月完工产品和在产品的数量比例一般为 4∶1，1～11 月份采用“在产品成本按完工产品成本计算”的分配方法，每月的生产费用按完工产品和在产品的数量比例进行分配。由于生产经营状况良好，实现的利润数额已超过全年利润指标，企业为控制利润的增长幅度，在 12 月份采取了调增产品成本的措施，即将正常采用的“在产品成本按完工产品成本计算”的分配方法于 12 月份改变为“不计算在产品成本”的分配方法，使 12 月份的完工产品多分配生产费用。

一些经济效益不景气的企业，为确保利润目标的实现，会变更生产费用的分配方法。例如，某企业主要产品的原材料费用在产品成本中所占的比重较大，一直采用“在产品成本按其所耗用的原材料费用计算”的分配方法，其他费用全部由完工产品负担，但因当年目标利润难以完成，在 12 月份改为采用“在产品成本按完工产品成本计算”的分配方法，同时还采用一次多投料、少产出的办法使完工产品成本压到最低限度。该企业 12 月初在产品的材料成本为 20 万元，本月投料 250 万元，本月发生其他费用 30 万元，生产量为 3 000 件，月末完工 1 000 件，在产品 2 000 件。如按照原分配方法计算，月末在产品应分配 180 万元，完工产品应分配 120 万元。但按改变后的分配方法计算，在产品负担 200 万元，完工产品负担 100 万元。由于分配方法的改变，可使 12 月份的完工产品少负担生产费用 20 万元。

(4)成本费用评价与报告控制

成本费用内部控制报告可以实时监控成本费用的支出情况，对于实际发生的成本费用与成本费用预算(或标准)的差异，及时查明原因，并作出相应处理。

控制报告的主要内容包括：①实际成本；②控制目标，可以是预算成本或目标成本，也可以是标准成本；③两者之间的差异和产生差异的原因。实际成本反映“完成了多少”，控制目标反映“应该完成多少”，两者之间的差异反映“完成得好不好，是谁的责任”。

成本控制报告使人们注意到偏离目标的表现，从而找到发生偏差的原因，分清责任，采取纠正行动，收到控制成本的实效。纠正偏差才是成本控制最重要的目的。

9.2.3 采用先进的成本核算与管理办法

随着市场经济体制的日益完善，企业由传统生产型向生产经营型和开拓经营型转变。企业产品成本核算的目的也发生了重大变化，不仅要满足政府、股东、债权人等利益相关方的外部信息需求，还要为企业内部管理服务，从而切实提高企业的经济效益。这在客观上要求企业建立起既能计算产品实际成本，又便于成本控制和成本预测决策；既能满足宏观成本管理要求，又能满足企业内部管理要求的成本核算模式。

企业可以根据生产经营特点和管理要求，确定成本核算对象，归集成本费用，进行产品成本核算。企业内部管理有相关要求的，还可以按照现代企业多维度、多层次的管理需要，确定多元化的产品成本核算对象。

多维度，是指以产品的最小生产步骤或作业为基础，按照企业有关部门的生产流程及其相应的成本管理要求，利用现代信息技术，组合出产品维度、工序维度、车间班组维度、生产设备维度、客户订单维度、变动成本维度和固定成本维度等不同的成本核算对象。

多层次，是指根据企业成本管理的需要，划分为企业管理部门、工厂、车间和班组等成本管控层次。

随着经济的发展，我国企业产品生产制造环境发生了一定的变化，直接生产成本的比重与传统制造环境相比有所下降；同时，制造费用剧增并呈多样化，分摊标准如果只用产量、工时等单一成本动因已经难以可靠地反映各种产品的成本。引入作业成本法，可以提高对产品成本的科学化和精细化管理。作业成本法的理论基础对生产过程的描述为：生产导致作业发生，产品耗用作业，作业耗用资源，从而导致成本发生。所以，作业成本法认为企业的经营活动由一系列作业活动组成，其成本核算对象是各个作业，各个作业所耗费的生产资源就是各个作业的成本，然后按各最终产品所耗用的作业数量将各作业的成本分配计入各最终产品，从而计算出各种最终产品的总成本和单位成本。

作业成本法与传统成本计算相比，不仅分配基础（成本动因）发生了量变，而且发生了质变，它不再仅限于传统成本计算所采用的单一数量分配基准，而是可以采用多元分配基准；它也不停留于多元分配基准，而是集财务变量与非财务变量于一体，并且还特别强调非财务变量（产品的零部件数量、调整准备次数、运输距离、质量检测时间等）。这种量变和质变、财务变量与非财务变量相结合的分配基础，由于提高了其与产品实际消耗费用的相关性，能使作业成本提供“相对准确”的产品成本信息。

全球竞争加剧、生存环境变化、信息技术飞跃等不确定因素使管理者内外交困，面对竞争对手、潜在市场进入者、替代品、顾客或供应商，产品差异化战略、成本领先战略、价值链管理、作业成本核算与管理、成本持续改进、全生命周期成本、环境成本和社会责任成本等都是更精细化的战略成本思路。

9.3 纳税成本控制活动

9.3.1 纳税成本与税务风险

税，是不请自来的"第三人"，是怎么也挥不去的"影子"。税负对经营者来说是一种切切实实的责任。这种责任既有法律意义上的义务，也有投资回报方面的压力，还有瞻前顾后的多方面考虑。

纳税成本是指企业在履行其纳税义务时所支付和潜在支付的各种资源的价值，一般包括三个部分：税款、纳税费用和风险成本。

税款是直接的现金支出，即税收缴款书上所列的金额，是纳税成本中最主要的部分。

纳税费用是企业履行纳税义务时所支付的除税款之外的其他费用，如委托中介机构办理涉税事务的咨询服务费等。

风险成本一般是指因纳税给企业带来或加重的风险，如税款负担风险、税收违法风险和信誉损失风险等，包括因纳税筹划失败而产生的资产损失、进入破产清算程序所发生的费用支出等。

纳税申报无小事，税务管理对企业来说足够重要。税务风险是企业的涉税行为因未能正确、有效遵守税收法规而导致未来利益的可能损失，具体表现为涉税行为影响纳税准确性的不确定因素，结果就是多缴税或者少缴税。

美国著名会计学家亨德里克森(E.S. Hendrickson)在《会计理论》一书中写道："很多小企业的会计目的主要都是为了编制所得税申报表，甚至不少企业若不是为了纳税，根本不会记账。即使对于大公司来说，纳税亦是会计师们的一个主要问题。……税法对于提高会计实践水准具有极大影响，并促进一般会计实务的改进及一致性的保持。……通过税法还可以促进会计观念的发展。"

为了加强大企业的税收管理及纳税服务工作，指导大企业开展税务风险管理，防范税务违法，依法履行纳税义务，国家税务总局于2009年5月5日发出《大企业税务风险管理指引(试行)》(国税发〔2009〕90号)，内容包括大企业风险管理的制度与目标、税务风险管理组织、税务风险识别和评估、税务风险应对策略和内部控制、信息与沟通、监督和改进等。该指引的立法宗旨是引导大企业合理控制税务风险，防范税务违法行为，依法履行纳税义务，避免因没有遵循税法而可能遭受的法律制裁、财务损失或声誉损害。

推进税务风险管理体系以防范税务风险十分重要。税务风险管理应由企业董事会负责督导并参与决策。董事会和管理层应将防范和控制税务风险作为企业经营的一项重要内容,并建立以下税务风险管理制度:①税务风险管理组织机构、岗位和职责;②税务风险识别和评估的机制方法;③税务风险控制和应对的机制与措施;④税务信息管理体系和沟通机制;⑤税务风险管理的监督和改进机制。

企业不断优化自身税务内部控制体系是非常必要且有益的,不仅可以降低税务合规成本,而且可以减少税务审计风险。证监会在审核上市公司资格时要求律师提供税负尽职调查结果、企业主管税务部门出具其纳税情况证明等资料,以避免企业在上市前隐藏的税务风险损害未来流通股股东的利益。审计署、财政部专员办等监管部门也加大了对企业涉税事项的审计力度。目前,如何科学、有效地防范税务风险已经成为所有涉税企业共同关注的重大问题。

9.3.2 税务风险控制从税收筹划开始

税收筹划并不是纯粹的少缴税,而是纳税主体在法律允许或者不禁止的范围内所从事的一项专业性、实用性和技术性很强的事前安排与预测活动,涉及投资、融资、生产、经营、管理以及法律等多个领域,通过这些活动来维护纳税人的权益、降低纳税人的税收负担和税务风险,以获取最大税收收益。“野蛮者抗税,无知者偷税,糊涂者漏税,聪明者避税,智慧者节税,精明者进行税收筹划”。

税务控制的依据就是税法。税收筹划要求:一是正确履行纳税义务,既不错计、漏计,也不多计税负,避免无谓地增加税收负担;二是纳税人对多种纳税方案进行比较,选择最佳纳税方案,获得节税利益,其最终目标是实现企业价值最大化。而偷税、逃税是指纳税人故意违反税收法律法规,采用欺骗、隐瞒等手段不缴或者少缴应纳税款的行为,目的是为了少缴税或不缴税。偷逃税最终将会受到法律的惩处。目前,由于对税收政策理解不当、筹划目标错误、筹划人员水平低下而导致风险的现象屡见不鲜。

从筹资活动来看,筹资是企业生存、发展、获利的基础和前提,不能筹到一定数量的资金就不能取得经济效益。如何使筹资获得更大的经济效益,除了采用一定的科学方法进行筹资预测和决策外,还必须考虑筹资活动过程中所产生的纳税因素。企业要扩大生产规模,发展生产,除了动用内部积累外,主要依靠外部筹资,而外部筹资方式是多种多样的,一般有发行股票、发行债券、贷款和融资租赁等。不同筹资方式的难易程度、税款及资金成本是不同的。其所纳税的税款不仅会影响企业的现金流量和资金需要量,而且会直接或间接地影响筹资成本。

从投资活动来看,企业在进行投资预测和决策时,首先要考虑投资所获得的效益。在一定地区、一定时间内,国家为了支持或保护某一行业或某种产品的生产,往往对这一行业或产品规定一些特殊的税收优惠政策。由于各行业、各产品的税收政策不同,导致企业最终所获得的投资效益有所差别。对投资者来说,税款是投资收益的抵减项目,应纳税款的多少直接影响投资收益率,从而影响投资决策。此外,投资会在较长时期内影响企业的经济,在此期间,税制往往也会发生变化,税制的变化可能会导致对投资决策的重大影响。这说明,在进行投资决策时,不仅要考虑现行税制对决策的影响,而且要考虑税制改革对投资决策的影响。

从企业的运营活动来看,自始至终都包含着税收筹划。一般情况下,企业可以通过对存货价值的计价、固定资产折旧的计算、调节收入、提高成本、降低利润来进行税收筹划。

所得税的计算与缴纳虽然发生在盈亏核算的最后阶段,但所得税的筹划却应发生在筹资、投资、运营等阶段。通过上述各阶段的筹划,企业按照预定的目标参与经济活动,实现预计的纳税所得,只需按税法规定的税率计算缴纳所得税。企业的所有制形式与税后利润分配形式也会影响纳税利益。

成本效益分析法要求详细列出各种方案可能发生的全部预期成本和全部预期收益,通过比较分析,选择最优筹划方案,既考虑税收筹划的直接成本,又将税收筹划方案比较选择中所放弃方案的可能收益作为机会成本加以考虑。只有当税收筹划方案的成本和损失小于收益时,该项税收筹划方案才是合理的和可以接受的。在进行成本效益分析时还要注意,不能认为税负最轻的方案就一定是最优的方案。

税收筹划风险可能只发生净损失。如果由于税收筹划的原因少缴了税款,税务机关将保留无限期追索的权限,一旦被检查出来,除补缴税款外,还将承担巨额的罚款和滞纳金,甚至还要付出负刑事责任的代价。如果说税收筹划风险有收益,那也只是一时避过了税务机关的检查,但这种收益随时会引发更大的风险,而且其收益的可能性将随着税收法治的逐渐完善而越来越小。

由于税收执法的依据是税法,因此,税收筹划只能在法律许可的范围内进行,必须密切关注国家法律法规环境的变化和税收政策的变更,应当学会对已有的税收筹划方案进行修正和完善。税收筹划可以节税,但税收筹划不是万能的,其筹划空间是有限的,应坚持合法筹划,防止违法逃税。

9.3.3 避税与反避税

税是刚性的,反避税是国家税务管理的重要内容,也是世界各国税务管理机关维护国家税收主权和税收利益的主要手段之一。随着我国对外开放的不断深入和扩大,跨国投资日益增多,有的跨国企业集团为谋求自身利益最大化,往往利用境内外税收制度的差异和境内地区间税收优惠的差异等,通过企业集团内部关联交易的转让定价、资本弱化等多种方式将利润转移到国外，造成我国税收流失；同时，内资企业的避税现象也在逐渐增多。

反避税条款规定，对不具有合理商业目的的安排进行调整，是指税务机关有权对以减少、免除或者推迟缴纳税款为主要目的的安排进行调整。国家税务总局发布《特别纳税调整实施办法（试行）》（国税发〔2009〕2 号），该办法自 2008 年 1 月 1 日起施行，适用于税务机关对企业的转让定价、预约定价安排、成本分摊协议、受控外国企业、资本弱化以及一般反避税等特别纳税调整事项的管理；2010 年 11 月 1 日发出《重大税收违法案件督办管理暂行办法》的通知（国税发〔2010〕103 号）；2014 年 7 月 24 日又发布《重大税收违法案件信息公布办法（试行）》的公告（国家税务总局公告 2014 年第 41 号）；等等。我国的反避税工作正在持续进行中。

实证分析 9.2　避税与反避税的较量

某国税局稽查局在对某纺织公司的纳税情况进行检查时发现，该纺织公司自某年 10 月以后，产品的单位生产成本增长异常，利润下降与日俱增，有的月份出现巨额亏损，这与其实际生产经营情况明显相悖。稽查人员重点对该年 10 月以后生产成本中的材料领用情况进行逐笔审查，令人震惊的是，该公司竟然将大量基建材料，如圆钢、木材等直接计入生产成本，该年混入生产成本的基建材料共 1 086 万元，之后一年混入生产成本的基建材料多达 5 072 万元。稽查人员通过对生产成本中材料领用情况的逐笔审查后发现，该公司领用的“机器配件”的数量十分蹊跷，一批领用的配件恰巧可以组成一台或者数台设备或生产线。为了得到证实，稽查人员不远千里到达南方某市，在该市国税部门的大力配合下，从该纺织公司购进所谓“机器配件”的供应商处得到了纺织公司让供应商将成套设备“化整为零”开具发票的证据。经过计算，该年该纺织公司共将购进的成套设备以机器配件的名义混入生产成本达 868 万元，之后一年将购进的成套设备以“机器配件”的名义混入生产成本达 3 758 万元。

在事实面前，该纺织公司不得不承认自己的偷税事实。该年共偷逃增值税 332.18 万元，偷逃企业所得税 644.82 万元；之后一年偷逃增值税1 501.1万元，偷逃企业所得税2 913.9万元。除补缴该纺织公司两年偷逃的增值税和应加收的税收滞纳金、处以所偷税款一倍的罚款外，税务部门还将此案移交司法机关依法追究有关责任人的刑事责任。

9.3.4　税务风险控制要点与控制方法

税务风险管理主体是企业自身，进行税务风险管理的方式是依据税收法律法规的规定，通过对经营活动及税收筹划方案进行事先筹划、事中控制、事后检查与调整，尽可能规避、控制或转移税收筹划风险，降低由此而带来的经济和名誉上的损失。

(1)自发生经济业务起就重视税务风险

从产生的起点看，税务风险是企业未缴纳或未按规定缴纳税金引起的。不少企业虽然意识到税金是企业的一项成本费用，但在实际管控中，在制定成本费用预算时，几乎很少考虑将应缴纳的税金纳入预算管理。也许企业认为，税金作为一项法定义务，并非其所能控制，不需要专门进行管理，只要财务人员依据实际收入，按规定申报缴纳就可以了。正是由于这个认识误区导致企业对税金这项成本疏于管控，并常常因此而少缴税款，产生税务风险。

某经营外卖盒饭的企业，认为其经营的业务是营业税中所列的餐饮服务，在其主管地税机关按照营业税 5%的税率进行了纳税申报。3 年后，其主管国税机关在例行检查后发现，这家企业并不提供就餐场所，其外卖盒饭业务属于增值税生产、销售货物的应税业务，应缴纳增值税，并应按《税收征收管理法》的规定加收滞纳税款 0.5%的滞纳金。《税收征收管理法》第五十二条还规定:“因纳税人、扣缴义务人计算错误等失误，未缴或者少缴税款的，税务机关在三年内可以追征税款、滞纳金;有特殊情况的，追征期可以延长到五年。对偷税、抗税、骗税的，税务机关追征其未缴或者少缴的税款、滞纳金或者所骗取的税款，不受前款规定期限的限制。”由此可见，对企业偷逃的税款，税务机关可以无限期追缴。

业务部门是企业涉税行为的具体实施部门，其业务操作不当也会直接影响企业的税金成本。例如，采购部门在取得增值税专用发票后未及时交至财务部门，根据税法的规定，已经取得的这张发票超过了可认证的最长期限就不能抵扣，由此产生的税务风险就不是财务部门能够主动控制的，而应由销售部门主动控制。再如，销售部门在与客户签订销售合同时，约定发货后 20 日内收取货款并开具发票，而客户因遭受火灾无法如期付款，便与销售部门口头约定延期 1 个月付款，税款滞纳的风险在这个时候就已经产生了。因为按《增值税暂行条例实施细则》的规定，增值税的纳税义务发生时间为合同约定的收款日，并非实际收款日。销售部门往往不知晓这一规定而不会及时与财务部门沟通，更何谈采取相关措施了。

大量事实证明，对税金成本控制不力是多数企业产生税务风险的重要原因之一。换句话说，如果企业能够严格控制好税金成本的支出，就能在很大程度上防范税务风险。现实中，企业对成本进行预算管理时，主要的手段就是对成本总额进行层层分解，将控制责任落实到人。作为一项重要的成本，税金成本的控制责任也应落实到人。可以从纳税义务产生的根源入手，逐步分析、判断，到底是谁的决策和行为最终影响着企业的税金成本，谁的影响最大就应该由谁来承担控制责任。

(2)加强对税务风险的评估

评估税务风险就是对企业具体经营行为的税务风险进行识别和明确责任人,这是税务风险管理的核心内容,至少需要考虑以下几下问题:①理清有哪些具体经营行为?②分析哪些经营行为涉及纳税问题?③这些经营行为分别涉及哪些税务风险?④所有税务风险中,哪些是主要风险?⑤与这些税务风险相关的有哪些工作岗位?⑥这些岗位的相关责任人是谁?等等

鉴别税务风险应当分门别类。例如,是税收筹划方案所涉及税种的错误、纳税环节错误、纳税申报错误、税收优惠政策使用错误还是账务处理错误?税收筹划风险存在的时期是近期的、中期的,还是远期的?

税务风险评估工作的要点:①分析自检初步报告及相关资料;②汇总归类税收风险;③依据税法规定测算税收风险的大小以及损失的可能性;④依据测算结果对税务风险进行警示、排序;⑤编写税务风险评估报告,向相关业务部门提出预警;⑥建立税务风险数据库;⑦改进现有的税务风险管理模式、流程与控制点;等等。

(3)设计税务风险控制措施

设计控制措施是指为完成税务风险控制策略和目标,针对已识别的风险和相关责任人进行授权、调整以及责任的分配等,需要考虑以下因素:①谁将对控制措施的实施负责?②他将做什么?③他将怎么做?④他将在什么时候做?⑤最终税负是多少?等等

纳税情况分析主要是指通过财务数据对比分析等方法,对纳税申报情况的真实性和合理性作出判断。

对企业的税负情况可实行定额控制(也称绝对控制)和定率控制(也称相对控制)等方法。例如,企业所得税税前扣除费用的标准就是一种有限制作用的控制手段,超过标准比例将调整应纳税所得额。

税收负担率(简称税负率)是最常见的纳税情况分析指标之一,其计算公式为:

税负率=本期应纳税额÷本期应税收入×100%

任何行业、任何企业一定时期的税负率都是有规律可循的。大起大落的税负波动十分可疑。所以,对申报纳税的资料进行审核主要包括以下几个控制点:①是否按照税法规定的程序、手续和时限履行纳税申报义务,纳税申报附送的各类抵扣、列支凭证是否合法、真实、完整;②纳税申报主表、附表及项目、数字之间的逻辑关系是否正确,适用的税目、税率及各项数据的计算是否准确,申报数据与所掌握的相关数据是否相符;③收入、费用、利润及其他有关项目的调整是否符合税法的规定,亏损结转、获利年度的确定是否符合税法的规定并正确履行相关手续;④与上期和同期纳税申报的情况有无较大差异等异常情况出现;等等。

(4)关注会计政策与税收政策的区别

企业发生的任何一笔经济业务,首先要遵守企业会计准则和制度的规定,依法进行会计核算,对六大会计要素进行确认、计量、记录与报告;然后在纳税申报或年报审计时对相关涉税事项进行审核,对涉及税收政策的有关经济业务进行再确认、计量、记录与调整;最后按照现行税法的有关规定进行纳税申报。

由于企业会计的目的主要是为了真实、完整地反映财务状况、经营成果和现金流量,为管理提供有用的信息;而税法出于组织财政收入,从而依据自身的强制性、无偿性、固定性进行征收,致使两者之间的差异不可避免。《中华人民共和国企业所得税法》第二十一条对纳税调整原则要求:"在计算应纳税所得额时,企业财务、会计处理办法与税收法律、行政法规的规定不一致的,应当依照税收法律、行政法规的规定计算。"

专题讨论 9.4 | 所得与收入的差异分析

"所得"是税法上的专有名词,与会计上的"收入"(包括营业收入、营业外收入和投资收益)既有联系又有区别。

所得的内涵为应税收入,包括以货币形式和非货币形式取得的收入;其外延包括销售货物所得、提供劳务所得、转让财产所得、股息红利等权益性投资所得、利息所得、租金所得、特许权使用费所得、接受捐赠所得和其他所得;其中,其他所得又包括企业资产溢余所得、逾期未退包装物押金所得、确实无法偿付的应付款项、已作坏账损失处理后又收回的应收款项、债务重组所得、补贴所得、违约金所得和汇兑收益等。

所得也不是企业的全部收入,因为还存在着不征税收入(如财政拨款,而不是政府补助)和免税收入(如国债利息收入,直接投资 12 个月以上取得的投资收益等)。此外,企业发生非货币性资产交换以及将货物、财产、劳务用于捐赠、赞助、集资、广告、样品、职工福利和利润分配,税法上规定应当视同销售货物、转让财产和提供劳务,而在会计核算上可能没有确认为"会计收入",故需要进行纳税调整。

专题讨论 9.5 | 税前扣除费用与成本费用的差异分析

应税收入只有进行法定扣除之后的余额才依法征税企业所得税,但不是会计凭证和会计账簿中记录的已经发生的所有成本费用都可以税前扣除。企业发生的、准予税前扣除的支出,必须是真实的、与取得收入相关的、合理的支出。相关性一般是从支出发生的根源和性质方面进行判断与分析,而不是从费用支出的结果方面进行;合理性主要是看发生支出的计算与分配方法是否符合一般经营常规。

目前,企业所得税税前扣除费用的有关标准如表 9.1 所示,应当有效掌控。

表 9.1　　企业所得税税前扣除费用的有关标准

扣除项目	企业所得税税前扣除相关标准
企业缴纳社会保险	基本养老保险 22%,医疗保险 12%(其中,基本医疗保险 10%,附加医疗保险 2%),失业保险 1.7%,住房公积金 7%,残疾人保障金 1.6%,生育保险 0.8%,工伤保险 0.5%
	补充养老保险和补充医疗保险在国务院财政、税务主管部门规定的范围和标准内准予扣除
职工福利费	不超过工资薪金总额 14%的部分准予扣除
工会经费	不超过工资薪金总额 2%的部分准予扣除
职工教育经费	不超过工资薪金总额 2.5%的部分准予扣除
利息费用	不超过金融企业同期同类贷款利率计算的部分可据实扣除
业务招待费	按照发生额的 60%扣除,但最高不得超过当年销售(营业)收入的 5‰
广告费和业务宣传费	不超过当年销售(营业)收入 15%的部分准予扣除
	化妆品制造、医药制造、饮料制造(不含酒类制造)不超过当年销售(营业)收入 30%的部分准予扣除
手续费及佣金	财产保险企业按当年全部保费收入扣除退保金等后余额的 15%,人身保险企业按当年全部保费收入扣除退保金等后余额的 10%计算限额
	其他企业按与具有合法经营资格的中介服务机构或个人所签订服务协议或合同确认的收入金额的 5%计算限额
公益性捐赠	当期实际发生的不超过年度利润总额 12%的部分准予扣除

(5)加强税务信息交流和沟通

企业应建立税务风险管理的信息与沟通制度,明确税务相关信息的收集、处理和传递程序,确保企业税务部门内部、企业税务部门与其他部门、企业税务部门与董事会等企业治理层以及管理层的沟通和反馈,发现问题应及时报告并采取应对措施。

企业应建立和完善税法等相关法律法规的收集和更新系统,及时汇编企业适用的税法并定期更新,确保企业财务会计系统的设置和更改与法律法规的要求同步,合理保证会计信息的输出能够反映法律法规的最新变化。

信息交流和沟通是涉税风险工作运作平稳的“润滑油”。因为即使设计了清晰的目标和措施,由于相关部门和人员的不理解,导致责任人不能有效地执行或相关部门不能密切配合,实施效果也将大打折扣。所以要做到:①加强对风险管理涉及部门和人员的培训和沟通;②涉税风险控制策略和目标应让风险管理涉及部门和人员熟知；③涉税风险管理的流程和结果应被书面记录。

(6)积极实施税务监控活动

为了确认涉税风险控制措施在企业内部已经落到实处并取得相应的效果，采取一定的措施去监控实施效果是非常必要的。监控实施效果就是再检查税务风险管理的效果，并对税务风险管理效果进行总结的流程，目的就是要查出：①控制措施可能在哪里失效？②目标在哪里没有达到？③产生哪些新风险？④将采取什么措施解决上述问题？

尤其应当重视税务汇算清缴，减少税务风险。一年一度的汇算清缴会在年度结束后开始，这是税务控制最主要的对象。尤其是企业所得税汇算清缴，是指由纳税人自行计算年度应纳税所得额和应缴所得税税额，根据预缴税款情况，计算全年应缴应退税额，并填写纳税申报表，在税法规定的申报期内向税务机关进行年度纳税申报，经税务机关审核后，办理税款结清手续。汇算清缴至少应当关注以下几个控制要点：①是否及时向主管税务部门提出各项减免税或其他涉税审批申请；②是否存在遗漏的应税收入；③是否按照税法的规定进行税前费用抵扣，是否已调整了超标费用；④是否已调减了各项免税收入或不征税收入；等等。必要时，可安排税务审计以降低纳税风险。

(7)切实履行纳税义务

依照宪法、税收法律和行政法规的规定，纳税人在纳税过程中负有以下义务：①依法进行税务登记；②依法设置、保管账簿和有关资料，依法开具、使用、取得和保管发票；③财务会计制度和会计核算软件备案；④按照规定安装和使用税控装置；⑤按时、如实申报；⑥按时缴纳税款；⑦代扣、代收税款；⑧接受依法检查；⑨及时提供信息；⑩报告其他涉税信息。

税务风险控制是一个过程，其活动内容并无绝对固定的先后顺序，在日常经营活动中，上述活动是持续进行的，其目的是使企业保持对涉税风险的连续识别、分析、计量、控制及改进的能力，所以，上述活动贯穿于企业内部的日常经营行为，以应对企业所处的快速变化的内外部环境。

综上所述，基于防范税务风险的目标，不能把管控税金成本的责任简单地归由财务部门负责，而应贯穿于企业的整个经营过程中。只有建立起完善的、切合企业实际的税金成本控制制度，才能真正有效地识别并防范税务风险。当然，这需要对企业的经营业务及其流程有深入的了解，还需要对相关的税收政策十分熟悉，更重要的是，要在企业内部营造重视税务风险，共同防范税务风险的良好氛围。

9.4 成本费用监管重点

9.4.1 成本费用的岗位分工与职务分离

企业应当建立成本费用业务的岗位责任制,明确相关部门和岗位的职责、权限,确保办理成本费用业务的不相容岗位相互分离、制约和监督。成本费用支出不相容岗位至少包括:①成本费用预算的编制与审批;②成本费用支出的审批与执行;③成本费用支出的执行与相关会计记录。

在制造业中,成本费用的发生与生产加工业务循环有着密切的关系,其具体的职务分离表现在以下几个方面:①审批发料的人员不能同时担任仓库保管员;②生产计划的编制者应与其复核和审批人员适当分离;③产成品的验收部门应与产品制造部门相互独立,产成品的验收、保管、记账职务应当分离等;④生产用物资的保管职务应与记录职务相分离,仓储部门的职责主要是记录各种入库材料和商品的种类、数量以及实物的保管,不能同时负责有关账户的会计记录;⑤存货盘点不能只由负责保管、使用或记账中的任何一人单独进行,而应由他们共同进行。

9.4.2 成本费用授权批准制度

企业应当对成本费用业务建立严格的授权批准制度,明确审批人对成本费用的授权方式、权限、程序、责任和相关控制措施,规定经办人办理成本费用业务的职责范围和工作要求。

审批人应当根据成本费用业务授权批准制度的规定,在授权范围内进行审批,不得超越审批权限。

经办人应当在职责范围内,按照审批人的批准意见办理成本费用业务。对于审批人超越授权范围审批的成本费用业务,经办人有权拒绝办理,并及时向审批人的上级授权部门报告。

为此,企业应重点检查是否存在成本费用业务不相容职务混岗的现象,检查成本费用业务的授权批准手续是否健全,是否存在越权审批等行为。

9.4.3 成本费用预算(或目标)的执行情况

目标成本是对产品成本所规定的奋斗目标,是企业在一定时期内通过成本规划所确定的,而且是必须经过努力才能实现的成本目标。计划成本、定额成本、估计成本和标准成本等都是目标成本的表现形式,应当对其精细化、科学化,具有具体控制作用。

目标成本的综合性、先进性、科学性和约束性等特征是必须经过努力才能实现的，所以，对日常成本费用的开支具有限制或限额的作用。只有将日常的成本费用支出限定在目标成本的范围之内，才能保证目标成本与目标利润的实现。

企业应重点检查成本费用确认、计量、记录、报告的真实性和完整性，以及是否超出预算范围（或目标责任）。应对产品进行市场预测，然后根据市场预测的结果以及企业的经济资源、生产能力，确立生产任务，编制生产计划，以此指导企业的生产经营活动。每一种产品投产，应编制成本计划，并经批准后将成本指标分解到各个部门予以实施和考核。

9.4.4 控制盈亏临界点①

盈亏临界点分析是以盈亏临界点为基础，对成本、销售量、利润三者之间所进行的盈亏平衡分析。当销售量低于盈亏临界点的销售量时，将发生亏损；反之，当销售量高于盈亏临界点的销售量时，则会获得利润。盈亏临界点是个很重要的数量指标，因为保本是获得利润的基础。

当销售产品所获得的边际贡献总额等于固定成本总额时，提供这一边际贡献的销售量或销售额就是企业的盈亏临界点，即边际贡献等于固定成本时企业正处于既不盈利又不亏损的状态。盈亏临界点分析应当落实到具体产品，体现在日常的成本费用管控过程中才更有效。只有在安全边际率之上的作业才不至于亏损。安全边际和安全边际率的数值越大，企业发生亏损的可能性越小，企业就越安全。

9.4.5 分析与控制杠杆作用②

全部成本费用可以分为固定和变动两大部分。固定性成本的高低与杠杆作用相关。为了反映杠杆作用程度、估计杠杆利益和风险的高低，应当测算相关杠杆系数，控制杠杆风险的不利影响。也就是说，分析固定性成本的增减变动作用有助于控制经营风险和财务风险。

（1）经营风险

经营风险主要由经营杠杆产生。经营杠杆是指由于经营性固定成本（如固定资产折旧）的存在，导致息税前利润变动率大于销售变动率的一种经济现象，反映了企业经营风险的大小。经营杠杆系数越大，经营活动引起收益的变化也越大。收益波动的幅度大，说明收益的质量低。经营风险大的企业在经营困难的时候，倾向于将支出资本化而非费用化，这会降低收益的质量。

---

① 李敏.管理会计学[M].上海：上海财经大学出版社，2014.

② 李敏.财务管理学[M].上海：上海财经大学出版社，2015.

在固定成本不变的情况下，经营杠杆系数说明了销售额增长(或减少)所引起的营业利润增长(或减少)的幅度：销售额越大，经营杠杆系数越小，经营风险也就越小；反之，销售额越小，经营杠杆系数越大，经营风险也就越大。

在销售收入一定的情况下，影响经营杠杆的因素主要是固定成本和变动成本的金额。固定成本变大或变动成本变小都会引起经营杠杆系数的增加。这些研究结果说明，在固定成本一定的情况下，企业应采取多种方式增加销售额，这样利润就会以经营杠杆系数的倍数增加，从而盈得"正杠杆利益"；否则，一旦销售额减少，利润会下降得更快，形成"负杠杆利益"。

(2)财务风险

财务风险主要由财务杠杆产生。财务杠杆又称筹资杠杆或融资杠杆，是指由于固定性财务费用(如债务利息、优先股股利)的存在而导致普通股每股利润变动幅度大于息税前利润变动幅度的现象。

负债中包含有息负债和无息负债，财务杠杆只能反映有息负债带来的财务风险而没有反映无息负债带来的财务风险。通常情况下，无息负债是正常经营过程中因商业信用而产生的；有息负债则是由于融资需要而借入的，一般金额比较大，是产生财务风险的主要因素。如果存在有息负债，财务杠杆系数大于1，就放大了息税前利润的变动对每股盈余的作用。财务杠杆系数越大，当息税前利润率上升时，权益资本收益率会以更大的比例上升，若息税前利润率下降，则权益利润率会以更快的速度下降，此时，财务风险较大；相反，财务杠杆系数较小，财务风险也较小。财务风险的实质是将借入资金的经营风险转移给权益资本。所以，在拟订筹资方案时就应当确定适度的负债数额，保持合理的负债比率，因为负债经营能获得财务杠杆利益，同时也要承担由负债带来的筹资风险损失。

总杠杆作用是指经营杠杆和财务杠杆的连锁作用(经营杠杆×财务杠杆)。经营杠杆通过扩大销售影响息税前收益，而财务杠杆通过扩大息税前收益影响每股收益。如果两种杠杆共同起作用，那么，销售额稍有变动就会使每股收益产生较大变动。所以，影响经营杠杆和财务杠杆的因素都会影响总杠杆，如边际贡献、固定成本、息税前利润、利息等，都应当经常分析，合理考量。

利用总杠杆系数分析，在一定的成本结构与融资结构下，当营业收入变化时，公司管理层能够对每股收益的影响程度作出判断，即能够估计出营业收入变动对每股收益造成的影响。如果一家企业的总杠杆系数是3，则说明当营业收入每增长(减少)1倍时，会造成每股收益增长(减少)3倍。

分析经营杠杆与财务杠杆之间的相互关系，有利于管理层控制经营风险与财务风险，即为了控制某一总杠杆系数，经营杠杆和财务杠杆可以有很多不同的组合。例如，经营杠杆系数较高的企业可以在较低的程度上使用财务杠杆；经营杠杆系数较低的企业可以在较高的程度上使用财务杠杆；等等。公司应当根据自己的目标，在总风险和预期收益之间进行权衡，以使总风险降低到一个适当的水平。

任何企业都应当建立健全对成本费用控制活动的评价与监督制度，明确检查机构或人员的职责权限，定期或不定期地进行检查。成本费用评价与监督的对象就是其控制目标的实现情况与实现程度，谨防成本费用失控风险。

控制成本费用是企业“练内功”的表现，对于不断减少产品成本、提高经济效益具有十分重要的作用。在监督检查过程中，凡是发现成本费用控制存在缺陷的，应当及时报告，并采取措施予以纠正。

经典案例评析

某外资银行中国公司财务总监刘某5年内虚构业务，以支付软件开发维护费用等名义，通过4家外部公司“走账”侵占银行资金，俨然把供职的机构当成了私人提款机。

2007年年初，该银行需要定制一套财务自动化软件系统。得知下属职员、财务部主管周某的丈夫李某刚刚开设了一家软件公司，身为银行财务总监的刘某就将该业务交给了李某，并为此支付了10余万元的软件开发费用。期间，刘某发现银行对这笔费用根本没有任何监控。于是，他和周某夫妇商议，继续向该软件公司付款，名义是“软件维护费”。随后，由周某填写申请单，刘某签字审批，会计制作贷款凭证，将资金支付给软件公司。钱款到账后，刘某和周某夫妇按9∶1分成。

每月1～2次，每次几万元、数十万元不等，刘某等人在随后的几年时间里蚂蚁搬家式地将银行资金占为已有。2009年，刘某感到一直使用“软件维护费”的名义不太安全，于是决定更换新的名目“咨询费”。他授意周某夫妇成立一家咨询公司，按原有的操作模式和方法继续从供职的银行套取资金。到2012年6月，3个人在没有实际业务的情况下，虚设软件“维护费”和“咨询费”，将该外资银行的4 261万余元资金划至软件公司、咨询公司名下。

2009年，刘某授意朋友许某开了一家咨询公司，直至2012年6月，刘某通过许某名下的公司账户侵占银行资金1 400余万元。2012年，他又劝说朋友小赵开设公司“帮忙走账”，以同样的方式侵吞银行资金100万元。不仅如此，亲朋好友开口借钱的，刘某甚至懒得自己跑银行，干脆让下属周某操作从银行直接把钱款支付到朋友的个人账户内，金额从几千元到数万元不等。

侵吞的银行资金被分散转入刘某在不同银行的个人账户，主要去向为理财产品及房产。

在长达5年的时间里，刘某硕鼠般侵吞巨额钱款为什么没有案发？据其交代，其虽然受大中华区CEO和中国公司CEO的双重管辖，但由于前者在境外，实际无法监管，后者对费用支付无权监管，再加上中国区收入情况较为复杂，只要能盈利即可，对间接费用的控制较为松懈，也不纳入考核范围，最终导致其“一支笔说了算”。

刘某和周某分别作为财务总监和主管，串通一气，将侵吞的资金都做到了该银行中国区的“IT费用”账内。“这个账内数字实在很大，而我们每次侵占金额才几十万元，在里面并不起眼。”尽管该银行亚太区的内审部门会对财务状况进行抽查，外聘的会计师事务所也会审计，但未必能在浩如烟海的账目中发现异常，“有问题的凭证事先都被我们抽走、销毁了”。

2012年5月，该银行检查某位高管报销不实的行为时，发现某账户较为可疑，并调取原始数据，发现多笔可疑资金进出，仅2011年就有26笔，其中14笔每笔29.8万元，12笔每笔19.8万元。经查询发现，该银行中国区近年来没有向任何合理往来的账户定期支付大额资金，遂将目标锁定刘某和周某。到案后，刘某和周某夫妇对自己的行为供认不讳。

2007年至2012年6月，刘某利用职务便利，通过其实际控制的相关公司，以虚构业务、支付软件维护费、咨询费等名义侵占银行资金共计5 800余万元。其中，银行财务部主管周某利用制作财务报表、审批资金支付等职务便利，参与侵占资金438万余元，其丈夫李某亦参与实施。检察机关以涉嫌职务侵占罪对3人提起公诉。

第10章 控制会计信息

信息失真祸国殃民。会计信息的质量要求就是会计控制的既定目标。确保财务会计报告信息真实、可靠是会计控制的神圣职责。

10.1 会计信息控制目标

10.1.1 真实、可靠是会计信息质量的核心内容

会计是以货币为主要计量单位，核算和监督企业经济活动的一种经济管理工作，其经过确认、计量、记录和报告程序所生成的报表资料，可以为政府部门、投资者、债权人以及其他各个方面提供有关企业财务状况、经营成果和现金流量的重要信息，是有关方面据以进行经济决策和宏观管理的重要依据，也是考核经营者经济责任的履行情况、加强经济管理、提高经济效益的重要保证。

会计信息是人们在经济活动过程中采用会计理论和方法，通过会计实践获得反映会计主体资金运动及价值方面的经济信息。高质量的会计信息是保证信息使用者作出正确决策的基本前提，如何在最大范围内防止会计信息失真具有重要的现实意义。会计控制质量与会计信息质量休戚相关。

会计信息质量是指会计信息能否真实、全面、及时地反映会计主体的经营活动成果及财务状况，其特征是选择或评价可供取舍会计准则、程序和方法的标准，是财务控制目标的具体化，其主要功能是辨别怎样的会计信息才有助于决策。真实、可靠作为会计信息的本质属性，是会计信息质量的核心内容。

10.1.2 会计信息质量的控制目标

我国对于会计信息质量的要求主要体现在《企业会计准则——基本准则》（简称《基本准则》）第二章“会计信息质量要求”中提出的八条标准，这应当被认定为会计信息质量的控制目标。

(1)可靠性

《基本准则》第十二条指出:"企业应当以实际发生的交易或者事项为依据进行会计确认、计量和报告,如实反映符合确认和计量要求的各项会计要素及其他相关信息,保证会计信息真实可靠、内容完整。"

会计信息要有用,必须以可靠为基础,可靠性是会计信息的灵魂。如果会计信息不可靠,就会误导决策甚至产生损失。为了贯彻可靠性要求,企业至少应当做到:①以实际发生的交易或者事项为依据进行确认、计量,将符合会计要素定义及其确认条件的资产、负债、所有者权益、收入、费用和利润等如实反映在财务报表中,不得根据虚构的、没有发生的或者尚未发生的交易或者事项进行确认、计量和报告;②在符合重要性和成本效益原则的前提下,保证会计信息的完整性,其中包括应当编报的报表及其附注内容等应当保持完整,不能遗漏或者随意减少应予披露的信息,与使用者决策相关的有用信息都应当充分披露;③包含在财务会计报告中的会计信息应当是中立的、无偏的,如果在财务会计报告中为了达到事先设定的结果或效果,通过选择或列示有关会计信息以影响决策和判断,这样的财务会计报告信息就不是中立的。

(2)相关性

《基本准则》第十三条指出:"企业提供的会计信息应当与财务会计报告使用者的经济决策需要相关,有助于财务会计报告使用者对企业过去、现在或者未来的情况作出评价或者预测。"

一项信息是否具有相关性主要取决于其预测价值和反馈价值。

如果一项信息能帮助决策者对过去、现在和未来事项的可能结果进行预测,则该项信息具有预测价值。决策者可根据预测的结果作出其认为最佳的选择。因此,预测价值是构成相关性的重要因素,具有影响决策者决策的作用。

如果一项信息有助于决策者验证或修正过去的决策和实施方案,则该项信息具有反馈价值。把过去决策所产生的实际结果反馈给决策者,使其与预期的结果相比较,验证过去的决策是否正确,总结经验以防止今后再犯同样的错误。反馈价值有助于未来决策。

会计信息质量的相关性要求需要在确认、计量和报告会计信息的过程中充分考虑使用者的决策模式和信息需要。但是,相关性是以可靠性为基础的,两者之间并不矛盾,不应将两者对立起来。也就是说,会计信息应在可靠性的前提下,尽可能做到相关性,以满足投资者等财务会计报告使用者的决策需要。

(3)可理解性

《基本准则》第十四条指出:"企业提供的会计信息应当清晰明了,便于财务会计报告使用者理解和使用。"

编制财务会计报告的目的在于使用，而要有效使用会计信息，就应当让使用者了解会计信息的内涵，弄懂会计信息的内容，这就要求会计信息清晰明了、易于理解。对于某些复杂的信息，如交易本身较为复杂或者会计处理较为复杂，但其与使用者的经济决策相关的，企业就应当在财务会计报告中予以充分披露。

(4)可比性

《基本准则》第十五条指出："企业提供的会计信息应当具有可比性。同一企业不同时期发生的相同或者相似的交易或者事项，应当采用一致的会计政策，不得随意变更；确需变更的，应当在附注中说明。不同企业发生的相同或者相似的交易或者事项，应当采用规定的会计政策，确保会计信息口径一致、相互可比。"

一是同一企业不同时期可比。为了便于投资者等财务会计报告使用者了解企业财务状况、经营成果和现金流量的变化趋势，比较企业在不同时期的财务会计报告信息，全面、客观地评价过去、预测未来，从而作出决策，同一企业不同时期发生的相同或者相似的交易或者事项应当采用一致的会计政策，不得随意变更。但是，满足会计信息的可比性要求并非表明企业不得变更会计政策，如果按照规定或者在会计政策变更后可以提供更可靠、更相关的会计信息，则可以变更会计政策。有关会计政策变更的情况，应当在财务会计报告附注中予以说明。

二是不同企业的相同会计期间可比。为了便于财务会计报告使用者评价不同企业的财务状况、经营成果、现金流量及其变动情况，不同企业同一会计期间发生的相同或者相似的交易或者事项应当采用规定的会计政策，确保会计信息口径一致、相互可比，以使不同企业按照一致的确认、计量和报告要求提供有关会计信息。

(5)实质重于形式

《基本准则》第十六条指出："企业应当按照交易或者事项的经济实质进行会计确认、计量和报告，不应仅以交易或者事项的法律形式为依据。"

在多数情况下，企业发生的交易或事项的经济实质与法律形式是一致的，但在有些情况下也会出现不一致。例如，以融资租赁方式租入的资产虽然从法律形式上看企业并不拥有其所有权，但由于租赁合同中规定的租赁期相当长，接近该资产的使用寿命，租赁期结束时承租企业有优先购买该资产的选择权，在租赁期内承租企业有权支配资产并从中受益等，因此，从其经济实质来看，企业能够控制融资租入资产所创造的未来经济利益，在会计确认、计量和报告上就应当将以融资租赁方式租入的资产视为企业的资产，列入企业的资产负债表。又如，企业按照销售合同销售商品但又签订了售后回购协议，虽然从法律形式上实现了收入，但如果没有将商品所有权上的主要风险和报酬转移给购货方，没有满足收入确认的各项条件，即使签订了商品销售合同或者已将商品交付给购货方，也不应当确认销售收入。

(6)重要性

《基本准则》第十七条指出:"企业提供的会计信息应当反映与企业财务状况、经营成果和现金流量等有关的所有重要交易或者事项。"

在会计实务中,如果会计信息的省略或者错报会影响投资者等财务会计报告使用者据此作出决策的,该信息就具有重要性。重要性的应用需要依赖职业判断,企业应当根据其所处环境和实际情况,从项目的性质和金额大小两个方面加以判断。例如,我国上市公司要求对外提供季度财务会计报告,考虑到季度财务会计报告披露的时间较短,从成本效益原则考虑,季度财务会计报告没有必要像年度财务会计报告那样披露详细的附注信息。因此,中期财务会计报告准则规定,公司季度财务会计报告附注应当以年初至本中期末为基础编制,披露自上年度资产负债表日之后发生的有助于理解企业财务状况、经营成果和现金流量变化情况的重要交易或者事项。这种附注披露就体现了会计信息质量的重要性要求。

(7)谨慎性

《基本准则》第十八条指出:"企业对交易或者事项进行会计确认、计量和报告应当保持应有的谨慎,不应高估资产或者收益、低估负债或者费用。"

在市场经济环境下,企业的生产经营活动面临着许多风险和不确定性,如应收款项的可收回性、固定资产与无形资产的使用寿命、售出存货可能发生的退货或者返修等。谨慎性要求企业在面临不确定性因素的情况下作出职业判断时,应当保持应有的谨慎,充分估计各种风险和损失,既不高估资产或者收益,也不低估负债或者费用。例如,要求企业对可能发生的资产减值损失计提资产减值准备、对售出商品可能发生的保修义务等确认预计负债,就体现了谨慎性的要求。

谨慎性的应用也不允许企业设置秘密准备,如果企业故意低估资产或者收益,或者故意高估负债或者费用,将不符合会计信息的可靠性和相关性要求,损害会计信息质量,扭曲企业实际的财务状况和经营成果,从而对使用者的决策产生误导。

(8)及时性

《基本准则》第十九条指出:"企业对于已经发生的交易或者事项,应当及时进行会计确认、计量和报告,不得提前或者延后。"

会计信息的价值在于帮助所有者或者其他方面作出经济决策,具有时效性,如果不及时提供,则会失去时效和实际意义。在会计确认、计量和报告的过程中贯彻及时性,一是要求及时收集会计信息,即在经济交易或者事项发生后,及时收集和整理各种原始单据或者凭证;二是要求及时处理会计信息,即按照会计准则的规定,及时对经济交易或者事项进行确认或者计量,并编制财务会计报告;三是要求及时传递会计信息,即按照国家规定的有关时限,及时将编制的财务会计报告传递给财务会计报告使用者,便于其及时使用和决策。

企业应当建立健全对会计信息控制活动评价与监督的检查制度，明确检查机构或人员的职责权限，定期或不定期地进行检查。会计信息评价与监督的对象就是会计信息控制目标的实现情况与实现程度，谨防会计信息失真风险。

10.1.3 会计信息失控风险

目前，我国企业的会计信息失控风险很大。例如，会计核算及其财务会计报告违反国家法律法规，可能遭受外部处罚、经济损失和信誉损失；财务会计报告的编制与披露未经适当审核或超越授权审批，可能因重大差错、舞弊、欺诈而导致损失；会计核算差错或财务会计报告编制差错，可能导致结账前未能及时发现会计差错；财务会计报告披露程序不当，可能因虚假记载、误导性陈述、重大遗漏和未按规定及时披露而导致损失；等等。

10.1.4 会计信息控制的主要内容

随着改革开放的不断深入和市场经济的进一步发展，会计信息越来越受到人们的广泛重视。会计信息作为一个重要的信息来源，正时刻影响着现代经济社会的每一部分，因而会计信息使用者对会计信息的质量提出了越来越高的要求。所以，采用合理的会计行为标准管理会计行为，控制会计信息的质量，使管理者在会计行为的实施过程中识别会计信息失真的问题，尽量减少因会计工作的失误和违法而造成的经济损失，以适应社会主义市场经济发展对会计工作提出的新要求，是当前治理会计信息失控的重要任务。

会计信息控制主要体现在整个账务处理系统中(如图 10.1 所示)，落实于财务报表上。财务会计报告是会计信息报告最重要的外在形式。

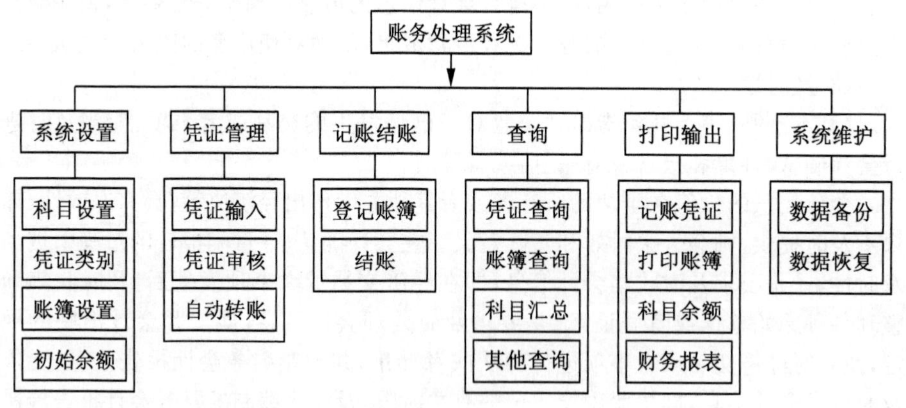

图 10.1 账务处理系统与会计信息控制

财务会计报告是指反映企业某一特定日期财务状况和某一会计期间经营成果和现金流量的文件，包括财务报表、财务报表附注及其他应当在财务会计报告中披露的相关信息和资料，可分为年度、半年度、季度和月度财务会计报告。年度和半年度财务会计报告至少应当包括财务报表、财务报表附注和补充资料。

财务会计报告及其会计信息的控制内容是多方面的，归纳起来，其具体控制规范至少包括以下三个方面：一是与财务报表项目相关的、可能会对财务会计报告的真实性产生较大影响的经济业务事项；二是与财务报表编报相关的事项，包括财务会计报告编制、公允价值、关联交易和信息披露等；三是为实现有效的财务会计报告控制所必需的事前、事中和事后制度支持的控制规范，包括预算控制、人力资源控制、计算机信息系统控制和审计监督控制等。

10.2 会计信息失真风险

10.2.1 会计信息失真分析

(1)非故意失真

非故意失真是由于会计从业人员技术熟练程度不够、粗心大意等非故意的因素造成的，它可能是大量的，甚至是难以避免的，可以通过对会计人员业务水平的培训来提高、专业精神的强化教育来改正。

会计人员在遵循会计规范提供会计信息的过程中，会由于主观判断失误、经验不足和会计本身的不确定性而造成会计信息与经济活动本意之间的出入。例如，资产减值准备的计提就是一个经常可见的问题。

(2)故意失真

故意失真是指在恶意授意下，利用会计法律法规的不完善，有目的地提供信息，或者违背会计规范和职业道德制造假账。例如，一些股份制企业，为达到提高分红数额、刺激股票市价、隐瞒营业亏损、减低甚至逃避纳税等目的，事前经过周密安排，故意“假账真做”。又如，一些企业为追求经济指标或预算任务的完成，在未达到预定目标的情况下依靠调整报告蒙混过关；只用对政绩有用的统计数字，不利的数字就加以改造，最终导致数据失真。再如，一些企业内部自我约束能力不强，在会计、统计管理上随意性较强，在有重大政策和业务出台时，钻政策的空子，对会计统计采取不负责任的态度，随意改动，更有甚者另立会计账簿，造假账，“多套账”，达到转移财产或偷逃税等目的。

实证分析 10.1 | 会计信息质量检查结果引人关注

《中华人民共和国财政部会计信息质量检查公告(第三十号)》的检查结果表明,多数企业、行政事业单位会计核算较为规范,内部控制制度逐步健全,较好地执行了《中华人民共和国会计法》和会计准则,会计信息质量进一步提升。但检查中也发现,仍有部分单位执行《中华人民共和国会计法》和相关制度不到位,在内部控制、会计核算、缴纳税款等方面存在问题:部分单位内部控制制度不健全或执行不到位,存在会计核算不实、随意调节利润、以假发票报账、违规发放补贴等问题,少数单位还存在私设"小金库"、少缴税款、编制虚假财务会计报告等问题;部分交通建设单位存在建设项目管理不规范、违规使用专项资金、滞缴少缴政府性基金和税费等问题;部分学校存在未执行"收支两条线"的规定、变相收费、资产管理不到位和挤占挪用教育专项资金等问题;部分供水、供气、供热单位存在资产管理不规范、定价机制不合理、虚报冒领财政资金、少缴税费等问题;部分中小企事业单位会计基础工作薄弱,存在白条入账、会计账簿设置不规范、会计人员无证上岗等问题。针对检查过程中发现的问题,各地财政部门依法作出了处理和处罚,责令被检查单位认真整改,追缴财政资金 16.64 亿元,追缴税款 6.78 亿元,没收及罚款 3 804.86 万元。对 124 名直接责任人员给予了吊销会计从业资格证书、罚款等行政处罚。

财政部在一次对全国 100 家国有企业年报的抽查中发现,大多数企业存在做假账的现象。在 100 家企业中,有 81 家存在资产不实的问题,共虚列资产 37.61 亿元;有 83 家存在所有者权益不实的问题,共虚列所有者权益 26.12 亿元;有 89 家存在损益不实的问题,共虚列利润 27.47 亿元。

《中华人民共和国财政部会计信息质量检查公告(第三十一号)》认为,即使是被重点监管的银行,其内部控制管理也存在薄弱环节,违规办理票据贴现、承兑业务,部分贷款项目贷前调查不充分、贷款审核及贷后管理不严,部分企业套取业务手续费和虚列费用问题较为突出。

10.2.2 会计信息造假手段

会计信息造假的手段层出不穷,现举例说明如下:

(1)无中生有,造假上市

蓝田股份在股票发行申报材料中,伪造有关批复和土地证,虚增公司无形资产 1 100 万元;伪造三个银行账户 1995 年 12 月的银行对账单,虚增银行存款 2 770 万元;将公司公开发行前的总股本 8 370 万股改为 6 696 万股,对公司国家股、法人股和内部职工股的数额作相应缩减,隐瞒内部职工股于 1995 年 11 月 6 日至 1996 年 5 月 2 日在沈阳产权交易报价系统挂牌交易的事宜。该公司通过精心打造一个骗局，以达到欺诈上市的目的。

(2)自买自卖，瞒天过海

紫鑫药业通过一条完整的内部交易链，人参交易的上、中、下各个环节均被董事长郭春生家族及其关联方牢牢把控，上市公司以及大股东可以自由调节紫鑫药业的营收规模以及利润分成情况，支撑其业绩高增长的背后是巨大的自买自卖和虚假交易。

(3)移花接木，虚假注资

吉林制药 2008 年 7 月 15 日公布了一项重组预案：拟以 8.30 元/股的价格发行不超过 90 000 万股 A 股。而这个价值 72 亿元的大单的真实价值还不到 800 万元。资产重组的上演使“麻雀变凤凰”的神话成为可能，同时也是造假的重灾区，因为注入资产的盈利情况直接关系到上市公司未来的发展，如果是将优质资产以合理价格注入，原本垂死的公司可能因此起死回生；如果是将劣质资产高价注入，为此买单的则可能是广大股民。

(4)违法披露，虚假报告

云南绿大地生物科技股份有限公司(简称绿大地)始建于 1996 年，2001 年完成股份制改造，2007 年 12 月 21 日公开发行股票并在深圳证券交易所的中小板挂牌上市。公司的主营业务为绿化工程设计及施工、绿化苗木种植及销售，注册资本为 15 108.71 万元。

绿大地造假的具体操作手法包括将公司的名称加入“生物科技”的字样，以迎合市场和投资者的喜好；注册了一批由绿大地实际控制的公司，利用其掌控的银行账户，操纵资金；伪造合同、发票和工商登记资料，虚构交易量。通过会计造假，绿大地上市前后虚增资产 3.37 亿元，虚增收入 5.47 亿元，个别资产竟然被虚增了 18 倍之多。

证监会在 2010 年 3 月以绿大地涉嫌信息披露违规立案稽查，发现公司存在涉嫌虚增资产、虚增收入、虚增利润等多项违法违规行为。2011 年 3 月 15 日，昆明市再审开庭审理。2011 年 3 月 17 日，董事长何学葵因涉嫌欺诈发行股票罪被公安机关逮捕。

上市仅仅 3 年多的时间，绿大地就更换了三任财务总监，并三次更换审计机构，而且每次都是在年报披露前夕。玄机之一可能就是在年报上存在分歧。

会计信息失真到了如此惊人的地步！绿大地造假上市的案例至今发人深省。

应当清醒地认识到，上市公司账目造假总是有先兆的。例如，公布的业绩有水分；利润缺乏现金流量支撑；利息额远高于实际支付的利息；会计师事务所被更换或主动辞去业务；财务总监更换频繁；独立董事全部辞任；大股东减持；收购与核心业务无关的业务；以发新股支付对价进行并购；等等。有时候，采用一个简单的毛利率测试法也许就可以识别造假行为。例如,某公司的毛利率大大超过同行业平均水平并且波动较大,就有可能存在造假的情况。因为正常发展的公司其毛利率一般会维持在一定的水平上。一个公司如果存在虚构的收入,往往会留下毛利率高得惊人的迹象。控制会计信息造假需要从识别虚假会计信息入手。

10.2.3 会计信息失真的主要原因

(1)利益驱动

会计信息直接影响税务机关及其他会计资料使用者的判断和决策,会计主体会因偷税或融资等不同目的,对会计信息进行不当处理。在此过程中,会计人员出于对自身工作、报酬、职务等私人利益的考虑,往往会屈从于管理者的意图,从而丧失职业道德,进而导致会计信息失真。

会计造假的原动力是利益的驱动。经济利益是最常见和最基本的造假动机,造假者通过造假旨在得到直接和间接的、现实或潜在的非法经济利益;另外,对政治利益的追逐也使造假者铤而走险。会计人员作为会计信息的直接生产者,对会计信息质量的影响发挥着重要作用。一些单位负责人不懂法,也不学法,为追逐个人和小团体的利益,或对物质财富的追求、对晋升的企盼,当这一切通过正常渠道实现不了时,就公然违反国家法律政策,指使甚至强令会计人员弄虚作假,改变企业与国家、企业与个人、个人与个人之间的利益格局和分配关系,改变衡量其政绩的各项经济指标。

(2)政府行为不规范

目前,政府的行为规则远未达到按市场经济规则办事的要求,有的地方政府直接管企业,对领导实行指标考核,而单位领导为了过关,效益好时将利润"打埋伏",完不成任务就造假。所谓"上级压下级,层层加码,马到成功",而"下级骗上级,层层掺水,水到渠成","数字出官,官出数字"。

(3)监督力度不够

我国审计监督体系中国家审计的力量远远不能满足经济发展的需要。首先是监督不到位,表现在国家对基层单位会计工作的监督仍停留在以国有单位为对象,对大量非国有单位缺乏必要的、经常性的制度化监督;同时,监督主体呈现多元化趋势,多个部门对同一单位的会计工作进行交叉检查的现象比较严重。其次是监督和再监督不力,少数企业内部审计缺乏独立性,其监督职能难以施展,监督效力偏弱;外部审计独立性虽强,但也存在会计师事务所为自身利益而对被审计单位出具审计报告避重就轻。

(4)业绩评价体系不合理

业绩评价体系把注意力集中在利润和资产收益率等财务性评价指标上,而较少运用和分析一些相关的非财务性指标,只强调企业的经营成果是否达到了既定的目标,与过去和相关单位比处于何种水平,而忽视企业是通过哪些程序来达到这种结果的,从而导致会计信息严重失真。

(5)会计人员素质及专业技能不高

一方面,会计人员素质的高低直接影响会计信息的质量;另一方面,会计人员整体职业道德素质不高,敢于与违法违纪行为做斗争的较少。

10.2.4 会计信息失真的严重危害

(1)引发会计信息信任危机

由于企业经营者的舞弊和会计从业人员的假账造成企业破产倒闭,使得投资者和债权人蒙受巨大经济损失,人们对会计工作的真实性和有效性产生更为深重的疑虑,从而引发了对会计信息的信任危机。会计信息失真成为笼罩证券市场的浓重阴影,挥之不去。

(2)以假乱真,以假驱真

粉饰财务报表,夸大经营业绩,一方面使得会计信息质量下降,另一方面使原本账面业绩很差而"出局"的企业却得以"生存"。如果"机会收益"远大于"败露成本",便会出现虚假会计信息"驱逐"真实会计信息的现象。

(3)搅混资本市场,扰乱经济秩序

资本市场是对资本资源进行再分配的场所,是对社会资源进行再配置。不同的资源配置意味着不同的经济效率。当资本市场有效率时,就会优化社会资源的配置,促进社会经济良性发展;当资本市场无效率或低效率时,则阻碍社会经济的进步。若资本市场的主体——上市公司以假账面对公众,就会给公司的投资者尤其是中小投资者带来利益侵害,产生严重的不良经济后果和社会资源配置的无序化,搅浑了资本市场,进而扰乱了社会主义市场经济。

10.3 会计信息监管重点

10.3.1 会计信息源头控制

(1)完善会计法律体系,加强会计监督力度

会计造假可能只需要玩弄数字游戏,就可"空手套白狼"。只要收益大于成本,就有存在会计信息造假的动机和需求。当会计信息失真的收入大于被查处受处罚的损失时,舞弊者会选择会计信息失真。处罚不当更会助长违规造假者的气焰。

要积极维护会计法规的权威性、严肃性,严格会计凭证填制、会计账簿登记、会

计报表编制等会计核算要求，改变目前有法不依、执法不严、违法不纠的局面。对受理不合法、不真实的原始凭证，提供虚假核算资料的会计人员，凭借职权强迫、诱使会计人员做假账、假报告，置法律于不顾，热衷于“上有政策，下有对策”的单位负责人，绝不姑息；同时，健全会计监督评价体系，加强会计法制建设，要求会计从业人员认真学习贯彻国家的会计法规和会计准则，在财务管理工作中牢固树立法制意识，充分认识提供错误会计信息所带来的危害和应承担的法律责任，对一些明知故犯的当事人给予严惩，做到有法可依。

(2)健全会计控制体系，及时发现并纠正会计失误

完善控制制度和强化监督机制是治理会计信息失真的必要条件，可以从源头上将会计信息质量落到实处。单位负责人作为《中华人民共和国会计法》的责任主体，也是落实会计监督的第一责任人，必须履行领导职责。规范会计基础工作，建立岗位责任制，明确会计事项相关人员的职责权限，明确记账人员与经济业务人员的职责权限，并使之相互分离、相互制约，有助于及时纠正和防止经营决策失误与经济舞弊，提高会计信息的真实性和有效性。积极推行财务会计报告签字和审计制度，从源头上治理会计信息失真。

(3)从会计资料源头入手，从根源上治理会计信息失真

信息系统中的原始数据失真问题好比人们日常生活中被污染的食品，通过人的嘴巴(输入)进入肠道消化吸收(加工改造)，并随着血液输送至全身(输出)。输入的是垃圾，输出的也是垃圾，而且是更高级、更有害的垃圾。“病从口入”，许多会计舞弊并不是信息系统本身出了问题，而是原始数据出了问题。抓原始凭证就是从源头上防止造假。在经济活动中，非法取得或填制、伪造或变造原始凭证，依据不真实的原始凭证进行核算等非法行为会导致一系列会计信息失真。

原始凭证是经济业务事项发生或完成时取得或填制的，用来证明经济业务事项发生或完成情况的书面证明。例如，发票不仅是纳税的重要依据，而且是会计管理的重要原始凭证。

原始凭证控制实际上就是把支出事项的外部票据控制与支出事项的内部表单控制相结合，建立对表单的总体控制体系。表单和票据要“留痕”和“有痕”，能够反映单位经济活动是否合法、合规、真实。所以，《行政事业单位内部控制规范》明确“要求单位根据国家有关规定和单位的经济活动业务流程，在内部管理制度中明确界定各项经济活动所涉及的表单和票据，要求相关工作人员按照规定填制、审核、归档、保管单据”。

单据控制主要包括以下两个方面：一是将经济活动所涉及的单据制度化。单据控制要求单位按照国家规定，并结合管理需要和自身实际情况，全面、真实地反映各类经济活动的内容及其流转过程的表单与票据。例如，有些行政事业单位的

出差报销制度规定,工作人员出差必须提交出差审批单,差旅费报销单据必须是政府采购指定的接待单位开具的住宿发票、飞机票或火车票,必须附公务卡支付结算凭证等。二是使用和管理单据规范化。相关工作人员必须按照规定使用和管理表单和票据,具体包括填制、审核、归档、保管单据的全环节和全过程,避免单据使用不当、管理不善等情况的发生。

专题讨论 10.1 | 如何从原始凭证开始根治各种舞弊?

一是应当对原始凭证连续编号。经济业务一旦发生,就加以编号或事先编号,并在业务处理完成后立即进行会计核算,可以有效减少错误发生的概率。凭证编号是凭证内容的一个重要组成部分,检查所有凭证是否编号以及是否按照规定及时处理,是会计核算常用的最基础的控制方法。控制签发凭证的数量及其编号便于查询、避免重复和遗漏,更重要的是,编号的连续性在一定程度上可以减少抽取发票、截取银行收款凭证等进行贪污舞弊的可能性。

二是完善各种凭证的传递程序。原始凭证的控制涉及整个企业的业务流程,完善流程控制就在于完善行为人的行为,并加强相互牵制,有助于追本溯源。某企业业务单据流转与控制程序如图 10.2 所示。

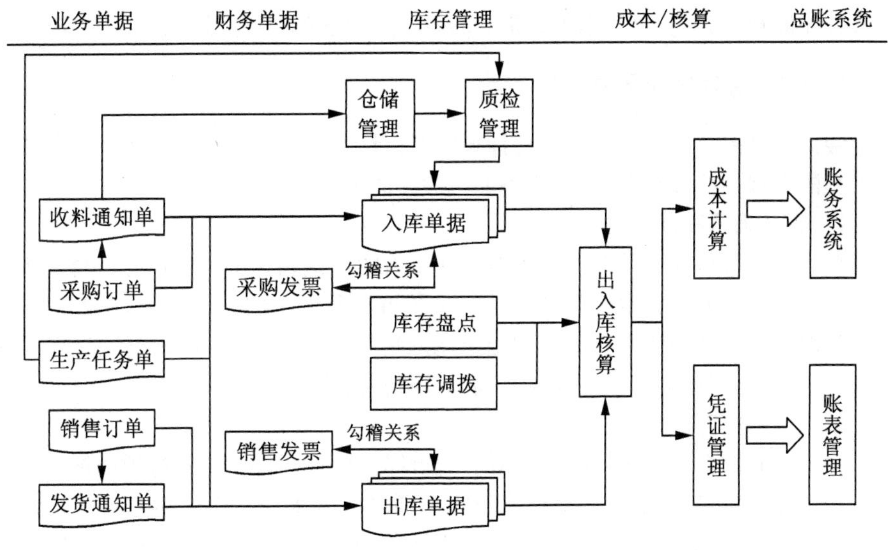

图 10.2 业务单据流转程序

三是加强各种凭证之间的勾稽关系审核。一个企业的原始凭证种类繁多,涉及方方面面，都应当分类管理，并核对它们之间的勾稽关系，从而可以从各种凭证的来源及其相关信息中测定会计数据是否匹配、是否合理。必要时可按照规定实施函证、内查外调等程序，确保凭证的真实、正确，与经济业务一致。

四是所有凭证都应当登记入账。任何企业都必须依法设置会计账簿，并根据实际发生的经济业务事项进行会计核算，填制凭证，登记账簿，编制财务会计报告。任何企业都不得以虚假的经济业务事项或者资料进行会计核算，所有入账凭证必须做到真实、合法、完整、与经济业务实质保持一致，这是对会计核算的基本要求，只有这样，才能保证会计信息的质量，正确地考核企业的财务和经营成果，才能真正满足社会各个方面利用会计信息的需要。

从国际背景看，财务会计报告舞弊是一个全球性的问题，而会计数据造假则是不法分子进行财务欺诈和财务会计报告舞弊的主要手段。怎样从原始凭证开始根治原始数据失真又是一道“世界级难题”[①]，是一项长期而艰巨的任务。

按照《中华人民共和国会计法》的规定，会计机构和会计人员应对原始凭证进行认真审核，其中对于完全符合要求的原始凭证，应及时据以编制记账凭证入账；对于不真实、不合法的原始凭证有权不予接受，并向企业负责人报告；对于真实、合法、合理但内容不够完整、填写有错误的原始凭证，应退回有关经办人员，由其负责将有关凭证补充完整、更正错误或重开后，再办理正式会计手续。

10.3.2 会计信息质量控制

会计信息控制首先应当满足会计准则对会计信息质量的要求。从目前会计信息失真的现状分析，以下几个方面可能是关注的重点：

(1)会计确认和计量的方法

会计对经济活动的反映是通过对会计要素的确认和计量来实现的。会计所运用的确认和计量方法肯定会影响会计信息的可靠程度。例如，以权责发生制为基础反映的当期利润与当期实现的现金净流入可能不一致，从而使利润缺乏实际货币保证，会计所提供的有可能仅仅是“名义”收益而非“真实”收益。

(2)会计处理方法的选择

对于相同的会计事项，往往有不同的会计处理方法可供选择，这种选择虽然也有一定的原则可供遵循，但主要取决于客观环境的要求和当事人对其合理性的判断，因而带有较强的主观性，很难说哪个方法得出的结果是真实的，哪个方法得出

---

① 金光华．财会信息系统中原始数据失真问题研究[M].//张文贤.21世纪100个会计学难题.上海：立信会计出版社，2010.

的结果是不真实的，这就给判断是否“如实反映”带来了困难。例如，存货计价有先进先出法、后进先出法、加权平均法等，固定资产折旧有平均年限法、工作量法和其他加速折旧方法。不同的方法必然产生不同的结果，人们只能选择其中一种方法，但难以证明其结果是否真实。

(3)不确定因素的影响

会计处理过程包含大量不确定因素，很多参数需要估计和预测，如固定资产折旧年限、预计残值、或有事项等，这种预计带有很大的主观成分，预计的结果是否与实际情况吻合，在很大程度上会影响会计信息的真实性。

(4)会计原则的应用

会计核算中重要性原则和成本效益性原则的应用会在一定程度上影响会计信息与客观经济活动的吻合程度，从而影响会计信息的可靠性。

10.4 财务会计报告内部控制

10.4.1 财务会计报告内部控制概念解析

自 2001 年美国安然公司和世界通信等公司粉饰财务报表的事件曝光并相继倒闭以来，上市公司的公信力岌岌可危，资本市场风雨飘摇。美国参众两院在 2002 年 7 月迅速出台并通过了《公众公司会计改革与投资者保护法案》，即《萨班斯—奥克斯利法案》。该法案不仅规定在美上市公司要建立内部控制体系，而且第一次以法律形式对财务会计报告内部控制的有效性提出了明确的要求。

随着美国法律法规对内部控制提出的新要求，在内部控制中出现了“财务会计报告内部控制”这一新提法。美国证券交易委员会在 2002 年发布的 33—8138 号提案中首次对财务会计报告内部控制进行了解释，即财务会计报告内部控制的目的是确保公司设计的控制程序能为下列事项提供合理的保证：公司的业务活动经过合理的授权；保护公司的资产避免未经授权或不恰当地使用；公司的业务活动被恰当地记录并报告，从而保证上市公司的财务会计报告符合公认会计原则的编报要求。

财务会计报告内部控制是指由公司的首席执行官、首席财务官或公司行使类似职权的人员设计或监管，受公司董事会、管理层和其他人员影响，为财务会计报告的可靠性和满足外部使用而编制的符合公认会计原则并提供合理保证的控制程序。一是保持详细程度合理的会计记录，准确、公允地反映资产的交易和处置情况。二是为下列事项提供合理的保证：公司对发生的交易进行必要的记录，从而使财务会计报告的编制满足公认会计原则的要求；公司所有的收支活动经过管理层和董事会的合理授权。三是为防止或及时发现公司资产未经授权的取得、使用和处置提供合理保证,这种未经授权的取得、使用和处置资产的行为可能对财务会计报告产生重要影响。

美国证券交易委员会明确指出,财务会计报告内部控制的直接控制主体和责任主体是首席执行官和首席财务官,公司的董事会、管理层负间接责任。这一规定具有重要的理论和实践意义。管理层是财务会计报告的提供者,最有动机进行财务造假。因此,这一规定有利于从源头上防止虚假财务信息的出现,避免舞弊事件发生后进行责任认定时无明确的法律依据而出现相互推诿的现象。

COSO 委员会也在《企业风险管理框架》中对保证财务会计报告可靠性的内部控制进行了说明,分析列举了内部控制与风险管理八要素中对财务会计报告可靠性产生影响的因素。尽管内部控制与风险管理的目标之间存在着重叠,各项控制措施几乎都服务于一个以上的目标,很难确定哪些控制是属于财务会计报告可靠性的内部控制,但是,COSO 报告仍然认为,应该对于保证财务会计报告可靠性的内部控制进行界定,以确保对财务会计报告可靠性的内部控制能满足财务会计报告使用者的合理预期。

财务会计报告内部控制概念的提出也使得独立审计增加了一个重要内容。管理层如何对财务会计报告内部控制的有效性进行评价并披露,以及注册会计师在财务会计报告内部控制有效性审计中的职能和作用,成为值得深入研究的重要问题。

有效的内部控制系统的目标之一就是保证财务会计报告的可靠性,但保证财务会计报告的可靠性并不是内部控制系统的全部。一方面,有效的内部控制系统只能合理保证财务会计报告的可靠性;另一方面,没有内部控制系统的财务会计报告不一定不可靠,但财务会计报告一旦不可靠,内部控制系统必定无效。由此可见,财务会计报告内部控制是专为合理保证财务会计报告的可靠性这一目标而提出的,既然将财务会计报告内部控制这一概念单独从内部控制中分离出来,说明在保证财务会计报告可靠性方面,内部控制的确发挥着不可忽视的作用。

专题讨论 10.2 | 如何区分财务会计报告内部控制和非财务会计报告内部控制?

财务会计报告内部控制是旨在合理保证财务会计报告及相关信息真实、完整而设计和运行的内部控制,是用于保护资产安全的内部控制中与财务会计报告的可靠性目标相关的控制。财务会计报告内部控制主要包括下列政策和程序:①保存充分、适当的记录,准确、公允地反映企业的交易和事项;②合理保证按照适用的财务会计报告编制基础的规定编制财务报表;③合理保证收入和支出的发生以及资产的取得、使用或处置经过适当授权;④合理保证及时防止或发现并纠正未经授权的、对财务报表有重大影响的交易和事项。

财务会计报告内部控制以外的其他内部控制属于非财务会计报告内部控制。

例如,《企业内部控制应用指引第 9 号——销售业务》第十二条要求,“企业应当指定专人通过函证等方式,定期与客户核对应收账款、应收票据、预收账款等往来款项”。企业为此建立的定期对账及差异处理控制与其往来款项的存在、权利和义务、计价和分摊等认定相关,属于财务会计报告内部控制。

又如,《企业内部控制应用指引第 8 号——资产管理》第十一条要求,“企业应当根据各种存货采购间隔期和当期库存,综合考虑企业生产经营计划、市场供求等因素,充分利用信息系统,合理确定存货采购日期和数量,确保存货处于最佳库存状态”。企业为达到最佳库存的经营目标而建立的对存货采购间隔期进行监控的相关控制与经营效率、效果相关,而不直接与财务报表的认定相关,属于非财务会计报告内部控制。

然而,相当一部分内部控制能够实现多种目标,主要与经营目标或合规性目标相关的控制可能同时也与财务会计报告的可靠性目标相关。因此,不能仅仅因为某一控制与经营目标或合规性目标相关而认定其属于非财务会计报告内部控制。

10.4.2 财务会计报告风险与内部控制流程

任何企业都应当严格执行会计法律法规和国家统一的会计准则,加强对财务会计报告编制、对外提供和分析利用全过程的管理,明确相关工作流程和要求,落实责任,确保财务会计报告合法合规、真实完整和有效利用。其所编制和对外提供的财务会计报告不得含有虚假的信息或者隐瞒重要事实。公司董事会、监事会及董事、监事、高级管理人员应保证提供的财务会计报告不存在虚假记载、误导性陈述或重大遗漏,并就财务会计报告的真实性、准确性、完整性承担个别或连带的法律责任。

企业编制、对外提供和分析利用财务会计报告至少应当关注下列风险:①编制财务会计报告违反会计法律法规和国家统一的会计准则,可能导致单位承担法律责任和声誉受损;②提供虚假财务会计报告,误导财务会计报告使用者,造成决策失误,干扰市场秩序;③不能有效利用财务会计报告,难以及时发现公司经营管理中存在的问题,可能导致企业财务和经营风险失控。

专题讨论 10.3 | 如何完善财务会计报告的编制流程?

一是重视财务会计报告的编制方案。编制年度财务会计报告前,财务部负责制定年度财务会计报告编制方案,明确年度财务会计报告编制方法(包括会计政策和会计估计,合并方法、范围与原则)、调整政策、披露政策及报告的时间等。财务会计报告编制方案经财务部经理审核后，提交财务总监核准后签发至各参与编制单位。

二是财务会计报告内部控制从经济业务发生开始。财务会计报告内部控制应包括从经济业务的发生到形成凭证、账簿、报表等一系列控制活动。经济业务的发生需要经过适当的授权批准，记录在原始凭证上，保证真实性；以后每一步价值运动都需要在原始凭证上留下痕迹，并需要对原始凭证进行有效的控制，如连续编号并定期清点等，保证对所有的经济业务都予以记录并且没有重复记录，为会计核算提供真实的原始依据；会计人员根据汇集的原始凭证编制记账凭证，作为记录账簿的依据，最后根据账簿编制报表。其中，需要对原始凭证进行检查，明细账与总账分别由不同职员编制并由其他职员进行定期复核，需要有必要的职务分离等控制程序等。有效的内部控制能确保会计核算系统中确认、计量、记录和报告各步骤都具有真实、合法的凭据，并减少核算中的差错，最终提供真实、可靠的财务会计报告。

三是重点关注会计政策和会计估计对会对财务会计报告产生重大影响的交易和事项的处理，并按照规定的权限和程序进行审批。对重大事项及非常规事项也应予以高度关注。其中，重大事项通常包括：以前年度审计调整、会计准则的变化、年度内合并报告范围的变化等对财务会计报告的影响；非常规事项是指企业在以往经营及账务处理过程中未曾发生的特殊事项，包括但不限于商誉、投资性房地产、或有事项计量、股份支付、债务重组、非货币性资产交换等。重大事项及非常规事项的处理按照相关流程报批，并根据批复意见进行账务处理。

四是进行全面资产清查、减值测试和债权债务的核实工作等。

五是做好对账、调账、差错更正及结账。企业应当依照规定的结账日结账，不得提前或者延迟。年度结账日为公历年度每年的 12 月 31 日；半年度、季度、月度结账日分别为公历年度每半年、每季、每月的最后一天。不得为了赶编财务会计报告而提前结账，或把本期发生的经济业务事项延至下期记账，也不得先编财务会计报告后结账。应在当期所有交易和事项处理完毕并经财务部门负责人审核签字确认后，实施关账和结账操作。如果在当期关账之后需要重新打开已关闭的会计期间，须经财务部经理审批后进行。

六是进行校验审核工作，包括期初数核对、财务会计报告内有关项目的对应关系审核、报表前后勾稽关系审核、期末数与试算平衡表和工作底稿核对、财务会计报告主表与附表之间的平衡及勾稽关系校验等。

编制财务会计报告应当根据真实的交易、事项以及完整、准确的账簿记录等资料，并按照企业会计准则及相关规定的编制基础、编制依据、编制原则和方法。任何企业不得违反企业会计准则及相关规定，随意改变财务会计报告的编制基础、编制依据、编制原则和方法。任何组织或者个人不得授意、指使、强令企业违反企业会计准则及相关规定，改变财务会计报告的编制基础、编制依据、编制原则和方法，并做到内容完整、数字真实、计算准确，不得漏报或者随意取舍。

财务会计报告列示的资产、负债和所有者权益的金额应当真实、可靠。各项资产的计价方法不得随意变更，如有减值，应当合理计提减值准备，严禁虚增或虚减资产。各项负债应当反映企业的现时义务，不得提前、推迟或不确认负债，严禁虚增或虚减负债。所有者权益应当反映企业资产扣除负债后由所有者享有的剩余权益，由实收资本(或股本)、资本公积、留存收益等构成。做好所有者权益的保值增值工作，严禁虚假出资、抽逃出资、资本不实。

财务会计报告应当如实列示当期收入、费用和利润。各项收入的确认应当遵循规定的标准，不得虚列或者隐瞒收入、推迟或者提前确认收入。各项费用、成本的确认应当符合规定，不得随意改变费用、成本的确认标准或计量方法，虚列、多列、不列或者少列费用、成本。利润由收入减去费用后的净额、直接计入当期利润的利得和损失等构成。不得随意调整利润的计算和分配方法，编造虚假利润。

财务会计报告列示的各种现金流量由经营活动、投资活动和筹资活动的现金流量构成，应当按照规定划清各类交易和事项的现金流量的界限。

按照国家统一的会计准则和制度编制附注，包括对报表中需要说明的事项作出真实、完整、清晰的说明，检查担保、诉讼、未决事项、资产重组等重大或有事项是否在附注中得到披露。

专题讨论 10.4 ｜ 如何完善财务会计报告的对外提供流程?

一是财务会计报告对外提供前需按规定的程序进行审核，包括：会计机构负责人审核财务会计报告的准确性并签名、盖章；总会计师或财务总监审核财务会计报告的真实性、完整性、合法合规性并签名、盖章；公司负责人审核财务会计报告的整体合法合规性并签名、盖章。企业应保留审核记录，建立责任追究制度；财务会计报告在对外提供前应当装订成册并加盖公章。

二是做好财务会计报告对外提供前的审计工作，包括：企业应根据相关法律法规的规定，选择符合资质的会计师事务所对财务会计报告进行审计；企业不得干扰审计人员的正常工作，并应对审计意见予以落实；注册会计师及其所在的会计师事务所出具的审计报告应随财务会计报告一并提供。

三是履行财务会计报告的对外提供程序，包括：企业的财务会计报告需经经理办公会、董事会、监事会审核通过后向全社会提供，如确有需要提前向有关部门报送财务会计报告的，按内幕信息知情人管理制度做好登记和保密工作；由财务部经理、财务总监、企业负责人逐级把关，对财务会计报告内容的真实性、完整性、格式的合规性等予以审核，确保提供给投资者、债权人、政府监管部门、社会公众等各方面的财务会计报告的编制基础、编制依据、编制原则和方法完全一致；严格遵守相关法律法规和国家统一的会计准则和制度对报送时间的要求，在财务会计报告的编制、审核、报送流程中的每一步骤设置时间点，对未能按时完成的相关人员进行处罚；相关人员在编制和传递财务会计报告的过程中负有保密义务，保证财务会计报告信息在对外提供前控制在适当的范围内；企业对外提供的财务会计报告应及时整理归档，并按有关规定妥善保存。

专题讨论 10.5 | 如何完善财务会计报告的分析利用流程？

一是财务部门应定期编写财务分析报告，全面分析企业的经营管理状况和存在的问题，不断提高经营管理水平。

二是总会计师或财务总监应当在财务分析和利用工作中发挥主导作用，负责组织领导工作；同时，负责审核财务分析报告的准确性，判断是否需要对特殊事项进行补充说明，并对财务分析报告进行补充说明。对生产经营活动中的重要资料、重大事项以及与上年同期数据相比有较大差异的情况要做重点说明。

三是可定期召开财务分析会议，充分利用财务会计报告反映的综合信息全面分析企业的经营管理状况和存在的问题，不断提高经营管理水平。总会计师或分管会计工作的负责人应当在财务分析和利用工作中发挥主导作用。公司财务分析会议应吸收有关部门负责人参加，对各部门提出的意见，财务部应认真分析研究，进而修改完善财务分析报告。修订后的财务分析报告应及时报送企业负责人审批。财务会计报告的分析结果应当及时传递给企业内部有关管理层。

10.4.3 财务会计报告内部控制的特殊性和侧重点

财务会计报告由会计人员编制，是会计信息加工后对外公布的结果。它的产生依赖于会计核算系统和日常控制机制的运行，并受到企业内部控制环境的影响。尽管企业的整个内部控制与财务会计报告的可靠性有着直接和间接的关系，但财务会计报告内部控制有其特殊性和侧重点。

(1)财务会计报告内部控制与业务循环的关系

财务会计报告内部控制的内容通常是根据其编制和披露的要求对业务循环各环节的控制，被划分为销售与收款循环、采购与付款循环、生产与存货循环、筹资与投资循环及货币资金流入与流出循环等。

由于财务的特点是以货币为价值符号，因此，其触角势必延伸到经营环节，突破传统的核算范畴，凡是有经营活动的地方都是财务会计报告内部控制应该关注的领域，因而需要针对五个业务循环设置相应的控制制度，对经济活动的发生、传递、记录等进行全面监控。在业务循环内部控制中，要始终以保证财务会计报告的可靠性为主要目标。

(2)管理当局的认定与财务会计报告内部控制的关系

每一个业务循环涉及不同的财务会计报告项目，各业务循环中的内部控制要点对相应的关键财务会计报告项目的真实性产生影响，具体体现在对财务会计报告五大认定的影响上，即存在或发生、完整性、权利和义务、估价或分摊、表达与披露，其当局认定的实现程度决定了财务会计报告的可靠程度。

存在或发生主要是指资产、负债和所有者权益在资产负债表项目中必须存在，并且所有利润表中的收入、费用和盈利都必须在当期发生。

完整性主要是指财务会计报告包括所有的交易、资产、负债和所有者权益。

权利和义务主要是指在财务会计报告中，企业拥有资产的权利和偿还负债的义务。

估价或分摊主要是指财务会计报告中的资产、负债、所有者权益、收入、费用、利润和亏损是根据公认的会计准则来确定的。

表达与披露主要是指财务会计报告中记录的数据按照公认的会计准则被合理地分类和披露。

(3)特定的内部控制要素与财务会计报告认定的关系

一是控制环境与财务会计报告认定的关系。内部控制中的基础性要素是控制环境，对财务会计报告认定的实现有着重大影响。如果管理层缺乏正直的品格和良好的道德，加上面临改善盈余的内部或外部压力，则可能会有意错报，从而影响整个财务会计报告的认定。管理层在财务会计报告编报方面权力过大，在缺乏有效的约束和监督机制的情况下，倾向于采取有利于自己的会计政策与会计估计，可以不执行或绕过财务会计报告内部控制系统，粉饰财务会计报告，操纵利润等。内部审计负责检查和评价财务会计报告内部控制系统的设计和执行的有效性。内部审计人员在企业中地位的高低和职责履行的好坏对财务会计报告内部控制系统的运行以至于对会计核算系统都有一定的影响。

组织结构为企业的经营提供规划、执行、控制和监督活动的框架，是实施财务会计报告内部控制的载体，组织结构的好坏直接影响财务会计报告内部控制的效果。良好的组织结构控制能够保证责任明确、授权适当、信息沟通顺畅，是构成控制环境的重要组成部分。

二是风险评估与财务会计报告认定的关系。如果企业面临重大的经营风险或财务风险，企业与成本、收益有关的经营目标通过努力无法实现时，负责预算的人员可能会有意粉饰实际结果，以达到预算目标。当员工的工资或薪水与预算的有利差异紧密相关时，这种错报的可能性就加大了。在这种情况下，存在或发生、完整性和估价认定的可靠性就值得怀疑。为减少这种可能性，企业必须客观地评估面临的风险，设置的计划和预算制度应满足如下条件：这种制度所设立的目标应是可实现的，并清晰地说明达到目标的可靠性策略，这些目标和策略与负责具体预算的人员相关。因此，在制定预算时，应仔细评估实现目标存在的重要风险。

三是控制活动与财务会计报告认定的关系。用于防止和发现会计记录差错的控制活动加强了会计信息系统的功能，会产生更为可靠的财务会计报告，这些控制活动包括批准、授权、安全控制和职责分工等。例如，安全控制用于保护企业的资产，以确保资产安全和记录可靠，与降低存在或发生、完整性、估价或分摊认定的控制风险有关。

四是信息和沟通与财务会计报告认定的关系。信息的确认和收集保证财务会计报告所提供信息的完整性；对记录的适当控制有助于计价认定的实现，对分类的适当控制有助于表达与披露、权利和义务认定的实现；信息的报告是企业编制财务会计报告的过程，影响财务会计报告质量的各个方面。沟通大大加强了认定的可靠性。财务会计报告的有效沟通还要求明确地将相关职责分配给执行控制程序的员工，使相关员工清楚如何进行控制，以及自身在内部控制系统中的角色和责任，这同样会增强财务会计报告的可靠性。

五是监控与财务会计报告认定的关系。对内部控制进行监控的目的是确保其他内部控制要素如设计时一样得到有效执行，影响认定的实现。

内部审计是否有效与财务会计报告的质量休戚相关。内部审计是组织内部对经营业务的独立审核和评价活动，是一种管理控制，其作用是衡量和评价其他控制的有效性。由于会计信息化是“人机”对话的特殊形态，因而对内部审计提出了更高、更严格的要求。内部审计除对组织的经营管理活动进行审核、揭露经营管理中的违纪违规问题外，更加侧重于检查组织的内部控制和经营管理情况。

财务会计报告控制的内部审计至少包括：①对会计资料进行定期审计，检查电算化会计账务处理是否正确，是否遵照《中华人民共和国会计法》及有关法律、法规的规定，审核费用签字是否符合内部控制制度，凭证和附件是否规范、完整；②审查机内数据与书面资料的一致性，如查看账册内容，做到账表相符，对不妥或错误的账表应及时调整或处理；③监督数据保存方式的安全性和合法性，防止发生非法修改历史数据的现象；④对系统运行各环节进行审查，防止漏洞等；⑤评价会计控制缺陷，分析差错形成的原因，及时防错纠偏。

10.4.4 财务会计报告缺陷的认定与评价程序

财务会计报告缺陷和控制缺陷评价的程序主要包括缺陷识别、严重性评估、初步沟通和最终认定四个环节。

(1)识别缺陷

内部控制评价人员可以采用个别访谈法、调查问卷法、穿行测试法、抽样法、实地查验法、文档(凭证、记录)查看法、比较分析法、专题讨论法和重新执行法等手段进行测试,识别内部控制的设计缺陷和运行缺陷。

(2)评估缺陷的严重程度

内部控制评价人员在评估缺陷对控制目标偏离的影响程度时,需要考虑以下因素:一是内部控制缺陷与财务会计报告、主要会计科目或附注的关联性。如果缺陷不直接影响财务会计报告,除非是极可能导致企业严重偏离控制目标,否则不应当认定为重大缺陷。二是重要性程序。内部控制缺陷与财务会计报告直接相关时,应考虑风险发生的可能性以及对偏离目标的影响程度(如收入、成本、资产等重要性水平),若超过重要性水平则为重大缺陷,否则不应当被认定为重大缺陷。三是缺陷的组合效果。

财务会计报告缺陷通常分为以下三种:

一是重大缺陷。如果一项内部控制缺陷单独或连同其他缺陷具备导致企业严重偏离控制目标,不能及时防止、发现并纠正财务报表中的重大错报,就应将该缺陷认定为重大缺陷。重大错报中的"重大"涉及企业确定的财务报表的重要性水平。一般而言,企业可以采用绝对金额法(如规定金额超过 100 万元的错报为重大错报)或相对比例法(如规定超过净利润 5%的错报为重大错报)来确定重要性水平。如果企业的财务会计报告内部控制存在一项或多项重大缺陷,就不能得出该企业的财务会计报告内部控制有效的结论。

另外,一些迹象通常表明财务会计报告内部控制可能存在重大缺陷。例如,董事、监事和高级管理人员舞弊;企业更正已公布的财务会计报告;注册会计师发现当期财务会计报告存在重大错报,而内部控制在运行过程中未能发现该错报;企业审计委员和内部审计机构未能对内部控制进行监督;等等。

二是重要缺陷。如果一项内部控制缺陷单独或连同其他缺陷具备导致企业偏离控制目标,不能及时防止、发现并纠正财务报表中虽未达到重要性水平,但仍应引起董事会和经理层重视的错报,就应将该缺陷认定为重要缺陷。重要缺陷并不影响企业财务会计报告内部控制的整体有效性,但应当引起董事会和经理层的重视。对于这类缺陷,应当及时向董事会和经理层报告,因此也称之为"应报告情形"。

三是一般缺陷。不构成重大缺陷和重要缺陷的财务会计报告内部控制缺陷,应认定为一般缺陷。

非财务会计报告内部控制缺陷是针对除财务会计报告目标之外的其他目标的

内部控制。这些目标一般包括战略目标、资产安全、经营目标和合规目标等。企业可以根据自身的实际情况，参照财务会计报告内部控制缺陷的认定标准，合理确定非财务会计报告内部控制缺陷的定量和定性认定标准。其中，定量标准既可以根据缺陷造成直接财产损失的绝对金额制定，也可以根据缺陷的直接损失占本企业资产、销售收入或利润等的比率确定；定性标准可以根据缺陷潜在负面影响的性质和范围等因素确定。

从定量来看，一般以一定金额标准作为缺陷重要性的认定基础。例如，某企业规定损失金额大于100万元的属于重大缺陷，小于10万元的属于一般缺陷，两者之间的属于重要缺陷。

从定性来看，一般从媒体的负面报道程度、对工作持续性的影响程度、对环境的影响程度、对职工安全的影响程度等方面进行界定。定性认定的涉及面会更加广，但往往缺少具体的量化标准。

专题讨论 10.6 | 如何确认内部控制缺陷的认定标准？

由于各企业的职责、规模、风险偏好等存在差异，内部控制缺陷的重要性标准也应该有所差异。各企业可以根据内部控制规范的要求，研究确定适合本企业的内部控制重大缺陷、重要缺陷和一般缺陷的具体认定标准。

某行业企业缺陷认定的参考标准如表 10.1 所示。

表 10.1　缺陷认定定量参考标准

项　目	重大缺陷影响	重要缺陷影响	一般缺陷影响
利润总额潜在错报	错报≥利润总额的5%	利润总额的3%或0.6亿元≤错报＜利润总额的5%	错报＜利润总额的3%
资产总额潜在错报	错报≥资产总额的1%	资产总额的0.5%或2.5亿元≤错报＜资产总额的1%	错报＜资产总额的0.5%
经营收入潜在错报	错报≥经营收入总额的1%	经营收入总额的0.5%或0.75亿元≤错报＜经营收入总额的1%	错报＜经营收入总额的0.5%
所有者权益潜在错报	错报≥所有者权益总额的1%	所有者权益总额的0.5%或1亿元≤错报＜所有者权益总额的1%	错报＜所有者权益总额的0.5%
直接财产损失	1 000万元及以上	500万(含500万)～1 000万元	500万元以下

内部控制缺陷认定标准一经确定，必须在不同评价期间保持一致，不得随意变更。评价人员在开展评价时，应当重点识别各项内部控制缺陷的严重程度，以确定这些缺陷组合起来的影响是否构成重大或重要缺陷。

(3)开展初步沟通活动

内部控制评价机构编制内部控制缺陷认定汇总表,结合日常监督和专项监督发现的内部控制缺陷及其持续改进情况,对内部控制缺陷及其成因、表现形式和影响程度进行综合分析和全面复核,提出认定意见(针对财务会计报告内部控制的缺陷,一般还应当反映缺陷对财务会计报告的具体影响),并以适当的形式与企业相关管理层进行初步沟通。

评价各种缺陷时,应当考虑评价补偿性措施的影响。对已经确认的可能导致财务会计报告重大错报的内部控制缺陷(或缺陷汇总),企业应当评估是否存在补偿性控制,以及该补偿性控制是否按照一定的精确度有效执行,从而降低了该内部控制缺陷或缺陷汇总导致财务报表错报的可能性。为了得出补偿性控制有效执行的结论,企业应当首先分析该补偿性控制是否存在一定程度的精确性。其次,企业应对补偿性控制开展必要的测试与验证,获取并记录补偿性控制执行有效的证据。

(4)报告内部控制缺陷

内部控制评价机构根据初步沟通结果以及企业缺陷评价标准判断缺陷的严重程度,并根据缺陷的严重程度采取适当的形式与企业董事会及各级管理层沟通。

内部控制缺陷报告应当采取书面形式,可以单独报告,也可以作为内部控制评价报告的一个重要组成部分。一般而言,内部控制的一般缺陷和重要缺陷应定期(至少每年)报告,重大缺陷应立即报告。对于重大缺陷、重要缺陷及整改方案,应向董事会(审计委员会)或经理层报告并审定。如果出现不适合向经理层报告的情形,如存在与管理层舞弊相关的内部控制缺陷或存在管理层凌驾于内部控制之上的情形,应当直接向董事会(审计委员会)报告。对于一般缺陷,可以与企业经理层报告,并视情况考虑是否需要向董事会(审计委员会)报告。

经典案例评析

因涉嫌信息披露违法违规,2014 年 6 月 17 日,广东证监局对博元投资立案调查。经查,博元投资 2011 年 4 月 29 日公告的控股股东华信泰已经履行及代付的股改业绩承诺资金 3.85 亿元未真实履行。为掩盖这一事实,博元投资在 2011～2014 年期间多次伪造银行承兑汇票等,并披露财务信息严重虚假的定期报告。

2011～2014 年,博元投资在其各定期报告中虚增资产、负债、收入和利润,金额巨大。其中,2011 年在年报中虚增资产 3.47 亿元,并在 2014 年半年报中虚增营业收入和利润 317.4 万元。追溯调整后,博元投资 2010～2013 年连续 4 个会计年度的净资产均为负值。博元投资的信息披露违法具有时间跨度长、多次造假、金额巨大、后果严重、影响恶劣等特点。

2015年4月30日,ST博元披露了2014年年报,该报告竟然称“无法保证年度报告内容的真实、准确、完整”。大华会计师事务所为此出具了无法表示意见的审计报告,原因有四:一是公司持续经营能力存在重大不确定性。截至2014年12月31日,ST博元的逾期借款及利息为4.13亿元,归属于母公司股东的净利润为−9 885.32万元,流动负债大于流动资产4.89亿元,经营活动产生的现金流量净额为−4 638.99万元,净资产为−3.87亿元。二是无法判断2013年年末其他应收款账面价值6 068.05万元是否真实及其可收回金额。三是2011～2014年使用股改业绩承诺资金购买应收票据,累计形成利润4 575.14万元,递延收益320.90万元,其中,2014年度形成利润317.40万元,递延收益320.90万元。截至2014年12月31日,应收票据已全部背书转让,未能取得被背书方的询证函回函,未能获取应收票据出票银行的完整背书信息,因此,无法判断应收票据及其置换业务的真实情况以及其对财务报表的影响。四是公司于2015年3月27日收到了上海证券交易所发来的《关于通报珠海市博元投资股份有限公司涉嫌信息披露违法违规案被中国证监会移送公安机关的函》,截至审计报告日,相关部门对博元投资立案调查尚未有最终结论,无法判断立案调查结果对博元投资财务报表的影响程度。

大华会计师事务所认为:“我们无法通过其他程序就管理层运用持续经营假设编制财务报表的合理性获取充分、适当的审计证据,因此,无法判断公司管理层继续按照持续经营假设编制财务报表是否适当。”

第 11 章　设计会计控制制度

重规范、有约束、很严密的会计控制制度是一项综合性的系统工程，其中，理论联系实际梳理业务流程、分析业务弊端、提出控制要点尤为重要。

11.1　会计控制制度设计要求

11.1.1　规范性

规范性是指内部会计控制制度在内容上应符合国家有关政策、法规与制度，不得与之相抵触；在写作上有一定的要求，如执行的范围、执行的条款、执行的标准和要求等要尽可能考虑周到，便于执行。

《中华人民共和国会计法》《内部会计控制规范——基本规范（试行）》《企业内部控制基本规范》《行政事业单位内部控制规范（试行）》《企业会计准则》和《小企业会计准则》等法律法规是指导单位会计工作和会计控制的规范性文件，也是设计内部会计控制制度的基本要求。

内部会计控制制度的设计与编制应当满足会计信息使用者及会计信息质量特征的要求，保证会计信息输入、处理和输出的安全、可靠。在制度设计与编制过程中，应当对会计组织机构、会计核算和会计业务等配以必要的控制方法、措施和程序，并注重事前、事中和事后控制“三管齐下”，综合使用，促使控制方法、措施和程序既有预防性功能和自动补偿性功能，又在一旦发现处理环节有误时，有相应的补救措施予以自动纠正。

11.1.2　约束性

订立内部会计控制制度的目的就在于约束会计行为，对相应的工作职责、纪律和秩序等进行约束、限制和规范。如果缺少约束性，也就失去了制度应有的作用。

由于制度是需要人们遵守并执行的，因此，在制定制度时要了解实际情况，不能闭门造车，人为地设置条条框框，束缚人们的正当活动。只有切合实际、合情合理，才能做到令行禁止。

设计会计控制制度的目的是规范会计工作，但不能为规范而规范，更不能不讲运行成本、运行质量和工作效率。设计过于简化，可能会失去其加强管理、保护财产安全的作用；但如果制度过于繁琐，在实施时消耗的会计成本大于其运行所能得到的会计信息的价值，就说明制度设计存在缺陷。所以，在设计会计制度时要考虑成本效益的关系，即在设置核算指标，凭证、账簿、报表的格式，以及各类业务的会计处理程序时，应以尽量少的成本获取尽可能多的会计信息价值，以实现成本效益的最优组合。同时，提高会计制度运行质量和工作效率应处理好会计制度创新与延续的关系，对于不适应企业经营发展要求的会计制度应补充、修订，但对其中行之有效的某些会计方法和程序仍应保留、继承。为了提高效率、节约核算成本，在设计制度时还应考虑采用先进的会计手段和工具，如会计电算化等，节约会计管理的运行成本。

11.1.3 严密性

严密性是指内部会计控制在语言表述上要求措辞准确、严谨，不得含混不清、互相矛盾，以便遵照执行。如果内容不明确、不具体，既不利于操作、执行，也容易给人钻空子。

为使制度的条款内容表述准确，首先，对条款中的概念必须始终保持内涵与外延的准确性，这就应注意写好有关定义和分类的条款。下定义的条款要写明什么是规章制度本身的内容；分类的条款应写明概念的外延，明确哪些是本规章制度所包括的范围。其次，为了使概念准确，还应拟订必要的条件，对概念加以限制和补充。特别是对一些容易引起混淆的概念，尤其应写好限制、补充的条件。例如，“本规定所说的以上、以下、以内，都连本数在内”就对“以上”“以下”和“以内”三个概念加以补充说明，使表述更加准确。

为使制度定得周密，还必须从以下三个方面着手：一是应掌握分寸，说得周全。每个条款对表示时间、范围、数量、程度、轻重、主次等的附加语要恰如其分。例如，“应当”和“必须”这对近义词就有明显的区别。用“应当”表示应该这样做，也等于说这样做是合法的；用“必须”则表示硬性规定这样做，带有一定的强制性。二是应前后照应，不能自相矛盾。条款中对同一事物所用的名词应做到前后一致，不要混淆概念。每一个句子、词的搭配要得当。每一个条款常是一个句群，句子前后衔接要连贯，中心意思要明确，切忌语序混乱、不合逻辑。三是应明确、肯定，不用模棱两可的词或句。应常用“要”“须”“应”“不得”“不许”“不能”“不准”“严禁”“凡”和“一律”等词，“为宜”“为好”“也许”和“大概”等词不能使用。

11.2 会计控制制度编制程序

会计控制制度的编制是指从制度设计工作开始到最后完成的整个过程。应当按照一定的顺序和步骤进行设计，明确设计程序，使编制工作有条不紊地进行，从而提高工作效率，保证制度的质量，增强制度的科学性和可操作性。

11.2.1 准备阶段

(1)成立制度设计小组

制度设计是一项艰巨而繁重的工作，成立设计小组时应配备一定数量的设计人员，并注意各方面的人员搭配，如实践经验丰富、对本单位情况十分了解的会计人员；来自会计教学和会计研究岗位，具有厚实理论功底的会计专家；见多识广，对不同行业和不同单位的工作现状有充分了解的注册会计师；等等。应由这些具有较强会计业务能力、扎实理论知识、熟悉会计法规的各类人员组成制度设计小组，并指定负责人做好会计制度设计必要的组织准备。

(2)提出设计的具体要求

在制度设计之前，应根据单位的业务特点、制度实施范围、会计业务水平及经营管理需要，提出相应的设计要求。

应明确会计制度设计的目的和内容，以便更合理地安排设计工作，提高工作效率。制度设计工作按设计工作所涉及的范围可分为全面设计和局部设计两种类型；按设计内容可分为会计核算、会计管理和会计组织等。应确定会计制度设计的时间安排，全面设计的时间需要长一些，局部设计的时间可以短一些，要有一张进度表。应确定设计人员的职责，对全体设计人员统一安排、各有侧重、合理分工，既明确各自责任，又能互助合作，共同完成设计任务。

(3)开展调查研究

只有在充分调查研究的基础上，才能设计出高质量的会计制度。调查研究的主要内容一般包括以下几个方面：

一是生产经营的实际情况，包括单位的性质与规模、筹资方式与资本构成、业务特点与产品特征、生产工艺过程与定额管理、盈利与利润分配及经济效益等情况。凡与制度设计有关的生产情况，均须详细调查，作为设计制度的参考。

二是经营管理的主要特点，包括单位内部的组织设置情况及各自的职责权限、人员配置、相互协作关系和所采用的经营管理政策等。了解单位的经营管理特点后，应编制单位组织机构系统结构图，包括横向结构和纵向结构、各部门的职责权限和人员配备等内容。

三是现行制度实施的基本情况，包括会计科目、会计凭证、会计账簿、财务报表的设置及其格式、核算组织体系、内部控制制度及成本核算控制方法等，只有充分了解现行会计制度的基本内容、特点、实施情况和存在的问题，才能在充分借鉴的基础上，设计出质量更高、适用性更强的会计制度。

四是其他相关情况。对其他可能影响制度设计的方面也要予以重视，如本单位的有关规章制度和同行业的相关制度等。

五是广泛征询意见。在开展调查研究的过程中，应广泛征询领导、各职能部门特别是财务部门以及主要会计人员对将要设计的会计制度的要求和意见，以指导设计工作，确定设计工作的整体思路和工作重点。

(4)拟订设计大纲

拟订设计大纲是对所设计的项目在事前调查研究的基础上所拟订的纲领性规划，一般包括会计管理工作的总体思路设计，会计科目设计，会计凭证、会计账簿、会计报表设计，账务处理程序设计，货币资金业务处理程序设计，存货及固定资产业务处理程序设计，购销业务处理程序设计，成本业务处理程序设计，会计制度设计的进度计划和应注意的问题等。

11.2.2 编写阶段

编写是根据会计制度设计大纲所拟订的各项内容分别进行具体设计，形成会计制度草案的过程，这是整个设计工作的中心环节，包括以下几个重要组成部分：

(1)梳理业务流程

流程是指一个或一系列连续的、有规律的行动以确定的方式发生或执行，为促使特定结果(一定的控制目标)的实现所采取的一系列动作的集合(如图 11.1 所示)。

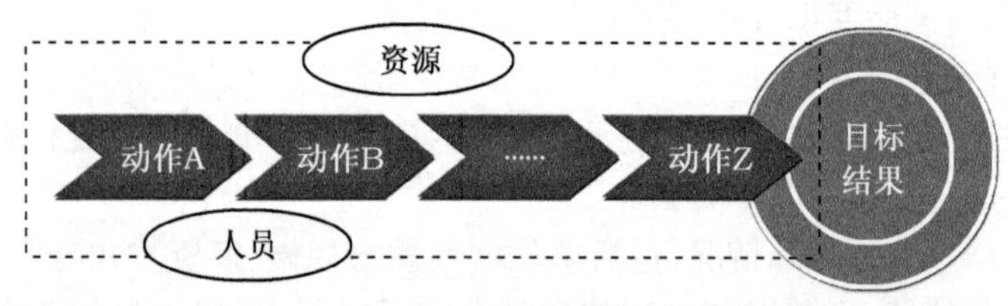

图 11.1 流程、动作与目标结果的关系

流程不是要解决“为什么要做”以及“为什么要这么做”的问题，而是解决“应该怎么做”的问题。流程是按照既定的目标，设置好完成目标的程序与步骤，然后一步一步照此执行，最终达成目标。也就是说，流程是为了产生某个结果，必须先做什么，接着做什么，最后做什么。

一个单位的内部流程可能成百上千，进行流程梳理的第一步就是要进行流程的分类、分级和主次界定。例如，一级流程是资产控制，可根据资产性质划分为若干个二级流程：货币资产控制、存货控制和固定资产控制等。只有层级、边界清晰界定后，才能进一步实施风险的分析和内部控制措施的细化。

专题讨论 11.1　如何在流程设计中避免缺陷？

任何一个流程都由若干动作组成，这些动作包括两类：效率性动作和控制性动作。效率性动作是指为了完成某项业务所必不可少的动作，控制性动作是指流程设计中加入的防范风险的动作。

每个流程中都同时包括了效率性动作和控制性动作。例如，在采购业务中一般要开展以下几个动作：请购与审核供应商、核对库存、批准采购、询价与比价、确定供应商、合同会签、签订合同、收货、验收、付款与应付款等，从而形成采购流程。其中，请购、确定供应商、收货和付款这四个动作就完成了采购的业务目标，属于效率性动作；而有些动作则是为了防止流程中可能出现的问题所采取的控制性动作。例如，核对库存和批准采购是为了防止多买货物而造成库存积压；合同会签和签订合同是为了防止采购中出现法律纠纷；验收是为了防止采购中的品质问题。然而，如果某一单位采购的物资是国家免检产品或者其产品已经由独立第三方给出了专业的保证，那么，这个时候单位不进行验收就不能列为缺陷。还有些动作能兼顾效率性和控制性。例如，询价与比价，既有助于采购业务的顺利完成，又是为了防范定价中的风险等。

有时候由于某一控制性动作没有被设计进流程，或者由于某一控制性动作没有得到有效的执行而导致风险发生的概率或产生的后果大大增加，人们就将这一控制性动作的不足称为缺陷。如果某一措施设计不到位，无法与风险进行对应的话，则被称为设计缺陷。如果“某单位没有进行供应商评价”或“没有进行有效的到货验收”，表述的内容可能就是运行缺陷，其对应的风险是“供应商存在以次充好的可能，导致采购的物资在质量上无法满足需要”；如此等等。

任何一个业务流程都有其业务目标，而这个业务目标又可以分解成若干个控制目标，这些控制目标是保证业务目标实现的基础(如图 11.2 所示)。

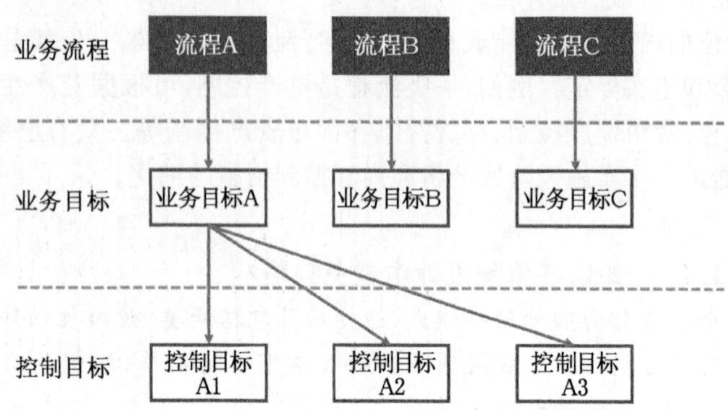

图 11.2 各种流程设计与业务目标、控制目标的关系

一个好的流程设计应当努力满足以下三个方面的要求：

一是无缝衔接。单位在划分业务流程时，需要在保证流程全面性的同时保证每个流程的衔接性。因为每个流程都不是一个孤立的动作，所以，在每个流程的断点处，即流程的开始和结束处一定要注意这个流程的入口和出口。流程与流程之间应该无缝衔接，而不应出现流程无法对接甚至自相矛盾之处。

二是精细化。流程中的动作细化到岗位，每一个步骤在流程图中均有体现，具有操作指导性，不能出现模糊或交叉。

三是统一认识。一个好的流程应该在设计完成后统一认识、达成共识，这样的流程才是可以执行的流程。

(2)分析常见的业务弊端

在业务循环模型构造的基础上有目的地分析该业务在运行中可能出现的错误和弊端，具有很强的内部控制针对性和现实意义。这个过程实质上是风险评估，对有针对性地解决问题很有必要。业务循环的风险往往来自记录错误、违反会计政策、欺诈和侵吞、非法交易、资产流失等因素。会计实务常见的弊端可通过总结归纳该业务曾发生过的错弊教训，也可采用“合理怀疑”，即假设不予控制可能造成损失的机会和可能出现的问题进行主观推测。

(3)提出会计控制要点

对各单位来说，整个管理过程是一个完整的闭环流程：从预算制定到事项申请，从合同拟订到资金收付，只有完成整个资金流、信息流、实物流的流转才能算是完成了整个管理过程。然而，在开展内部控制体系建设时，为了便于对经济事项和业务进行分析，会将整个管理的闭环依照业务在各部门的职责进行分配，将工作切割成多段，从而构成各个经济业务流程。

如何对业务流程进行筛选，确认关键控制点与相应的控制措施，应当是在设计控制制度的时候考虑的重点与难点。

某单位结合近年来实施会计控制的经验教训，提出筛选业务流程的程序如图 11.3 所示。

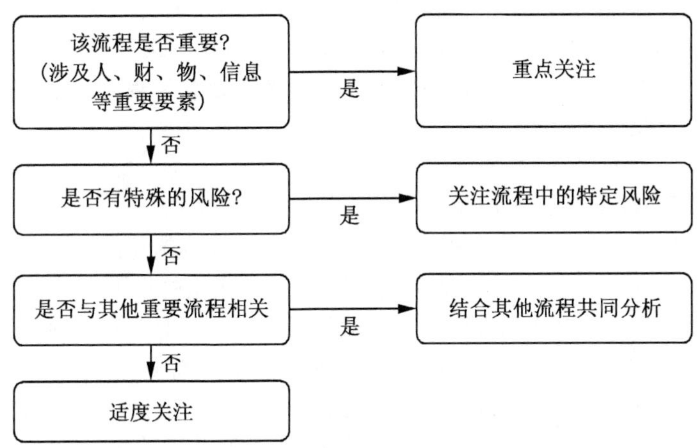

图 11.3　业务流程筛选关注点

某单位在风险管理过程中梳理业务流程、确认关键控制点与控制措施的工作程序如图 11.4 所示。

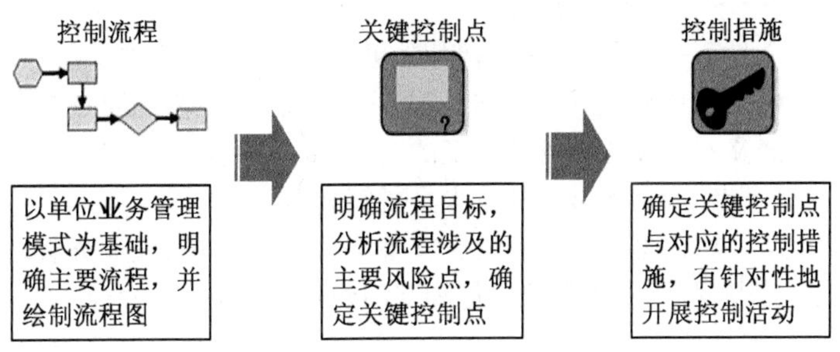

图 11.4　业务流程梳理过程

针对常见弊端或控制缺陷设置关键控制点是防错纠偏的关键。也就是说，内部控制要点来源于对内部控制缺陷分析后的认识，尤其应当及时发现真空点、寻找风险点和失控点、落实关键控制点，并周到地考虑相关的补偿性控制措施。

专题讨论 11.2 会计控制制度设计时如何考虑补偿性控制?

设置补偿性控制点的目的是对前道控制的失控予以补救。内部会计控制应当根据每一类业务处理的重要程序设置数目不等的补偿性控制点,以保证内部会计控制运行的可靠性。例如,明细账与总账之间的平行登记和核对是保证账户记录正确的关键控制点,但要进一步保证账户记录的正确性,还可以采用一些补偿性的控制措施,如日记账与明细账、总账之间的核对,科目汇总表的试算平衡以及抽查有关账户的记录等。一项补偿性控制可以包含多个控制措施,也可以将多重控制手段作为一个控制程序来看待。

(4)撰写内部会计控制文件

会计控制文件的撰写是对内部会计控制的内容进行阐述的一种形式,是内部会计控制制度的外在表现,也是指导、落实会计控制实施的具体文本,可采用文字、流程图、表格、风险控制文档等形式将各相关子系统及其业务和事项的风险类型、控制目标、关键控制点、控制措施、控制频率加以规定和说明,形成与经营管理制度有机结合的内部控制。在内部控制制度的表述过程中,应注意:行文要规范,定义要严谨,语言要确切,表述要完整;图表制作统一规范,尺寸要统一,画线要标准,栏目设计简明实用;符号、编码明确易懂,前后一致,符合规定;等等。

为了使内部会计控制制度达到系统、完整的目的,在设计时应关注制度的严谨性、完整性和协调性,防止疏漏,充分发挥制度的整体控制功能。在表述上要简明扼要、清楚易行,在控制手续上要讲究实效,不要繁琐复杂;要善于通过内部控制提高工作效率,避免不必要的重复控制。

内部控制文件可采用单独格式编制,也可采用混合格式编制。

单独格式的文本也称独立式文本,就是将内部会计控制的要点按业务领域单独列示。独立式文本是按业务管理制度的要求将内部会计控制的要点分离单独列示,便于企业管理者、内审人员和外审人员了解和评价。

混合式文本是将内部会计控制融合在业务管理制度中,使业务管理制度既有业务程序又有控制程序,便于有关人员和部门熟悉和掌握。

(5)讨论后提出征求意见稿

经过以上程序设计出制度后,应先在设计小组内部进行讨论。讨论通过后,指定专人进行文字总纂,然后提交负责人审定。如无异议,可作为制度草案提出;如有异议,可再经讨论、修改后作为制度草案提出。

讨论中应当考虑:是否按一定的逻辑合理归集、构建了适应企业经营管理状况和内部控制要求的相关子系统,包括职责确定、机构设置、职能划分和人员配备等决策管理系统,采购、生产、销售、储存和运输等经营系统,会计、统计、审计和计算机信息技术等支持保障系统。是否对各相关子系统进行认真研究和梳理，确定各子系统运行过程中的主要风险、关键环节和关键控制点，并针对每一个关键环节和关键控制点制定有效的控制措施等。

运用计算机信息技术实施内部控制的企业，在建立健全控制制度时，应充分考虑手工控制与计算机信息技术控制的特点和差异，但不得因实行计算机信息技术控制而免除或减少必要的控制程序。

11.2.3 试行与修订阶段

制度作为会计工作的行为规范，不仅涉及范围广，而且内容应与实际紧密相连，因而制度设计是一项十分复杂、重要的工作。即使在制度设计过程中已作了周密、严谨的考虑和安排，仍有可能存在不当之处，或过繁不适用，或过简不能满足管理需要，或内部控制不严谨，存在漏洞等。因此，制度草案形成后，必须先试行。在试行过程中，设计者应深入基层进行现场观察和测定，发现草案中的缺陷和薄弱环节，听取各方意见，进行检查验证，以较深入地发现一些问题，再作进一步修改。

经过试行后，应将试行情况进行小结，对正、反两方面的意见进行筛选，肯定正确的部分，修改、补充有缺陷的部分，吸收有益建议，进行修正。

11.2.4 审核定稿阶段

修正后的制度设计草案应组织讨论。可组织会计专家并发动会计人员进行讨论，报送财务负责人和单位负责人审查。设计人员根据各方面的意见再进行修改、补充，最后定稿，作为正式制度贯彻实施。

制度实施后，应定期检查其执行情况，并根据具体情况增加和完善，以满足单位对会计管理规范的要求。

会计控制制度应当有一定的稳定性，但并非一成不变，因为单位在不同的外部市场环境下与不同的内部环境下对制度的要求是不同的，因而完善和修订制度是必要的步骤。随着社会的飞速发展，情况的不断变化，规章制度也应经常检查，发现问题，及时修改、调整、补充，不断完善，顺应发展的需要。完善制度是一个长期而不间断的动态过程。

11.3 会计控制制度撰写方法

11.3.1 文字说明法

文字说明法是使用文字说明阐述制度所要确定的内容，并以法规的形式固定下来，要求所有员工必须执行，如资金内部控制制度、存货控制制度、固定资产控制制度等。这种方法是单位使用最多的制度设计方法。其主要特点是以通俗易懂又恰当、合理的语言规范制度包含的内容，并具体到相应的细节，既具有一定的系统性，又具有一定的规范性。

会计控制制度的写作格式主要包括标题和正文两个部分。

(1)标题

会计控制制度属于规章制度的范畴，其标题大体有公文式标题和非公文式标题两种。

公文式标题一般由“单位名称”“事由”和“文种”三部分组成，如《财政部门实施会计监督办法》；也可省略“单位名称”，如《内部会计控制规范——基本规范(试行)》。凡是作为文件下发的规章制度，大多采用公文式标题。

非公文式标题由“单位名称”和“文种”组成，或由某规章制度的性质和文种组成，如《备用金管理制度》和《差旅费报销规定》等。

(2)正文

正文的写法虽然较多，但通常可分为章条式和条文式两大类。

①章条式

章条式通常由总则、分则和附则三大部分组成。各则中分若干章，章中分若干条，有时条下分若干款项，如《内部会计控制规范——基本规范(试行)》和《企业内部控制基本规范》就是采用章条式的写作手法。大凡内容全面、系统且条文较多的规章制度宜用章条式的写作手法，如法规、章程、条例、准则和规则等。

总则主要概括说明制定此规章制度的目的、依据、基本原则、适用范围和主管部门等情况，类似于文章的前言。如果是章程，总则中主要写明该组织或该团体的名称、性质、宗旨和任务等。总则一般只设一章，下分若干条。

自总则以下至附则的中间若干章均为分则。分则是全文的主体部分，根据不同的内容交代不同的事项，如章程的分则通常写明成员的资格、条件、义务、权利、组织机构、原则和纪律等。而一些条例、规定、办法和准则的分则部分通常交代必须遵循的具体行为规则和做法，如范围分类和处罚办法等。分则中章的数目视内容的多少而定。

附则是全文的末章，通常说明该规章制度的适用范围、保留解释权的单位名称、与有关文件的关系、其他未尽事宜的处置办法及生效日期等。附则通常只设一章。

②条文式

内容相对简单且非权力机构制定的规章制度常用条文式写作，如一些条例、办法、规则、守则、公约和须知等。条文式不分章而分条列项来阐述。条文式也可分为两种，一种是前言条文式，另一种是条文到底式。

前言条文式分为前言和主体两个部分。前言不设条，而用简明扼要的文字概述制定该文的目的、依据、性质和意义。主体部分则分若干条款交代具体的规定事项。

条文到底式，即全文都用条款来阐述，不另分段说明。这样写并非不要前言和结尾，而是将前言和结尾都用条款标出。在写作中，根据需要，条下也可分若干款项进行表达。在写作中有的不标明“第××条”，而是用汉字“一、二、三……”分述。

规章制度采用章条式和条文式的写法，主要是为了便于记忆、阅读和理解，也便于查找和引证，而且条理清晰、层次分明、言辞严谨，便于贯彻执行。

11.3.2 表格列示法

表格列示法简称表格法，即用表格形式反映制度的有关内容，其特点是直观具体、一目了然。表 4.1 和表 4.2 就是采用了表格法。应用表格法应注意以下几个问题：

(1)表格尺寸尽量统一

统一会计凭证尺寸有利于会计凭证的编制、装订和保管；统一账页尺寸便于账页的登记、装订和保管；统一报表尺寸既便于报表的编制、装订和保管，又便于使用者阅读。为保证表格尺寸统一、用纸节约，有关部门可明确用纸规格，以便设计人员能在相对集中的用纸规格中选择合适尺寸。

(2)表格画线应标准

在会计工作中使用的表格，其画线方法通常有如下惯例：

①表格空边的画线

表格一般由表首、表体和表尾组成。表首反映表的名称和填制日期等内容；表体以线条划分项目、金额等内容；表尾用于反映相关人员的签章，必要时可加注释进行填制说明。表格空边则是表体与纸张边缘的空间，设计时应对表格空边作出统一规定。通常，表格装订部分的空边与表格表首的空边要留宽一些。此外，表体部分的画线也应统一规定，如表体外围用粗线，表体内部标题用次级粗线，表体内部空格用细线。当然，还可以对表格画线的颜色作出规定，以规范、醒目。

②表格栏次的画线

表格栏次的画线主要有垂直线与横线。垂直线应该是最显著的线，如用垂直线将账页的金额划分为借方、贷方及余额栏。在金额栏中，不同货币单位的线应有所区别，如元与角之间、百元与千元之间、十万元与百万元之间等可用粗线，其他可用细线，以便记账人员定位。表格中的横线在较多、较密的情况下，可每隔五条线采用一条较粗的线，这样既可以防止记录串行，又便于统计记录的笔数。

③表格中的文字应规范

表格中的文字应注意字体和字号。表首文字应加粗，字体大一些。字母和数字应使用新罗马字体(Times New Roman)。

11.3.3 流程图描述法

流程图是用图形来反映各项业务处理程序的方法。流程图描述法便于从整体的角度，直观反映内部控制的特征。该方法反映业务处理程序要比文字说明法更容易为人们所理解和掌握。使用流程图有利于提高工作效率，能为电算化创造条件，同时也有助于进行内部控制测试，从而确定测试重点和需要审查的详细程度。

(1)框图式流程图

它是用矩阵框图和直线组成的一种流程图，框图内反映所处理的内容，直线反映信息及其载体的传递；框图也可反映信息及其载体，直线反映处理要求。框图式流程图主要用于简单的业务处理流程或组织结构关系。某单位公章的使用流程如图 11.5 所示。

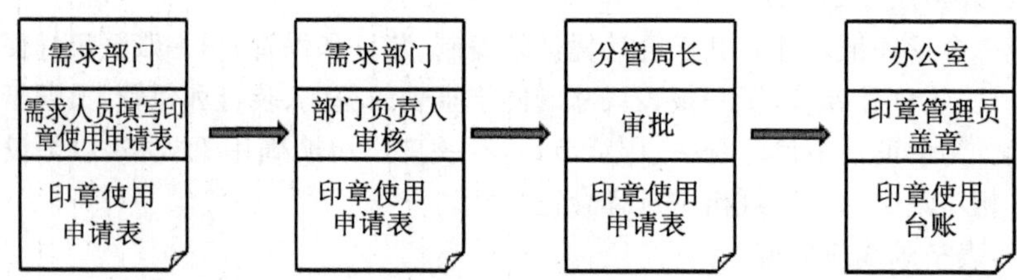

图 11.5 公章使用流程

(2)符号式流程图

符号式流程图是利用具有一定意义的特定图形符号，以图表的方式来说明业务处理程序或演算逻辑的方法及步骤，是对单位会计控制流程的形象描述。会计控制流程是贯穿于某项业务活动始终的基本控制步骤及相应环节，通常与业务流程相吻合，主要由控制点组成。它比框图式流程图表达的内容更全面，不仅能反映业务处理部门、人员，还能反应信息传递、变换的过程和信息载体生成、传递、记录、存档的情况，被广泛应用于业务处理程序设计中。

11.3.4 会计控制流程图的绘制步骤

(1)设计流程图符号

流程图符号是流程图的语言，它由一系列几何图形组成。目前还没有全国统一的流程图符号，世界各国的流程图符号也不一致。企业可以自行设计比较实用的流程图符号，基本原则是简易、形象和公识。例如：终端框（起止框）的特征是圆角矩形，表示开始和结束，是任何流程不可缺少的；输入、输出框的特征是平行四边形，表示需要输入和输出的信息，可放在任何需输入、输出的位置；处理框（执行框）的特征是方角矩形，表示赋值和计算等，需要处理的数据或计算可分别写在不同的处理框内；判断框的特征是菱形，用在要求对两个不同的结果进行判断时。部分常用符号及其含义如表11.1所示。

表11.1　　常用流程图符号

符　号	名　称	含　义
	准备作业(Start)	流程图开始
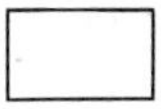	处理(Process)	处理程序
	决策(Decision)	不同方案选择
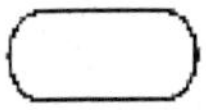	终止(End)	流程图终止
	路径(Path)	指示路径方向
	文件(Document)	输入或输出文件
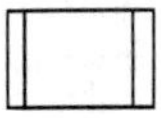	已定义处理 (Predefined Process)	使用某一已定义的处理程序
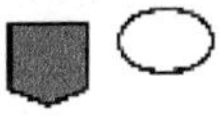	连接(Connector)	流程图向另一流程图的出口 或从另一地方的入口
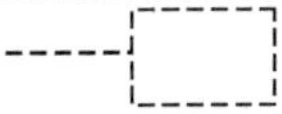	注解(Comment)	表示附注说明

(2)选定流程图主线

流程图通常以业务流程（走向）为主线，应自始至终前后衔接、流转通畅，不能出现流不通的情况。

(3)确定流程的控制点（重点）

依据控制原理，流程图应通过描绘控制点、关键控制点及其控制措施来描述整个业务过程，体现不相容职务的分离和不同级别的相互授权等原则。不同的业务，其流程不同，其控制点尤其是关键控制点及其控制措施是有区别的，其选择情况决定了内部会计控制的成败。单位在制定控制流程时，应认真分析主要业务及其流程，理顺这些业务相互之间的关系，做到相互交叉的业务控制点不重复设置，对控制点的设置体现精而准的原则。

(4)绘制流程图

流程图的绘制形式分为直式和横式两种，也可以直横交错绘制。

横式流程图(如图 11.1 所示)的绘制方法一般是以业务处理过程中各部门的控制和实施范围以及部门之间的联系为基础，横向表示任务点，如单据在部门之间和部门内部的传递、分配、记录、归档等步骤。绘制时，一般遵循如下规则：①业务部门的设置以业务处理程序的先后为序；②业务流程一般从上到下，从左到右；③业务流程中的信息载体符号(如凭证、账簿、报表)在上端，信息处理操作(如作业、转记、汇总)及存档符号在下端。

横式流程图可系统、完整地反映业务处理过程中各职能部门之间的联系，但不便于对各步骤的活动作简单的文字叙述，如果业务内容过于复杂或图形符号过多时，就较难理解整个业务的控制系统。

直式流程图(如图 11.2 所示)的绘制方法是将一项业务的处理过程按照次序先后，用一条主线垂直串联起来，业务处理过程中发生的单据、凭证以及凭证的分类、记录、归集汇总等处理步骤都用具体图式描绘出来。这种绘制方法对每个处理步骤都有相应的工作内容、控制性质和特点描述，较易让人理解，但难以表达各部门之间的联系。

(5)编制流程图说明

流程图承载了控制思想，是管理理念的延伸。好的流程图可以体现内部控制制度的精髓，帮助人们识别关键流程，确定关键控制点，分析哪个节点需要改造，并通过关注流程要点，明确管理重点，解决流程中出现的问题；还便于执行人员阅读和理解，提高执行力；通过梳理流程，便于信息化管理；等等。

经典案例评析

会计控制制度设计的核心要求是有清晰的控制要点，有明确的流程规范，有必要的文字说明，最好能够配有控制要点的流程图、清晰的权责表以及规范的业务流转表单等。

如何设计出简洁明了、形象生动、喜闻乐见的会计控制制度，在实务中有不少探索。任何单位都可以采用图、表、文配合运用(或交叉运用)的方式对控制流程进行解说。

某单位根据本单位存货管理的实际情况，结合对其控制流程的具体分析，绘制出存货仓储保管的流程图示(如图 11.6 所示)，形象直观；然后在归纳分析三个阶段存货控制风险的基础上，通过图表列示法，将存货业务风险、职责分工与审批权限等内部控制要点和仓储管理流程集中在一起，汇总反映（如表11.3所示），层次分明；最后，采用文字解说的方式对三个阶段7个控制要点作出详细说明（如表11.2所示），通俗易懂。

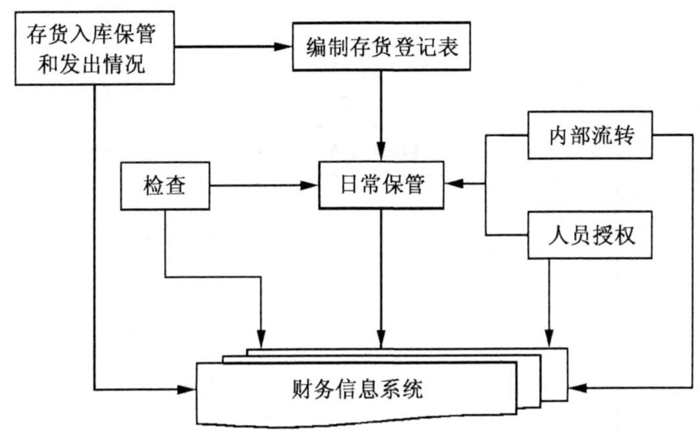

图11.6 存货仓储保管流程

表11.2 存货仓储管理流程控制表及文字说明

控制事项		详细描述及文字说明
阶段控制的具体内容	D1	1. 仓储部经理制定存货保管制度，报请总经理审批后执行 2. 仓库管理员在质检部门的协助下，对存货进行验收入库，根据存货的属性、包装、尺寸等的不同安排存放，并对入库的存货建立存货明细账，详细登记存货类别、编号、名称、规格型号、数量、计量单位等内容，并定期与财务部门就存货品种、数量和金额等进行核对
	D2	3. 仓库管理员对存货进行在库保管，具体包括控制仓库温度和湿度、防霉防腐、防锈、防虫害、安全和卫生管理等内容 4. 仓库管理员应定期或不定期做好存货的在库检查工作 5. 仓库管理员在存货在库检查中发现异常情况的，应及时处理，对不能解决的问题应及时报请仓储部经理进行处理
	D3	6. 仓储部经理根据分析结果提出解决方案，在权限范围内的直接交由仓库管理员进行处理，需总经理审批的方案经总经理审批后交仓库管理员处理 7. 根据分析结果，调整库存盈亏处理，填写“库存调整表”交总经理审批

表 11.3　　存货仓储管理流程与风险控制流程

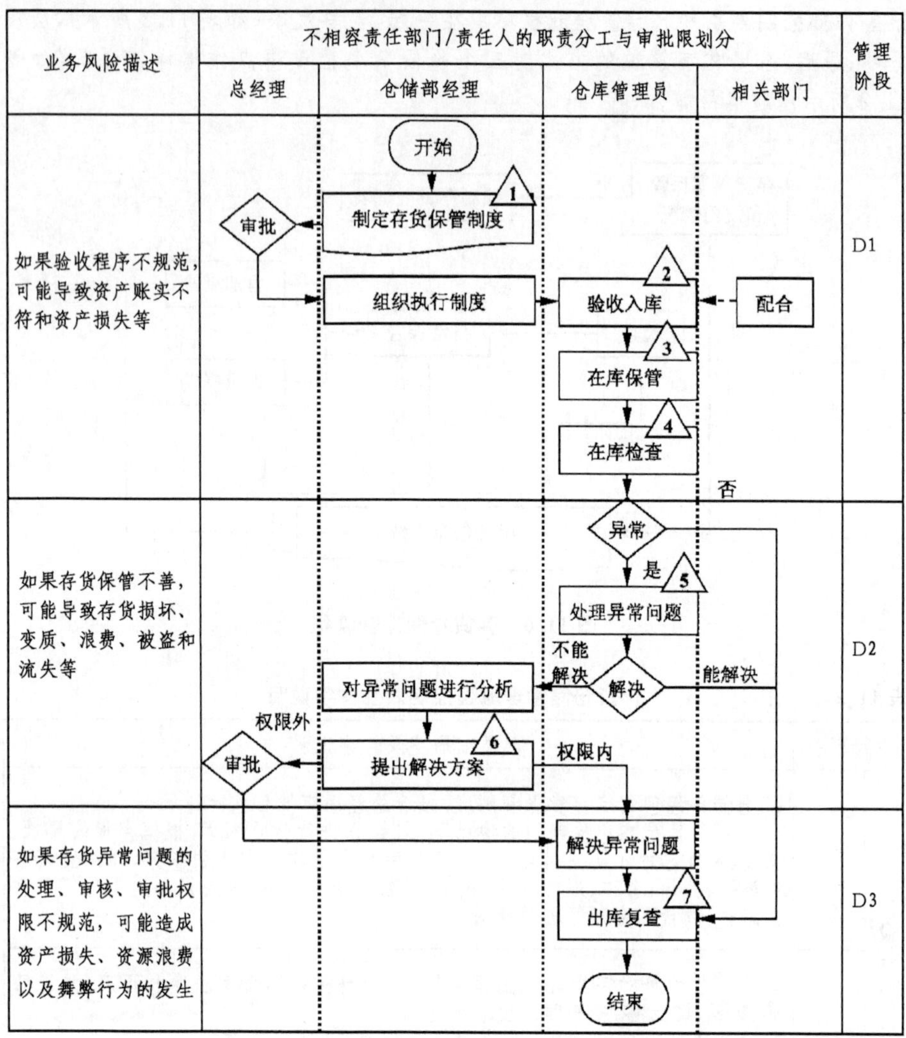

第 12 章　会计控制总结

会计控制应当扬长避短，与时俱进，精益求精。经济越发展，舞弊越严重，会计控制越重要，不断完善会计控制体系更加必要。

12.1　会计控制的作用特征

12.1.1　会计控制的独特作用

(1)经济越发展，会计控制越重要

无论是西方内部控制思想的发展演变，还是我国会计控制与内部控制制度的建设历程，都说明了会计控制不仅先于内部控制，而且是推动内部控制不断发展的内在动力。无论是最初的内部牵制演变为内部会计控制，还是将会计控制与管理控制两者结合并发展为内部控制整体框架，最后进化为与风险管理相结合，都说明了经济越发展，会计控制越重要。表 12.1 汇总的近百年内部控制思想及其发展轨迹告诉人们，随着时代的发展和管理的进步，会计控制需要精益求精、与时俱进，才能更有作为，才能在内部控制中起到基础性的且具有核心地位的重要作用。

表 12.1　　内部控制思想及其发展轨迹

发展时期	发展阶段	主要特征
20 世纪初至 20 世纪 40 年代	内部控制初始阶段	内部牵制法：职责分工、会计记账、人员轮换等
20 世纪 40～80 年代	内部控制建设阶段	制度二分法：会计控制和管理控制
20 世纪 80～至 90 年代初	内部控制发展阶段	结构三分法：控制环境、会计制度、控制程序

续表

发展时期	发展阶段	主要特征
1992年以后	内部控制整体框架阶段：COSO发布《内部控制——整体框架》，1994年增补	要素五分法：控制环境、风险评估、控制活动、信息与沟通、监控
20世纪90年代末至今	内部控制与风险管理阶段：COSO发布《企业风险管理——整合框架》	要素八分法：内部环境、目标设定、事项识别、风险评估、风险应对、控制活动、信息与沟通、监控

(2)金钱越有诱惑，会计控制越重要

货币(金钱)的不断诱惑、资金(资本)的经常泛滥、经济危机(金融危机)的此起彼伏，似乎与市场经济有着某种内在的联系。会计失控与监管无力无疑有助于危机频发。

凡是货币在履行价值尺度、流通与支付手段等职能，起着使用价值和交换价值的地方，都离不开会计核算和会计控制。货币是用来赚取的，也是用来支出的。人的一生，也许就是与金钱抗衡、博弈的历程。是人在赚钱、用钱、管着钱。钱的背后是人，控钱主要是控人。货币失控意味着管控失败。

金钱是诱惑人的，但把人引向毁灭的却不是金钱。个别贪官有着对金钱近乎变态的追求，把囤钱当成一种爱好，就像集邮等收藏活动一样。他们的兴奋点不在于花钱，而在于怎样搜刮到更多的钱。原河北省对外贸易经济合作厅副厅长李友灿疯狂聚敛了4 723万元巨款，他最大的"享受"就是每次到藏钱的房子把那些现金一摞摞铺在地上，数上一遍，然后"静静地欣赏"。

《茶花女》中有一句名言："金钱是好仆人，坏主人。"是做金钱的主人，还是做金钱的奴隶，反映出不同的金钱观。金钱的美好与邪恶并存。但金钱从来都不是主动的，而是被动的，所以，控制人的欲望，使人们在理智的权衡中放弃不理智的行为，这样的控制才是有效的。

货币资金投入运营变为资本。资本在金融市场运作中具有放大作用。美国历史上最主要的两次金融危机均来自于华尔街对货币的滥用。1929年的经济大萧条，华尔街大部分银行倒闭，成千上万的人倾家荡产，许多人无家可归而跳楼自杀。2008年的次贷危机，牵连整个欧洲，最终波及全世界，使世界经济遭受重创。

货币市场和资本市场为何有如此大的破坏力？全世界那么多金融专家难道不能防患于未然吗？为什么财团要操控资本，玩弄数字游戏？为什么资本市场充满了内幕交易和虚假消息？为什么有着150多年历史的投资银行雷曼兄弟会破产？下一次金融危机何时到来？人们该如何堤防金融风险？虽然对诸如此类的问题人们还在不断地寻找答案,但货币市场和资本市场依然是国家经济和世界经济的“血液”,因而善于控制货币市场和资本市场对所有国家和单位都显得十分重要。

市场需要平衡,人心不能失衡,而会计控制最讲究平衡;发展需要有度,运行更要有序,而会计控制对于有序、有度、有节制的平衡发展具有独特的作用。动机、行为、结果有着内在的联系。只要有加强会计控制或控制会计的思想意识,就会产生与之相应的管控行为;控制的自觉性和内在动力越强,其效率与效果才会越佳。

(3)失控与舞弊越严重,会计控制越重要

内部控制的发展史充分说明,有控制就有反控制。控制与反控制是一对矛盾,而且控制往往是随着失控令人关注而不断得到提升的。同样,舞弊与反舞弊也是一对矛盾,反舞弊一定是因为舞弊严重而更显重要。在现代经济生活中,“上有政策、下有对策”的现象不可避免,而所有失控都会直接或间接地与资金相关,与会计行为相联系,所以,如何见招拆招、逢凶化吉,研究与加强会计控制就显得更加重要。

1995年2月27日,一条消息令国际金融界震惊不已:有着232年灿烂历史的英国巴林银行倒闭了,其主要原因是内部会计失控导致过度炒卖金融衍生产品。为什么炒卖金融衍生产品能令一家名誉卓著的大银行倒闭?从表面上看,主要原因似乎是一个年轻交易人员的违规操作。但是谁给了他大到足以毁掉一家银行的权力?这还应从其总部的管理与控制的疏漏中去寻找答案:巴林银行赋予了该交易人员在新加坡独立操作的权力,集经营操作权、会计管理权和审查监督权于一身,设立秘密账户,既管理前台的代客理财,又管理后台的自营理财,银行缺乏对其的有效监督。英国巴林银行倒闭的事实告诫人们:单位在日常运转时必须加强内部控制,尤其是对会计的控制与监督。规范交易行为永远是重要的,防范风险应时时有准备。

上述事件过后不到一年的时间,住友商事的总经理秋山富一宣布:由于该公司没有强有力的内部会计控制系统,有色金属业务部长滨中泰男违反公司规定,从事铜的非法交易长达10年,造成了18亿美元的亏损,比巴林银行交易员擅自交易而亏损的14亿美元多4亿美元。

2001年,美国安然能源公司因虚假经营、虚构利润、隐瞒亏损而导致破产,从而引发作为世界“五大”会计师事务所之一的安达信会计师事务所的终结。

又过了不到一年的时间,世界通信公司被揭露涉嫌虚报巨额利润,仅2001年到2002年第一季度,该公司凭空捏造出38.52亿美元利润。

非法操作与管理失控是上述公司失败的共同特征。实践证明,单位越大,越要加强监控,失控越严重,会计控制就越重要。没有控制是万万不能的,于是就催生了《萨班斯—奥克斯利法案》和《企业风险管理——整合框架》。

《萨班斯—奥克斯利法案》对企业加强内部控制产生了广泛而深刻的影响。根据该法案第302条的规定，上市公司的首席执行官和首席财务官要在对外披露的财务会计报告(一般为年报和季报)中声明对建立和维护本公司的内部控制负责；首席执行官和首席财务官要对本公司内部控制的有效性进行评估，并向外部审计师说明其存在的重大缺陷和不足。根据该法案第404条的规定，上市公司应在年度报告中增加对内部控制的报告内容；该报告应当声明公司管理层对建立和维护财务会计报告内部控制的责任，以及管理层对公司内部控制有效性的评估意见；公司的外部审计师应当依据上市公司会计监管委员会制定的审计准则，对管理层提交的内部控制评估意见进行再评价，并出具评价报告。

《企业风险管理——整合框架》描述了适用于各类规模组织的企业风险管理的重要构成要素、原则与概念。该框架集中关注风险管理，为董事会与管理层识别风险、规避陷阱、把握机遇、增加股东价值提供了清晰的指南。

回顾2007年美国的次贷、次债危机，实质上是一种系统性风险，它从货币借贷市场的次贷信用危机逐步演变为资本市场上的次债危机，从美国资本市场上的次债危机发展到一场波及全球金融市场的“飓风”，从金融领域的模块性危机演变为集金融与实体经济于一身的系统性经济危机，其失控的教训是深刻的。

2008年法国兴业银行事件又对风险控制提出警示，是当前风险控制最好的反面教材。由于风险管理失控曝出巨额欺诈案，其交易员在未经授权的情况下违规操作给银行造成了近50亿欧元的损失。令人百思不解的是，该银行曾于2007年相继被世界权威风险管理杂志《风险》和《银行家》评为“证券衍生产品年度最佳银行”和“资产负债管理年度金融机构”。

COSO于2013年5月14日发布了《2013年内部控制——整体框架》及其配套指南，旨在帮助公司高管在企业运营、法规遵从以及财务会计报告等方面采用更为严密的内部控制措施，以提升内部控制的质量。其具有以下三个特点：

更实：提供了内部控制体系建设的原则、要素和工具，具体的变化体现在突出了原则导向，即在原有五要素的基础上提出了17个基本原则，在此基础上进一步提炼出82个代表相关原则的主要特征和重点关注点。

更活：强调内部控制如何实施、如何评价、如何认定有效性，企业可以有自己的判断。这本质上在为内部控制“松绑”，是新框架的灵魂。

更稳：强调内部控制有效性的认定。内部控制五要素中的每一项都会受到其他要素的影响，应视为一个整体来对待，应整合性地看待内部控制体系和控制措施，而非孤立对待。

随着失控案例越来越多，舞弊金额越来越大，社会各界纷纷要求有效控制与精准反腐，要求控制理论与控制方法不断完善，精益求精。在全球化背景下，越来越多的国家意识到，强化会计控制系统将有助于防止和管理风险，提高运营的效率和效果，确保财务会计报告的可靠性，提高单位实现战略目标的能力并维护投资者的合法权益。愚者用失败换取教训，智者以教训赢得成功。

12.1.2 会计控制的特征分析

对会计控制的特点认识得越清楚，越有助于充分发挥会计控制的积极作用。

由于会计是以货币为主要计量单位，采用一系列专门的方法和程序，对经济交易或事项进行连续、系统、综合地核算和监督的一种管理活动，因此，会计控制具有以价值形式为控制手段，以不同岗位、部门、层次的不同经济业务为综合控制对象，以控制日常资金流动（现金流量）为主要内容等显著特征，从而有别于其他管理控制方法，更显现其强大的控制力和有效的监管作用。

(1)会计控制的涉及面相当广泛

就与内部关系而言，由于单位内部各个部门与资金发生联系的现象十分广泛，会计控制活动涉及生产、供应、销售等各个环节，每个部门都要求合理使用资金、节约资金支出、提高资金使用率，接受会计的核算与检查，受到会计控制部门的监督和约束。同时，会计控制部门本身可以为生产管理、营销管理、质量管理、人力物资管理等活动提供及时、准确、完整、连续的基础信息资料。

就与外部关系而言，会计控制与企业外部的各种关系也十分广泛。在市场经济条件下，企业在市场上进行融资、投资以及收益分配的过程中会与各种利益主体发生千丝万缕的联系，主要包括：企业与其股东之间、企业与其债权人之间、企业与政府之间、企业与金融机构之间、企业与其供应商之间、企业与其客户之间、企业与其内部员工之间等，这些活动都与实施有效的会计控制工作相关。

内部会计控制不是与单位的日常工作明显割裂的独立活动，而是暗含在工作的每一个方面和每一个步骤中。经营管理过程与内部会计控制是相互交错和相互关联的，内部会计控制在实行过程中会不断地与管理经营过程磨合，针对不同的外部环境对自身进行修正与改进，起到积极控制的作用。不管采取哪种方式进行管理和执行业务，都会有潜在的会计控制行为。内部会计控制涉及企业组织的方方面面，上至董事会，下至普通员工，其范围相当广泛。

(2)会计控制的综合程度很高

以价值形式为手段的会计控制具有很强的综合性。会计需要运用多种计量尺度，包括实物尺度（如千克、吨、件等）、劳动尺度（如工时等）和货币尺度等，但以货币尺度为主。实物尺度和劳动尺度能够具体反映各项财产、物资的增减变动和生产过程中的劳动消耗，对核算和经济管理都是必要的，但这两种尺度都不能综合反映会计的内容，而综合是会计的一个主要特点。会计以货币作为综合计量尺度，通过会计确认、计量、记录与报告，一方面可以全面、系统地反映和监督企业财产物资的收支，生产过程中的劳动消耗和成果，并计算出最终财务成果，揭示单位各项管理工作的问题；另一方面，也能集中反映国家、所有者、经营者和劳动者等各方面的利益关系，揭示在这些关系处理过程中存在的问题等。

企业管理是由会计管理、生产管理、营销管理、质量管理、技术管理、设备管理、人事管理和物资管理等诸多子系统构成的复杂系统。除会计控制之外的其他管理都是从某一个方面并大多采用实物计量的方法对经营活动中的某一部分实施组织、协调和控制，所产生的管理效果只能对经营的局部起到制约作用，不可能对整个营运实施管理。会计控制则不同，作为一种价值管理，它包括对筹资、管理和分配等管理环节的控制，是一项综合性很强的管控活动。正因为是价值管理，所以会计控制通过资金的收付及流动的价值形态，可以及时、全面地反映商品物资的运行状况，并可以通过价值管理进行商品管理。也就是说，会计控制渗透在全部经营活动之中，涉及生产、供应、销售每个环节和人、财、物各个要素，所以，抓单位内部管理可以会计控制为突破口，通过价值管理来协调、促进、控制单位的经营活动。

(3)会计控制具有连续性和系统性

内部会计控制不是短期内或某一时点上的某一项活动，而是自单位建立之日起就产生，分阶段、有规律地对单位的各项活动进行核算与监管，其过程是完整、连续和系统的。所谓完整，是指会计核算对属于会计内容的全部经济业务都必须加以记录，不允许遗漏其中的任何一项。所谓连续，是指对各种经济业务应按其发生的时间，顺序地、不间断地进行记录和核算。所谓系统，是指对各种经济业务要进行分类核算和综合核算，并对会计资料进行加工整理，以取得系统的会计信息。

(4)会计控制依据的客观性相当强

由于会计控制往往以会计核算资料为依据，因此其客观性很强。会计核算一定要以凭证为依据，并严格遵循会计规范，会计记录和会计信息讲求真实性和可靠性等，这就要求单位发生的一切经济业务都必须取得或填制合法的凭证，以凭证为依据进行核算。在会计核算的各个阶段都必须严格遵循会计法规和会计准则，以保证会计记录和会计信息的真实、可靠和一致等。

会计方法是履行会计职能、完成会计任务、实现会计目标的方式，是实施会计管理的手段。会计核算职能是指主要运用货币计量形式，通过确认、计量、记录和报告，从数量上连续、系统和完整地反映各单位的经济活动情况，为加强经济管理和提高经济效益提供会计信息。会计监督职能是指对特定主体经济活动和相关会计核算的合法性和合理性进行审查。而这些会计方法都为会计控制获取有效依据提供了充分而有力的保证。

在内部控制体系中，会计法律法规不仅比较完善，而且相当标准。会计标准不仅是会计领域从业人员共同使用的一种规范性文件，而且为内部控制的各项活动从设计到执行提供了标准与依据。

(5)会计控制具有较高的灵敏度

在市场经济条件下，企业成为面向市场的独立法人实体和市场竞争主体，其经营管理目标为经济效益最大化，这是现代企业制度要求投入资本实现保值增值所决定的。单位要想求生存，必须学会以收抵支、到期偿债；要发展，必须扩大收入。收入的增加意味着人、财、物相应增加，都将以资金流动的形式在企业会计账务处理上得到全面的反映，并对会计指标的完成产生重大影响。因此，会计控制是以会计信息为基础，以经济效益(或效率效果)为中心的。抓好会计控制就是抓住了企业管理的“牛鼻子”，管理活动也就容易落到实处了。

会计实时控制的有效实施也为进一步提高会计控制的灵敏度提供了保证。所谓实时会计控制，是指网络环境下会计运用现代技术手段，通过跨越时间和空间，以及动态控制、远程处理、实时分析比较等，配合引导、调控、协调和其他方面的干预过程，促使会计核算与控制从事后转为实时，从静态走向动态。

12.1.3　会计控制的局限性分析

(1)基于内部控制假设的局限

内部牵制基于这样一个设想：两个或两个以上的人或部门有意识地合伙舞弊的可能性大大低于一个人或部门舞弊的可能性。实践证明，这些设想是合理的，内部牵制机制确实有效地减少了错误和舞弊行为。但如果牵制的双方串通，那么，这个关键控制点的牵制作用就消失了。例如，采购一批材料，单位派不同部门的两个人负责，但如果这两个人串通好虚开发票，这时牵制作用就消失了，这个环节上的内部控制也就失效了。如果是团体(或集体)舞弊呢？内部牵制的假设就失去了理性的基础。当前大量营私舞弊案例中显露出来的问题警示人们，链条式腐败已成共性问题，单靠内部牵制的作用是有限的。

同样，不相容职务的分离的确可以为避免一个人单独从事和隐瞒不合规定的行为提供基本保证，但是，它并不能完全防止两个或两个以上的人员和部门共同舞弊。例如，出纳与会计共同作弊，财产保管与财产核对人员合伙造假，采购部门与会计部门联合舞弊，审计部门与会计部门合伙串谋，管理层相关人员和(或) 第三方通过串通而规避控制等。如果这样，再完备、严密的内部会计控制措施也难以发挥其应有的作用。

内部控制有效假设，是指内部控制的构建与实施应当是有效的，其控制收益是大于控制成本的。然而，内部控制能够在多大程度上起作用存在着不确定性，控制收益与控制成本孰高孰低也难以量化。但人们对构建与实施内部控制的有效性还是建立在有内部控制比没有内部控制好这个假设基础之上的。

(2)受成本效益原则的局限

成本效益原则通常表现为理性的经济人总是以较小的成本去获得更大的效益,一般也被认为是经济活动中的普遍性原则和约束条件,因此,也同样适用于内部会计控制。成本效益原则要求内部会计控制花费的成本与由此而产生的经济效益之间要保持适当的比例,当采用一项内部会计控制时,必须保证实施此控制所引起的成本增加小于其所带来的效益的增加。也就是说,实行内部会计控制所花费的代价不能超过由此而获得的效益,否则应舍弃该项控制措施。

一项内部会计控制制度是否能够有效运行在一定程度上取决于其运行成本。内部会计控制是按照一定程序进行的,而实施这些程序就必须要付出代价。就一般情况来说,内部会计控制越多,其效果就越明显。过于简单的内部会计控制会使经营管理过程出现纰漏,从而达不到应有的效果。但在内部会计控制中,如果控制的环节增多,那么,设置的岗位与控制环节也必然会增加;配备更多的人员对内部会计控制的执行情况进行监督也需要运用更好的技术手段,其运行成本必然会增加。而单位的经营者为了取得更高的效益,极有可能取消一些内部会计控制的环节以减少资源的消耗。还有一些规模较小的企业,本身的员工数量已经很有限,就更不可能在内部会计控制的每个环节都设置人员。这样,内部会计控制制度就不会充分发挥其应有的作用。

(3)对例外业务失去作用的局限

企业所处的市场瞬息万变,但其内部会计控制制度一般都是为曾经发生、重复发生的业务而设计的,这也使其对不正常的或未能预料到的“例外”业务失去控制力。

外部环境经常处在不断变化之中,单位为了生存和发展,势必不断调整经营战略,或者并购其他单位,或者在外地开设分支机构,或者增设分部、生产线等。这样,就会导致原来的控制程序对新增加的经济业务不能完全有效,未能及时完善的原有内部会计控制制度就有可能产生差错和失去机会,给单位带来损失。

从单位内部来看,即使外部环境不发生变化,也可能导致类似问题。例如,单位实现会计电算化以后,会计核算的方法和手段都发生了根本性的变化,对内部会计控制的岗位、环节、程序等都提出了不同于手工核算的要求。在这种情况下,如果不建立新的控制制度,原来的控制制度就有可能失灵,从而影响内部会计控制的有效性。

内部控制相对于发展中的现实业务来说永远是滞后的,也可能因为控制环境、经济情况等因素的改变而削弱或失效,尤其当发生了超出组织控制能力的外部事件时,会计控制将无法防止错误的判断和决策,也无法防止可能导致组织无法实现其运营目标的外部事件。所以,内部控制一定要与时俱进。

专题讨论 12.1 | 对例外事项如何实施有效控制?

例外事项是指非经常发生的、无法预测的事项,如紧急采购任务、特殊需求的服务、突发事故等。对于例外事项,单位首先应当健全特殊授权批准制度和突发事件应急机制,谨防有人利用例外事项谋取私利。

例外事项往往不在常规内部控制流程的规范范畴内,很多单位会为例外事项开辟“绿色通道”,以保证例外事项的顺利进行。然而,正因如此,很多例外事项经常成为内部控制管理的“灰色地带”,为单位带来很多隐患。例如,有些人员故意将常规事项演变为例外事项,绕开必要的内部控制监管等。

对于例外事项应做好事后的统计分析,具体包括以下几项控制活动:①对例外事项必须严格记录并做好整理和分析,观察例外事项的发生频率,对高频率的事件要纳入常规管理。②查找例外事项产生的原因,如果是内部原因,做好整改;如果是外部原因,分析发生的条件,保证下次对同类事项的有效预测。③将例外事项发生的原因和次数纳入对相应科室或部门的考核,防止有些人员借助例外事项而绕过常规控制等。

(4)管理人员滥用职权的局限

任何控制制度最终都是靠人来执行的,在某些情况下,担任控制职能的人员越权管理,同样可能导致内部控制失效。例如,要上马一个工程,正常情况下应经过招标、投标、开标、评标等程序从几个申请招标的单位中选出得分较高的施工单位,但如果主管领导执意要把工程交给与这位领导关系较好的某个施工单位,那么,此时内部控制就因为领导越权而失效了,就有可能出现风险。也就是说,如果单位内部行使控制职能的管理人员不能正确履行自己的职能,即使设计良好的内部会计控制也可能不会发挥其应有的效能。

一般来讲,高层管理人员的越权行为限制了内部会计控制制度作用的发挥。单位的高层管理人员处于单位的核心管理层和决策层等权力核心,在许多情况下,如果他们对单位的经济活动进行越权干预,必然会导致一些控制程序的失效。这是因为,一旦单位的高层管理人员越权,任何控制程序都不能制约其行为;当他们极力造假、故意错报或瞒报财务状况和经营成果时,内部会计控制程序本身就很难发挥作用。因此,一个单位的内部会计控制在很大程度上受到管理当局的职权是否规范和是否有效地行使的限制。这是当前单位经济活动中内部会计控制制度不能有效发挥作用的关键因素之一。

(5)人员素质或人为错误的局限

会计控制还受到人为错误的限制。智者千虑,必有一失。任何"完美的"会计控制系统都会因设计人员经验和知识水平的限制而存有缺陷。同时,执行人员在心理上和行为上不能达到内部会计控制制度的基本要求,出现粗心大意、精力分散、判断失误以及对指令的误解等情况,也可能使内部会计控制系统陷于瘫痪。例如,发货时没有索要提货单,对方发票上的总金额计算错误而未被发现,签发支票时未审查其用途等,都会使会计控制失效。

以上这些局限性都将妨碍对实现控制目标的绝对保证,也就是说,会计控制仅能提供合理保证而非绝对保证。

专题讨论 12.2　会计控制体系建立以后能否防范所有的风险和舞弊?

会计控制为各单位管理目标的实现和业务风险的防范提供了合理的保证,而不是绝对的保证。一方面,单位面对的内外部环境在不断变换,面临的风险也在不断变化之中,有些风险的变化可能超出了现有的控制范围;另一方面,所有内部控制体系都需要人来执行,所以,人员执行的不到位将导致内部控制体系的效果大打折扣。因此,会计控制体系的建立并不能保证对风险和舞弊的完全防范,只能说在很大程度上降低了风险和舞弊发生的可能性。任何单位在初步建立内部控制体系后还需要不断审视和检查内部控制体系的运行效果,以保证内部控制体系的不断完善。

会计控制应当是一个不断完善的动态过程。因为会计控制具有时效性,设计得再好的制度也会存在缺憾。越权或串通可能形成内部人控制,环境变化可能使原有的控制系统失效或削弱……所以,过去有效的控制方法与手段对今天或将来不一定有效。会计制度不仅要精益求精,还要加强对内部控制执行情况的监控,使内部控制制度不断完善。管理层的重要职责之一就是建立和完善内部控制并保证其持续有效地运行,对控制的监督检查有助于实现这一目标。

12.1.4　会计控制的职责特征

会计控制不能替代内部控制,也不能替代管理活动,更不能替代道德教育与法制教育,其作用是有限的。人们认识局限不是为了无视局限,而是为了防范局限被人为扩大,同时也是为了有效控制局限。

会计控制应当扬长避短,发挥自身重要而独特的职责。作为会计机构和会计人员,应当在单位负责人(董事会、监事会、经理层)的领导下履行好自身的职责,积极发挥会计控制的主观能动作用。

一是确定合理的会计控制目标、计划或预算,并围绕单位目标进行控制。目标应当是具体的,工作计划或预算是基本的控制标准,但为了实施更为有效的控制,应当对各项工作和活动设置更为详尽的、可操作的具体标准。

二是建立健全会计控制组织与控制程序，明确各部门和每个人的控制职责，这是控制得以明确、连续、有效实施的组织基础。

三是有效落实各项控制措施，迅速发现错弊并立即加以纠正。控制对象应有针对性，控制方法要恰如其分，控制措施重在防错纠偏。

四是确保控制措施有针对性，更要有一定的力度。因为错弊不能得以及时纠正可能会出现负面效应，容易让人们产生消极情绪和不良的效仿后果。为此，应根据出现问题的程度来确定施加控制的力度。

五是要善于应变，精益求精。对待计划或预算要有适度的灵活性，内外部情况发生较大变化时，应对控制的目标和方法进行合理调整。

六是要有韧性。尤其是在遭受反控制情绪包围的时候，更要长期坚持，锲而不舍，持之以恒。要善于将积极推进、持久运行与有效监督相结合，因为会计控制不仅涉及方方面面，而且是一个不断渐进的发展过程，需要定期检查与评估内部会计控制是否有效，以发现控制中的缺陷，不断采取措施加以补正。

12.2 会计失控与管理舞弊

12.2.1 会计失控必然导致管理舞弊

同济大学经济与管理学院教授、博士生导师金光华认为："舞弊是一种必然现象，特别是管理舞弊更为严重。"①会计舞弊本身就是一种典型的管理舞弊行为，是行为人以获取不正当利益为目的，在会计工作中有计划、有针对性和有目的地违背真实性原则，违反国家法律法规、制度、规章和规范，导致会计信息失真的行为。管理舞弊与会计失控可以说是一种共生现象，已经成为会计控制的"重灾区"和世界性的难题，也是风险管理的难点或关注点。关注会计信息"重灾区"，探索会计控制新领域，有助于不断提高会计控制的针对性和控制水平。

由于会计舞弊是有目的的、有预谋的、有针对性的造假和欺诈行为，因此可能会在许多方面表现出迹象，如会计人员频繁离职、变更注册会计师事务所、单位内部控制制度不完善、关联交易频繁、管理层经常变动或抛售其所持有的股票等，这些异常或失控的征兆一般可以从管理层面、关系层面、组织结构、行业层面以及财务结果和经营层面加以识别。

---

① 金光华.财会信息系统中原始数据失真问题研究[M].//张文贤.21 世纪 100 个会计学难题.上海:立信会计出版社,2010.

产生会计舞弊的原因是多方面的，如内部控制制度不健全造成会计信息舞弊；会计信息不对称为经营管理者实施并掩饰会计舞弊提供了便利条件；法制建设不完善使会计舞弊者有机可乘；社会监督缺乏有效性导致会计舞弊不断发生；等等。

会计舞弊弱化了管理的基础工作，使单位失去生存和发展的基础；会计舞弊虚造的会计信息使利益相关者蒙受巨大损失；会计舞弊使职业道德沦丧，使会计行业面临严重危机。

12.2.2 舞弊因素与舞弊行为研究

弗洛伊德(S.Freud)著名的“冰山理论”把舞弊比喻为一座冰山，露在海平面上的只是冰山的一角，更庞大的危险隐藏在海平面以下。从结构和行为方面考察舞弊，海平面上的是结构部分，海平面下的是行为部分。舞弊结构的内容实际上是组织内部管理方面的，这是客观存在且容易鉴别的；而舞弊行为的内容则更主观化、更个性化、更容易被刻意掩饰起来。冰山理论认为，一个单位是否可能发生会计舞弊，不仅取决于其内部控制制度的健全性和严密性，更重要的是取决于其是否存在财务压力，是否有潜在的败德可能性。该理论强调，在舞弊风险因素中，个性化的行为因素更加危险，必须多加注意。

“舞弊形成三角理论”由美国注册舞弊审核师协会(ACFE)的创始人、美国会计学会会长史蒂文·阿伯雷齐特(W.Steve Albrecht)提出。他认为，企业舞弊的产生是由压力、机会和自我合理化三个要素组成的，就像必须同时具备一定的温度、燃料和氧气这三个要素才能燃烧一样，缺少了上述任何一项要素都不可能真正形成企业舞弊。压力可能是经营或财务上的困境以及对资本的急切需求。机会可能是宽松的或松懈的控制以及信息不对称，舞弊者需要具有舞弊的机会，舞弊才可能成功。舞弊的机会一般源于内部控制在设计和运行上的缺陷，如单位对资产管理的松懈，单位管理层凌驾于内部控制之上，可以随意操纵会计记录等。而自我合理化则可能是“我只是向单位借而不是偷”“我们只是为了暂时度过困难时期”“我的出发点是为了一个很好的愿望”等，舞弊者可能对自身的舞弊行为进行各种“合理化解释”。该理论认为，舞弊三要素缺一不可，形成了互为依存的关系，缺少了上述任何一个要素都不可能真正形成舞弊。

阅读了本章的经典案例评析后你会发现，当舞弊产生的三个因素的可能性都增加时，舞弊的发生将确信无疑。此案的当事人解释其舞弊的原因是：在压力方面，因为他原来是劳动人事处处长，刚调到物资处履新职，很多职工认为他是外行，他感到压力很大，因此想通过别的渠道弄点钱给职工，让职工评议时投他的票；在机会方面，他正好管理物资，有条件；在借口方面，之所以心安理得，是因为他认为，卖的东西大多是边角料等废旧物资，钱也是发给物资处的职工，职工收入多了，积极性就会上去，会以工作成绩回报单位。在舞弊事实面前，舞弊者采取自欺欺人的说法，使自身的行为“合理化”。

会计舞弊的四因素理论由波罗格纳(G.J.Bologna)于 20 世纪 90 年代初期提出。他认为，舞弊由贪婪(Greed,G)、机会(Opportunity,O)、需要(Need,N)、暴露(Exposure,E)四因素组成，它们相互作用、密不可分，共同决定舞弊风险。其中，贪婪和需要与行为人个体有关，机会和暴露则更多与组织环境有关。其理论可形象地表述为：舞弊者既有贪婪之心，又十分需要钱财时，只要有机会，并认为事后不会被发现，就一定会舞弊。在现实情形中，舞弊四因素均有不同的不利影响，而当特定环境中全部因素组合形成重大不利影响时，舞弊行为必会实施。

失控导致舞弊，舞弊与腐败导致管理失败，这是单位所面临的最大风险。近年来，国内外的财务造假丑闻频频发生，给各国经济带来了巨大损失。当前的会计信息严重失真和会计诚信危机等都是会计舞弊的结果。会计舞弊广泛存在，手段多种多样，给国家和广大投资者带来的危害和损失不可估量。尤其在美国次贷危机引发的全球性金融海啸中，这种风险管理的理念更加引人注目。随着内部控制经历了内部牵制制度、内部控制制度(制度二分法)、内部控制结构(结构三分法)、内部控制框架(要素五分法)、风险管理与内部控制(要素八分法)等阶段以后，人们越来越清楚地认识到：市场经济越发展，经济环境越复杂，内部控制越重要，会计控制对于防范风险与控制舞弊的作用更为显著。所以，对会计控制与风险管理的研究始终是全球“风控”的重点对象与主要内容。

12.2.3 健全反舞弊机制

(1)增强反舞弊意识

会计控制与心理学、行为学和犯罪学都有着直接或间接的关系。但目前，不少单位在制定制度和控制流程时，未必会考虑所面临的舞弊风险，因而已有的制度未必能满足管理特定风险的需要。舞弊者在贪婪和压力的驱动下，在执行时也会设法规避甚至无视原本有效的制度设计。此外，在舞弊事件被发现之前，单位几乎不可能通过员工过往的表现来判断舞弊发生的可能性，而当东窗事发时，却已经遭受巨大的损失。

舞弊风险与会计失控休戚相关。动机产生行为，行为导致结果，结果会体现在会计核算中。所以，不少有识之士认为，会计控制的重要作用就在于防范风险、防止舞弊和预防腐败。

舞弊祸国殃民。美国注册舞弊审查师协会自 1996 年开始对职务舞弊案例展开调研，其历年发布的报告指出，一般企业每年因为舞弊而导致的损失占企业收入的 5%。而除了直接经济损失外，受损的还有无形的公众形象和市场声誉，客户、商业合作伙伴、资本市场的投资者，以及监管机构对企业的信心。

实证分析 12.1 | 舞弊情况会愈演愈烈吗？

据美国注册舞弊审查师协会的统计，舞弊带给企业直接损失的中位数是 14 万美元（对于亚洲国家，中位数近 20 万美元），超过两成的案例导致 100 万美元以上的直接损失。更需要提请注意的是，在过往的舞弊案例中，少有舞弊人员会在事发之前主动停手，他们一方面要依赖舞弊维持其既有的地位、生活水平和不良嗜好；另一方面会拆东补西，掩盖其舞弊行为。绝大多数情况是舞弊愈演愈烈，金额从小到大，当发现舞弊时，“亡羊补牢”往往为时已晚。

美国注册舞弊审查师协会的统计还显示，在舞弊案例中，从舞弊开始到事发，通常持续 1～3 年，有将近一半的单位最后无法挽回任何损失。因此，具有反舞弊意识，采取主动行为防患于未然才是管理舞弊的上策。

(2)建立反舞弊机构

单位可指定内部审计部门或纪律检查委员会为反舞弊工作常设机构，负责组织及执行反舞弊工作，包括：①协助各级管理层进行年度舞弊风险评估工作；②进行反舞弊工作的独立评估；③协助开展反舞弊宣传培训活动；④审核及评估反舞弊控制程序的建立和实施；⑤受理舞弊举报并进行举报登记，组织舞弊案件的调查，出具处理意见及向管理层和审计委员会、董事会报告。

针对管理层及审计部门开展的工作，董事会和审计委员会应进行指导、监督及必要的参与，具体表现为：①带头参与、督促管理层建立单位范围内的反舞弊文化环境，监督管理层依照单位反舞弊条例开展工作；②审核管理层的反舞弊程序和控制措施，包括管理层对舞弊风险的认定和反舞弊措施的实施；③审核审计部门的舞弊风险评估和反舞弊工作报告；④审核管理层跨越控制的可能性，或者其他对财务会计报告过程能够施加不适当影响的行为；⑤了解员工举报机制，并监督其运行和有效性；⑥配合外部审计机构沟通单位反舞弊工作情况；⑦查问管理层就有关已证实的或疑似的舞弊行为的处理情况，内容包括舞弊行为的性质、状态和最终处理结果；⑧了解管理层对内部和外部审计人员提出的关于加强反舞弊控制建议的反馈；⑨深入参与或指派相关人员参与对重大舞弊事件或有关财务人员舞弊事件的调查；⑩复核管理层运用的会计准则、会计政策和会计估计的情况；⑪复核管理层进行的重大非寻常交易、关联方交易的情况。

审计委员会和董事会所做的指示和监督应留有书面记录，并将管理层针对上述机构所做的询问、意见、指示的反馈意见和执行结果以书面形式加以记录，妥善保管备查。

(3)夯实反舞弊基础

建立反舞弊基础是指在单位整体层面上建立起符合反舞弊要求的文化、政策、人员和架构。反舞弊首先要得到单位最高层的支持。最高层是单位反舞弊机制的最终责任人，他们应该以实际行动(会议、发言、公告、文件签署等)正式而持续地向单位全体人员表态。

为了让所有人清楚地理解单位的反舞弊期望，一个最行之有效的办法是以书面的方式传达到每一个管理人员和员工，如《会计人员守则》和《职业道德规范》等，也可以根据单位的实际状况，以简化但实用的态度制定类似的制度。

为了规范单位全体员工的职业行为，促使所有相关人员严格遵守相关法律法规、职业道德准则和规章制度，树立廉洁从业和勤勉敬业的良好风气，防止损害单位及股东利益的行为发生，确保控制目标的实现和持续、稳定、健康发展，不少单位结合自身实际情况，建立反舞弊制度。

(4)全面评估舞弊风险和管理漏洞

任何单位都面临舞弊的风险，只不过不同行业的舞弊风险有区别。单位应当通过程序识别，找出有可能发生舞弊的环节，包括会在什么业务步骤发生、涉及什么部门和岗位、舞弊的手段具体是怎样的。

评估舞弊风险并建立具体的控制机制以减少舞弊发生的机会主要通过以下手段：一方面，管理层要在单位层面、业务部门层面和主要账户层面进行舞弊风险识别和评估，这些评估包括虚假财务会计报告、单位资产的盗用、未授权或不恰当的收入或支出，以及高层管理人员舞弊的风险评估；另一方面，要建立和实施内部控制机制以降低舞弊发生的机会。单位应以授权、批准、核查、核对、权责分工、工作业绩复核和资产保全等方式，针对发生舞弊行为的高风险领域，如财务会计报告虚假、管理层越权以及信息系统和技术领域，建立必要的内部控制措施，从源头上防范业务舞弊和财务舞弊风险的发生。

在实践中，通常由专门的组织者召集主要管理人员和关键员工，通过访谈、调查表和讨论会等发表意见，并将收集的信息整理为潜在舞弊事件清单。图 12.1 是某单位对舞弊的分类情况。

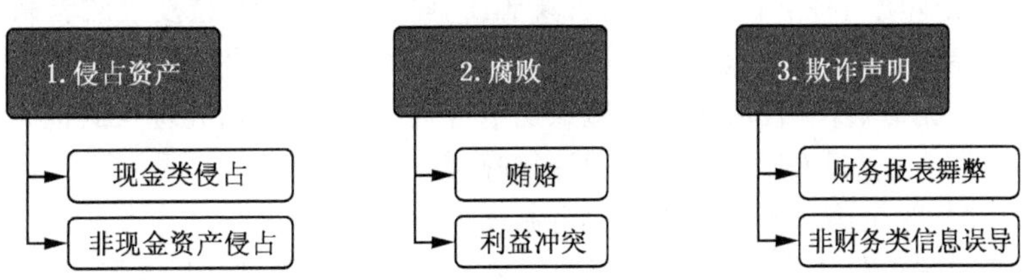

图 12.1 舞弊行为及其分类

侵占资产:包括盗用现金和存款、截留收款、虚报支出等侵占现金类资产;也包括对贵重设备、原料和产品的非法占用和偷窃。

腐败:受贿通常来自供应商,行贿通常流向客户和政府,隐蔽的行贿会通过代理、经销商、“壳”公司等第三方完成。利益冲突包括单位人员在外开公司与雇主竞争,以及非公允的关联方交易等。

欺诈声明:报表舞弊是指持有单位实际控制权的高级管理人员或者大股东,通过捏造财务报表和公告信息,故意误导投资者。雇员伪造学历和经历,供应商伪造资质等属于捏造非财务类文档。

单位可以将上述分类作为出发点,以全面地考虑各方面的可能性。当然,单位最后整理出的舞弊事件仍应该是结合单位自身的运营和管理现状得出的成果。然后以总结出的事件清单为基础,评价这些事件发生的可能性,以及一旦发生,对单位的影响程度,并按风险高低对事件进行排序。

管理漏洞是指单位管理现状不足以防范舞弊发生的情况。很少有单位是完全没有现成管理措施的。例如,绝大多数便利店都会装摄像头,绝大多数单位都不允许销售人员经手客户付款等。了解漏洞,也就是逐一考察管理现状,判断现状是否已经满足反舞弊的要求。

对于较高风险的潜在舞弊事件,应拟定应对策略。该策略主要是为了弥补漏洞所需的行动规划及预计所需的人员、时间和其他资源。

上述工作应持续开展。鉴于文档和人员经验的积累,次年的工作量通常会显著少于首年。每当单位业务、经营模式、人员、组织架构和系统有大的调整时,应特别关注风险和漏洞的相应变化。

(5)制订和实施应对策略

所有应对舞弊的策略均应得到高层批准和授权,并获得相应资源。其后组织者应责成有关人员按照策略制订具体的行动方案和时间表,在获得批准后予以实施。具体方案通常涉及管理方法、业务政策和流程、职责岗位、系统的变更。

反舞弊工作要尽可能与日常工作结合,反舞弊方案通常包含对企业日常制度和操作流程的串联和修订,而不是建立独立的制度。

单位至少应当将下列情形作为反舞弊工作的重点:①未经授权或者采取其他不法方式侵占、挪用单位资产,谋取不当利益;②在财务会计报告和信息披露等方面存在虚假记载、误导性陈述或者重大遗漏等;③董事、监事、经理及其他高级管理人员滥用职权;④相关机构或人员串通舞弊;等等。

(6)建立健全信息报告与举报投诉制度

阳光是最好的消毒剂,健全的信息披露与及时报告制度是反舞弊的重要举措。

举报投诉制度是单位内部建立的,旨在鼓励员工对涉及内部控制方面的违法行为或不当行为以匿名或明示的方式进行举报、投诉，并由专门机构对举报内容进行调查和处理的一系列政策、程序和方法。该制度属于内部控制框架中的信息与沟通要素，具有预防、制止和揭露组织活动中的违法违规行为，保证单位各项活动的合法性和合规性的功能。建立举报投诉制度和举报人保护制度，设置举报专线，明确举报投诉处理程序、办理时限和办结要求，确保举报、投诉成为有效掌握信息的重要途径。举报投诉制度和举报人保护制度应当及时传达至全体员工。

单位发生舞弊案件后，在补救措施中应有评估和改进内部控制的书面报告，对违规者采取适当的措施，并将结果向内部及必要的外部第三方通报。

有效的信息披露与交流机制可以对防范和发现舞弊行为起到良好的作用。单位应当坚持惩防并举、重在预防的原则，规范舞弊案件的举报、调查、处理、报告和补救程序等。

12.3 会计控制与会计伦理道德

道德产生于人们的实践活动，又依赖于人们的道德认识和道德实践，因而会计人员的主观能动对会计（舞弊）行为起着关键性的作用。一个人一旦失去必要的道德规范与约束，又缺乏必要的调节和控制机制，就会出现“不道德”或“反道德”的行为。任何会计舞弊行为与伦理道德的丧失有着必然的联系。

会计舞弊本身就是伦理缺失的表现。作为“经济人”的会计人员利用制度缺陷追求自身效用最大化是难以彻底消除的，而制度永远不可能达到完美无缺，所以，严把用人关，对要害部门的人员注意培养教育、跟踪考察，做到听其言、察其行，对那些思想不纯、品行不端、恶习不改的人要果断调整，特别是对那些有异常表现，如参与经商、炒股、赌博等行为的财会人员，要及时采取果断措施，把可能出现的问题解决在萌芽状态。

对于会计舞弊的治理不能仅仅依靠经济手段，还需要伦理的调节，通过道德之手遏制自利性行为，实现“经济人”与“伦理人”统一，从而减少舞弊行为的发生。

12.3.1 人性的利己和利他分析

利己是经济活动的原始动机，给经济活动以动力，并使人受益。除非已被法律所禁止的经济活动，否则利己的行为总是在不断地发生着的。

求利可能是人的本性，也是人类生存和发展的需要。利益本身无所谓善、恶，关键是求利的手段以及获利之后的消费是恶还是善。由求利而产生的恶是必须予以控制的，应将其规范在“利己”而不“损人”，“利己”也“利他”的互利范围之内。这种力量既有法治的，也有道德的。

利己主义是个人主义的表现形式之一，其基本特点是以自我为中心，以个人利益作为思想、行为的原则和道德评价的标准。利他主义一般泛指把社会利益放在第一位，是一种为了社会利益而牺牲个人利益的生活态度和行为原则。

人类既有利己的冲动，又有利他的冲动。有时利他又以利己为基础。在商品经济或市场经济中，利己是目的，是经济发展的动力；利他则是达到利己这一目的的手段，手段不当，目的落空，因为不能利他，结果也就无法利己。

伦理道德与经济行为的矛盾涉及利己与利他的关系。在经济活动中，利己的原始动机会产生坑蒙拐骗、违约失信等损人利己的行为；而道德则表现为利他的美德，如诚实守信、客观公正等。

作为“经济人”的会计行为主体——会计人员，他们的行为动机可能是双重的：一方面追求财富的最大化（利己），另一方面又追求非财富（利他）的最大化。当目标不一致时，会计人员会出于自身利益的考虑，把自己的成本转嫁给他人，产生失真的会计信息，进而对社会造成危害。因此，加强伦理道德、集体主义和社会责任的教育是必要的。

12.3.2 道德的自律和他律分析

自律就是遵循法度，自加约束。自律本身是建立在“诚信”基础上的，是一种对“承诺”负责的精神，也就是对契约负责的精神。例如，自觉遵守会计法规就是一种自律行为，是一种自省、自检、自我约束的表现。

他律是指接受他人的约束，接受他人的检查和监督。他律的道德层次较低。在这一层次上，人们的行为标准取决于外部的规定和期望，人们把规则看成是神圣的和不可改变的，对法律、权威、权力等有朴素的单方面的尊重，处于通过服从既定的规范而履行道德义务的水平上。在这一阶段，人们虽然具有承担道德义务的需要，但由于未能真正理解所给定的道德规范，未能从心灵上、情感上真诚地认同道德规范，因而道德所产生的力量还不是来自道德主体本身，而仅仅是对社会舆论和传统习俗的粗浅响应。

他律的道德转化为自律的道德，其实质是将社会的道德规范要求转化为个人内在的信念、情感、意志和良心。从他律到自律的转化，从义务到良心的升华，无疑是个体道德发展的提升和深化。良心作为个体行为的一种调节器，具有主观性和个性的特点，它的形成与个体的各种心理层面（理性的、情感的、意志的等）的相互作用有着密切的联系。所以，个体道德不能仅仅停留在自律阶段，不能仅仅满足于“良心的发现”。良心不仅要在实际的道德关系和道德活动中受到审查，而且还应该用道德义务来定向。只有实现良心和义务的统一，使道德的他律和自律交相辉映，才能使个体道德达到真正成熟的高度，道德的功能才能得到有效、充分的发挥。

作为纯粹的"经济人",自律与他律是相互排斥的。在现实的市场经济活动中,"经济人"在追求利益的同时,还有道德的要求,既有他律的成分,也有自律的成分。处理得好,两者是一致的;否则,两者是相互矛盾的。会计舞弊就是在两种矛盾无法统一的条件下产生的。所以,在加强自律的同时还要加强他律,而他律的作用结果则是要求能够自律。

自由与自律相伴,要想自由,还得自律;在自律的前提下才能更好地自由,在自由中加强自律才能在市场经济中游刃有余,在理财活动中心安理得。

12.3.3 会计伦理道德原则分析

会计伦理体现为会计职业道德,是一种非正式约束,是会计组织机构和会计人员在会计这一职业领域依靠社会舆论、人们的内心信念和传统习惯,以善恶评价的方式来调节人与人之间、个人与社会之间的行为规范的总和。会计伦理在会计职业的生存和发展过程中起着不可或缺的作用,它要求会计人选择正确的价值取向和价值标准,使其会计行为服从规则、合乎人道、公平公正,从失范过渡到规范,以增加相关利益方对会计职业的信任度。

会计道德原则是指调整人们之间经济关系与利益的最基本的出发点和一定社会条件下会计道德关系的根本概括,是会计道德规范体系的核心部分,处于支配地位,发挥引导作用。

(1)正义原则

"正义",具体体现为公正、公平、无私和正直。当代美国著名学者罗尔斯(J.B. Rawls)在其著作《正义论》中认为:"正义是社会制度的首要价值,正像真理是思想体系中的首要价值一样",它有两个正义原则:一是每个人对与所有人所拥有的最广泛平等的基本自由体系相容的类似自由体系都应有一种平等的权利(平等自由原则)。二是社会的和经济的不平等应这样安排,使它们在与正义的储存原则一致的情况下,适合于最少受惠者的最大利益(差别原则);同时,在机会平等的条件下,职务和地位向所有人开放(机会的公正平等原则)。

社会公平正义是社会和谐的基本条件,也是符合正义的基本价值取向的正义原则。

(2)诚信原则

诚信即诚实信用,是市场主体诚实守信,以善意方式履行义务,不滥用权利、不损人利己、不规避法律、不推卸责任的义务。

诚信既是最基本的会计原理,也是一切道德的根基和本原。诚信是道义的化身,也是功利的保证或源泉。传统文化的诚信强调内在品德修养,现代诚信更强调"互利"和"双赢"。

诚实守信要求实事求是,平衡各方利益,协调个体利益与社会利益的冲突。这既是法律原则,也是道德观念和伦理准则。

诚信为本是会计立业的灵魂。会计诚信指的是一种会计交往方式,它是建立在"契约"基础之上,以承诺合理期待为核心的一种利益交换方式和交换关系。会计活动是经济活动,更是人的活动。人以诚信为本,人的会计行为必须以诚信为指导,并借以获得合理的价值运行导向。会计人诚信缺失主要表现为会计造假,其实质是欺诈。这些负面行为极大地促使会计伦理危机恶化,助长了会计失信,侵蚀了会计领地。

(3)集体主义与社会责任

集体主义是人类一种具有普适性的价值追求,坚持集体本位的价值取向就是要讲求社会责任,这也是一种纪律约束。

利他是集体主义的本质特征,强调"人人为我,我为人人"的互利主义交往理性,强调个体对集体利益、集体地位、集体权威、集体生存的奉献、持重和尊崇。坚持国家、集体和个人的利益相结合,促进社会和个人的和谐发展,倡导把国家和集体的利益放在首位,充分尊重和维护个人的正当利益。当国家、集体和个人利益发生冲突时,个人利益应服从国家和集体利益。

会计人员认定经济事项真实发生的依据是经济业务的发生符合会计制度的规定,也就是说,存在一个制度有效性假设,经济事项的发生过程就是一个制度的利益协调过程。制度的运作最有可能规避有限理性和机会主义的影响,增强人的集体主义倾向,使会计人员能够将会计制度作为内部控制制度的有机组成部分,通过内部控制来保证其有效运作。

集体利益的实现也是个人利益实现的前提。在追求集体和国家等公共利益的同时,也考虑自己的私人利益,兼顾利他和利己,先公后私。在实现私人利益的同时不伤害他人、集体和国家利益,且在公共利益与个人利益相冲突或不能两全的时候,能先义而后利,先公而后私,牺牲个人利益而维护集体和国家的利益。

会计舞弊是指在从事财务活动的过程中借助于自身职业的便利所实施的窃取利益的不当行为。会计舞弊不但不能创造社会财富(价值),而且会破坏市场游戏规则,增加市场交易费用,消耗社会资源,同时改变社会资源的流向,对经济造成巨大破坏。会计人员作为"经济人",对自身利益的权衡可能就是成本与效益之间的权衡。人们选择某种行为的基本动机就是收益要大于成本。"成本效益"分析法是分析会计舞弊动机的基本方法之一。会计舞弊行为的伦理矫正主要集中在三个方面:一是遵循会计道德的基本原则;二是强化会计职业道德的自律和他律;三是建立防范会计舞弊的有效机制。但如何治理会计舞弊始终是困扰控制与管理的一个难题,也是研究的一个崭新领域,是会计信息安全和财务风险防范的重要保障。

当国家和社会公众的利益与单位利益发生冲突时，会计人员必须忠实履行岗位职责，将国家和公众利益作为会计职业道德的最高准则；按会计法律法规办事，以诚信为本、操守为重，坚持原则，不做假账，树立起会计人员坚持原则、敬岗爱业、客观公正的道德形象。

12.4 会计控制与会计法治

12.4.1 会计法制与会计法治

从会计法制化到会计法治化是法治国家发展的必然趋势。

会计法制是指国家的会计法律和制度，属于制度的范畴。会计法制是以《中华人民共和国会计法》为核心的会计法规体系，包括会计法律、会计法规和会计规章等。会计法制化意味着：会计要通过法制予以体现和保障，为了保障会计人员依法行使职权和会计在一国范围内的统一，必须加强会计法制，使会计法制化、规范化，使这种制度不因人的意志的改变而改变；会计要纳入法制轨道，会计人员依法行使职权，单位领导应责无旁贷地依法保障其权力的行使，并接受相应的会计监督。

会计法治是指规范会计的理论、原则、体制和实施方法，属于方法的范畴。会计法制为会计法治提供了基础和手段，使对会计行为的调整上升到法制层次，它改变了会计无法可依和缘于会计法制的不完备及不完善所形成的有法难依的局面。会计法治标志着我国管理会计工作和进行会计核算、会计监督及理财方式发生了重大转变，更标志着一种制度的重大变革，涉及会计的方方面面，促进会计核算和理财由“人治”向“法治”过渡。

会计法治是指把会计法规作为会计行为的绝对标准加以确定，实现会计立法、司法、执法、守法和法律监督的现代化，最终达到理想的会计工作秩序和稳定的会计社会状态。

随着我国市场经济体制的确立和不断完善，“依法治国，建立社会主义法治国家”治国方略的提出，我国正在经历由传统社会向现代社会的巨大转变。在这一过程中，我国社会经济的法律制度以及法制运转机制都将发生重大变化，其主要标志是法制更加适应发展和变化了的各种社会实践的需要，并且能够充分体现当前社会经济生活中的各种价值目标和价值需求。

会计法治的目标是实现会计法律运转机制的现代化，即实现立法、司法、执法、守法和法律监督的现代化，最终达到理想的会计工作秩序和社会状态。因此，在整个社会经济生活中都要严格贯彻法治原则，最基本的就是用会计法制的手段来管理、治理和协调会计事务，使国家在宏观上管理和监督会计工作步入法制轨道。

会计规范是会计行为的规范。目前,我国会计规范体系大致由会计法规(会计法律、会计法规、会计条例、会计规定、会计办法等)、会计技术规范(会计准则、具体会计准则)和会计职业道德规范(会计职业理想、会计工作态度、会计职业技能、会计职业责任、会计职业纪律、会计职业作风等)三部分构成。无论何种规范都是调整社会经济活动中会计关系的行为规范,其目的都是通过对会计行为的规范和约束,维护社会经济关系和经济秩序,微观经济利益和宏观经济利益及其统一,并最终与会计法治的目标相一致,即实现一种稳定、有序的会计工作秩序和状态。这是各种规范在调整会计关系的过程中相互作用和演进的结果。当社会文明进步至一定阶段时,对会计行为的约束将由一种强制性规范调整上升为由道德规范予以调整,会计实践的规范形式也将由他律转向自律。

会计法规、会计准则和会计职业道德三种规范从不同的角度对会计行为进行定位。会计法规要求会计行为必须合法,否则就要承担相应的法律责任;会计准则源于会计科学理论与实践的发展,并因其被社会所普遍认可而具有公信力,要求自觉服从和遵循,否则,会计信息将失去其应当具备的公允性;会计职业道德则通过自律与他律相结合的方式,实现对会计行为较高层次的调整,最终由他律转向自律,否则将受到社会舆论的否定性评价和内心的谴责。这三种规范起作用的方式从依赖国家机器的强制到社会舆论的评价机制再回归到会计人员自身,逐渐由他律走向自律以至融合。

12.4.2 会计控制与会计法治应当双管齐下

(1)明确会计责任主体,不断完善控制意识

人是管理活动中最能动的因素,领导人更是单位内部治理的关键人物。《中华人民共和国会计法》第四条明确规定:"单位负责人对本单位的会计工作和会计资料的真实性、完整性负责",只有单位负责人(包括管理当局)认识到自己对本单位的会计工作和会计资料的真实性、完整性所承担的法律责任,才能促使其重视会计工作,加强会计管理,并采取有效措施保证会计资料真实、完整,不再授意、指使、强令会计人员做假账。

事实上,管理当局的诚信度和管理哲学是确保信息充分公允披露、防止故意隐瞒或进行盈余操纵的前提。即使设立良好的内部控制,也会因执行者的执行不力或道德因素而达不到应有的效果。如果管理当局本身就缺乏诚信,那么就会对整个单位的观念形成不利影响。从虚假会计信息产生的动因来看,关键往往不在于会计人员本身,而是由于管理当局从自身利益等角度出发,有进行盈余管理甚至财务操纵和欺诈的动机;会计人员则往往受制于管理者,不得不加工、提供虚假的会计信息,欺骗外部信息使用者。

管理当局对内部控制和财务会计报告的重视程度也会影响会计信息的质量。如果管理当局重视内部控制，员工就会有所感受并认真履行其职责，遵守既定的控制制度，财务会计报告的差错就会减少；反之，如果管理当局对内部控制淡漠，没有给予有效支持，那么，员工就不会认真执行有关的内部控制制度，以致内部控制失效。事实上，许多单位之所以管理混乱，就是因为单位领导对内部控制不重视，甚至自己随意破坏有关的内部控制制度，因此，管理当局对内部控制的态度是决定内部控制是否有效的关键。

(2)落实会计岗位职责，提高依法控制能力

会计人员是会计信息的“生产者”，所有会计信息最终都出自会计人员之手，会计人员素质的高低会直接影响会计信息的质量。目前，一些单位中的会计人员坚持原则，严格执法，敢于抵制违规违纪行为的少；相反，对违规违纪行为熟视无睹，甚至还为领导“出馊主意”的不少。所以，会计人员不仅“上岗必有证，无证不上岗”，还应严格执行《中华人民共和国会计法》的各项规定，做到有法必依，执法必严，违法必究。

依法控制主要是根据《中华人民共和国会计法》、相关会计准则与会计制度，制定适合本单位的财务会计制度，明确会计凭证、会计账簿和财务会计报告的处理程序以及单位采用的会计政策；实行会计人员岗位责任制，对会计人员进行科学、合理的分工，使之相互监督和制约；建立和完善会计档案保管和会计工作交接办法等，通过系统的方法和措施形成会计活动中防止差错和舞弊发生的有效控制机制。

随着市场经济的建立和完善、所有权和经营权的分离、政企职责的分开，仍沿袭旧体制会使会计人员处于两难境地，其立场势必会出现摇摆。当单位利益与国家利益发生冲突时，作为员工的会计人员在单位领导的权力压制下，为了自身利益不得不维护本单位利益，从而提供虚假会计信息。实行会计委派制，由会计主管部门向单位派遣会计人员，改变了会计人员的隶属关系，会计人员可以相对独立地开展工作，不受单位经营者的制约，可以降低会计人员提供虚假会计信息的可能性。实行委派制是对会计队伍管理体制改革的新尝试，它可以增强会计工作的独立性，保证会计人员依法办事，有助于提高会计资料的真实性和可靠性，保证会计信息的质量。

专题讨论 12.3 | 日常财务收支监督检查的重点是什么?

《中华人民共和国会计法》明确规定：“会计机构、会计人员对违反会计法和国家统一的会计制度规定的会计事项，有权拒绝办理或者按照职权予以纠正。会计机构、会计人员发现会计账簿记录与实物、款项及有关资料不相符的，依照国家统一的会计制度的规定有权自行处理的，应当及时处理；无权处理的，应当立即向单

位负责人报告，请求查明原因，作出处理。”单位之所以需要对日常财务收支进行会计监督，是为了视镜自监、自检、自律，强化内部控制自觉意识，增强业务、财务各项信息的真实性、完整性和及时性，各项资产的安全完整性以及各项业务活动的合法合规性。

会计机构、会计人员依法对日常财务收支进行监督的主要内容（或重点内容）包括以下几个方面：

第一，对审批手续不全的财务收支，应当退回并要求补充或更正。

第二，对违反规定不纳入单位统一会计核算的财务收支，应当制止和纠正。

第三，对违反国家统一的财政、财务、会计制度规定的财务收支，不予办理。

第四，对认为是违反国家统一的财政、财务、会计制度规定的财务收支，应当制止和纠正；制止和纠正无效的，应当向单位领导提出书面意见请求处理。单位领导应当自接到书面意见之日起10日内作出书面决定，并对决定承担责任。

第五，对违反国家统一的财政、财务、会计制度规定的财务收支，不予制止和纠正，又不向单位领导提出书面意见的，应当承担责任。

第六，对严重违反国家利益和社会公众利益的财务收支，应当向主管单位或者财政、审计、税务机关报告。

第七，对违反单位内部会计管理制度的经济活动，应当制止和纠正；制止和纠正无效的，应当向单位领导报告并请求处理。

第八，对单位制定的预算、财务、经济和业务计划的执行情况进行监督。

(3)依法追究责任，严把惩处关

严肃财经纪律就是要切实做到有法必依，执法必严，违法必究。对单位领导和财会人员利用职务之便进行违法犯罪的，要根据情节的轻重，依法进行严厉打击，只有这样，才能对会计造假行为起到震慑和预防作用。

《中华人民共和国会计法》明确规定了对单位违法行为的处罚。对“未按照规定建立实施单位内部会计监督制度或者拒绝依法实施监督或者不如实提供有关会计资料及有关情况的”行为单独列为一项，体现了《中华人民共和国会计法》对单位建立内部控制制度的重视。《中华人民共和国会计法》要求对违反该法的单位领导和会计人员进行行政处分、刑事处罚和经济处罚，并规定了违法行为的具体处罚标准，有利于根据违法情节予以量刑，使法律责任落到实处。

会计法律责任是指违反国家统一的会计制度①及其相应的会计法律规范所应

① 国家统一的会计制度是指国务院财政部门根据会计法制定的关于会计核算、会计监督、会计机构、会计人员以及会计工作管理的制度。

承担的法律后果，是会计行为主体必须严守的底线，是法制与道德规范内在联系性的统一体。在司法实践中，相对于会计人员的会计行为和单位的会计行为的不同而言，具有会计人员的法律责任和单位的会计责任两个不同的概念。单位的会计责任首先是单位负责人的责任。只有当会计人员犯法时，才追究会计人员的法律责任。当会计主体管理当局出现经营失败，存在会计差错、舞弊和违法行为，并提供虚假的会计信息时，就会导致会计法律责任的产生。

会计责任可能导致会计法律责任。从法律的视角看，会计法律责任有广义和狭义之分。

广义的会计法律责任是指单位或个人在生成和提供会计信息的过程中因违反会计法律法规所应承担的法律责任。“会计法律法规”不仅包括《中华人民共和国会计法》及会计准则、会计制度中的会计行为规范，而且包括其他有关会计法律规范中规定的责任。从一般意义上讲，会计法律责任还可以指会计人员或者其他人员利用虚假会计资料进行贪污、挪用等侵吞单位财产以及单位负责人打击、报复会计人员所应承担的刑事责任，包括自然人犯罪和法人犯罪。

狭义的会计法律责任仅指《中华人民共和国会计法》所规定的法律责任形式：①在账簿设置、凭证编制、账目登记、会计政策选择、会计资料保管、会计人员任用、内部控制制度运作等会计工作基础环节存在的不规范行为；②伪造、变造会计凭证、会计账簿，编制虚假财务会计报告，以及授意、指示、强令他人从事上述行为；③财政部门或有关行政部门的工作人员渎职、泄露国家机密或商业机密等行为。

就我国法律规范体系对会计法律责任的规定而言，其形式包括行政责任、刑事责任与民事责任。

行政责任是我国会计法律责任的主要形式，包括行政处分与行政处罚。从我国会计法的发展过程看，行政责任形式经历了从以行政处分为主向以行政处罚为主的转变。在会计法领域，行政处罚包括警告、罚款和吊销会计专业人员资格证书等处罚形式。

目前，会计信息的严重失真已经达到“公害”的地步，加强刑事责任被认为是治理不规范的会计行为的一项重要举措。长期以来，刑事责任主要适用于会计人员、单位负责人伪造或者毁损会计资料以偷逃税或者贪污、挪用犯罪，给单位财产造成重大损失的情形。

随着社会主义市场经济的发展，平等主体之间的会计关系越来越复杂，提供信息的一方违反会计法规的行为可能给对方造成巨大的经济损失，要求其承担赔偿责任似乎顺理成章。我国随着会计法律关系性质的多元化，民事责任也正在成为会计法律责任的一种重要形式。

12.5 会计控制体系建设

尽管我国在不断探索和应用会计控制,但总体上还处于理论研究不足、系统指导缺乏、实践处于自发的状态,会计控制人才的素质有待提高,会计控制信息化水平还满足不了不断发展的管理需要。单位内部会计控制活动确实需要持续改进与优化,包括健全控制体系、分析控制缺陷、落实整改方案、完善控制方法和优化控制标准等。

如何立足国情,既发展中国特色会计控制理论,又形成能够科学指导实践操作的会计控制方法;既打造会计控制人才队伍,又提高会计控制信息化水平;既发挥单位在会计控制工作中的主体作用,又借助会计控制专业咨询服务机构的“外脑”作用促进会计控制工作的全面开展,应当采用理论、方法、人才、信息化加咨询服务的有机发展模式。

12.5.1 会计控制理论建设是基础

理论是行动的先导,只有以科学的理论为基础,行动才能方向正确、效果良好。构建与时俱进、具有中国特色的现代会计控制理论体系是解决目前对会计控制认识不一、缺乏理性认识和理论框架等问题的基础。

从本书关于内部控制发展史的介绍中可以看出,西方发达国家几百年来在会计控制领域做了大量探索,形成了诸多有益经验,发布了不少文件,促进了会计控制的发展。我国应当鼓励广大会计工作者抓住机遇,本着发挥优势、讲究方法、放眼世界、多出成果的原则,既立足当前,又着眼长远,开展科学严谨、与时俱进的研究。

会计控制理论体系应当具有中国特色。因为理论建设不可能超越国情,所以,会计控制理论体系建设必须从实践出发,并且在满足实践需要的基础上才能取得发展。通过推进会计控制理论体系建设,强化理论创新和应用转化,能够有效引领和指导会计控制的实践应用;能够对会计控制的基本概念、框架、工具和方法等进行系统总结,为形成、丰富和完善指引体系提供参考;能够不断提供新的理念和知识内容,为会计控制人才的培养提供知识储备,为设计会计控制咨询服务方案提供系统的方法体系和理念支撑。

市场经济就是风险经济,会计控制乃至内部控制的发展趋势都是与风险管理整合为同一个框架结构,成为全面风险管理的一个有机组合的过程。所以,如何使风险控制与会计管理相结合?如何在实施会计控制的过程中加强风险管理?如何使会计部门的每一项工作都积极地考虑控制风险与防范风险,从而发挥其应有的

“过程控制及观念总结”的作用？这些正是会计控制实践中正在积极探索的一道世界性难题，也是会计控制理论建设的重点与难点。

会计控制侧重于考虑流程问题，包括业务流程、会计流程等，着重解决的是如何“正确地做事”的制度、程序与方法等；风险管理侧重于考虑决策问题，着重解决的不仅是流程问题，而且是战略决策问题和应急处理问题；不仅要解决当前的问题，而且要预测和应对将来可能发生的问题；不但要解决好“正确地做事”，更重要的是要解决好如何“做正确的事”。

专题讨论 12.4 ｜ 如何将会计控制与风险管理结合起来？

第一，建立会计控制与风险管理的组织机构，并由单位负责人或者分管会计工作的负责人担任组长，包括：建立领导部门执行风险管理及监督的组织；规定财务总监在风险管理中的职权；建立以会计管理部门为主导的信息收集、捕捉及沟通制度；建立行之有效的“用账”措施，发挥会计信息在风险控制和参与决策中的有效作用；等等。

第二，宣传控制目标、要求与规范，统一全体员工对会计控制与风险管理的认识，包括：提出风险管理的战略目标和实施步骤；明确各部门实行风险控制的分工、职责和考核措施等；制定实施风险管理的奖惩办法；等等。

第三，树立广义的会计理念，把财务会计、成本会计、管理会计和内部审计融为一体，从记账、算账和报账扩大到建账、用账和查账，集合所有的信息资源运用于风险管理，使会计部门在风险控制的过程中处于主导地位。

第四，建立健全静态管控与动态管控相结合的机制。从静态看，会计控制可以体现在反映各项控制要素的规章制度中；从动态看，会计控制表现为制定制度、实施措施和执行程序等自我约束的自律过程，而且还是一个循环往复、不断优化与完善的过程，从而发挥出“过程控制”与“控制过程”的积极作用。

第五，建立风险管理的评价制度，包括：建立风险管理的评价机构、组织和人员分工；确定风险评价的指标体系；确定评价的时限、程序和方法；确定评价总结方案。在总结中摸索出控制风险的规律，实现“观念总结”。

第六，建立风险评价后的信息反馈、主动创新和成果转化等制度，包括：在对会计控制实施情况进行评价、检查与监督的基础上，进一步动态研究风险管理的有效措施；提出防控腐败和完善制度的措施；设计出创新增值的战略规划和实施目标；等等。

12.5.2 会计控制方法体系建设是保障

目前，如何加强会计控制标准与控制方法体系建设，通过完善会计控制活动，落实关键控制点与相应的控制方法，达到提升单位价值创造力的目标尤其重要。应当认真总结、重点介绍会计控制的实践经验、教训与方法，为单位了解和应用会计控制提供指引，以推动会计控制在各单位的广泛应用，并作为各单位实施、应用相应方法的参考，从而为有效改变目前会计控制乏力、会计信息失真、会计管理散乱的现状提供技术支持。

加强对关键点和关键环节的控制可能是最直接、最有效的方法之一。关键控制点是指在一个业务处理过程中起着重要作用的那些控制环节，如果没有这些控制环节，业务处理过程可能出现错误或舞弊，达不到既定目标。

设置关键控制点要针对错弊的发现与纠正的现状：要重点控制关键人，如分支机构负责人和财会部门负责人；要把握关键控制部位，如审批程序、资金调度交接手续、电脑操作密码等；要重视关键物件的管理，如重要的发票、银行票据、印鉴等；要控制关键工作岗位，如现金和银行出纳、收支事项及凭证的核准、实物负责人等。这样做可以使有限的控制发挥出更大的作用，达到事半功倍的效果。也就是说，会计控制既要有原则，又要灵活，尤其应当善于抓住关键控制点，落实具体的控制方法，促使控制活动持续有效。

从控制的观点看，如果一位负有多项责任的人员在其正常的工作过程中会发生错误或舞弊，并且财务控制制度又难以发现，那么就可以肯定其所兼任的职务是不相容的。由于职务分离控制的目的就是要预防和及时发现员工在履行职责过程中可能产生的错误和舞弊行为，因此，对于不相容职务必须进行分离，包括在组织机构之间的分离和组织机构内部有关人员之间的分离，至少要求控制以下几个关键点：①任何业务尤其是货币资金收支业务的全过程不能由某一个岗位或某一个人包办；②经济业务的责任转移环节不能由某一个岗位单独办理；③某一岗位履行职责的情况绝不能由其自己说了算；④财务等重要权力的行使必须接受定期或不定期的独立审查；等等。

在授权批准管理方面，任何一个单位的授权控制应努力达到以下几个方面的关键控制点：①单位所有人员不经合法授权，不能行使相应权力。这是最起码的要求。不经合法授权，任何人不能审批；有权授权的人应在规定的权限范围内行事，不得越权授权。②单位的所有业务未经授权不能执行。内部各级管理层必须在授权范围内行使职权和承担责任，经办人员也必须在授权范围内办理业务。③对于审批人超越授权范围的审批业务，经办人员有权拒绝办理，但应及时向审批人的上级授权部门报告。④授权批准检查制度是内部控制常见的缺陷，但它对于确保每类经济业务授权批准的工作质量是很重要的环节之一。

研究表明，会计控制或者内部控制存在缺陷是导致经营失败并最终铤而走险、欺骗投资者和社会公众的重要原因。为此，许多国家通过立法强化单位内部控制。

内部控制日益成为单位进入资本市场的“通行证”。大量事实已经雄辩地证明:得控则强,失控则弱,无控则乱。行动是控制的关键,关键性的控制活动刻不容缓。

会计控制方法是一个综合的系统,随着现代管理手段与内部控制方法的不断发展,会计控制可以汲取的养分也越来越多,可以将目标控制方法、组织控制方法、授权控制方法、程序控制方法、措施控制方法和检查控制方法等结合使用,综合考量各种控制方法的实用性与有效性。

12.5.3 会计控制人才培养是关键

国以才立、政以才治、业以才兴。会计控制人才队伍是会计控制体系中发挥主观能动性的核心和重点。会计人才越进步,经济才能越发展。所以,应当积极倡导会计等经济类专业开设会计控制课程,培养会计控制专业师资,开展会计控制学科研究等。

会计控制人才培养应当以风险控制为导向,以提升会计控制实务能力为重点,推动研究和发布会计控制人才能力框架。为此,应积极探索和优化会计控制人才的多种培养模式,加强会计控制人才培养的国际交流与合作,打造更多符合市场和单位需要的高端会计控制人才,为会计控制在我国的深入应用打下坚实的人才基础,并为我国的会计控制发展建立人才储备。

建立会计人才库和案例分析库是对国内外会计控制经验的总结和提炼,是对如何运用会计控制的实例示范,可以为单位提供直观的参考借鉴,是会计控制人才培养和实践推动的重要内容和有效途径。

12.5.4 会计控制信息化建设是支撑

信息化是当今世界发展的必然趋势,是推动我国现代化建设和经济社会变革的技术手段和基础性工程。“工欲善其事,必先利其器”。在信息化时代,要有效开展会计控制工作,必然要打造“利器”,这个“利器”就是会计信息技术。信息化是支持会计控制理念与方法落地,支撑会计控制功能发挥和价值实现的重要手段和推动力量。单位应当认真按照《企业会计信息化工作规范》(财会〔2013〕20 号)的要求,有效规范信息化环境下的会计控制工作。

随着大数据和互联网的发展,信息资源进一步共享。会计信息与会计控制应当是一个系统,要善于在全面推进会计信息体系建设的同时,有机融入会计控制的信息系统建设,指导单位建立面向会计控制的信息系统,以信息化手段为支撑,实现会计与业务、会计与控制活动的有机融合。

会计控制信息系统应当结合单位管理需要、经营业务和会计要求,灵活运用会计控制工具和方法,加快会计职能从重核算向重管理决策、重风险控制的拓展,使得全面预算管理、资金集中管理、成本控制、绩效评价等能够更加高效、顺畅、合理、合法地运行。

信息安全是信息系统建设中不容忽视的重要方面。要确保信息安全,必须将相关信息按性质分类,并根据信息安全的要求做到“五性”:一是保密性,即严密控制各个可能泄密的环节,使信息在产生、传输、处理和存储的各个环节不泄露给非授权者;二是完整性,即信息在存储和传输过程中,不被非法修改和破坏,以确保信息的真实性;三是可用性,即授权者可以根据需要,及时获得所需的信息;四是可控性,即信息和信息系统时刻处于合法所有者或使用者的有效掌握与控制之下;五是不可否认性,即保证所有信息行为人都不可能否认或抵赖曾经完成的操作。

12.5.5 会计控制咨询服务是外部支持

“集众思、广众益”。通过建立专家咨询机制是科学民主决策,充分利用专家智库资源的有效方式。

单位的会计控制要有一定的视野就需要积极寻求“外脑”的支持,为此,要积极培育会计控制咨询服务市场,支持、指导、规范包括注册会计师行业在内的会计服务机构开展会计控制咨询服务业务,将其纳入现代会计服务市场体系进行整体推进。开展会计控制咨询服务是保证会计控制顺利实施的外部支持,也可以为单位提供更为科学、规范的会计控制实务解决方案。

会计咨询服务主要服务于单位内部管理的需要,将会计与业务、控制活动相融合。各单位的性质、行业特点、规模大小、发展阶段等不同,适用的会计控制工具和方法也不能“千篇一律”,需要结合单位自身的特点和管理需要进行“私人定制”。

会计控制咨询服务是现代会计服务市场体系的重要组成部分,是促进会计控制理论发展的重要参与者和实际应用的重要实践者,是会计控制人才“长袖善舞”的重要平台。会计师事务所、财务会计咨询公司和会计软件公司等会计服务机构可以通过加强自身建设、加大研发投入力度,拓展会计服务领域,提升会计服务层次,以满足市场对会计控制咨询服务的需要,同时,营造良好的会计控制咨询服务市场环境。

经典案例评析

2003 年年初,中国航天科工集团柳州长虹机器制造公司审计处在进行公司 2002 年年报审计中发现这样一个反常现象:公司 2001 年、2002 年的产品销售收入分别为 4 563 万元和 5 323 万元,呈上升趋势;财务账面上反映的废旧物资销售数量分别是 863 吨和 510 吨,废旧物资销售收入分别是 78 万元和 45 万元,呈下降趋势。在正常情况下,生产过程中发生的边角料等废旧物资应该与生产规模同比例增长或下降,为什么财务数据反映的却是不合理的趋势呢?带着疑问,审计处对公司物资处废旧物资的回收、销售、收款等情况进行了重点审计,查出异常情况的背后是一起舞弊案件。

经审计,发现公司物资处处长、综合室主任、仓库主任、废旧回收站站长、计划员等人为了小团体的利益,擅自决定出售、截留废旧物资 81.5 吨,款项 91 200 元,截至审计时,已经将私自出售和截留的销售收入私分 50 605.80 元(涉及 63 人,每人 500～2 000 元不等),擅自决定降价销售废旧物资,造成损失 1.4 万元。其舞弊手法如下:

一是擅自出售废旧物资并截留全部货款,主要是与租赁公司厂房的湖南个体经营者串通,擅自将废旧物资销售给没有此项业务来往,也没有签订合同的湖南个体经营者,并要求其将货款不交财务而直接交物资处;私自销售的废旧物资出门时,借湖南个体经营者的名义,由湖南个体经营者以自己在锻工房加工的少许产品掩盖,或以其加工的产品或废料需要出门为由,堂而皇之地办理出门手续。

二是私自截留出售废旧物资款,主要是通过与签有合同业务的柳州个体经营者截留收入。物资处处长要求柳州个体经营者在销售废旧物资的过程中,一部分销售的废旧物资款交财务,另一部分销售的废旧物资款截留下来,交到物资处作"小金库"(即通俗说的开"阴阳"收据)。私自截留出售的废旧物资出门时,以部分销售的废旧物资办理出门手续,即以少量的废旧物资申报并取得出门单,然后以超过出门单标明的废旧物资的数量的舞弊手法出门。

三是收买门卫。为了能将违规销售的废旧物资顺利办理出门,物资处处长指使综合室主任给门卫送钱、物等好处,致使门卫在违规废旧物资办理出门时放弃职守,大开方便之门。

四是擅自决定降价。物资处处长明知废旧物资销售及其售价变动要经过有关部门审核并履行合同手续,却擅自决定将废旧物资降价销售,造成损失 1.4 万元。

业务管理存在缺陷不要紧吗?不!内部控制制度如果存在"蚁穴",不及时修补,很容易酿成大错。此起舞弊案件的手段并不高明,之所以得逞,重要原因就是管理有漏洞。例如,销售业务结算使用的"产品、材料转移结算单"等重要单据竟然没有编号,领用也没有专人管理,完全违背内部控制制度要求的凭证和记录预先编号,保持记录的连续性、完整性原则。管理制度有瑕疵,违规虽然不一定每一次都造成损失,但制度上的"空白点"很容易被心存私念的人利用,如果让其钻空子得逞一次,就可能一发而不可收,带来更大的损失。这起舞弊案件就暴露出废旧物资的回收、分类、登记、过磅、合同、出售、收款、门卫检查等业务流程环节均出现了失控或有章不循的情况:

(1)超越内部组织责任分工原则处置业务

根据公司的内部职责权限,废旧物资的出售业务需要经计划处(如签合同)、财务处(如价格变动审批)等部门和主管领导的审批,但2002年下半年大部分废旧物资的出售违反了岗位责任制与分工控制原则,不通过计划处、财务处等业务部门,擅自决定和处理。在物资处内部也出现了这样的越位行为,本来公司为了规范废旧物资的出售,在物资处内专门设立了废旧物资的回收站,负责废旧物资的回收和销售,但很多废旧物资业务没有经过废旧物资回收站,由物资处处长指定没有此项业务权限的综合室主任直接处理。

(2)违反职务分离原则授予或办理业务

按照职务分离原则,某项经济业务的授权批准职务应与执行该业务的职务分离,但在废旧物资出售业务处理过程中,出现了批准人(物资处处长)亲自与客户洽谈降价、交款等业务。又如,物资计量应由过磅员专司其职,却出现综合室主任参与废旧物资过磅等现象。

(3)不遵守业务流程控制

每一项经济业务的完成都需要经过一定的业务流程环节。废旧物资销售业务的业务环节一般包括:业务批准→物资过磅→填单(包括磅码单和结算单)→交款→办出门单→门卫验单放行(包括复验或抽检)。但是,本案件中的废旧物资销售却违反了业务流程,门卫先通知物资处人员后复检,致使参与废旧物资销售舞弊的人知道复检则按过磅如实填报,不复检则以少量的废旧物资申报并取得出门单,然后以超过出门单标明的废旧物资的数量出门。又如,废旧物资应先交款,才能办理出门单,门卫据此验单决定是否放行;但实际操作中出现了既没有交款,也没有办出门单却放行的现象。湖南个体经营者就是采用先做生意后交款的方式,将废旧物资拉出门卖了之后隔几天才将款交到物资处。

(4)不遵守业务单据控制管理原则

一是“磅码单”和“产品、材料转移结算单”随意置放,无专人管理;二是部分“产品、材料转移结算单”没有编号,无法知道使用了多少、什么时间使用、谁领用等。由于单据管理不当,审计核查废旧物资销售业务时,竟出现了有废旧物资销售业务却没有“磅码单”和“产品、材料转移结算单”的现象,无法核对销售业务的真实情况。

(5)废旧物资业务管理混乱

废旧物资的回收、登记、过磅、销售没有做到点点相连、环环扣紧,有的无记录、无单据,没有形成连续性、完整性和有效性。回收和出售的数据统计与实际出入较大。由于物资处的废旧物资销售业务记录不完整,财务数据与物资处废旧物资销售业务记录无法核对,物资处的废旧物资回收记录与各生产单位也无法核对,因为各生产单位没有记录。

(6)规章制度没有起到应有的制约作用

公司专门制定了《废旧物资回收利用管理办法》,同时涉及的相关制度还有《出入生产区管理制度》《现金有价证券管理办法》和《资产管理总则》等。但在这起舞弊案件中,相应的制度没有起到作用。这么多违规废旧物资从过磅、填单、合同、收款到门卫检查等要经过多个业务环节和多个部门,但这些违规物资竟仍能顺利出门。

一个典型的舞弊案例就是一份生动而有教益的反面教材,引起人们的反思。

集体舞弊很容易被发现吗?在舞弊案例中,两个人以上的集体合谋舞弊难度要高于一个人的个体舞弊,容易因信息源的扩大而暴露,因而集体舞弊很容易被发现。但在此案中,舞弊的起因是物资处主要领导的一个错误决定,参与的另外3个人没有按岗位职责和规章制度予以抵制;同时,由于舞弊者在门卫等重要部门和岗位给予好处,致使舞弊行为畅通无阻。如果不是审计处在年报审计中使用分析性复核时正好选中舞弊者行为的相关数据,则该舞弊行为在短时间内难以被发现。事实上,此类案例很多,如上市公司银广厦、黎明服装、东方电子、东方锅炉等,这些舞弊案例涉案金额大,作案时间跨度长,参与的都是高层管理人员,且手段高深。个别企业为了使造假的财务报表能够互相吻合,通过倒推的方法,根据“成本”计算出“销售量”和“销售价格”,并依据这些“销售量”和“销售价格”,安排每个月的进料和出货单,以及每个月、每季度的财务数据。由于是集体合谋,加之在整个业务循环流程上弄虚作假,所提供的整套信息全是虚假的,从而使查找集体舞弊困难重重。

有了制度就一定能抑制舞弊的发生吗?不一定。单位不少管理工作是从建立有关制度开始的。但是,有了制度还必须严格遵守并检查执行情况,才能保证制度的有效执行。此起舞弊案件,废旧物资业务处理涉及的回收、分类、登记、过磅、合同、出售、收款、门卫检查等流程环节均出现了失控。内部控制之所以失控,不是没有规章制度,而是有章不循、违章不究。

是“制度比人重要”还是“人比制度重要”?在内部控制方面,对人的要求,只注重业务素质,不注重道德素养行不行?这已是争论不休的话题。一个单位缺乏制度约束,把对单位的各种潜在风险的控制完全寄托于人的想法是靠不住的。因为制度再完善,如果没有合格的人来执行或者执行不到位,早晚是要出问题的。此起案件,在一个制度较为完善的国有企业里,正是由于人的道德出现了问题,规章制度的“防火墙”被内部人员合谋推倒了。

如果规范管理、违章必究、控制到位,舞弊案件是可以避免或及早发现的,可惜有些单位的有些管理者没有认识到这一点,总是等到舞弊案件发生并造成损失后

才寻找补救措施,为时已晚!所以,单位在设计与完善内部会计控制制度上至少应当全面考虑以下几个方面的问题:

一是预防为主、防微杜渐。单位应事先制定出如何防范合谋舞弊的规则和程序,确保业务活动合法合规地进行;也可采取内部稽核、内部审计、突击检查等方式,加大对不法行为的查处力度,多方面、多渠道堵塞漏洞。

二是选择重点,控制关键。一些单位会计控制的重点应当放在如何防范集体合谋舞弊的风险方面,对其关键控制点的选择更加重要。例如,哪些控制点能够最好地衡量业绩、哪些控制点能够反映重要的偏差、哪些控制点能够以最小的代价纠正偏差、哪些控制点最为有效等,都值得理论联系实际深入研究。

三是相互牵制,规范控制。如何确保不相容职务真正分离?授权批准控制确实到位?岗位责任之间真的能够互相检查和彼此制约?会计控制行为和实物资产保护措施等不形同虚设?只有到位的控制才是有效的规范。

四是及时补救,有效防控。有效的控制制度应该能够防止意外事件或不良后果的产生,具有及时发现和揭示已经产生的差错、舞弊和其他不规范行为的能力,确保能够及时采取适当的措施防错纠偏。